# Bildung und Betätigung von Stiftungen des öffentlichen Rechts – Eine Neubetrachtung –



Dissertation
zur Erlangung des Doktorgrades
des Fachbereichs Rechtswissenschaften
der Universität Osnabrück

vorgelegt von
Dirk Oppenborn-Reccius

aus
Lehrte

Osnabrück, 2017

Berichterstatter:
Prof. Dr. Jörn Ipsen

Mitberichterstatter:
Prof. Dr. Bernd J. Hartmann, LL.M. (Virginia)

Tag der mündlichen Prüfung: 17. Mai 2018

**Europäische Hochschulschriften**

European University Studies

Publications Universitaires Européennes

Reihe II **Rechtswissenschaft**

Series II Law

Série II Droit

Band/Volume **6048**

Dirk Oppenborn-Reccius

# Bildung und Betätigung von Stiftungen des öffentlichen Rechts

Eine Neubetrachtung

PETER LANG

**Bibliografische Information der Deutschen Nationalbibliothek**
Die Deutsche Nationalbibliothek verzeichnet diese Publikation in der Deutschen Nationalbibliografie; detaillierte bibliografische Daten sind im Internet über http://dnb.d-nb.de abrufbar.

Zugl.: Osnabrück, Univ., Diss., 2018

Gedruckt auf alterungsbeständigem, säurefreiem Papier.
Druck und Bindung: CPI books GmbH, Leck

D 700
ISSN 0531-7312
ISBN 978-3-631-77069-6 (Print)
E-ISBN 978-3-631-77314-7 (E-PDF)
E-ISBN 978-3-631-77315-4 (EPUB)
E-ISBN 978-3-631-77316-1 (MOBI)
DOI 10.3726/b14865


Peter Lang – Berlin · Bern · Bruxelles · New York · Oxford · Warszawa · Wien



Diese Publikation wurde begutachtet.

www.peterlang.com

*Für Andrea, Isabella und Jacob*

# Vorwort

Ursprünglicher Anlass für die vorliegende Arbeit war, dass ich mich im Jahr 2014 mit der – eigentlich relativ begrenzten – Frage beschäftigt habe, ob eine Kommune in Niedersachsen kraft eigenen Rechts eine selbständige Stiftung des öffentlichen Rechts bilden kann. Hintergrund dafür war zum einen, dass sich der Präsident des Niedersächsischen Landesrechnungshofs in seinem Kommunalbericht 2014 (Landtagsdrucksache 17/1569, S. 50 ff.) eingehend mit kommunalen Stiftungen auch des öffentlichen Rechts befasst und angeregt hatte, „die Möglichkeit der Errichtung rechtsfähiger kommunaler Stiftungen des öffentlichen Rechts" „klarzustellen". Zum anderen gab es in der Stadt Lüneburg Überlegungen, drei historisch gewachsene Stiftungen des öffentlichen Rechts, die traditionell von der Kommune verwaltet wurden, in eine gemeinsame „Dachstiftung" des öffentlichen Rechts zu überführen, um die Verwaltung der Stiftung aus der kommunalen Verwaltung herauszulösen und in eine stiftungsspezifische Verwaltungsform zu überführen.*

Grund für mein Interesse an der Frage war, dass ich mich im Rahmen meiner beruflichen Tätigkeit als ständiger juristischer Referent im Gesetzgebungs- und Beratungsdienst beim Niedersächsischen Landtag bereits des Öfteren mit der Klosterkammer Hannover und den vier von ihr verwalteten, ebenfalls historisch gewachsenen Stiftungen des öffentlichen Rechts befasst hatte.

Die eingangs aufgeworfene Frage sollte eigentlich in Form eines in den Niedersächsischen Verwaltungsblättern zu veröffentlichenden Aufsatzes abgehandelt werden. Nachdem ich aber versucht hatte, einigen grundsätzlichen Fragen, die sich mir im Rahmen meiner Überlegungen gestellt hatten, näher nachzugehen, und ich meinen ersten Versuch einer Bearbeitung zu Papier gebracht hatte,

---

* Siehe die Beschlussvorlage VO/5860/14-1 für den Rat der Stadt Lüneburg (www.stadt.lueneburg.de/bi/vo020.asp?VOLFDNR=5830), die in der Sitzung des Rates der Stadt Lüneburg am 29. Januar 2015 unverändert angenommen wurde (www.stadt.lueneburg.de/bi/to020.asp?TOLFDNR=28979). Dieser Fall hat mittlerweile zur Schaffung der gesetzlichen Sonderregelung in § 135 Abs. 2 NKomVG durch Artikel 1 Nr. 35 Buchst. b des Gesetzes vom 26. Oktober 2016 (Nds. GVBl. S. 226) geführt, die allerdings nach wie vor nicht ausdrücklich regelt, ob und ggf. unter welchen Voraussetzungen eine Kommune in Niedersachsen eine Stiftung des öffentlichen Rechts bilden kann, sondern nur die Möglichkeit schafft, eine weitere Stiftung mit der Verwaltung mehrerer kommunaler Stiftungen des öffentlichen Rechts zu beauftragen.

musste ich feststellen, dass der Umfang des Textes den eines „normalen“ Zeitschriftenbeitrages weit überschritten hatte.

Ich danke an dieser Stelle sehr herzlich Herrn Direktor beim Niedersächsischen Landtag *Udo Winkelmann* dafür, dass er mich ermutigt hat, meine „Vorarbeiten“ zu einer umfassenderen wissenschaftlichen Arbeit auszubauen und zum Gegenstand einer Promotion zu machen, sowie Herrn Präsidenten des Niedersächsischen Staatsgerichtshofs a. D. Prof. Dr. *Jörn Ipsen* dafür, dass er sich so schnell bereitgefunden hat, die Betreuung dieser Promotion zu übernehmen.

Des Weiteren danke ich den Mitarbeiterinnen und Mitarbeitern der Bibliothek des Niedersächsischen Landtages, die – wie immer überaus freundlich und engagiert – buchstäblich haufenweise Material für diese Arbeit herangeschafft haben.

Ferner danke ich den Kolleginnen und Kollegen im Gesetzgebungs- und Beratungsdienst, die mir immer geduldig für diverse Rechtsgespräche zur Verfügung und auch sonst mit Rat und Tat zur Seite gestanden haben.

Ich danke außerdem meinem Schwiegervater Herrn Vorsitzenden Richter am Verwaltungsgericht a. D. *Werner Reccius* sehr herzlich für die schnelle und gründliche Durchsicht des Manuskripts und seine vielen wertvollen Hinweise und Anregungen.

Und selbstverständlich danke ich – zum Schluss, aber sicherlich nicht am geringsten – meiner Familie, die es mir mit schier unendlicher Geduld ermöglicht hat, mich in unserer nicht eben üppig bemessenen gemeinsamen „Freizeit“ diesem Projekt zu widmen, und mich immer ermutigt hat, nicht aufzugeben. Ohne die Unterstützung meiner Ehefrau und meiner beiden Kinder wäre diese Arbeit nicht zu Ende geschrieben worden.

# Inhaltsübersicht (Gliederung)

# Inhaltsverzeichnis

# Abkürzungsverzeichnis

| | |
|---|---|
| a. A. | anderer Ansicht |
| a. a. O. | am angegeben Ort |
| ABl. EU | Amtsblatt der Europäischen Union, *amtliches Verkündungsblatt (mit Nummer und Seite)* |
| Abs. | Absatz *oder* Absätze |
| a. D. | außer Dienst |
| a. F. | alte Fassung |
| AGG | Allgemeines Gleichbehandlungsgesetz |
| AHK | Allgemeiner Hannoverscher Klosterfonds |
| AktG | Aktiengesetz |
| ALR | Allgemeines Landrecht für die Preußischen Staaten von 1794 *(mit Teil – als römische Zahl – und Titel – als arabische Zahl –), zitiert nach H. Hattenhauer/G. Bernert* |
| Amtsbl. | Amtsblatt des Saarlandes, *amtliches Verkündungsblatt (ab dem 3. Dezember 2009 Teil I; mit Jahrgang nur, falls dieser vom Jahr der Ausfertigung der betreffenden Regelung abweicht, in jedem Fall mit Seite)* |
| AO | Abgabenordnung |
| Art. | Artikel |
| AöR | Archiv des öffentlichen Rechts, *Zeitschrift (mit Jahrgang und Seite)* |
| Aufl. | Auflage |
| AV-WGL | Ausführungsvereinbarung zum Verwaltungsabkommen zwischen Bund und Ländern über die Errichtung einer Gemeinsamen Wissenschaftskonferenz (GWK-Abkommen) über die gemeinsame Förderung der Mitgliedseinrichtungen der Wissenschaftsgemeinschaft Gottfried Wilhelm Leibniz e.V., *zitiert nach der im Internet veröffentlichten Fassung (www.leibniz-gemeinschaft.de/fileadmin/user_upload/downloads/Institute/Mitgliedschaft/AV-WGL.pdf)* |
| BauGB | Baugesetzbuch |
| BayGVBl. | Bayerisches Gesetz- und Verordnungsblatt, *amtliches Verkündungsblatt (mit Jahrgang nur, falls dieser vom Jahr der Ausfertigung der betreffenden Regelung abweicht, in jedem Fall mit Seite)* |

| | |
|---|---|
| BayRS | Bayerische Rechtssammlung, *amtliche Vorschriftensammlung (mit Band – als römische Zahl – und Seite)* |
| BayStiftG | Bayerisches Stiftungsgesetz |
| BayVerf | Verfassung des Freistaates Bayern |
| BayVerfGH | Bayerischer Verfassungsgerichtshof |
| BayVGH | Bayerischer Verwaltungsgerichtshof |
| BBG | Bundesbeamtengesetz |
| BbgDSchutzG | Brandenburgisches Denkmalschutzgesetz |
| BbgLOG | Gesetz über die Organisation der Landesverwaltung (Landesorganisationsgesetz) [des Landes Brandenburg] |
| BbgStiftG | Stiftungsgesetz für das Land Brandenburg |
| *BDS* | Bund Deutscher Stiftungen |
| BDSG | Bundesdatenschutzgesetz |
| BeamtStG | Beamtenstatusgesetz |
| Begr. | Begründer |
| BerlAZG | Gesetz über die Zuständigkeiten der Allgemeinen Berliner Verwaltung (Allgemeines Zuständigkeitsgesetz) |
| BerlStiftG | Berliner Stiftungsgesetz |
| BerlVerf | Verfassung von Berlin |
| betr. | betreffend |
| BFH | Bundesfinanzhof |
| BGB | Bürgerliches Gesetzbuch |
| BGBl. | Bundesgesetzblatt, *amtliches Verkündungsblatt (mit Jahrgang nur, falls dieser vom Jahr der Ausfertigung der betreffenden Regelung abweicht, in jedem Fall mit Teil – als römische Zahl – und Seite)* |
| BGebG | Gesetz über Gebühren und Auslagen des Bundes |
| BGH | Bundesgerichtshof |
| BGHSt | Entscheidungen des Bundesgerichtshofs in Strafsachen, *amtliche Sammlung (mit Band und Seite)* |
| BGHZ | Entscheidungen des Bundesgerichtshofs in Zivilsachen, *amtliche Sammlung (mit Band und Seite)* |
| BHO | Bundeshaushaltsordnung |
| BPersVG | Bundespersonalvertretungsgesetz |
| Brem.GBl. | Gesetzblatt der Freien Hansestadt Bremen, *amtliches Verkündungsblatt (mit Jahrgang nur, falls dieser vom Jahr der Ausfertigung der betreffenden Regelung abweicht, in jedem Fall mit Seite)* |

| | |
|---|---|
| BremStiftG | Bremisches Stiftungsgesetz |
| BSGE | Entscheidungen des Bundessozialgerichts, *amtliche Sammlung (mit Band und Rn.)* |
| Buchst. | Buchstabe *oder* Buchstaben |
| BVerfG | Bundesverfassungsgericht |
| BVerfGE | Entscheidungen des Bundesverfassungsgerichts, *amtliche Sammlung (mit Band und Seite)* |
| BVerfSchG | Gesetz über die Zusammenarbeit des Bundes und der Länder in Angelegenheiten des Verfassungsschutzes und über das Bundesamt für Verfassungsschutz (Bundesverfassungsschutzgesetz) |
| BVerwG | Bundesverwaltungsgericht |
| BVerwGE | Entscheidungen des Bundesverwaltungsgerichts, *amtliche Sammlung (mit Band und Seite oder ggf. Rn.)* |
| BWStiftG | Stiftungsgesetz für Baden-Württemberg |
| bzw. | beziehungsweise |
| Can. | Canon im CIC |
| Cann. | Canones im CIC |
| CIC | Codex Iuris Canonici *(in der von Papst Johannes Paul II. am 25. Januar 1983 promulgierten Fassung)* |
| DDR | Deutsche Demokratische Republik |
| DDRStiftG | Gesetz über die Bildung und Tätigkeit von Stiftungen (Stiftungsgesetz) [der DDR] |
| *ders.* | derselbe |
| d. h. | das heißt |
| Die Verwaltung | *Zeitschrift (mit Jahrgang und Seite)* |
| DÖV | Die öffentliche Verwaltung, *Zeitschrift (mit Jahrgang und Seite)* |
| Dr. | Doktor |
| DSchG Bln | Denkmalschutzgesetz Berlin |
| DVBl. | Deutsches Verwaltungsblatt, *Zeitschrift (mit Jahrgang und Seite)* |
| DVO-NVwVG | Verordnung zur Durchführung des Niedersächsischen Verwaltungsvollstreckungsgesetzes |
| EGBGB | Einführungsgesetz zum Bürgerlichen Gesetzbuche |
| EGZPO | Gesetz, betreffend die Einführung der Zivilprozeßordnung |
| EntsorgFondsG | Gesetz zur Errichtung eines Fonds zur Finanzierung der kerntechnischen Entsorgung (Entsorgungsfondsgesetz) |
| ErbStG | Erbschaftsteuer- und Schenkungsteuergesetz |

| | |
|---|---|
| Erl. | Erläuterung *oder* Erläuterungen |
| EStG | Einkommensteuergesetz |
| EuG | Europäisches Gericht erster Instanz |
| e. V. | eingetragener Verein |
| EV | Vertrag zwischen der Bundesrepublik Deutschland und der Deutschen Demokratischen Republik über die Herstellung der Einheit Deutschlands (Einigungsvertrag) |
| f. | und die folgende *oder* und der folgende |
| ff. | und die folgenden |
| FG | Finanzgericht |
| Fn. | Fußnote *oder* Fußnoten |
| GBD | Gesetzgebungs- und Beratungsdienst beim Niedersächsischen Landtag |
| GBl. | Gesetzblatt für Baden-Württemberg, *amtliches Verkündungsblatt (mit Jahrgang nur, falls dieser vom Jahr der Ausfertigung der betreffenden Regelung abweicht, in jedem Fall mit Seite)* |
| GewStG | Gewerbesteuergesetz |
| GG | Grundgesetz für die Bundesrepublik Deutschland |
| ggf. | gegebenenfalls |
| GGO | Gemeinsame Geschäftsordnung der Landesregierung und der Ministerien in Niedersachsen |
| GmbH | Gesellschaft mit beschränkter Haftung |
| GmbHG | Gesetz betreffend die Gesellschaften mit beschränkter Haftung |
| GVBl. | Gesetz- und Verordnungsblatt für Berlin, für das Land Brandenburg, für das Land Hessen, für das Land Rheinland-Pfalz *oder* für den Freistaat Thüringen, *amtliche Verkündungsblätter (mit Jahrgang nur, falls dieser vom Jahr der Ausfertigung der betreffenden Regelung abweicht, für das Land Brandenburg mit Teil – als römische Zahl –, in jedem Fall mit Seite)* |
| GVBl. LSA | Gesetz- und Verordnungsblatt für das Land Sachsen-Anhalt, *amtliches Verkündungsblatt (mit Jahrgang nur, falls dieser vom Jahr der Ausfertigung der betreffenden Regelung abweicht, in jedem Fall mit Seite)* |
| GV. NRW., GV. NW. *(bis 1999)* | Gesetz und Verordnungsblatt des Landes Nordrhein-Westfalen, *amtliches Verkündungsblatt (mit Jahrgang nur, falls dieser vom Jahr der Ausfertigung der betreffenden Regelung abweicht, in jedem Fall mit Seite)* |

| | |
|---|---|
| GVOBl. M-V | Gesetz- und Verordnungsblatt für Mecklenburg-Vorpommern, *amtliches Verkündungsblatt (mit Jahrgang nur, falls dieser vom Jahr der Ausfertigung der betreffenden Regelung abweicht, in jedem Fall mit Seite)* |
| GVOBl. Schl.-H. | Gesetz- und Verordnungsblatt für Schleswig-Holstein, *amtliches Verkündungsblatt (mit Jahrgang nur, falls dieser vom Jahr der Ausfertigung der betreffenden Regelung abweicht, in jedem Fall mit Seite)* |
| GWB | Gesetz gegen Wettbewerbsbeschränkungen |
| HannLVerfG1840 | Landesverfassungs-Gesetz für das Königreich Hannover vom 6. August 1840 *(in der Fassung nach Nds. GVBl. Sb. III S. 5)* |
| HessStGH | Staatsgerichtshof des Landes Hessen |
| HessStiftG | Hessisches Stiftungsgesetz |
| HmbGVBl. | Hamburgisches Gesetz- und Verordnungsblatt, *amtliches Verkündungsblatt (Teil I; mit Jahrgang nur, falls dieser vom Jahr der Ausfertigung der betreffenden Regelung abweicht, in jedem Fall mit Seite)* |
| HmbStiftG | Hamburgisches Stiftungsgesetz |
| Hrsg. | Herausgeberin *oder* Herausgeber |
| IGH-Statut | Statut des Internationalen Gerichtshofs |
| InsO | Insolvenzordnung |
| i. V. m. | in Verbindung mit |
| juris | Datenbank der juris GmbH *(im Internet unter www.juris.de)* |
| JuS | Juristische Schulung, *Zeitschrift (mit Jahrgang und Seite)* |
| JZ | Juristenzeitung, *Zeitschrift (mit Jahrgang und Seite)* |
| KommJur | Kommunaljurist, *Zeitschrift (mit Jahrgang und Seite)* |
| KommP spezial | KommunalPraxis spezial, *Zeitschrift (mit Jahrgang und Seite)* |
| KStG | Körperschaftsteuergesetz |
| KVR | Kommunalverfassungsrecht |
| LKV | Landes- und Kommunalverwaltung, *Zeitschrift (mit Jahrgang und Seite)* |
| m. E. | meines Erachtens |
| ML | *bis zum 19. Februar 2013:* Niedersächsisches Ministerium für Ernährung, Landwirtschaft, Verbraucherschutz und Landesentwicklung; *seit dem 19. Februar 2013:* Niedersächsisches Ministerium für Ernährung, Landwirtschaft und Verbraucherschutz |
| MüKo BGB | Münchener Kommentar zum Bürgerlichen Gesetzbuch |

| | |
|---|---|
| MVLOG | Organisationsgesetz für das Land Mecklenburg-Vorpommern (Landesorganisationsgesetz) |
| MVStiftG | Stiftungsgesetz des Landes Mecklenburg-Vorpommern (Landesstiftungsgesetz) |
| MWK | Niedersächsisches Ministerium für Wissenschaft und Kultur |
| m. w. N. | mit weiterem Nachweis *oder* mit weiteren Nachweisen |
| NBG | Niedersächsisches Beamtengesetz |
| NDiszG | Niedersächsisches Disziplinargesetz |
| Nds. AGBGB | Niedersächsisches Ausführungsgesetz zum Bürgerlichen Gesetzbuch |
| NDSG | Niedersächsisches Datenschutzgesetz |
| Nds. GVBl. | Niedersächsisches Gesetz- und Verordnungsblatt, *amtliches Verkündungsblatt (mit Jahrgang nur, falls dieser vom Jahr der Ausfertigung der betreffenden Regelung abweicht, bei Sonderbänden diese nur mit Teil – als römische Zahl –, in jedem Fall mit Seite)* |
| Nds. LHO | Niedersächsische Landeshaushaltsordnung |
| Nds. MBl. | Niedersächsisches Ministerialblatt, *amtliches Verkündungsblatt (mit Jahrgang nur, falls dieser vom Jahr der Ausfertigung der betreffenden Regelung abweicht, in jedem Fall mit Seite)* |
| Nds. OVG | Niedersächsisches Oberverwaltungsgericht |
| Nds. StGH | Niedersächsischer Staatsgerichtshof |
| NdsVBl. | Niedersächsische Verwaltungsblätter, *Zeitschrift (mit Jahrgang und Seite)* |
| Neues Archiv für Niedersachsen | *Zeitschrift (mit Jahrgang und Seite)* |
| n. F. | neue Fassung |
| NGO | Niedersächsische Gemeindeordnung |
| NHG | Niedersächsisches Hochschulgesetz |
| NI-VORIS | Niedersächsisches Vorschrifteninformationssystem, *amtliche Vorschriftensammlung* |
| NJW | Neue Juristische Wochenschrift, *Zeitschrift (mit Jahrgang und Seite)* |
| NKomVG | Niedersächsisches Kommunalverfassungsgesetz |
| NKomZG | Niedersächsisches Gesetz über die kommunale Zusammenarbeit |
| NordÖR | Zeitschrift für Öffentliches Recht in Norddeutschland, *Zeitschrift (mit Jahrgang und Seite)* |

| | |
|---|---|
| NPersVG | Niedersächsisches Personalvertretungsgesetz |
| Nr. | Nummer |
| Nrn. | Nummern |
| NRWLOG | Gesetz über die Organisation der Landesverwaltung (Landesorganisationsgesetz) [des Landes Nordrhein-Westfalen] |
| NRWStiftG | Stiftungsgesetz für das Land Nordrhein-Westfalen |
| NRWVerf | Verfassung für das Land Nordrhein-Westfalen |
| NStiftG | Niedersächsisches Stiftungsgesetz |
| NUIG | Niedersächsisches Umweltinformationsgesetz |
| NV | Niedersächsische Verfassung |
| NVerfSchG | Niedersächsisches Verfassungsschutzgesetz |
| NVOZustG | Niedersächsisches Gesetz über Verordnungen und Zuständigkeiten |
| NVwVfG | Niedersächsisches Verwaltungsverfahrensgesetz |
| NVwVG | Niedersächsisches Verwaltungsvollstreckungsgesetz |
| NVwZ | Neue Zeitschrift für Verwaltungsrecht, *Zeitschrift (mit Jahrgang und Seite)* |
| o. g. | oben genannte, oben genannten *oder* oben genannter |
| OLG | Oberlandesgericht |
| OVG NRW | Oberverwaltungsgericht für das Land Nordrhein-Westfalen |
| OVG Sachsen | Sächsisches Oberverwaltungsgericht |
| Prof. | Professor |
| PrOVGE | Entscheidungen des Preußischen Oberverwaltungsgerichts, *amtliche Sammlung (mit Band und Seite)* |
| RG | Reichsgericht |
| RGBl. | Reichsgesetzblatt, *amtliches Verkündungsblatt (mit Jahrgang nur, falls dieser vom Jahr der Ausfertigung der betreffenden Regelung abweicht, in jedem Fall mit Seite)* |
| RGZ | Entscheidungen des Reichsgerichts in Zivilsachen, *amtliche Sammlung (mit Band und Seite)* |
| RPStiftG | Landesstiftungsgesetz [des Landes Rheinland-Pfalz] |
| RPVerf | Verfassung für Rheinland-Pfalz |
| Rn. | Randnummer *oder* Randnummern |
| S. | Seite *oder* Seiten |
| SaarlLOG | Gesetz Nr. 883 – Landesorganisationsgesetz – [des Saarlandes] |
| SaarlStiftG | Gesetz Nr. 1168 – Saarländisches Stiftungsgesetz – |
| SaarlVerfGH | Verfassungsgerichtshof des Saarlandes |

| | |
|---|---|
| SächsGVBl. | Sächsisches Gesetz- und Verordnungsblatt, *amtliches Verkündungsblatt (mit Jahrgang nur, falls dieser vom Jahr der Ausfertigung der betreffenden Regelung abweicht, in jedem Fall mit Seite)* |
| SächsStiftG | Sächsisches Stiftungsgesetz |
| SächsVerf | Verfassung des Freistaates Sachsen |
| SALOG | Gesetz über die Organisation der Landesverwaltung Sachsen-Anhalt (Organisationsgesetz Sachsen-Anhalt) |
| SAStiftG | Stiftungsgesetz Sachsen-Anhalt |
| Sb. | Sonderband |
| SHLVwG | Allgemeines Verwaltungsgesetz für das Land Schleswig-Holstein (Landesverwaltungsgesetz) |
| SHStiftG | Gesetz über rechtsfähige Stiftungen des bürgerlichen Rechts (Stiftungsgesetz) [des Landes Schleswig-Holstein] |
| s. o. | siehe oben |
| sog. | sogenannte, sogenannten *oder* sogenannter |
| st. Rspr. | ständige Rechtsprechung |
| StGB | Strafgesetzbuch |
| Stiftung & Sponsoring | *Zeitschrift (mit Heft, Jahrgang und Seite)* |
| s. u. | siehe unten |
| TStiftG | Thüringer Stiftungsgesetz |
| TVerf | Verfassung des Freistaats Thüringen |
| u. a. | unter anderem *oder* und andere |
| UStG | Umsatzsteuergesetz |
| usw. | und so weiter |
| u. U. | unter Umständen |
| VerfGH Berlin | Verfassungsgerichtshof des Landes Berlin |
| Verwaltungs-Archiv | *Zeitschrift (mit Jahrgang und Seite)* |
| VerwRspr. | Verwaltungsrechtsprechung, *Zeitschrift (mit Band und Seite)* |
| VG | Verwaltungsgericht |
| vgl. | vergleiche* |

* Dieser Zusatz wird gewählt, wenn die angegebene Stelle nicht als Fundstellennachweis für ein wörtliches Zitat dienen soll, sondern lediglich einen vergleichbaren Gedanken enthält oder sich aus ihr der betreffende Gedanke unmittelbar oder mittelbar ableiten lässt; nicht verbunden ist damit die Inanspruchnahme einer irgendwie gearteten geistigen Urheberschaft.

| | |
|---|---|
| VNV | Vorläufige Niedersächsische Verfassung |
| VVDStRL | Veröffentlichungen der Vereinigung der Deutschen Staatsrechtslehrer, *Schriftenreihe (mit Band und Seite)* |
| VwGO | Verwaltungsgerichtsordnung |
| VwVfG | Verwaltungsverfahrensgesetz |
| WGL | Wissenschaftsgemeinschaft Gottfried Wilhelm Leibniz e. V. (kurz auch: „Leibniz-Gemeinschaft“) |
| WRV | Deutsche Verfassung vom 11. August 1919 (sog. Weimarer Reichsverfassung) |
| z. B. | zum Beispiel |
| ZPO | Zivilprozessordnung |
| ZRP | Zeitschrift für Rechtspolitik, *Zeitschrift (mit Jahrgang und Seite)* |
| ZSt | Zeitschrift zum Stiftungswesen, *Zeitschrift (mit Jahrgang und Seite)* |

# Literaturverzeichnis


*Alscher, Sarah*, Die Stiftung des öffentlichen Rechts, 1. Aufl., München 2006

*Andrick, Bernd*, Im Dickicht des Rechts, ZSt 2004, S. 191

*Andrick, Bernd/Suerbaum, Joachim*, Stiftung und Aufsicht, 1. Aufl., München 2001, mit Nachtrag: Das modernisierte Stiftungsrecht, zur 1. Aufl., München, 2003

*Bamberger, Heinz Georg/Roth, Herbert* (Hrsg.), Bürgerliches Gesetzbuch, Kommentar, Band 1, 3. Aufl., München 2012
[zitiert: ..., in: Bamberger/Roth (Hrsg.), BGB, ...]

*Beaucamp, Guy*, Rechtssicherheit als Wert und als Argument im Verhältnis der Staatsgewalten zueinander, DÖV 2017, S. 699

*Bellezza Enrico/Kilian, Michael/Vogel, Klaus* (Hrsg.), Der Staat als Stifter, 1. Aufl., Gütersloh 2003
[zitiert: ..., in: Bellezza/Kilian/Vogel (Hrsg.), Der Staat als Stifter, ...]

*Biallas, Hans-Christian*, Die Klosterkammer: eine historische Landesbehörde mit vielfältigen Aufgaben, NdsVBl. 2017, S. 68

*Blum, Peter* u. a., Kommunalverfassungsrecht Niedersachsen, Kommentare/Texte, Loseblattsammlung, Wiesbaden, Stand: 44. Nachlieferung Mai 2017
[zitiert: ..., in: Blum u. a., KVR (neu), ...]

*Blum, Peter* u. a., Kommunalverfassungsrecht Niedersachsen, Kommentare/Texte, Loseblattsammlung, Wiesbaden, Stand: 31. Nachlieferung November 2010
[zitiert: ..., in: Blum u. a., KVR (alt), ...]

*Blum, Peter/Häusler, Bernd/Meyer, Hubert* (Hrsg.), Niedersächsisches Kommunalverfassungsgesetz, Kommentar, 4. Aufl., Wiesbaden 2017
[zitiert: ..., in: Blum/Häusler/Meyer (Hrsg.), NKomVG, ...]

*Bockamp, Guido/Tesfaiesus, Awet*, Die Gebietskörperschaft als Stifterin, KommJur 2009, S. 88

*Brandes, Wolfgang/Hesse, Andreas/Lüttich, Stephan*, Klosterkammer Hannover und Allgemeiner Hannoverscher Klosterfonds. Konstanten im Wandel der Zeit, Neues Archiv für Niedersachsen 2016, S. 108

*Brüning, Christoph*, (Re-)Kommunalisierung von Aufgaben aus privater Hand – Maßstäbe und Grenzen, Verwaltungs-Archiv 2009, S. 453

*Bundesverband Deutscher Stiftungen* e. V. (Hrsg.), Kommunale Stiftungen in Deutschland, 1. Aufl., Berlin 2013
[zitiert: *BDS*, Kommunale Stiftungen, ...]

*Bundesverband Deutscher Stiftungen* e. V., Verzeichnis Deutscher Stiftungen, 8. Aufl., Berlin 2014

[zitiert: *BDS*, Verzeichnis, …]

*Burgi, Martin*, Privatisierung öffentlicher Aufgaben – Gestaltungsmöglichkeiten, Grenzen, Regelungsbedarf, Gutachten D zum 67. Deutschen Juristentag, 1. Aufl., München 2008

[zitiert: *M. Burgi*, Gutachten, …]

*ders.*, Funktionale Privatisierung und Verwaltungshilfe, 1. Aufl., Tübingen 1999

[zitiert: *M. Burgi*, Funktionale Privatisierung, …]

*Burmeister, Günter Cornelius*, Herkunft, Inhalt und Stellung des institutionellen Gesetzesvorbehalts, 1. Aufl., Berlin 1991

*Butzer, Hermann*, Zum Begriff der Organisationsgewalt, Die Verwaltung 1994, S. 157

*Classen, Claus Dieter/Dittmann, Armin/Fechner, Frank/Gassner, Ulrich M./Kilian, Michael* (Hrsg.), „In einem vereinten Europa dem Frieden zu dienen …", Liber amicorum Thomas Oppermann, 1. Aufl., Berlin 2001

[zitiert: …, in: Classen/Dittmann/Fechner/Gassner/Kilian (Hrsg.), Liber amicorum Oppermann, …]

*David, Klaus*, Die Stiftung Spezialfonds in Hamburg – eine körperschaftliche Hamburgensie, NordÖR 2016, S. 140

*Di Fabio, Udo*, Privatisierung und Staatsvorbehalt, JZ 1999, S. 585

*Dittmann, Armin*, Die Bundesverwaltung, 1. Aufl., Tübingen 1983

*Ebersbach, Harry*, Zur Rechtsnatur kommunaler Stiftungen, DVBl. 1960, S. 81

[zitiert: *H. Ebersbach*, Zur Rechtsnatur kommunaler Stiftungen, …]

*ders.*, Die Stiftung des öffentlichen Rechts, 1. Aufl., Göttingen 1961

[zitiert: *H. Ebersbach*, Die Stiftung des öffentlichen Rechts, …]

*ders.*, Handbuch des deutschen Stiftungsrechts, 1. Aufl., Göttingen 1972

[zitiert: *H. Ebersbach*, Handbuch des deutschen Stiftungsrechts, …]

*Epping, Volker/Butzer, Hermann/Brosius-Gersdorf, Frauke/Haltern, Ulrich/Mehde, Veith/Waechter, Kay* (Hrsg.), Hannoverscher Kommentar zur Niedersächsischen Verfassung, 1. Aufl., Baden-Baden 2012

[zitiert: …, in: Epping/Butzer/Brosius-Gersdorf/Haltern/Mehde/Waechter (Hrsg.), Hannoverscher Kommentar zur NV, …]

*Erichsen, Hans-Uwe/Ehlers, Dirk* (Hrsg.), Allgemeines Verwaltungsrecht, 13. Aufl., Berlin/Boston 2006

[zitiert: …, in: Erichsen/Ehlers (Hrsg.), Allgemeines Verwaltungsrecht, …]

*Faber, Heiko/Schneider, Hans-Peter* (Hrsg.), Niedersächsisches Staats- und Verwaltungsrecht, 1. Aufl., Frankfurt am Main 1985

[zitiert: …, in: Faber/Schneider (Hrsg.), Niedersächsisches Staats- und Verwaltungsrecht, …]

*Fiedler, Albrecht*, Die staatliche Errichtung von Stiftungen als verfassungswidrige Formenwahl des Bundes, ZSt 2003, S. 191

[zitiert: *A. Fiedler*, Die staatliche Errichtung von Stiftungen, …]

*ders.*, Staatliches Engagement im Stiftungswesen zwischen Formenwahlfreiheit und Formenmissbrauch, 1. Aufl., Berlin 2004

[zitiert: *A. Fiedler*, Staatliches Engagement im Stiftungswesen, …]

*Forsthoff, Ernst*, Lehrbuch des Verwaltungsrechts, Erster Band, Allgemeiner Teil, 2. Aufl., München/Berlin 1951

*Franitza, Andreas*, Der Allgemeine Hannoversche Klosterfonds und die Klosterkammer Hannover, 1. Aufl., Frankfurt am Main/Berlin/Bern/Brüssel/New York/Oxford/Wien 2000

*Gölz, Heide*, Der Staat als Stifter, 1. Aufl., Bonn 1999

*Häberle, Peter/Morlok, Martin/Skouris, Vassilios* (Hrsg.), Festschrift für Dimitris Th. Tsatsos, 1. Aufl., Baden-Baden 2003

[zitiert: …, in: Häberle/Morlok/Skouris (Hrsg.), Festschrift Tsatsos, …]

*Hageblling, Lothar*, Die Stiftung Braunschweigischer Kulturbesitz – Eigenständigkeit unter dem Schutz der Niedersächsischen Verfassung, NdsVBl. 2017, S. 165

[zitiert: *L. Hagebölling*, Stiftung Braunschweigischer Kulturbesitz, …]

*ders.*, Niedersächsische Verfassung, Kommentar, 2. Aufl., Wiesbaden 2011

[zitiert: *L. Hagebölling*, NV, …]

*Hattenhauer, Hans/Bernert, Günther*, Allgemeines Landrecht für die Preußischen Staaten von 1794, 2. Aufl., Neuwied/Kriftel/Berlin 1994

*Hener, Yorck/Kaudelka, Steffen/Kirst, Sabine*, Stiftungshochschulen in Deutschland – ein Zukunftsmodell? Eine Studie zu Modellen und Perspektiven, 1. Aufl., Gütersloh 2008 (Arbeitspapier Nr. 110 des Centrums für Hochschulentwicklung – CHE –)

*Heussen, Benno*, Unerträgliche Gesetze: Renaissance des Naturrechts?, ZRP 2017, S. 212

*Hoffmann-Riem, Wolfgang/Schmidt-Aßmann, Eberhard/Voßkuhle, Andreas* (Hrsg.), Grundlagen des Verwaltungsrechts, Band I, 2. Aufl., München 2012

[zitiert: …, in: Hoffmann-Riem/Schmidt-Aßmann/Voßkuhle (Hrsg.), Grundlagen des Verwaltungsrechts, …]

*Hüttemann, Rainer/Rawert, Peter/Schmidt, Karsten/Weitemeyer, Birgit* (Hrsg.), Non Profit Law Yearbook 2008, Köln 2009

[zitiert: …, in: Hüttemann/Rawert/Schmidt/Weitemeyer (Hrsg.), Non Profit Law Yearbook 2008, …]

*Hüttemann, Rainer/Richter, Andreas/Weitemeyer, Birgit* (Hrsg.), Landesstiftungsrecht, 1. Aufl., Köln 2011

[zitiert: …, in: Hüttemann/Richter/Weitemeyer (Hrsg.), Landesstiftungsrecht, …]

*Ipsen, Jörn*, Hochschulen als Stiftungen des öffentlichen Rechts?, NdsVBl. 2000, S. 240

[zitiert: *J. Ipsen*, Hochschulen als Stiftungen, …]

*ders.*, Niedersächsisches Kommunalrecht, 4. Aufl., Stuttgart 2014

[zitiert: *J. Ipsen*, Kommunalrecht, …]

*ders.*, Niedersächsische Verfassung, Kommentar, 1. Aufl., Stuttgart 2011

[zitiert: *J. Ipsen*, NV, …]

*ders.*, Staatsrecht I, 29. Aufl., München 2017

[zitiert: *J. Ipsen*, Staatsrecht I, …]

*ders.* (Hrsg.), Niedersächsisches Kommunalverfassungsgesetz, Kommentar, 1. Aufl., Stuttgart/München/Hannover/Berlin/ Wiemar/Dresden 2011

[zitiert: …, in: Ipsen (Hrsg.), NKomVG, …]

*Isensee, Josef/Kirchhof Paul* (Hrsg.), Handbuch des Staatsrechts der Bundesrepublik Deutschland,

Band IV, 3. Aufl., Heidelberg, 2006

Band V, 3. Aufl., Heidelberg 2007

[zitiert: …, in: Isensee/Kirchhof (Hrsg.), Handbuch des Staatsrechts, Band …, …]

*Jarass, Hans D./Pieroth, Bodo*, Grundgesetz, Kommentar, 14. Aufl., München 2016

[zitiert: …, in: Jarass/Pieroth, GG, …]

*Jellinek, Georg*, Allgemeine Staatslehre, 5. Neudruck der 3. Aufl., Berlin 1929

*Jellinek, Walter*, Verwaltungsrecht, Neudruck der 3. Aufl., Offenburg 1948

*Jickeli, Joachim/Kreutz, Peter/Reuter, Dieter* (Hrsg.), Gedächtnisschrift für Jürgen Sonnenschein, 1. Aufl., Berlin/Boston 2003

[zitiert: …, in: Jickeli/Kreutz/Reuter (Hrsg.), Gedächtnisschrift Sonnenschein, …]

*Kilian, Michael*, Nebenhaushalte des Bundes, 1. Aufl., Berlin 1993

[zitiert: *M. Kilian*, Nebenhaushalte, …]

*ders.*, Inhalt und Grenzen staatlicher Organisationshoheit in bezug auf staatliche Stiftungen, ZSt 2003, S. 179

[zitiert: *M. Kilian*, Organisationshoheit, ...]

*Korte, Heinrich/Rebe, Bernd*, Verfassung und Verwaltung des Landes Niedersachsen, 2. Aufl., Göttingen 1986

[zitiert: ..., in: Korte/Rebe, Verfassung und Verwaltung des Landes Niedersachsen, ...]

*Kötz, Hein/Rawert, Peter/Schmidt, Karsten/Walz, Rainer* (Hrsg.), Non Profit Law Yearbook 2001, Köln 2002

[zitiert: ..., in: Kötz/Rawert/Schmidt/Walz (Hrsg.), Non Profit Law Yearbook 2001, ...]

*Krüger, Hildegard*, Juristische Personen des öffentlichen Rechts, DÖV 1951, S. 263

*Kunze, Richard/Bronner, Otto/Katz, Alfred*, Gemeindeordnung für Baden-Württemberg, Kommentar, Loseblattsammlung, 4. Aufl., Stuttgart/Berlin/Köln/Mainz, Stand: 21. Ergänzungslieferung Oktober 2015

*Lange, Klaus*, Kommunalrecht, 1. Aufl., Tübingen 2013

*Larenz, Karl*, Methodenlehre der Rechtswissenschaft, 6. Aufl., Berlin/Heidelberg/New York/London/Paris/Tokyo/Hong Kong/Barcelona/Budapest 1991

*Lehmann, Heinrich/Hübner, Heinz*, Allgemeiner Teil des Bürgerlichen Gesetzbuches, 16. Aufl., Berlin 1966

*Liermann, Hans*, Geschichte des Stiftungsrechts, 2. Aufl., Tübingen 2002 (unveränderter Nachdruck der 1. Aufl. 1963, herausgegeben von *von Campenhausen, Axel Freiherr/Mecking, Christoph*)

*Listl, Joseph/Pirson, Dietrich* (Hrsg.), Handbuch des Staatskirchenrechts der Bundesrepublik Deutschland, Band I, 2. Aufl., Berlin, 1994

[zitiert: ..., in: Listl/Pirson (Hrsg.), Handbuch des Staatskirchenrechts, Band I, ...]

*Martinek, Michael/Rawert, Peter/Weitemeyer, Birgit* (Hrsg.), Festschrift für Dieter Reuter zum 70. Geburtstag, 1. Aufl., Berlin/New York 2010

[zitiert: ..., in: Martinek/Rawert/Weitemeyer (Hrsg.), Festschrift Reuter, ...]

*Maunz, Theodor/Dürig, Günter* (Begr.), Grundgesetz, Kommentar, Loseblattsammlung, München, Stand: 79. Ergänzungslieferung Dezember 2016

[zitiert: ..., in: Maunz/Dürig (Begr.), GG, ...]

*Maurer, Hartmut*, Staatsrecht I, 6. Aufl., München 2010

*Maurer, Hartmut/Waldhoff, Christian*, Allgemeines Verwaltungsrecht, 19. Aufl., München 2017

*Mecking, Christoph/Schulte, Martin* (Hrsg., für den *Bundesverband Deutscher Stiftungen* e. V.), Grenzen der Instrumentalisierung von Stiftungen, 1. Aufl., Tübingen 2003

[zitiert: …, in: Mecking/Schulte (Hrsg.), Grenzen der Instrumentalisierung von Stiftungen, …]

*Mehde, Veith/Ramsauer, Ulrich/Seckelmann, Margrit* (Hrsg.), Staat, Verwaltung, Information, Festschrift für Hans Peter Bull zum 75. Geburtstag, 1. Aufl. 2011

[zitiert: …, in: Mehde/Ramsauer/Seckelmann (Hrsg.), Festschrift Bull, …]

*Mugdan, Benno* (Hrsg.), Die gesammelten Materialien zum Bürgerlichen Gesetzbuch für das Deutsche Reich, I. Band: Einführungsgesetz und Allgemeiner Theil, Berlin 1899 [hier zitiert nach der von der Rechtswissenschaftlichen Fakultät der Friedrich-Schiller-Universität Jena im Internet als pdf-Dokument zur Verfügung gestellten Fassung *(www.rewi.uni-jena.de/Fakult%C3%A4t/Lehrst%C3%BChle+und+Dozenten/Zivilrechtliche+Lehrst%C3%BChle/Prof_+Dr_+Christian+Fischer/Mugdan.html)*]

*Müller, Erwin*, Die Bundesstiftung, 1. Aufl., Halle an der Saale 2008

*Müller, Mirjam Johanna*, Die Rechtsform der wissenschaftlichen Hochschule, 1. Aufl., Frankfurt am Main 2014

*Muscheler, Karlheinz*, Stiftungsautonomie und Stiftereinfluss in Stiftungen der öffentlichen Hand, ZSt 2003, S. 67 und S. 99

*Neumann, Heinzgeorg*, Niedersächsische Verfassung, Kommentar, 3. Aufl., Stuttgart/München/Hannover/Berlin/Weimar/Dresden 2000

*Ohler, Christoph*, Der institutionelle Vorbehalt des Gesetzes, AöR 2006, S. 336

*Palandt, Otto* (Begr.), Bürgerliches Gesetzbuch, Kommentar, 76. Aufl. München 2017

[zitiert: …, in: Palandt (Begr.), BGB, …]

*Rasch, Ernst*, Die staatliche Verwaltungsorganisation, 1. Aufl., Köln/Berlin/Bonn/München 1966

*Ruppel, Erich*, Kirchenvertragsrecht, 1. Aufl., Hannover 1996

*Rüth, Fritz/Hauer, Rolf/von Pölnitz-Egloffstein, Winfried Freiherr* (Hrsg.), Lebensbilder deutscher Stiftungen, 3. Band: Stiftungen aus Vergangenheit und Gegenwart, 1. Aufl., Tübingen 1974

[zitiert: …, in: Rüth/Hauer/von Pölnitz-Egloffstein, Lebensbilder deutscher Stiftungen, 3. Band, …]

*Rüthers, Bernd/Fischer, Christian/Birk, Axel*, Rechtstheorie mit Juristischer Methodenlehre, 9. Aufl., München 2016

*Sachs, Michael* (Hrsg.), Grundgesetz, Kommentar, 7. Aufl., München 2014

[zitiert: …, in: Sachs (Hrsg.), GG, …]

*Säcker, Franz Jürgen/Rixecker, Roland* (Hrsg.), Münchener Kommentar zum Bürgerlichen Gesetzbuch, Band 1, 6. Aufl., München 2012

[zitiert: …, in: Säcker/Rixecker (Hrsg.), MüKo BGB, 6. Aufl., …]

*Säcker, Franz Jürgen/Rixecker, Roland/Oetker, Hartmut/Limperg, Bettina* (Hrsg.), Münchener Kommentar zum Bürgerlichen Gesetzbuch, Band 1, 7. Aufl., München 2015

[zitiert: …, in: Säcker/Rixecker/Oetker/Limperg (Hrsg.), MüKo BGB, 7. Aufl., …]

*Schliesky, Utz/Ernst, Christian/Schulz, Sönke Ernst* (Hrsg.), Die Freiheit des Menschen in Kommune, Staat und Europa, Festschrift für Edzard Schmidt-Jortzig, 1. Aufl., Heidelberg/München/Landsberg/Frechen/Hamburg 2011

[zitiert: …, in: Schliesky/Ernst/Schulz (Hrsg.), Festschrift Schmidt-Jortzig, …]

*Schlüter, Andreas/Krüger, Doris*, Die Gemeinde als Stifter, DVBl. 2003, S. 830

*Schlüter, Andreas/Stolte, Stefan*, Stiftungsrecht, 3. Aufl., München 2016

*Schmid, Cornelia/Lex, Peter*, Die Zulässigkeit der Errichtung von Stiftungen durch die öffentliche Hand, KommP spezial 2008, S. 57

*Schmidt, Karsten* (Hrsg.), Insolvenzordnung, Kommentar, 19. Aufl., München 2016

[zitiert: …, in: Schmidt (Hrsg.), InsO, …]

*Schmidt-Bleibtreu, Bruno/Hofmann, Hans/Henneke, Hans-Günter* (Hrsg.), Grundgesetz, Kommentar, 13. Aufl., Köln 2014

[zitiert: …, in: Schmidt-Bleibtreu/Hofmann/Henneke (Hrsg.), GG, …]

*Schneider, Hans-Peter/Zeh, Wolfgang* (Hrsg.), Parlamentsrecht und Parlamentspraxis in der Bundesrepublik Deutschland, 1. Aufl., Berlin/New York 1989

[zitiert: …, in: Schneider/Zeh (Hrsg.), Parlamentsrecht und Parlamentspraxis, …]

*Schulte, Martin*, Staat und Stiftung, 1. Aufl., Heidelberg 1989

[zitiert: *M. Schulte*, Staat und Stiftung, …]

*ders.* (Hrsg.), Stiftungen in der verwaltungsgerichtlichen Rechtsprechung, 1. Aufl., Dresden 2009

[zitiert: …, in: Schulte (Hrsg.), Rechtsprechung, …]

*Seifart, Werner*, Niedersächsisches Stiftungsgesetz, Kommentar, 2. Aufl., Essen 1987

*Stalmann, Albrecht*, Die Hannoversche Klosterkammer, 1. Aufl., Hannover 1948

*Stelkens, Ulrich*, Organisationsgewalt und Organisationsfehler, LKV 2003, S. 489

*Stern, Klaus*, Das Staatsrecht der Bundesrepublik Deutschland, Band II, 1. Aufl., München 1980

*Stettner, Rupert*, Die Stiftung des öffentlichen Rechts, 1. Aufl., Baden-Baden 2012

*Stober, Rolf*, Privatisierung öffentlicher Aufgaben, NJW 2008, S. 2301

*Stolleis, Michael*, Geschichte des öffentlichen Rechts in Deutschland, Zweiter Band: Staatsrechtslehre und Verwaltungswissenschaft 1800–1914, 1. Aufl., München 1992

*Strachwitz, Rupert Graf/Mercker, Florian* (Hrsg.), Stiftungen in Theorie, Recht und Praxis, 1. Aufl., Berlin 2005

[zitiert: …, in: Strachwitz/Mercker (Hrsg.), Stiftungen in Theorie, Recht und Praxis, …]

*Stumpf, Christoph/Suerbaum, Joachim/Schulte, Martin/Pauli, Rudolf*, Stiftungsrecht, Kommentar, 2. Aufl., München 2015

[zitiert: …, in: Stumpf/Suerbaum/Schulte/Pauli, Stiftungsrecht, …]

*Trentmann, Christian*, Die Grundlagen des Rechtsstaatsbegriffs, JuS 2017, S. 979

*Twehues, Margit*, Rechtsfragen kommunaler Stiftungen, 1. Aufl., Münster (Westfalen) 1996

*Vereinigung der Deutschen Staatsrechtlehrer*, Veröffentlichungen der Vereinigung der Deutschen Staatsrechtlehrer, Band 44: Parteienstaatlichkeit – Krisensymptome des demokratischen Verfassungsstaats? Die öffentlichrechtliche Anstalt, 1. Aufl., Berlin/New York 1986

[zitiert: …, in: VVDStRL 44, …]

*von Campenhausen, Axel Freiherr* (Hrsg.), Der Allgemeine Hannoversche Klosterfonds und die Klosterkammer Hannover, 1. Aufl., Hannover 1999

*von Campenhausen, Axel Freiherr/Richter, Andreas* (Hrsg.), Stiftungsrechts-Handbuch, 4. Aufl., München 2014

[zitiert: …, in: von Campenhausen/Richter (Hrsg.), Stiftungsrechts-Handbuch, …]

*von Mangoldt, Hermann/Klein, Friedrich/Starck, Christian*, Grundgesetz, Kommentar, Band 2, 6. Aufl., München 2010

[zitiert: …, in: von Mangoldt/Klein/Starck, GG, …]

*von Mutius, Albert* (Hrsg.), Selbstverwaltung im Staat der Industriegesellschaft, Festgabe zum 70. Geburtstag von Georg Christoph von Unruh, 1. Aufl., Heidelberg 1983

[zitiert: …, in: von Mutius (Hrsg.), Festgabe von Unruh, …]

*von Staudinger, Julius* (Begr.), J. von Staudingers Kommentar zum Bürgerlichen Gesetzbuch, Buch 1, Allgemeiner Teil, §§ 80 bis 89 (Stiftungsrecht), Neubearbeitung, Berlin 2011

[zitiert: ..., in: von Staudinger (Begr.), BGB, ...]

*Walz, W. Rainer/Kötz, Hein/Rawert, Peter/Schmidt, Karsten* (Hrsg.), Non Profit Law Yearbook 2004, Köln 2005

[zitiert: ..., in: Walz/Kötz/Rawert/Schmidt (Hrsg.), Non Profit Law Yearbook 2004, ...]

*Weber, Werner*, Die Körperschaften, Anstalten und Stiftungen des öffentlichen Rechts, 2. Aufl., München 1943

[zitiert: *W. Weber*, Körperschaften, ...]

*ders.*, Rechtsgutachten über die Zulässigkeit der Überführung der Verwaltung der Klosterforsten aus dem Allgemeinen Hannoverschen Klosterfonds auf die Landesforstverwaltung, 1962 (Veröffentlichung nicht bekannt; ein Exemplar befindet sich im Bestand der Bibliothek des Niedersächsischen Landtages)

[zitiert: *W. Weber*, Rechtsgutachten, ...]

*Werner, Olaf/Saenger, Ingo* (Hrsg.), Die Stiftung, 1. Aufl., Berlin 2008

[zitiert: ..., in: Werner/Saenger (Hrsg.), Die Stiftung, ...]

*Werner, Rüdiger*, Kommunale Stiftungstätigkeit und ihre Schranken, NVwZ 2013, S. 1520

*Wolff, Hans J./Bachof, Otto/Stober, Rolf*, Verwaltungsrecht II, 5. Aufl., München 1987

[zitiert: ..., in: Wolff/Bachof/Stober, Verwaltungsrecht II, 5. Aufl., ...]

*Wolff, Hans J./Bachof, Otto/Stober, Rolf/Kluth, Winfried*, Verwaltungsrecht II, 7. Aufl., München 2010

[zitiert: ..., in: Wolff/Bachof/Stober/Kluth, Verwaltungsrecht II, 7. Aufl., ...]

*Zippelius, Reinhold*, Allgemeine Staatslehre, 16. Aufl., München 2010

# 1. Teil: Einleitung

## A. Einführung

Im deutschen Recht und in der deutschen Staatspraxis ist allgemein anerkannt, dass es Stiftungen des öffentlichen Rechts gibt. Der Begriff „Stiftung des öffentlichen Rechts“ wird vielfach in Gesetzen verwendet, Gesetze knüpfen eine Reihe von Rechtsfolgen an das Bestehen einer Stiftung des öffentlichen Rechts, und es gibt eine große Anzahl von Einrichtungen, die in der Staatspraxis als Stiftungen des öffentlichen Rechts bezeichnet und behandelt werden. So gibt der Bundesverband Deutscher Stiftungen in seinem im Jahr 2014 erschienenen Verzeichnis Deutscher Stiftungen an, insgesamt 566 rechtsfähige Stiftungen des öffentlichen Rechts in seiner Datenbank erfasst zu haben.[1] Von einem „aussterbenden Rechtsphänomen“[2] kann mithin keine Rede sein, zumal wenn man bedenkt, dass der Bund zum 1. Juli 2017 einer Stiftung des öffentlichen Rechts – dem Fonds zur Finanzierung der kerntechnischen Entsorgung – Finanzmittel in Höhe von 24,1 Milliarden Euro übertragen hat.[3]

Ungeachtet dessen attestierte *D. Reuter* der Stiftung des öffentlichen Rechts noch im Jahr 2011 eine „unbewältigte Vergangenheit“[4] und beschrieb „die Rechtslage der öffentlichrechtlichen Stiftung“ als „an Unklarheit kaum noch zu überbieten“.[5]

Schon eine kurze Befassung mit dem Thema „Stiftungen des öffentlichen Rechts“ ergibt, dass diese Aussage unzweifelhaft richtig ist: Allgemeine gesetzliche Regelungen über den Begriff, die Bildung und die Betätigung von Stiftungen des öffentlichen Rechts gibt es im Bund und in vielen Ländern nicht, und soweit sie bestehen, weichen sie teilweise erheblich voneinander ab. Soweit einzelne Stiftungen des öffentlichen Rechts durch Gesetz oder aufgrund eines Gesetzes gebildet wurden, lassen sich nur in Grundzügen Übereinstimmungen feststellen. Die Rechtsprechung ist eher unergiebig, das Schrifttum dagegen uferlos und uneinheitlich. So gibt es bereits keine allgemein anerkannte Definition des Begriffs der „Stiftung

---

1 *BDS*, Verzeichnis, S. 13.

2 So die von *R. Schröder* in der Überschrift seines Beitrags („Die staatlich errichtete Stiftung des öffentlichen Rechts – ein aussterbendes Rechtsphänomen?“, in: Mecking/Schulte [Hrsg.], Grenzen der Instrumentalisierung von Stiftungen, S. 117 ff.) aufgeworfene Frage.

3 www.bmwi.de/Redaktion/DE/Artikel/Energie/kernenergie-stilllegung-rueckbau-kernkraftwerke.html

4 *D. Reuter*, in: Schliesky/Ernst/Schulz (Hrsg.), Festschrift Schmidt-Jortzig, S. 789.

5 *D. Reuter*, in: Schliesky/Ernst/Schulz (Hrsg.), Festschrift Schmidt-Jortzig, S. 788.

des öffentlichen Rechts". Insoweit gilt vielmehr noch das, was *H. Ebersbach* schon im Jahr 1972 festgestellt hat:

> *„Das Erscheinungsbild, das die öffentlich-rechtlichen Stiftungen im Rechtsleben bieten, ist so mannigfaltig, und die Vorstellungen, die sich damit verbinden, weichen so stark voneinander ab, dass es bisher nicht gelungen ist, einen allseitig anerkannten Begriff der Stiftung des öffentlichen Rechts zu prägen."*[6]

Wenn man aber schon nicht weiß, was genau Gegenstand der Betrachtung sein soll, so erweist sich die Ableitung rechtlicher Erkenntnisse notwendigerweise als schwierig und mit erheblichen Unsicherheiten behaftet. Geradezu „folgerichtig" mutet es denn auch an, dass die rechtlichen Maßstäbe für die Entstehung, Ausgestaltung, Änderung und Aufhebung von Stiftungen des öffentlichen Rechts in der Lehre nicht auch nur annähernd allgemein anerkannt sind.[7] Dies hindert indes wiederum nicht, „der" Stiftung des öffentlichen Rechts ein bestimmtes *Image* anzuheften und damit die Wahl dieser Organisationsform zu begründen.[8]

Vor diesem Hintergrund soll es bewusst nicht Anliegen der vorliegenden Untersuchung sein, das – wie sich zeigen wird – schier uferlose Meer der Erkenntnis in der Rechtswissenschaft zu vermessen, zu ordnen und zu kommentieren. Vielmehr soll stattdessen der Versuch unternommen werden, den Begriff, die Bildung und die Betätigung von Stiftungen des öffentlichen Rechts einer grundsätzlichen Neubetrachtung zu unterziehen, um dazu beizutragen, das hier anzutreffende, historisch gewachsene „Dickicht des Rechts"[9] zu durchforsten und wenigstens etwas zu lichten.

Ein Schwerpunkt der Betrachtung liegt dabei im Folgenden auf der Rechtslage in Niedersachsen. Denn die hier anzutreffende gesetzliche Regelungsdichte ist, wie noch im Einzelnen zu zeigen sein wird, die geringste im Vergleich aller

---

6 *H. Ebersbach*, Handbuch des deutschen Stiftungsrechts, S. 184. Ähnlich auch die baden-württembergische Landesregierung im Jahr 1975 in ihrem Entwurf eines Stiftungsgesetzes für Baden-Württemberg, Landtagsdrucksache 6/7810, S. 37.

7 An dieser Stelle sei zunächst nur auf den Überblick über den Meinungsstand bei *D. Reuter*, in: Schliesky/Ernst/Schulz (Hrsg.), Festschrift Schmidt-Jortzig, S. 788 ff., verwiesen. Auf Einzelheiten wird später ausführlicher eingegangen.

8 So führte z. B. die Staatsministerin für Kultur und Medien *M. Grütters* in einem Interview in Stiftung & Sponsoring, Heft 6/2015, S. 8, u. a. aus: *„Grundsätzlich wird dieses Instrument gewählt, da die Selbständigkeit der Organe und Gremien eine an wissenschaftlichen Kriterien orientierte objektive und unabhängige Arbeit gewährleistet."* Auch dieser Punkt wird im Folgenden noch näher betrachtet werden.

9 So der Titel des Aufsatzes von *B. Andrick*.

deutschen Flächenländer. Daher eignet sich dieses Bundesland besonders gut als „gedankliches Experimentierfeld".

| |
|---|
| *Der Arbeit liegt der von mir zum 15. September 2017 ermittelte Stand von Gesetzgebung, Rechtsprechung und Rechtswissenschaft zugrunde.* |

## B. Grundannahmen, Methodik der Untersuchung

Die Suche nach einer Antwort auf eine Rechtsfrage sollte mit dem Versuch beginnen, sich zu vergewissern, was das „Recht" ist, wie es funktioniert und wie man demzufolge die gesuchte Antwort darin finden kann. Nun ist die Frage, was das „Recht" ist, uralt, und zahllose Juristen haben sich an ihrer Beantwortung versucht, ohne dass bis heute eine vollständig befriedigende, abschließende Antwort gefunden worden wäre – man denke nur an den nach wie vor nicht überwundenen Gegensatz zwischen rechtspositivistischen und naturrechtlichen Vorstellungen.[10] Da es nun aber selbstverständlich im Rahmen der vorliegenden Untersuchung nicht auch nur ansatzweise geleistet werden kann, sich auf die Suche nach dem seit Jahrhunderten nicht gefundenen „Stein der Weisen" zu begeben, muss es insoweit an dieser Stelle bei einer für die Zwecke der vorliegenden Untersuchung hinreichenden Arbeitshypothese verbleiben. Ich gehe danach von folgenden Grundannahmen aus:

Die Menschen haben das Bedürfnis, ihr gesellschaftliches Zusammenleben mit anderen zu ordnen. Zu diesem Zweck schaffen sie sich eine Verhaltensordnung, d. h. einen Bestand von Normen, die Verbindlichkeit für das menschliche Verhalten beanspruchen und dieses steuern sollen. Damit Menschen ihr Verhalten aber auch tatsächlich an solchen Normen ausrichten, müssen diese zwar zum einen wohl von möglichst vielen Menschen („allgemein") als verbindlich anerkannt werden.[11] Was sie jedoch zum „Recht" erhebt, ist indes der Umstand, dass diese Normen zum anderen jedenfalls von einem konkreten Staat gesetzt und/oder anerkannt werden mit der Folge, dass dieser Staat diese Normen anwendet und, falls sie nicht freiwillig befolgt werden, auch mittels seiner Staatsgewalt durchsetzt.

Das Recht lässt sich danach verstehen als die Gesamtheit der an einem bestimmten Ort zu einer bestimmten Zeit geltenden Normen, die das gesellschaftliche Zusammenleben von Menschen durch eine Steuerung des menschlichen Verhaltens

10 Siehe dazu nur *B. Rüthers/C. Fischer/A. Birk*, Rn. 48 ff. (§ 2), mit einer Vielzahl weiterer Nachweise; ferner jüngst den Beitrag von *B. Heussen*.

11 Vgl. *R. Zippelius*, S. 47 (§ 9 I 2: „Akzeptanz").

ordnen sollen und die von einem bestimmten Staat gesetzt und/oder anerkannt sowie von diesem Staat angewendet und erforderlichenfalls durchgesetzt werden.[12]

Diese Hypothese ist zwar offensichtlich rechtspositivistisch geprägt und lässt naturrechtliche Elemente wie etwa die Frage nach etwaigen über- oder außerpositiven Rechtssätzen, nach dem Verhältnis zwischen Recht und Gerechtigkeit oder nach der Möglichkeit staatlichen Unrechts außen vor.[13] Diese Aspekte können für die Zwecke der vorliegenden Untersuchung jedoch auch in jedem Fall außer Betracht bleiben. Denn die hier im Zusammenhang mit „Stiftungen des öffentlichen Rechts" aufgeworfenen Fragen betreffen von vornherein nur ein rechtliches Konstrukt, das vom Recht ausschließlich für die Zwecke des Rechts geschaffen wird. Eine Notwendigkeit, an dieser Stelle naturrechtliche Erwägungen der vorgenannten Art anzustellen, besteht mithin unzweifelhaft nicht.

Auf Grundlage des o. g. Ansatzes gehe ich im Übrigen hinsichtlich der *Entstehung* von Recht weiter davon aus, dass Recht u. a. entsteht, indem es vom Staat gesetzt wird; eine – ursprüngliche – Rechtsquelle ist daher „das *Gesetz*".[14] Daneben treten aber auch – als wohl ursprünglichste Rechtsquellen – der *Vertrag*, in dem Personen wechselseitig anerkannte Regeln als Recht festlegen, und das *Gewohnheitsrecht* als „Ausdruck einer allgemeinen, als Recht anerkannten Übung",[15] beide indes nach dem oben dargelegten Verständnis des Rechtsbegriffs unter dem Vorbehalt einer (auch) staatlichen Anerkennung.

---

12 Vgl. zum Ganzen *B. Rüthers/C. Fischer/A. Birk*, Rn. 53 ff.; *R. Zippelius*, S. 40 ff. (§§ 8 ff.); BVerfGE 39, 1 (59), bei juris Rn. 187 („Das Gesetz ist ... Instrument zur Steuerung gesellschaftlicher Prozesse ..."). Zu den Begriffen „Gesetz" und „Recht" in Artikel 20 Abs. 3 GG siehe auch BVerfGE 34, 269 (286 f.), bei juris Rn. 38.

13 Siehe auch *B. Rüthers/C. Fischer/A. Birk*, Rn. 59 und 71.

14 Vgl. noch einmal BVerfGE 39, 1 (59), bei juris Rn. 187 („Das Gesetz ist ... Instrument zur Steuerung gesellschaftlicher Prozesse ...").

15 Zu beiden Rechtsquellen vgl. Artikel 38 Abs. 1 Buchst. a und b des IGH-Statuts; dessen Regelungen gelten zwar unmittelbar nur für das Völkerrecht, enthalten aber allgemein gültige Gedanken. – Zum Gewohnheitsrecht siehe auch BVerfGE 122, 248 (269), bei juris Rn. 62 m. w. N. Danach entsteht Gewohnheitsrecht „durch längere tatsächliche Übung, die eine dauernde und ständige, gleichmäßige und allgemeine ist und von den Beteiligten als verbindliche Rechtsnorm anerkannt wird". Siehe dazu ferner *G. Jellinek*, S. 337 ff. (über die „normative Kraft des Faktischen"), sowie *K. Larenz*, S. 433.

Aus Rechtssätzen dieser Quellen können dann im Folgenden mithilfe bestimmter *Methoden*[16] weitere Rechtssätze abgeleitet werden.[17] Derartige Methoden sind insbesondere die der Gesetzesauslegung aus dem Wortlaut der Norm, der Systematik, ihrem Sinn und Zweck sowie aus den Gesetzesmaterialien und der Entstehungsgeschichte,[18] die Ermittlung allgemeiner Rechtsgrundsätze,[19] die richterliche Rechtsfortbildung[20] und der Analogieschluss.[21]

Als Hilfsmittel zur Feststellung eines Rechtssatzes können ferner die in richterlichen Entscheidungen und rechtswissenschaftlichen Lehrmeinungen zum Ausdruck kommenden *Rechtsauffassungen* herangezogen werden.[22] Diese entfalten allerdings – zunächst – keine gesetzesgleiche Rechtsbindung, sondern wirken ggf. nur durch die Überzeugungskraft ihrer Begründungen sowie die Autorität und die Kompetenz desjenigen, der sie äußert.[23] Führen sie indes zu einer entsprechenden *allgemeinen Anerkennung als Recht* und einer wiederum entsprechenden allgemeinen *Übung*, so erstarken sie ihrerseits zu Gewohnheitsrecht.[24]

Auf Grundlage dieses Verständnisses soll im Folgenden zur Beantwortung der aufgeworfenen Fragen jeweils zunächst das gesetzte Recht in den Blick genommen werden. Soweit solches nicht vorhanden ist, soll untersucht werden, ob sich aus dem gesetzten Recht und/oder Gewohnheitsrecht mit allgemein anerkannten Methoden (weitere) Rechtssätze ableiten lassen oder Gewohnheitsrecht entstanden ist.[25]

---

16 Zur juristischen Methodik siehe allgemein *K. Larenz* sowie *B. Rüthers/C. Fischer/A. Birk*, insbesondere Rn. 394 ff.

17 Zur Erforderlichkeit der Anwendung *anerkannter* Regeln der juristischen Methodik bei der Rechtsfindung *G. Beaucamp*, S. 704 m. w. N.

18 BVerfGE 133, 168 (205 f.), bei juris Rn. 66 m. w. N.

19 Vgl. Artikel 38 Abs. 1 Buchst. c des IGH-Statuts.

20 Grundlegend BVerfGE 34, 269 (286 ff.), bei juris Rn. 38 ff.; ferner BVerfGE 111, 54 (81 f.), bei juris Rn. 170 f., m. w. N.

21 BVerwG, Beschluss vom 26. Januar 2016 – BVerwG 2 B 17.15 – bei juris Rn. 8; BGH, Urteil vom 14. Dezember 2016 – VIII ZR 232/15 – bei juris Rn. 33, jeweils m. w. N.

22 Für das Völkerrecht Artikel 38 Abs. 1 Buchst. d des IGH-Statuts.

23 Zur rechtlichen Wirkung fachgerichtlicher Entscheidungen siehe BVerfG, Beschluss vom 25. April 2015 – 1 BvR 2314/12 – bei juris Rn. 13 m. w. N. Die dortigen Feststellungen gelten – erst recht – für rechtswissenschaftliche Lehrmeinungen.

24 *K. Larenz*, S. 433 (dort speziell auf die Rechtsprechung bezogen).

25 *Verträge* als Rechtsquelle spielen im Folgenden keine Rolle. *Staats*verträge erlangen durch die Zustimmung des Parlaments Gesetzesrang (BVerfGE 90, 60 [85 f.], bei juris Rn. 136) und werden daher hier wie Gesetze behandelt.

Dagegen soll es, wie bereits erwähnt, nicht unternommen werden, alle in der Rechtsprechung und in der Rechtswissenschaft geäußerten Rechtsauffassungen zu den aufgeworfenen Fragen darzustellen und einzuordnen, soweit sich hieraus keine klaren Linien ableiten lassen.

## C. Gegenstand der Untersuchung

### I. Einleitung

Ungeachtet der bereits angedeuteten Schwierigkeit, den Begriff der Stiftung des öffentlichen Rechts zu bestimmen, werden hier zunächst vorab Gegenstände ausgegrenzt, die im Folgenden *nicht* (näher) betrachtet werden sollen, um das Feld der Untersuchung einzugrenzen.

### II. Nur rechtsfähige (selbständige), keine nicht rechtsfähigen (unselbständigen) Stiftungen

Eine erste, im deutschen Recht für Stiftungen grundlegende Unterscheidung ist diejenige zwischen „nicht rechtsfähigen" (oder „unselbständigen" oder „fiduziarischen") Stiftungen und „rechtsfähigen" (oder „selbständigen") Stiftungen. Eine nicht rechtsfähige Stiftung liegt vor, wenn eine Person einer anderen Person ein Vermögen zur dauernden Verwendung für einen bestimmten Zweck zuwendet.[26] Wird ein solches Vermögen von einer Kommune verwaltet – und handelt es sich deshalb um eine nicht rechtsfähige „kommunale" Stiftung (s. u.) –, so handelt es sich haushaltsrechtlich (nur) um ein *Sondervermögen* der Kommune (vgl. § 130 Abs. 1 Nr. 2 NKomVG). Der Begriff der „Stiftung" beschreibt insoweit mithin eher eine rechtliche *Handlung* und deren Objekt, nicht aber ein eigenständiges Rechtssubjekt. Eine rechtsfähige Stiftung ist hingegen eine rechtlich selbständige *juristische Person* (vgl. §§ 80 bis 88 BGB einerseits, § 89 BGB andererseits, jeweils im Titel „Juristische Personen"), also im Recht als eigene Rechtspersönlichkeit mit der Fähigkeit, Trägerin eigener Rechte und Pflichten zu sein (Rechtsfähigkeit), anerkannt.[27] Im Folgenden werden ausschließlich *rechtsfähige* Stiftungen betrachtet.

---

26 Vgl. § 135 Abs. 3 Satz 1 NKomVG. Siehe auch BVerwG, Urteil vom 9. April 2014 – BVerwG 8 C 23.12 – bei juris Rn. 16 ff., m. w. N.

27 *J. Ellenberger*, in: Palandt (Begr.), BGB, Einführung vor § 21 Rn. 1; *M. Schöpflin*, in: Bamberger/Roth (Hrsg.), BGB, § 21 Rn. 1, jeweils m. w. N.; ferner Can. 113 § 2 CIC. – Siehe auch BGHZ 25, 134 (144) [bei juris nur Kurztext] und EuG, Beschluss vom 3. April 2008 – T-236/06 – bei juris Rn. 22 ff. Danach bestimmt die jeweilige Rechtsordnung eines Staates, unter welchen Voraussetzungen eine juristische Person entsteht, d. h.

## III. Nur Stiftungen des öffentlichen Rechts, keine Stiftungen des bürgerlichen Rechts

Die rechtsfähigen Stiftungen werden im deutschen Recht ferner grundlegend in solche „des bürgerlichen Rechts“ und solche „des öffentlichen Rechts“ unterteilt. Stiftungen des bürgerlichen Rechts werden insbesondere in den §§ 80 bis 88 BGB sowie landesrechtlich in den jeweiligen Stiftungsgesetzen – z. B. im Niedersächsischen Stiftungsgesetz (siehe dort § 1) – geregelt. Das Recht der Stiftungen des bürgerlichen Rechts ist also teilweise bundesrechtlich und teilweise landesrechtlich geregelt; außerdem hat es teilweise privatrechtlichen und teilweise öffentlich-rechtlichen Charakter.[28] Stiftungen des öffentlichen Rechts werden in § 89 BGB zwar als eine Form einer juristischen Person des öffentlichen Rechts aufgeführt (der Untertitel, in dem sich § 89 BGB befindet, ist mit „Juristische Personen des öffentlichen Rechts“ überschrieben), dort jedoch nur in wenigen, für das Privatrecht relevanten Teilbereichen geregelt. Im Übrigen gehören die Vorschriften über Stiftungen des öffentlichen Rechts, wie der Name schon sagt, dem öffentlichen Recht an; es sind öffentlich-rechtlich gestaltete Institutionen.[29] Gegenstand dieser Untersuchung sind nur Stiftungen *des öffentlichen Rechts.*

## IV. Nur weltliche, keine kirchlichen Stiftungen

Darüber hinaus nehmen im deutschen Recht die „kirchlichen“ Stiftungen (vgl. § 80 Abs. 3 BGB, § 20 NStiftG) eine Sonderstellung ein. Bei diesen handelt es sich um „der Kirche in bestimmter Weise [zugeordnete] Einrichtungen …, wenn sie nach kirchlichem Selbstverständnis ihrem Zweck oder ihrer Aufgabe entsprechend berufen sind, ein Stück Auftrag der Kirche in dieser Welt wahrzunehmen und zu erfüllen“.[30] Für derartige Stiftungen gelten insbesondere das kirchliche Selbstverwaltungsrecht und die sog. Kirchengutsgarantie (Artikel 140 GG i. V. m. Artikel 137 Abs. 3 und Artikel 138 Abs. 2 WRV) sowie weitere staatsrechtliche Besonderheiten.[31] Kirchliche Stiftungen bleiben im Folgenden außer

---

einer Einrichtung eine eigene Rechtspersönlichkeit zuerkannt wird. Auf den Inhalt des Begriffs „juristische Person“ wird im Übrigen später noch näher eingegangen.

28 Vgl. BVerwGE 106, 177 (179), bei juris Rn. 27 m. w. N.

29 BVerfGE 15, 46 (66 f.), bei juris Rn. 57.

30 BVerfGE 46, 73 (85 f.), bei juris Rn. 27; BayVerfGH, Entscheidung vom 28. Dezember 1984 – Vf. 10-VII-81– bei juris Rn. 150. Für die katholische Kirche siehe außerdem Can. 114 §§ 1 und 2 CIC.

31 Siehe dazu u. a. BVerfG und BayVerfGH, jeweils a. a. O. (vorstehende Fn.). – Für die katholische Kirche finden sich zudem ausführliche Regelungen in den Cann. 113 ff.

Betracht. Vielmehr werden allein „weltliche" (nicht-kirchliche) Stiftungen behandelt.

## V. Nur öffentliche, keine privaten Stiftungen

Mitunter findet sich auch die Unterscheidung zwischen „privaten" und „öffentlichen" Stiftungen. Diese Unterscheidung bezieht sich nicht darauf, ob eine Stiftung dem bürgerlichen oder dem öffentlichen *Recht* zugeordnet ist, sondern betrifft lediglich den *Zweck* der Stiftung: Die private Stiftung dient zumindest überwiegend privaten Zwecken, die öffentliche hingegen zumindest überwiegend der Allgemeinheit.[32] Stiftungen des bürgerlichen Rechts können entweder private oder öffentliche Stiftungen sein, Stiftungen des öffentlichen Rechts sind

---

und 1299 ff. CIC. Für die evangelische Kirche sind vergleichbare allgemeine Regelungen nicht ersichtlich. Speziell für Niedersachsen siehe insoweit außerdem zum einen Artikel 11 Abs. 2 des Vertrages des Landes Niedersachsen mit den Evangelischen Landeskirchen in Niedersachsen (sog. Loccumer Vertrag) vom 19. März 1955 (Gesetz vom 18. April 1955, Nds. GVBl. S. 159), Artikel 7 Abs. 1 des Ergänzungsvertrages zum Vertrag des Landes Niedersachsen mit den Evangelischen Landeskirchen in Niedersachen vom 19. März 1955 (Ergänzungsvertrag) vom 4. März 1965 (Gesetz vom 6. Januar 1966, Nds. GVBl. S. 3) und Nummer 7 des Abschließenden Protokolls zum Ergänzungsvertrag vom 4. März 1965 (Bekanntmachung des Niedersächsischen Kultusministeriums vom 7. Oktober 1966, Nds. MBl. S. 1100) sowie zum anderen Artikel 12 Abs. 2 des Konkordats zwischen dem Heiligen Stuhle und dem Land Niedersachsen (Konkordat) vom 26. Februar 1965 (Gesetz vom 1. Juli 1965, Nds. GVBl. S. 191) und § 7 der Anlage zum Konkordat (ebenda). Danach bedarf die Errichtung kirchlicher (rechtsfähiger) Stiftungen des öffentlichen Rechts stets einer staatlichen Mitwirkung. Bei kirchlichen Stiftungen des öffentlichen Rechts im Anwendungsbereich des Loccumer Vertrages ist die Genehmigung der Landesregierung erforderlich (Artikel 7 Abs. 1 des Ergänzungsvertrages; siehe auch *E. Ruppel*, S. 254). Demgegenüber dürfte die staatliche Mitwirkung bei der Entstehung kirchlicher Stiftungen des öffentlichen Rechts im Anwendungsbereich des Konkordats wohl auf eine bloße Notifizierung mit anschließender staatlicher Publikation beschränkt sein (vgl. § 7 der Anlage zum Konkordat sowie *W. Busch*, in: Listl/Pirson [Hrsg.], Handbuch des Staatskirchenrechts, Band I, S. 959 m. w. N.). Eine besondere Form in Niedersachsen regelt § 4 Abs. 1 des Gesetzes für den Landesteil Oldenburg, betreffend die Berechtigung der katholischen Kirche zur Erhebung von Steuern vom 28. April 1924 (Nds. GVBl. Sb. II S. 403), zuletzt geändert durch Gesetz vom 13. März 2002 (Nds. GVBl. S. 81). Danach sind „die in einer Kirchengemeinde befindlichen Pfründen … sowie die Ortskirche mit dem dazugehörigen Vermögen" „rechtsfähige kirchliche Stiftungen des öffentlichen Rechts".

32 Vgl. auch Can. 116 § 1 CIC.

hingegen stets öffentliche Stiftungen.[33] Da hier nur Stiftungen des öffentlichen Rechts behandelt werden, geht es mithin im Folgenden nur um *öffentliche* Stiftungen in diesem Sinne.

### VI. Auch „kommunale" bzw. „örtliche" Stiftungen

Eine besondere Form der Stiftungen sind schließlich „kommunale" bzw. „örtliche" Stiftungen.[34] Dies sind Stiftungen, deren Zweck im Aufgabenbereich einer Kommune liegt und die von der Kommune verwaltet werden.[35] Zu diesen Stiftungen können rechtsfähige und nicht rechtsfähige Stiftungen des bürgerlichen und des öffentlichen Rechts gehören.[36] Gegenstand der vorliegenden Untersuchung sind auch kommunale bzw. örtliche Stiftungen, nach dem Vorgesagten aber nur, soweit es sich um rechtsfähige Stiftungen des öffentlichen Rechts handelt.

### VII. Zusammenfassung

Gegenstand der Untersuchung sind danach nur rechtsfähige (öffentliche) nichtkirchliche Stiftungen des öffentlichen Rechts einschließlich derartiger kommunaler (bzw. örtlicher) Stiftungen.

## D. Sprachgebrauch

Vor Beginn der eigentlichen Untersuchung soll ferner der ihr zugrunde gelegte Sprachgebrauch im Hinblick auf die Begriffe, die hier für einzelne Organisationsakte in Bezug auf juristische Personen verwendet werden sollen, festgelegt werden.

Eine solche Festlegung erscheint notwendig, weil insoweit in der Rechtspraxis eine geradezu babylonische Sprachverwirrung herrscht: So wird etwa in Artikel 87 Abs. 3 GG davon gesprochen, dass Körperschaften und Anstalten des öffentlichen Rechts sowie Behörden „errichtet" werden können, während Artikel 84 Abs. 1 Satz 1, Artikel 85 Abs. 1 Satz 1 und Artikel 86 Satz 2 GG von der „Einrichtung"

33 Vgl. § 2 Abs. 1 und 2 HmbStiftG, § 3 Abs. 2 und 3 RPStiftG. Zum Begriff der „öffentlichen Stiftung" siehe auch BVerwGE 40, 347 (349), bei juris Rn. 18; FG Rheinland-Pfalz, Urteil vom 9. Dezember 2014 - 3 K 2197/11 - bei juris Rn. 53 m. w. N.; *K. David*, S. 140, ebenfalls m. w. N.

34 Siehe dazu vor allem *BDS*, Kommunale Stiftungen, sowie z. B. *J. A. Kämmerer*, in: Walz/ Kötz/Rawert/ Schmidt (Hrsg.), Non Profit Law Yearbook 2004, S. 59 ff., *M. Twehues*, *H. Freese* (in: Blum u. a., KVR [neu], und in: Blum/Häusler/Meyer [Hrsg.], NKomVG, jeweils zu § 135 NKomVG) und *R. Kunze/ O. Bronner/A. Katz*, § 101.

35 § 19 Abs. 1 Satz 1 NStiftG; siehe auch § 135 Abs. 1 Satz 1 NKomVG.

36 Vgl. § 130 Abs. 1 Nr. 2, § 135 Abs. 1 Satz 3, Abs. 2 Satz 1 und Abs. 3 Satz 1 NKomVG.

von Behörden sprechen. Dabei soll nach verbreiteter Auffassung im Schrifttum in beiden Fällen dasselbe gemeint sein, nämlich „die Gründung der Behörden, die Ausgestaltung ihrer Organisation sowie die Festlegung ihrer Aufgaben und Befugnisse".[37] Allerdings wird im Schrifttum insoweit teilweise auch anders differenziert, indem etwa unter „Einrichtung" (als Oberbegriff?) sowohl die „Errichtung (Gründung, Bildung)" als auch die „Einrichtung (Ausgestaltung, innere Organisation, Ausstattung mit Personal und Sachmitteln)" sowie „die Festlegung des Aufgabenkreises bestimmter Behörden ..., d. h. die Übertragung von Aufgaben und Befugnissen ... sowie deren Veränderung" verstanden wird.[38] Andere differenzieren noch anders: Danach soll der Begriff „Einrichtung" „die Schaffung von Organisationseinheiten, die Zuweisung von Aufgaben ... und die Etablierung der Grundstrukturen" bezeichnen, während der Begriff „Errichtung" „die interne Struktur der jeweiligen Organisationseinheit und ihre Ausstattung mit Räumen, Personen, Sach- wie Finanzmitteln sowie die Entscheidung über ihren Sitz" erfassen soll.[39]

Das Bundesverfassungsgericht versteht unter „Einrichtung von Behörden" (nur) die „Schaffung neuer Behörden" sowie die „Festlegung des Aufgabenkreises" bestimmter Behörden.[40] Nach Auffassung des Bundessozialgerichts umfasst der Begriff „Einrichtung der Behörden" demgegenüber „die Errichtung neuer und Umgestaltung bestehender Behörden, ihre Zuordnung zu einem Rechtsträger, also unmittelbar zum Land oder zu einem Träger mittelbarer Landesverwaltung ..., ihre Rechtsstellung im Verhältnis zu anderen Behörden, insbesondere ihre Aufsichtsverhältnisse ..., ihre Binnenorganisation und Gliederung, ihre Ausstattung mit Personal und Sachmitteln, die persönlichen und fachlichen Anforderungen an die in ihnen tätigen Amtswalter, die Zuweisung von Aufgaben und Befugnissen ..., insbesondere die Festlegung der Zuständigkeit für die Gesetzesausführung, und schließlich auch die Verlagerung von Aufgaben auf Private".[41]

In Artikel 38 Abs. 1 NV heißt es demgegenüber ganz allgemein „Organisation der öffentlichen Verwaltung".

§ 29 AktG regelt, wann eine Aktiengesellschaft „errichtet" ist, § 41 Abs. 1 Satz 1 AktG, ab wann sie „besteht", und § 262 AktG, wodurch sie „aufgelöst" werden kann. Ebenso regeln die §§ 1 ff. GmbHG die „Errichtung" einer GmbH,

---

37 *M. Ibler*, in: Maunz/Dürig (Begr.), GG, Artikel 87 Rn. 248 m. w. N.

38 *B. Pieroth*, in: Jarass/Pieroth, GG, Artikel 84 Rn. 6 m. w. N.

39 *M. Burgi*, in: Erichsen/Ehlers (Hrsg.), Allgemeines Verwaltungsrecht, § 7 Rn. 2.

40 BVerfGE 126, 77 (99), bei juris Rn. 129; BVerfGE 75, 108 (150 f.), bei juris Rn. 103 f.

41 BSGE 102, 149 (Rn. 39), bei juris Rn. 39 m. w. N.

§ 11 Abs. 1 GmbHG, ab wann eine GmbH „besteht“, und § 60 GmbHG die Gründe für die „Auflösung“ einer GmbH. Demgegenüber wird bei privatrechtlichen Vereinen zwischen der „Erlangung der Rechtsfähigkeit“ (§§ 21 und 22 BGB) einerseits sowie der „Auflösung“ (§§ 41 und 42 BGB) und der „Entziehung der Rechtsfähigkeit“ (§ 43 BGB) andererseits unterschieden. Demgegenüber unterscheidet das Bürgerliche Gesetzbuch bei den Stiftungen des bürgerlichen Rechts zwischen „Entstehung“ (§ 80 BGB) und „Aufhebung“ (§ 87 BGB). Bei Stiftungen des öffentlichen Rechts variiert der Sprachgebrauch von Land zu Land: Während etwa in § 10 RPStiftG von „Errichtung“, „Erlangung der Rechtsfähigkeit“ und „Aufhebung“ gesprochen wird, wird in Baden-Württemberg zwischen „Errichtung“ (§ 17 BWStiftG), „Entstehung“ (§ 18 BWStiftG) und „Aufhebung“ (§ 21 BWStiftG) differenziert.

Ein besonders anschauliches Beispiel für die anzutreffende Sprachvielfalt bietet schließlich *E. Rasch*, der bei der „Schaffung neuer Behörden“ stets zwischen „Stiftung“(!), „Errichtung“ und „Einrichtung“ unterscheiden will und dabei mit „Stiftung“ die staatliche Entscheidung meint, durch die eine Behörde „errichtet“(!) wird, mit „Errichtung“ das Setzen der „formalen Organisationsnormen“ und mit „Einrichtung“ die Beschaffung und Zuweisung der erforderlichen personellen, sachlichen und finanziellen Mittel.[42]

Angesichts dessen kann man keinen objektiv „richtigen“, allgemein gültigen Sprachgebrauch feststellen. Vielmehr kann es an dieser Stelle nur darum gehen, für den Zweck der nachfolgenden Untersuchung festzulegen, was mit den hier verwendeten Begriffen gemeint sein soll. In diesem Sinne sollen in Bezug auf juristische Personen nachfolgend jeweils bedeuten:

| | |
|---|---|
| „Gründung“ | der Rechtsakt, durch den eine juristische Person als solche *dem Grunde nach entsteht*, also einer Organisation die Eigenschaft einer juristischen Person und damit die Rechtsfähigkeit zuerkannt („verliehen“) wird (das „Ob“ einer juristischen Person); |
| „Ausgestaltung“ | die rechtlich verbindliche Festlegung der *Form* einer Organisation, insbesondere ihres Namens, ihres Sitzes, ihres Zwecks, ihrer Organe und deren Besetzung sowie der im Innenverhältnis geltenden Zuständigkeits-, Form- und Verfahrensvorschriften (das „Wie“ einer juristischen Person); |
| „Errichtung“ | die Ausgestaltung einer Organisation *vor* ihrer Gründung (also ihrer Entstehung als juristische Person); |

42 *E. Rasch*, S. 95 ff.

| | |
|---|---|
| „Einrichtung“ | die rechtlich verbindliche Übertragung von persönlichen, sächlichen und finanziellen Mitteln auf eine juristische Person (ihre „Ausstattung“); |
| „Bildung“ | die Errichtung und Gründung einer juristischen Person;[43] |
| „Betätigung“ | das rechtserhebliche Verhalten einer juristischen Person; |
| „Änderung“ | die Änderung der Ausgestaltung einer juristischen Person; |
| „Aufhebung“ | der Rechtsakt, durch den eine juristische Person als solche *aufgelöst* wird, also eine Organisation die Eigenschaft einer juristischen Person und damit ihre Rechtsfähigkeit verliert. |

Von diesen Begriffen *nicht* erfasst wird die *Übertragung von Aufgaben und Befugnissen* (vgl. Artikel 30 GG) auf eine juristische Person; dies wird hier als besonders zu betrachtender Rechtsakt verstanden.

## E. Fragestellungen

Die vorliegende Untersuchung soll folgenden Fragen nachgehen:

### I. Was ist eine „Stiftung des öffentlichen Rechts“?

Zunächst muss die Frage beantwortet werden, welchen Inhalt der Begriff der „Stiftung des öffentlichen Rechts“ im Recht hat. Denn es ist, wie erwähnt, zu vermuten, dass es nach wie vor an einem (vollständig) einheitlichen Begriffsverständnis fehlt. Ohne – hinreichend – genaue Feststellung des Gegenstandes der Untersuchung muss der Versuch der Rechtserkenntnis aber doch Stochern im Nebel bleiben.[44]

### II. Welche Maßstäbe gelten für die Beurteilung der Rechtmäßigkeit der Bildung einer Stiftung des öffentlichen Rechts?

Wie ebenfalls bereits erwähnt, erfreut sich die Rechtsform der Stiftung des öffentlichen Rechts in der Rechtspraxis nach wie vor großer Beliebtheit. Daher soll der Frage nachgegangen werden, welche Maßstäbe das Recht enthält, um die

---

43 Das Begriffspaar „Bildung und Betätigung“ ist der Rechtsprechung des Bundesverfassungsgerichts zur Grundrechtsfähigkeit juristischer Personen des öffentlichen Rechts entlehnt (wohl grundlegend BVerfGE 21, 362 [369], bei juris Rn. 22; zusammenfasend zuletzt BVerfGE 143, 246 [313 f.], bei juris Rn. 188 m. w. N.).

44 So lässt sich z. B. die Frage nach einem etwaigen „Formenmissbrauch“ (*A. Fiedler*, Staatliches Engagement im Stiftungswesen, S. 39 ff.) erst dann sinnvoll beantworten, wenn klar ist, worin die Eigenschaften der gebrauchten Form überhaupt bestehen.

Rechtmäßigkeit der Bildung einer Stiftung des öffentlichen Rechts beurteilen zu können.

### III. Genügt die Praxis den rechtlichen Maßstäben?

Schließlich soll anhand einiger ausgewählter Fälle untersucht werden, ob bestehende Stiftungen des öffentlichen Rechts den gefundenen rechtlichen Maßstäben genügen („Praxistest“).

## F. Gang der Untersuchung

Die Untersuchung beginnt mit einer Bestandsaufnahme (2. Teil). Darin wird zunächst die geschichtliche Entwicklung der Stiftungen des öffentlichen Rechts beleuchtet. Sodann wird dargestellt, welche allgemeinen Gesetze über die Organisation von Stiftungen des öffentlichen Rechts in Bund und Ländern gegenwärtig bestehen. Im Anschluss wird ein Überblick über die bestehenden Stiftungen des öffentlichen Rechts (mit Schwerpunkt auf dem Bund und Niedersachsen) gegeben. Dabei werden insbesondere die Tätigkeitsfelder der Stiftungen anhand ihres jeweiligen Stiftungszwecks dargestellt. Danach wird ein Blick auf die für die Betätigung der bestehenden Stiftungen des öffentlichen Rechts geltenden allgemeinen Rechtsvorschriften sowie den Stand der einschlägigen Rechtsprechung und der einschlägigen rechtswissenschaftlichen Diskussion geworfen. Der 2. Teil schließt damit, das Image, das Stiftungen des öffentlichen Rechts anhaftet, zu betrachten.

Im 3. Teil geht es dann um die Bestimmung des Begriffs „Stiftung des öffentlichen Rechts“, bevor im 4. Teil die Maßstäbe untersucht werden, nach denen die Rechtmäßigkeit der Bildung einer Stiftung des öffentlichen Rechts beurteilt werden kann. Im 5. Teil sollen beispielhaft vier bestehende Stiftungen des öffentlichen Rechts daraufhin untersucht werden, ob sie den gefundenen rechtlichen Maßstäben genügen. Dabei werden allerdings wiederum nur ausgewählte Punkte untersucht.

Die Arbeit schließt mit einer Zusammenfassung, Schlussfolgerungen und einem Ausblick im 6. Teil sowie zusammenfassenden Thesen im 7. Teil.

# 2. Teil: Bestandsaufnahme

## A. Einleitung

Bevor mit der rechtlichen Untersuchung begonnen wird, soll zunächst der Bestand gesichtet werden. Begonnen werden soll dabei mit der Betrachtung der geschichtlichen Entwicklung bis 1962 (B.). Daran schließt sich eine Darstellung der gegenwärtig geltenden allgemeinen Gesetze über die Organisation von Stiftungen des öffentlichen Rechts in Bund und Ländern an (C.). Sodann wird ein Überblick über die gegenwärtig bestehenden Stiftungen des öffentlichen Rechts gegeben, wobei der Bund und Niedersachsen möglichst umfassend dargestellt werden und hinsichtlich der anderen Länder nur ein Überblick gegeben wird (D.). Im Anschluss werden exemplarisch allgemeine Rechtsvorschriften dargestellt, die auf die Betätigung bestehender Stiftungen des öffentlichen Rechts anzuwenden sind (E.). Ferner soll noch jeweils ein - kurzer - Blick auf den Stand von Rechtsprechung (F.) und Rechtswissenschaft (G.) geworfen werden. Letztlich soll auch noch das *Image* betrachtet werden, das Stiftungen des öffentlichen Rechts gegenwärtig anhaftet (H.), bevor die Bestandsaufnahme mit einer Zusammenfassung (I.) abgeschlossen wird.

## B. Geschichtliche Entwicklung bis 1962

### I. Einleitung

Zu Beginn der Darstellung steht eine Darstellung der Entstehung des Begriffs „Stiftungen des öffentlichen Rechts“ und der Entwicklung, die Stiftungen des öffentlichen Rechts danach in den ersten Jahrzehnten im deutschen Recht genommen haben. Als zeitlicher Endpunkt der Betrachtung wird dabei das Jahr 1962 gewählt, weil in diesem Jahr die grundlegende Entscheidung des Bundesverfassungsgerichts zur Auslegung des Begriffs ergangen ist.[45]

### II. Entwicklung des Stiftungswesens bis 1900

Der Rechtsbegriff der „Stiftung“ ist althergebracht und hat eine lange, auch rechtliche Tradition. Die Geschichte des Stiftungswesens im Allgemeinen ist bereits von anderen ausführlich untersucht und dargestellt worden. Dies soll hier nicht unnötig wiederholt werden. Vielmehr wird an dieser Stelle insoweit grundsätzlich und

45 Beschluss vom 6. November 1962 - 2 BvR 151/60 - (BVerfGE 15, 46).

beispielhaft auf die ausführlichen Darstellungen bei *H. Liermann*, *G. Lingelbach*,[46] *H. Ebersbach*,[47] *A. Fiedler*[48] und *W. Kluth*[49] sowie beim Bundesverfassungsgericht[50] verwiesen.

Kurz zusammengefasst lässt sich danach feststellen, dass die Entwicklung des Stiftungswesens der Sache nach ihren Ausgangspunkt bereits in der Antike genommen hat. Maßgeblicher Anknüpfungspunkt für die Rechtsentwicklung in Deutschland war die Tradition der Widmung von privaten Vermögen zu kirchlichen Zwecken (*piae causae*) und die Verwaltung dieser so gewidmeten Vermögen durch die Kirche. Kirchliche Stiftungen sind mithin quasi der ursprüngliche Grundtypus von Stiftungen in Deutschland. Im Laufe der Zeit – mit der zunehmenden Säkularisierung – wandelte sich aber das Verständnis der betreffenden Zwecke dahingehend, dass sie in größerem Umfang nicht mehr (nur) als kirchlich, sondern (auch) als staatlich betrachtet wurden, so insbesondere in den Bereichen der sozialen Fürsorge und der Bildung, deren Gewährleistung zunehmend (auch) als staatliche Aufgaben angesehen wurde. Dementsprechend wurde die Verwaltung dahingehend gewidmeter privater Vermögen immer mehr von den Kommunen oder vom Staat übernommen oder zumindest beaufsichtigt.

Hinzu kommt ein weiterer Aspekt: Dass es im Recht juristische Personen gibt und diese in Deutschland in solche des Privatrechts und solche des öffentlichen Rechts unterteilt werden, ist heute zwar allgemein anerkannt und kommt in einer Vielzahl von Rechtsvorschriften zum Ausdruck (siehe etwa nur Artikel 19 Abs. 3 GG, die §§ 21 bis 89 BGB sowie § 1 Abs. 1 VwVfG). Dies erscheint uns gegenwärtig auch kaum noch besonders fragwürdig. Jedoch sollte man sich vor Augen führen, dass die Rechts- oder besser: Denkfigur der „juristischen Person" – im Unterschied etwa zu dem früher gebräuchlichen Begriff der „moralischen Person" – erst zu Beginn des 19. Jahrhunderts „erfunden" wurde und zunächst nur den Zweck haben sollte, im Privatrecht Vermögensbeziehungen zu ordnen. Erst danach wurde die Idee der „juristischen Person" auf das öffentliche Recht übertragen und dazu genutzt, auch den Staat als juristische Person zu erklären, die nur durch Organe handelt, und zwar grundlegend von *Wilhelm Eduard Albrecht* im Jahr 1837.[51]

---

46 in: Werner/Saenger (Hrsg.), Die Stiftung, Rn. 36 ff.

47 Die Stiftung des öffentlichen Rechts, S. 3 ff.

48 Staatliches Engagement im Stiftungswesen, S. 30 ff.

49 in: Wolff/Bachof/Stober/Kluth, Verwaltungsrecht II, 7. Aufl., § 87 Rn. 1 ff.

50 BVerfGE 15, 46 (63 ff.), bei juris Rn. 48 ff.

51 *M. Stolleis*, S. 106 ff. und 368 ff.; *J. Ipsen*, Staatsrecht I, Rn. 9 ff.; *R. Zippelius*, S. 80 ff. (§ 13), jeweils m. w. N.

Zwar erfolgten dann in der zweiten Hälfte des 19. Jahrhunderts einerseits durchaus weitere Differenzierungen hinsichtlich der einzelnen Erscheinungsformen des Staates.[52] Außerdem erkannte man andererseits mit der Zeit auch Stiftungen eine eigene Rechtspersönlichkeit zu. Eine Differenzierung zwischen „Stiftungen des bürgerlichen Rechts" und „Stiftungen des öffentliches Recht" erfolgte jedoch bis zum Ende des 19. Jahrhunderts zunächst nicht.[53]

Vielmehr befasste sich das deutsche Recht noch lange Zeit nur mit dem Verhältnis zwischen dem Staat und Stiftungen, insbesondere mit dem Einfluss des Staates auf Stiftungen.[54]

So heißt es beispielsweise in dem mit *„Von Armenanstalten, und andern milden Stiftungen"* überschriebenen Neunzehnten Titel des Zweiten Teils des Allgemeinen Landrechts für die Preußischen Staaten aus dem Jahr 1794 u. a.:[55]

*„Von öffentlichen Armenanstalten:*

*Verhältniß des Staats gegen dieselben.*

*§ 32. Armenhäuser, Hospitäler, Waisen- und Fin-del-, Werk- und Arbeitshäuser, stehen unter dem besondern Schutze des Staats.*

*§ 33. Werden dergleichen Anstalten von neuem errichtet: so muß das Vorhaben dem Staate zur Prüfung der Grundsätze ihrer Verfassung, angezeigt werden.*

*§ 34. Doch sollen diejenigen Behörden, denen diese Prüfung nach den verschiedenen Verfassungen in den Provinzen obliegt, nur in Fällen, wo die Ausführung der Verordnungen des Stifters unmöglich oder gar schädlich seyn würde, dieselben zu verwerfen berechtigt seyn.*

*§ 35. Außerdem kann jeder Stifter die innere Einrichtung solcher Anstalten, die Aufsicht über dieselben, die Bestellung der Verwalter, die Revision und Abnahme der Rechnungen, nach Gutfinden anordnen.*

*§ 36. So weit der Stifter nichts verordnet hat, gebühren alle diese Befugnisse dem Staate.*

*§ 37. Auch solche Anstalten, denen in der Stiftungsurkunde, oder sonst, eigne Aufseher vorgesetzt sind, bleiben dennoch der Oberaufsicht des Staats unterworfen.*

*§ 38. Diese Oberaufsicht schränkt sich aber nur darauf ein, daß nach den vom Staate ausdrücklich oder stillschweigend genehmigten Verordnungen des Stifters verfahren werde, und nichts einschleiche, was dem allgemeinen Endzwecke solcher Stiftungen zuwider sey.*

52 *M. Stolleis*, S. 416 f., m. w. N.

53 Letztlich zutreffend, aber nicht mit der gebotenen Deutlichkeit verweist auch *J. Suerbaum*, in: Stumpf/ Suerbaum/Schulte/Pauli, Stiftungsrecht, Teil C, Abschnitt IX, Rn. 394, darauf, dass „sich die klare Unterscheidung privater und öffentlich-rechtlicher Stiftungen Ende des 19. Jh. noch nicht durchgesetzt hatte".

54 Vgl. *B. Mugdan*, S. 396; ferner BVerfGE 15, 46 (63 ff.), bei juris Rn. 48 ff., m. w. N.

55 Auch hier zitiert nach *H. Hattenhauer/G. Bernert*.

*§ 39. Der Staat ist also berechtigt, Visitationen bey dergleichen Anstalten zu veranlassen, und die vorgefundenen Mißbräuche und Mängel, obigen Grundsätzen (§ 38.) gemäß, zu verbessern.*

*§ 40. Ueberhaupt muß der Staat darauf sehen, daß die Einkünfte der Armen- und andrer Versorgungsanstalten, zweck- und vorschriftsmäßig verwendet werden.*

*§ 41. Wird wegen veränderter Umstände die in der Stiftungsurkunde vorgeschriebene Verwendungsart unmöglich, oder gar schädlich: so muß der Staat die Güter und Einkünfte einer solchen Anstalt zu einem andern, der wahrscheinlichen Absicht des Stifters so viel als möglich gemäßen Gebrauche widmen.*

*Aeußere Rechte solcher Anstalten.*

*§ 42. Die vom Staate ausdrücklich oder stillschweigend genehmigten Armen- und andere Versorgungsanstalten, haben die Rechte moralischer Personen.*

*§ 43. Ihr Vermögen hat die Rechte der Kirchengüter. Tit. XI. Abschn. IV.“*

Wohl daran anknüpfend heißt es zudem in § 75 Abs. 1, 2, 4 und 5 HannLVerfG1840, der sich in dem mit *„Von den Kirchen, Unterrichts-Anstalten und milden Stiftungen“* überschriebenen Kapitel des Gesetzes befindet:[56]

*„(1) Das gegenwärtige und zukünftige Vermögen aller Stiftungen ohne Ausnahme darf unter keinem Vorwande zum Staats-Vermögen gezogen oder zu anderen, als den gesetz- oder stiftungsmäßigen Zwecken verwandt werden. …*

*(2) Dem Könige gebührt das Oberaufsichtsrecht über alle für kirchliche Zwecke, für den Unterricht oder für andere öffentliche Zwecke bestimmten Stiftungen. …*

*(4) Ist durch den Stifter oder durch die dabei betheiligten Personen für die Verwaltung der Stiftungen eine Bestimmung getroffen, so berechtigt das Oberaufsichtsrecht nicht zu einer Einmischung in die Verwaltung selbst.*

*(5) Eine Abänderung der im zweiten Absatze dieses Paragraphen bezeichneten Stiftungen kann von der Regierungsgewalt nur nach vorgängiger Vernehmung der zur Verwaltung und Aufsicht etwa Berechtigten und nur dann vorgenommen werden, wenn der Zweck der Stiftung auf die vorgeschriebene Weise nicht mehr zu erreichen ist. Indeß muß das Vermögen, unter thunlichster Berücksichtigung der Wünsche der zur Verwaltung und Aufsicht etwa Berechtigten, zu gleichen oder möglichst ähnlichen und der muthmaßlichen Absicht des Stifters am meisten entsprechenden Zwecken wieder verwandt werden.“*

§ 1 Abs. 1 Sätze 1 und 2 des badischen *Gesetzes die Rechtsverhältnisse und die Verwaltung der Stiftungen betreffend* aus dem Jahr 1870[57] regelte zwar, dass für die

56 Nds. GVBl. Sb. III S. 5. Diese Regelungen sind offenbar heute noch in Kraft; sie werden jedenfalls vom Niedersächsischen Vorschrifteninformationssystem NI-VORIS als geltendes Landesrecht ausgewiesen.

57 Gesetz vom 5. Mai 1870 (Gesetzes- und Verordnungs-Blatt für das Großherzogtum Baden S. 399).

Errichtung einer Stiftung als selbständiges Rechtssubjekt eine staatliche Genehmigung erforderlich sei und diese u. a. nur erteilt werden dürfe, wenn die Stiftung einem „öffentlichen" Zweck gewidmet sei. Einen solchen Zweck sah das Gesetz jedoch auch bei „Familien-, Stipendien- und Aussteuer-Stiftungen" als gegeben an (vgl. die §§ 36 ff. des Gesetzes). Den Begriff der „Stiftung des öffentlichen Rechts" verwendete jedenfalls auch dieses Gesetz nicht.[58]

Es trifft mithin nicht zu, dass „man" bei Inkrafttreten des Bürgerlichen Gesetzbuchs die Stiftung *des öffentlichen Rechts* „schon kannte".[59]

## III. Entstehung des Rechtsbegriffs „Stiftung des öffentlichen Rechts"

Vielmehr lag der soeben dargestellte Befund auch den Beratungen des Bürgerlichen Gesetzbuchs, das bekanntlich am 1. Januar 1900 in Kraft trat, zugrunde.[60] Diese Beratungen sollen im Folgenden einer näheren Betrachtung unterzogen werden, weil sie als „Geburtsstunde" des Begriffs der „Stiftungen *des öffentlichen Rechts*" gelten können:

Die Verfasser des Bürgerlichen Gesetzbuchs waren sich zunächst darin einig, dass eine Stiftung ein durch Verfügung des Stiftenden einem bestimmten Zweck gewidmetes und dazu rechtlich in Gestalt einer juristischen Person verselbständigtes Vermögen sei.[61]

Was eine Stiftung *„des öffentlichen Rechts"* sein könnte, war hingegen alles andere als klar, weil es diesen Rechtsbegriff, wie dargelegt, zuvor noch gar nicht gab. Vielmehr wurde er von den Verfassern des Bürgerlichen Gesetzbuchs „erfunden": Einerseits war ihnen zwar klar, dass auch die (reichsrechtlich) im Bürgerlichen Gesetzbuch zu regelnde (privatrechtliche) Stiftung wegen des anerkannt notwendigen Einflusses des Staates insbesondere bei der Entstehung einer solchen Stiftung und der als ebenso notwendig anerkannten Aufsicht über diese nicht ohne

---

58 Der Hinweis von *D. Reuter* auf das „badische Stiftungsrecht" (in: Schliesky/Ernst/Schulz [Hrsg.], Festschrift Schmidt-Jortzig, S. 784) ist insoweit mindestens missverständlich. Denn das in Bezug genommene Gesetz verwendete, wie dargelegt, den Begriff als solchen nicht. Richtig ist allerdings, dass diese Stiftungen – später – in der Praxis als Stiftungen des öffentlichen Rechts angesehen und behandelt wurden (vgl. *H. Liermann*, S. 273; Gesetzentwurf zum baden-württembergischen Stiftungsgesetz, Landtagsdrucksache 6/7810, S. 22 und 38).

59 So aber (wenn auch möglicherweise nur missverständlich) *D. Reuter*, in: Säcker/Rixecker (Hrsg.), MüKo BGB, 6. Aufl., vor § 80 Rn. 67.

60 *B. Mugdan*, S. 657 f.

61 *B. Mugdan*, S. 396.

ergänzende Regelungen im öffentlichen Recht (der Länder) auskommen würde.[62] Andererseits ging es ihnen jedoch mehrheitlich zu weit, deswegen *jede* Stiftung als juristische Person *des öffentlichen Rechts* anzusehen. Vielmehr war die Mehrheit von ihnen der Ansicht, dass es dem öffentlichen Recht überlassen bleiben müsse, selbständige Formen von juristischen Personen zu erschaffen, seien es „Stiftungen", „Körperschaften", „Anstalten" oder „der Fiskus";[63] auch die Ausgestaltung der inneren Verfassung der dem öffentlichen Recht angehörenden juristischen Personen müsse allein dem öffentlichen Recht überlassen werden:[64] *„Das bürgerliche Recht habe jedes vom öff. Rechte geschaffene Rechtssubjekt als solches anzuerkennen und die vom öff. Rechte für solche Rechtssubjekte gegebene Daseinsordnung ... als maßgebend gelten zu lassen"*.[65] Ebenso sollte die Regelung der Entstehung und Aufhebung juristischer Personen des öffentlichen Rechts allein dem öffentlichen Recht in den *Landesgesetzen* überlassen werden.[66]

Damit musste schon damals dem Grunde nach klar sein, dass es sich bei der „Stiftung des öffentlichen Rechts" zwar (möglicherweise) begrifflich auch um eine „Stiftung" im Sinne des bürgerlichen Rechts handeln könnte, es sich jedoch nicht um einen Unterfall einer solchen „Stiftung", sondern um ein grundsätzlich anderes, nämlich dem öffentlichen Recht angehörendes und allein von diesem selbständig auszugestaltendes Rechtssubjekt – mithin ein *aliud*[67] – handeln sollte.

Bei ihrer Entscheidung, eine selbständigen Kategorie der Stiftung „des öffentlichen Rechts" einzuführen und trotz der nicht von der Hand zu weisenden umfangreichen Kritik[68] daran festzuhalten, berief sich die Mehrheit bei den Beratungen denn auch bezeichnenderweise nicht auf eine bestehende Rechtslage oder zumindest eine gefestigte allgemeine Rechtsauffassung, sondern verwies lediglich darauf, dass auch bei den Körperschaften zwischen privatrechtlichen Vereinen und öffentlich-rechtlichen Korporationen unterschieden werde, sodass eine dahingehende Unterscheidung auch bei den Stiftungen erforderlich sei. Die dann versuchte Abgrenzung lautete:

---

62 *B. Mugdan*, S. 317 f., 419 f., 658.

63 Vgl. *B. Mugdan*, S. 603, 670, 672 f.

64 *B. Mugdan*, S. 670 f.

65 *B. Mugdan*, S. 670.

66 Vgl. *B. Mugdan*, S. 402 f.

67 So dann im Ergebnis zutreffend *D. Reuter*, in: Säcker/Rixecker (Hrsg.), MüKo BGB, 6. Aufl., vor § 80 Rn. 64; *ders.*, in: Hüttemann/Richter/Wietemeyer (Hrsg.), Landesstiftungsrecht, Rn. 4.9 ff. (4.10); *B. Weitemeyer*, in: Säcker/Rixecker/Oetker/Limperg (Hrsg.), MüKo BGB, 7. Aufl., § 80 Rn. 229.

68 *B. Mugdan*, S. 657 f.

*„Als eine privatrechtliche Stiftung stelle sich der Regel nach jede Stiftung dar, welche auf einem Privatrechtsgeschäfte beruhe; es müßte denn sein, daß sie nach ihrer besonderen Beschaffenheit dem Organismus des Staates oder der Kirche dergestalt eingefügt sei, daß sie aus diesem Grunde unter die Kategorie der öffentlichrechtlichen Stiftungen falle.“*[69]

Die Mehrheit wollte zudem „zunächst nur diejenigen Stiftungen ins Auge ... fassen, welche sich nach der eben erwähnten Präzisierung als Stiftungen privatrechtlicher Natur darstellten“;[70] zu der damit wohl angedachten späteren Befassung mit den Stiftungen des öffentlichen Rechts kam es dann im Folgenden aber, soweit ersichtlich, nicht mehr.

Vielmehr wurde gegen Ende der Beratungen zwar eingestanden, dass die Abgrenzung zwischen privatrechtlichen Stiftungen und Stiftungen des öffentlichen Rechts „eine unsichere ist“. Gleichwohl wurde davon abgesehen, diese Abgrenzung näher zu konkretisieren oder sich im Bürgerlichen Gesetzbuch sonst näher mit der Stiftung des öffentlichen Rechts zu befassen.[71] Stattdessen blieb es bei der am 1. Januar 1900 in Kraft getretenen, auch heute noch praktisch unverändert geltenden Regelung in § 89 BGB, die als „juristische Personen des öffentlichen Rechts“ (so die Überschrift des betreffenden Untertitels) „den Fiskus sowie die Körperschaften, Stiftungen und Anstalten des öffentlichen Rechts“ benennt, ohne den Inhalt dieser Begriffe näher zu bestimmen.[72]

---

69 *B. Mugdan*, S. 658. – Diese Passage wird übrigens vom Bundesverfassungsgericht in BVerfGE 15, 46 (64 f.), bei juris Rn. 52, nicht ganz richtig zitiert. Denn statt *„Als eine privatrechtliche Stiftung stelle sich der Regel nach jede Stiftung dar, welche auf einem Privatrechtsgeschäfte beruhe; ...“* heißt es dort *„Eine privat-rechtliche Stiftung ist eine solche, welche auf Privatrechtsgeschäften beruht, ...“*. Dieser Unterschied mag nicht ganz unbedeutend sein, insbesondere weil das Bundesverfassungsgericht bei seinem Zitat unterschlägt, dass dieser Definitionsversuch zumindest nur den *Regelfall* darstellen sollte.

70 *B. Mugdan*, S. 658.

71 *B. Mugdan*, S. 831.

72 § 89 BGB in der Fassung vom 18. August 1986 (RGBl. S. 195). Dieselben Begriffe werden dann auch in den Artikeln 85, 91, 100, 101 und 138 EGBGB vom 18. August 1896 (RGBl. S. 604), § 15 Nr. 3 EGZPO in der Fassung des Gesetzes vom 17. Mai 1898 (RGBl. S. 332) und § 1006 Abs. 3 ZPO in der Fassung des Gesetzes vom 20. Mai 1898 (RGBl. S. 369, 410) verwendet. Alle diese Gesetze traten am 1. Januar 1900 in Kraft. Die ursprünglichen Fassungen der „Civilprozessordnung“ vom 30. Januar 1877 (RGBl. S. 83) und des „Gesetzes, betreffend die Einführung de Civilprozessordnung“ vom 30. Januar 1877 (RGBl. S. 244) verwendeten den Begriff der „Stiftung des öffentlichen Rechts“ dagegen noch nicht.

Danach kann man sagen, dass die Verfasser des Bürgerlichen Gesetzbuchs den Rechtsbegriff der „Stiftung des öffentlichen Rechts" zwar dem Grunde nach „erschaffen", seine inhaltliche Bestimmung jedoch ausschließlich der Rechtspraxis sowie dem öffentlichen Recht, und zwar im Wesentlichen dem *der Länder* überlassen haben.[73]

§ 89 BGB ist mithin nicht Ausdruck einer bei seiner Entstehung bereits gefestigten allgemeinen rechtlichen Auffassung, sondern nur der (vorläufige) Endpunkt einer zum damaligen Zeitpunkt vergleichsweise „jungen" Entwicklung des rechtswissenschaftlichen Diskurses. Die Schaffung des Begriffs „Stiftung des öffentlichen Rechts" in § 89 BGB ist also wohl weniger mit einem fundierten sachlogischen Konzept verbunden als vielmehr mit der Idee, eine im bürgerlichen Recht etablierte Form einer juristischen Person zur Bildung einer vermeintlich systematischen Ordnung[74] auch auf das öffentliche Recht zu übertragen.[75]

## IV. Entwicklung der Stiftungen des öffentlichen Rechts zwischen 1900 und 1962

Nach der „Geburt" des Rechtsbegriffs im Jahr 1900 sind allgemeine öffentlichrechtliche Regelungen über Stiftungen des öffentlichen Rechts, soweit ersichtlich, zunächst nicht erlassen worden.

Gleichwohl wurde auch in der Zeit zwischen dem Inkrafttreten des Bürgerlichen Gesetzbuchs im Jahr 1900 und dem Inkrafttreten des Grundgesetzes im Mai 1949 offenbar durchaus bereits Gebrauch von dieser Rechtsform gemacht.[76] So wurde durch das *Gesetz über die vermögensrechtliche Auseinandersetzung des Bayerischen Staates mit dem vormaligen Bayerischen Königshause* vom 9. März 1923[77] der – noch heute bestehende – Wittelsbacher Ausgleichsfonds als Stiftung des öffentlichen Rechts errichtet. Außerdem wurden durch das Gesetz zur Regelung der Rechtsverhältnisse nicht mehr bestehender öffentlicher Rechtsträger

---

73 Vgl. auch RGZ 78, 4 (6 f.) [Urteil des Reichsgerichts vom 14. November 1911 – Rep. III. 574/10 – 1911]. Danach ist die Prüfung, ob eine Stiftung eine bürgerlichrechtliche oder eine öffentlichrechtliche ist, (allein) „nach dem maßgeblichen öffentlichen Rechte" vorzunehmen.

74 Vgl. *M. Stolleis*, S. 416 („Ordnungsleistung").

75 Vgl. *M. Stolleis*, S. 416 f., m. w. N. („... Stiftungen, die nun ebenfalls als öffentlichrechtliche und privatrechtliche nebeneinander existierten ...").

76 So auch *A. Dittmann*, S. 85 f. – *W. Jellinek* (S. 178) stellte allerdings noch im Jahr 1931 fest, Stiftungen des öffentlichen Rechts, die „nicht zugleich Anstalten des öffentlichen Rechts" seien, kämen „nur selten vor".

77 BayGVBl. S. 101.

(Rechtsträger-Abwicklungsgesetz)[78] im Jahr 1965 die Stiftung Schorfheide, die Stiftung „Preußenhaus" und die Dankspendenstiftung als Stiftungen des öffentlichen Rechts benannt und zugleich aufgelöst und abgewickelt.[79] Demgegenüber blieben zum Beispiel die durch das Gesetz über die Errichtung einer Stiftung zum Zwecke der Erziehung Jugendlicher („Remenhof-Stiftung") vom 20. September 1939[80] errichtete Stiftung Remenhof sowie die wohl (auch) auf Grundlage von Besatzungsrecht im Mai 1946 entstandene Stiftung „Akademisches Hilfswerk"[81] (heute: Studentenwerk Göttingen[82]) nach dem Ende des Zweiten Weltkriegs bis heute bestehen. Die durch das Gesetz über die Errichtung einer Braunschweig-Stiftung vom 28. Januar 1934[83] errichtete Braunschweig-Stiftung ging nach § 1 Abs. 1 Satz 2 i. V. m. § 10 Abs. 1 des Gesetzes über die „Stiftung Braunschweigischer Kulturbesitz"[84] erst zum 1. Januar 2005 in der Stiftung Braunschweigischer Kulturbesitz auf. Auch die durch das Gesetz über die Errichtung einer Museums- und Bibliotheksstiftung vom 23. Oktober 1925[85] errichtete Museums- und Bibliotheksstiftung in Braunschweig wurde erst zum 1. April 1970 wieder aufgehoben.[86]

Angesichts dieser Staatspraxis mutet es etwas seltsam an, dass die *Stiftungen* des öffentlichen Rechts im Grundgesetz neben den Körperschaften und Anstalten des öffentlichen Rechts nicht ausdrücklich genannt werden (siehe insbesondere Artikel 86 Satz 1, Artikel 87 Abs. 3 Satz 1, Artikel 130 Abs. 3, Artikel 135 Abs. 2, 5 und 7 sowie Artikel 135 a GG).[87] Über die Gründe dafür lässt sich heute letztlich wohl nur spekulieren.[88] Wahrscheinlich kam es vor allem darauf an, den *mitgliedschaftlich* organisierten *Körperschaften* des öffentlichen Rechts andere,

---

78 Gesetz vom 6. September 1965 (BGBl. I S. 1065), geändert durch Artikel 68 des Gesetzes vom 5. Oktober 1994 (BGBl. I S. 2911).

79 Zu diesen und weiteren Beispielen der Gründung von Stiftungen des öffentlichen Rechts ab dem Jahr 1933 siehe *W. Weber*, Körperschaften, S. 40.

80 Nds. GVBl. Sb. II S. 331.

81 Siehe die Broschüre „Die Alte Mensa am Wilhelmsplatz. Geschichtsträchtiges Tagungshaus", im Internet als pdf-Datei herunterzuladen unter www.uni-goettingen.de/de/525947.html, dort S. 29.

82 § 68 Abs. 1 Satz 1 Halbsatz 2 NHG.

83 In der Fassung des Gesetzes vom 5. August 1938 (Nds. GVBl. Sb. II S. 568).

84 Gesetz vom 16. Dezember 2004 (Nds. GVBl. S. 649).

85 In der Fassung des Gesetzes vom 26. Juni 1943 (Nds. GVBl. Sb. II S. 413).

86 Gesetz vom 18. September 1969 (Nds. GVBl. S. 169).

87 „Stiftungen" werden im Grundgesetz überhaupt nur als solche von Religionsgemeinschaften oder religiösen Vereinen in Artikel 140 GG i. V. m. Artikel 138 Abs. 2 WRV erwähnt.

88 Vgl. auch *A. Dittmann*, S. 85 f.; *E. Müller*, S. 97 ff., m. w. N.

*nicht mitgliedschaftlich* organisierte Formen von juristischen Personen des öffentlichen Rechts gegenüberzustellen, sodass die Stiftungen des öffentlichen Rechts praktisch als Unterfall der – wohl nur *pars pro toto* genannten – Anstalten des öffentlichen Rechts mit erfasst worden sein dürften.[89]

Jedenfalls erklärte die Bundesregierung im Jahr 1955 im Rahmen des Entwurfs des *Gesetzes zur Errichtung einer Stiftung „Preußischer Kulturbesitz" und zur Übertragung von Vermögenswerten des ehemaligen Landes Preußen auf die Stiftung*, es entspreche „allgemeiner Auffassung", dass von Artikel 87 Abs. 3 Satz 1 GG auch Stiftungen des öffentlichen Rechts erfasst seien.[90] Dies ist heute zutreffend[91] und entspricht außerdem der bisher durchgängigen deutschen Staatspraxis.[92]

Im Jahr 1950 erklärte zudem die Niedersächsische Landesregierung, es entspreche „einem allgemein anerkannten Grundsatz des deutschen Verfassungsrechts",

---

89 So auch *G. C. Burmeister*, S. 154 ff., dort mit eingehender Begründung unter Würdigung der Entstehungsgeschichte des Grundgesetzes. Ferner war in der Rechtswissenschaft lange umstritten, ob der *Stiftung* des öffentlichen Rechts überhaupt eine eigenständige Bedeutung neben der *Anstalt* des öffentlichen Rechts zukommt (vgl. *E. Forsthoff*, S. 388 m. w. N. in Fn. 5). Siehe ferner *J. Ipsen*, Hochschulen als Stiftungen, S. 241 m. w. N. (Fn. 6); *Breuer*, in: VVDStRL 44, S. 221, 231 und 246. Eine gewisse Ironie liegt darin allerdings, weil die Verfasser des Bürgerlichen Gesetzbuchs seinerzeit die Anstalten des öffentlichen Rechts zunächst gar nicht regeln, sondern nur als Unterfall entweder einer Körperschaft oder einer Stiftung ansehen wollten (*B. Mugdan*, S. 396, 670 und 673). So sind denn auch im Canonischen Recht juristische Personen nur entweder Gesamtheiten von Personen oder von Sachen (Can. 115 § 1 CIC), wobei Gesamtheiten von Sachen stets als selbständige Stiftungen bezeichnet werden (Can. 115 § 3 CIC; vgl. auch Can. 1303 § 1 Nr. 1 CIC zum Begriff „selbständige fromme Stiftungen"). Wenn *M. Kilian* (in: Werner/Saenger [Hrsg.], Die Stiftung, Rn. 1079) behauptet, die Stiftung des öffentlichen Rechts sei „historisch" „aus der öffentlich-rechtlichen Anstalt" „abgeleitet" worden, verkehrt dies die geschichtliche Entwicklung jedenfalls geradezu in ihr Gegenteil.

90 Bundestagsdrucksache II/1670, S. 64 f. – Das Bundesverfassungsgericht musste diese Frage seinerzeit allerdings nicht entscheiden, weil es die Befugnis des Bundes zur Errichtung der Stiftung „Preußischer Kulturbesitz" als einer bundesunmittelbaren Stiftung des öffentlichen Rechts aus Artikel 135 Abs. 4 GG ableitete und die Voraussetzungen des Artikels 87 Abs. 3 Satz 1 GG insoweit als unbeachtlich ansah (BVerfGE 10, 20 [45], bei juris Rn. 128).

91 Statt vieler *M. Sachs*, in: Sachs (Hrsg.), GG, Artikel 86 Rn. 44 m. w. N.; *ders.*, Artikel 87 Rn. 70; *K. Ruge*, in: Schmidt-Bleibtreu/Hofmann/Henneke (Hrsg.), GG, Artikel 87 Rn. 28; *K. Stern*, § 41 VII 7 b („ohne jeden Zweifel"); im Ergebnis auch *A. Dittmann*, S. 86 („einhellige Auffassung").

92 So auch dazu *A. Dittmann*, S. 86 („unangefochtene Staatspraxis"); siehe ferner z. B. die Gesetzentwürfe in den Bundestagsdrucksachen 11/2583 (S. 8 f.), 13/1298 (S. 8), 14/6028 (S. 9), 18/8497 (S. 6) und 18/8858 (S. 7).

dass die Befugnis der Landesregierung, über die Organisation der öffentlichen Verwaltung zu beschließen („Organisationsgewalt"), „die Befugnis zur Errichtung von juristischen Personen des öffentlichen Rechts in ihren verschiedenen Erscheinungsformen" einschließe, soweit nicht „die Struktur der juristischen Person Gesetzesform erfordernde Besonderheiten aufweist",[93] wobei mit „juristischen Personen des öffentlichen Rechts" offenbar „Körperschaften, Anstalten und Stiftungen des öffentlichen Rechts unter Aufsicht des Landes" Niedersachsen gemeint waren.[94]

Die wohl erste allgemeine öffentlich-rechtliche Regelung über den Begriff sowie die Gründung, Änderung und Aufhebung von Stiftungen des öffentlichen Rechts einschließlich der Aufsicht über diese enthielt dann aber erst das Bayerische Stiftungsgesetz vom 26. November 1954.[95] Nach dessen Artikel 1 Abs. 2 sind „Stiftungen des öffentlichen Rechts im Sinn dieses Gesetzes"

> *„Stiftungen, die ausschließlich öffentliche Zwecke verfolgen und mit dem Staat, einer Gemeinde, einem Gemeindeverband oder einer sonstigen Körperschaft oder Anstalt des öffentlichen Rechts in einem organischen Zusammenhang stehen, der die Stiftung selbst zu einer öffentlichen Einrichtung macht".*

Ausführlichere Regelungen enthielt zudem die – mittlerweile allerdings außer Kraft getretene – Verordnung zur Ausführung des [Bayerischen] Stiftungsgesetzes vom 22. August 1958.[96] Diese definierte zum einen – soweit ersichtlich als einzige jemals erlassene deutsche Rechtsnorm – in ihrem § 1 den Begriff der „rechtsfähigen Stiftung" als

> *„eine durch den Willensakt des Stifters für einen bestimmten Zweck gewidmete Vermögensmasse, die durch staatlichen Hoheitsakt als juristische Person auf unbeschränkte Dauer rechtliche Selbständigkeit erlangt hat".*

Zum anderen führte sie in ihrem § 5 Abs. 2 näher aus, was mit einem „organischen Zusammenhang" im Sinne von Artikel 1 Abs. 2 des Gesetzes zu verstehen sein sollte. Dieser bestehe

---

93 Referenten-Begründung zum Entwurf einer Vorläufigen Niedersächsischen Verfassung (zu Landtagsdrucksache I/2073), S. 11 (zu Artikel 27 des Entwurfs).

94 Absatz 1 Buchst. b des – inzwischen aufgehobenen – Beschlusses des Niedersächsischen Landesministeriums über die Organisation der öffentlichen Verwaltung vom 31. März 1953 (Nds. MBl. S. 165).

95 BayGVBl. S. 301.

96 BayGVBl. S. 238.

*„insbesondere, wenn der Staat, eine Gemeinde, ein Gemeindeverband oder eine sonstige Körperschaft oder Anstalt des öffentlichen Rechts die Stiftung selbst verwaltet oder in den Stiftungsorganen maßgeblich vertreten ist oder die Besetzung der Organe auf Grund eines Funktionsrechts (Vorschlags- oder Bestätigungsrechts) ausschlaggebend bestimmt und wenn die Körperschaft oder Anstalt die Stiftung im Rahmen des Stiftungszweckes damit betraut, öffentliche, der Körperschaft oder Anstalt obliegende Aufgaben zu erfüllen, so daß die Stiftung selbst zu einer öffentlichen Einrichtung wird".*

Als erste „große" Gründung einer Stiftung des öffentlichen Rechts in der Nachkriegszeit kann dann wohl die Errichtung der Stiftung „Preußischer Kulturbesitz" mit Gesetz vom 25. Juli 1957[97] gelten. Zahlreiche weitere Gründungen von Stiftungen des öffentlichen Rechts in Bund und Ländern folgten.

Den weiteren Fortgang der Auseinandersetzung mit dem Rechtsinstitut der Stiftung des öffentlichen Rechts in Gesetzgebung, Rechtsprechung und Rechtswissenschaft in der Zeit von 1900 bis 1962 zeichnet sodann auch das Bundesverfassungsgericht in seinem Beschluss vom 6. November 1962 – 2 BvR 151/60 – nach.[98] Es gelangte dabei im Wesentlichen zu folgenden Feststellungen:

*„Es kommt also darauf an, ob eine Stiftung in das staatliche Verwaltungssystem eingegliedert ist, ob sie einen organischen Bestandteil der staatlichen Ordnung bildet, kurz, ob es sich um eine öffentlich-rechtlich gestaltete Institution handelt. Das muß aus der Gesamtheit aller Umstände erschlossen werden. Es kann nicht allein auf den Inhalt des Statutes ankommen (...); auf die praktische Handhabung, auf die Nähe zur öffentlichen Verwaltung, in der sich das Wirken der betreffenden Institution effektiv vollzieht, kommt es ebenso an. Sicher ist auch der Zweck von Bedeutung, für den die juristische Person errichtet ist. Aber es ist zu eng, wenn für die Anerkennung einer juristischen Person des öffentlichen Rechts gefordert wird, daß es sich um eine für den Staat ‚daseinsnotwendige' Einrichtung handelt (...). Es genügt, daß die Aufgaben der Stiftung überhaupt in den Funktionsbereich der öffentlichen Verwaltung fallen."*[99]

## V. Zusammenfassung

Der Begriff der „Stiftung des öffentlichen Rechts" wurde erstmals mit Wirkung zum 1. Januar 1900 im deutschen Recht verwendet. Der Begriff wurde zwar dem Grunde nach durch das bürgerliche Recht in die Rechtsordnung eingeführt. Die inhaltliche Bestimmung des Begriffs wurde dabei jedoch ausschließlich der

---

97 BGBl. I S. 841. Siehe dazu auch den Gesetzentwurf in der Bundestagsdrucksache II/1670 sowie das einschlägige Urteil des Bundesverfassungsgerichts vom 14. Juli 1959 – 2 BvF 1/58 – (BVerfGE 10, 20, bei juris).

98 BVerfGE 15, 46 (65 ff.), bei juris Rn. 53 ff., m. w. N.

99 BVerfGE 15, 46 (66 f.), bei juris Rn. 57.

Rechtspraxis sowie dem öffentlichen Recht und damit vor allem der Regelung durch die einzelnen Länder überlassen. Jedenfalls bis zur Entscheidung des Bundesverfassungsgerichts vom 6. November 1962 war eine bundesweit einheitliche, allgemein anerkannte Begriffsbestimmung noch nicht gelungen.

## C. Allgemeine Gesetze über die Organisation von Stiftungen des öffentlichen Rechts

### I. Einleitung

Nachfolgend soll dargestellt werden, welche allgemeinen Gesetze über die Organisation von Stiftungen des öffentlichen Rechts gegenwärtig in Bund und Ländern bestehen. Darunter werden hier Gesetze verstanden, die den Begriff, die Gründung die Errichtung, die Änderung und die Aufhebung von Stiftungen des öffentlichen Rechts sowie die Aufsicht über diese allgemein (nicht einzelfallbezogen) regeln. Die nachfolgend dargestellte Rechtslage in Bund und Ländern bildet die Grundlage für die meisten bestehenden Stiftungen des öffentlichen Rechts (dazu dann unter D.).

### II. Bund

Für den Bereich des Bundes gilt, wie bereits dargelegt, nach allgemeiner Auffassung und durchgängiger Staatspraxis Artikel 87 Abs. 3 Satz 1 GG, wonach „für Angelegenheiten, für die dem Bunde die Gesetzgebung zusteht, ... neue bundesunmittelbare Körperschaften und Anstalten des öffentlichen Rechtes durch Bundesgesetz errichtet werden" können, für „bundesunmittelbare" (also unter der unmittelbaren Aufsicht des Bundes stehende[100]) Stiftungen des öffentlichen Rechts (analog). Daraus folgt, dass jede neue bundesunmittelbare Stiftung des öffentlichen Rechts in jedem Einzelfall nur durch besonderes Bundesgesetz und nur bei einer entsprechenden Gesetzgebungszuständigkeit des Bundes errichtet und gegründet werden darf.[101] Darüber hinaus bestehen auf Bundesebene – „folgerichtig" – keine allgemeinen organisatorischen Regelungen über Stiftungen des öffentlichen Rechts. Vielmehr werden die organisatorischen Einzelheiten für jede Stiftung im Einzelfall durch das jeweilige Gesetz geregelt. Der Begriff der

100 Zum Begriff „bundesunmittelbar" siehe BVerfGE 11, 105 (108), bei juris Rn. 5.

101 Nicht von Artikel 87 Abs. 3 Satz 1 GG, sondern von Artikel 135 Abs. 4 GG erfasst ist allerdings die Stiftung „Preußischer Kulturbesitz" (BVerfGE 10, 20 [45], bei juris Rn. 128).

Stiftung des öffentlichen Rechts wird dabei zwar in den jeweiligen Gesetzen verwendet, jedoch an keiner Stelle bundesrechtlich bestimmt.

Was die Bundesregierung unter einer Stiftung des öffentlichen Rechts versteht, hat sie aber im Jahr 2015 im Rahmen eines Gesetzentwurfs dargelegt. Danach seien

> *„Stiftungen des öffentlichen Rechts … durch Hoheitsakt errichtete und mit hoheitlichen Befugnissen ausgestattete rechtsfähige Organisationen des öffentlichen Rechts, die unter staatlicher Aufsicht einen zweckgebundenen bereitgestellten Bestand an Vermögenswerten zur Erfüllung öffentlicher Aufgaben verwalten“.*[102]

## III. Gebiet der ehemaligen DDR

In den Ländern Brandenburg, Mecklenburg-Vorpommern, Sachsen, Sachsen-Anhalt und Thüringen sowie in einem Teil Berlins galt gemäß Artikel 9 des Einigungsvertrages und Artikel 3 Nr. 5 der Vereinbarung zwischen der Bundesrepublik Deutschland und der Deutschen Demokratischen Republik zur Durchführung und Auslegung des Einigungsvertrages zunächst das Gesetz über die Bildung und Tätigkeit von Stiftungen (Stiftungsgesetz) [der DDR] vom 13. September 1990[103] als jeweiliges Landesrecht fort, und zwar ab dem Zeitpunkt seines Inkrafttretens am 24. September 1990 (§ 32 Abs. 1 DDRStiftG). Dieses Gesetz galt auch für Stiftungen des öffentlichen Rechts. § 24 DDRStiftG lautet:

> *„(1) Stiftungen des öffentlichen Rechts sind Stiftungen, die ausschließlich öffentliche Zwecke verfolgen und mit dem Land ihres Sitzes oder einer anderen öffentlich-rechtlichen Gebiets-Körperschaft oder einer sonstigen Körperschaft oder Anstalt des öffentlichen Rechts in einem organischen Zusammenhang stehen.*
>
> *(2) [1]Eine Stiftung des öffentlichen Rechts entsteht durch den Stiftungsakt eines Trägers hoheitlicher Gewalt oder durch Rechtsvorschrift. [2]Ihre Bildung ist der Stiftungsbehörde zur Eintragung in das Stiftungsverzeichnis mitzuteilen.“*

Formal ist dieses Gesetz zwar wohl noch in Kraft. Es wurde jedoch in allen betreffenden Ländern inzwischen durch neues Landesrecht ersetzt.[104]

---

102 Bundestagsdrucksache 18/3784, S. 79 (ohne Fundstellenangabe, möglicherweise aber in Anlehnung an *H. Maurer/C. Waldhoff*, § 23 Rn. 62 bzw. die entsprechende Definition in einer früheren Auflage dieses Lehrbuchs).

103 Gesetzblatt der DDR, Teil I, S. 1483.

104 Siehe auch *A. Freiherr von Campenhausen/C. Stumpf*, in: von Campenhausen/Richter (Hrsg.), Stiftungsrechts-Handbuch, § 3 Rn. 6. In Berlin wurden durch § 1 Abs. 1 und § 2 Satz 1 des Gesetzes über die Vereinheitlichung des Berliner Landesrechts vom 28. September 1990 der Geltungsbereich des bis dahin nur in West-Berlin geltenden

## IV. Baden-Württemberg

In Baden-Württemberg gilt das Stiftungsgesetz des Landes[105] auch für Stiftungen des öffentlichen Rechts mit Sitz in Baden-Württemberg (§ 1 BWStiftG). Besondere Bestimmungen über Stiftungen des öffentlichen Rechts enthalten die §§ 17 bis 21 BWStiftG. Der Begriff der Stiftung des öffentlichen Rechts im Sinne dieses Gesetzes wird zwar nicht gesetzlich bestimmt. Jedoch ist ausdrücklich geregelt, wie eine Stiftung des öffentlichen Rechts in Baden-Württemberg *errichtet* wird (§ 17 Abs. 1 BWStiftG: „... soweit gesetzlich nichts anderes bestimmt ist, durch Stiftungsakt ..."), wie sie *entsteht* (§ 18 Abs. 1 BWStiftG: „[1]Eine Stiftung des öffentlichen Rechts entsteht durch den Stiftungsakt und die Verleihung der öffentlich-rechtlichen Rechtsfähigkeit. [2]Stiftungen des Landes entstehen durch den Stiftungsakt der Landesregierung.") und zu welchen *Zwecken* sie nur errichtet werden darf (§ 17 Abs. 2 BWStiftG: „... nur für Zwecke ..., die der Erfüllung öffentlicher Aufgaben von besonderem Interesse dienen"). Des Weiteren werden Regelungen über anzuwendende Rechtsvorschriften, die (nur bestehende) Rechtsaufsicht sowie die Zweckänderung, Zusammenlegung und Aufhebung getroffen (§§ 19 bis 21 BWStiftG).

## V. Bayern

In Bayern werden Stiftungen des öffentlichen Rechts mit Sitz in Bayern – nur – im Bayerischen Stiftungsgesetz[106] geregelt (Artikel 1 Abs. 1 und 2 BayStiftG). Nach Artikel 1 Abs. 3 Satz 1 BayStiftG sind Stiftungen des öffentlichen Rechts „im Sinn dieses Gesetzes"

> *„Stiftungen, die ausschließlich öffentliche Zwecke verfolgen und mit dem Staat, einer Gemeinde, einem Gemeindeverband oder einer sonstigen unter der Aufsicht des Staates stehenden Körperschaft oder Anstalt des öffentlichen Rechts in einem organischen Zusammenhang stehen, der die Stiftung selbst zu einer öffentlichen Einrichtung macht".*

Geregelt ist, dass eine Stiftung des öffentlichen Rechts, „soweit sie nicht durch Gesetz errichtet wird, durch das Stiftungsgeschäft und die Anerkennung in entsprechender Anwendung der §§ 80 bis 84 BGB" entsteht (Artikel 3 Abs. 2 Satz 1

---

Berliner Stiftungsgesetzes auf ganz Berlin erstreckt und das Stiftungsgesetz der DDR außer Kraft gesetzt.

105 Stiftungsgesetz für Baden-Württemberg vom 4. Oktober 1977 (GBl. S. 408), zuletzt geändert durch Verordnung vom 23. Februar 2017 (GBl. S. 99, 100).

106 Bayerisches Stiftungsgesetz in der Fassung der Bekanntmachung vom 26. September 2008 (GVBl. S. 834), zuletzt geändert durch Gesetz vom 12. Mai 2015 (GVBl. S. 82).

BayStiftG), wobei es der Anerkennung nicht bedarf, „wenn der Freistaat Bayern Stifter oder Mitstifter ist" (Artikel 3 Abs. 2 Satz 3 BayStiftG). Im Übrigen gelten die Vorschriften des Gesetzes für Stiftungen des bürgerlichen und des öffentlichen Rechts grundsätzlich gleichermaßen, soweit nicht besondere Vorschriften für Stiftungen des öffentlichen Rechts getroffen werden (so insbesondere Artikel 5 Abs. 3 und Artikel 8 Abs. 1 Satz 2 BayStiftG).

Außerdem ist in Artikel 55 Nr. 5 Satz 2 BayVerf geregelt, dass den Staatsministerien im Rahmen der Gesetze die Aufsicht über die öffentlich-rechtlichen Stiftungen obliegt. Die Stiftungen des öffentlichen Rechts werden damit der Staatsverwaltung zugeordnet (vgl. Artikel 55 Nr. 5 Satz 1 BayVerf).

## VI. Berlin

Das Berliner Stiftungsgesetz[107] gilt nur für Stiftungen des bürgerlichen Rechts mit Sitz in Berlin (§ 1 BerlStiftG).

Im Übrigen behandelt das Landesrecht von Berlin „landesunmittelbare" Stiftungen des öffentlichen Rechts zwar allgemein in seinem Verwaltungsorganisationsrecht.[108] In den §§ 28 bis 30 BerlAZG wird aber lediglich bestimmt, wann eine Stiftung des öffentlichen Rechts (die als solche nicht gesetzlich definiert wird) „landesunmittelbar" ist (§ 28 Abs. 2 BerlAZG). Im Übrigen beschränken sich die Regelungen auf die Bereiche des Umfangs und der Durchführung der Staatsaufsicht – die auch Fachaufsicht sein kann (§ 28 Abs. 7 BerlAZG) –, der rechtsgeschäftlichen Vertretung und des Widerspruchsverfahrens. Die Entstehung einer („landesunmittelbaren") Stiftung des öffentlichen Rechts wird dagegen nicht (ausdrücklich) geregelt.[109]

Ferner bestimmt Artikel 96 Sätze 1 und 2 BerlVerf, dass zwischen Berlin und anderen Ländern durch Vereinbarung mit Zustimmung des Abgeordnetenhauses gemeinsame Stiftungen des öffentlichen Rechts gebildet werden können.

---

107 Berliner Stiftungsgesetz in der Fassung vom 22. Juli 2003 (GVBl. S. 293).

108 Gesetz über die Zuständigkeiten in der Allgemeinen Berliner Verwaltung (Allgemeines Zuständigkeitsgesetz) in der Fassung vom 22. Juli 1996 (GVBl. S. 302, 472), zuletzt geändert durch Gesetz vom 7. Juli 2016 (GVBl. S. 423).

109 Allenfalls könnte man aus § 28 Abs. 2 BerlAZG schließen, dass eine Stiftung des öffentlichen Rechts auf Landesrecht, auf Bundesrecht oder auf einem Staatsvertrag oder einer Verwaltungsvereinbarung beruhen muss. Damit ist allerdings kein besonderer Erkenntnisgewinn verbunden.

## VII. Brandenburg

Das brandenburgische Stiftungsgesetz[110] gilt wiederum nur für Stiftungen des bürgerlichen Rechts mit Sitz in Brandenburg (§ 1 BbgStiftG) mit Ausnahme einer Übergangsregelung für Stiftungen des öffentlichen Rechts, die auf Grundlage des Stiftungsgesetzes der DDR entstanden sind (§ 15 BbgStiftG).

In Brandenburg werden Stiftungen des öffentlichen Rechts vielmehr im Verwaltungsorganisationsgesetz[111] geregelt: In den §§ 13 bis 15 BbgLOG werden sie als Teil der „mittelbaren Landesverwaltung" erfasst. Spezielle Regelungen über Stiftungen des öffentlichen Rechts enthält das Gesetz allerdings nur insoweit, als es die für Körperschaften des öffentlichen Rechts, die nicht Gemeinden oder Gemeindeverbände sind, geltenden Vorschriften der §§ 13 und 14 BbgLOG für entsprechend anwendbar erklärt (§ 15 BbgLOG). Daher können nach § 15 i. V. m. § 13 Abs. 1 BbgLOG Stiftungen des öffentlichen Rechts in Brandenburg nur durch Gesetz oder aufgrund eines Gesetzes errichtet werden.[112]

## VIII. Bremen

Das Landesrecht von Bremen enthält, soweit ersichtlich, keine allgemeinen organisatorischen Regelungen über Stiftungen des öffentlichen Rechts. Das Stiftungsgesetz des Landes[113] gilt nur für Stiftungen des bürgerlichen Rechts mit Sitz in Bremen (§ 1 BremStiftG).

---

110 Stiftungsgesetz für das Land Brandenburg vom 20. April 2004 (GVBl. I S. 150), zuletzt geändert durch Gesetz vom 25. Januar 2016 (GVBl. I S. 1).

111 Gesetz über die Organisation der Landesverwaltung (Landesorganisationsgesetz) vom 24. Mai 2004 (GVBl. S. 186), zuletzt geändert durch Gesetz vom 10. Juli 2014 (GVBl. S. 1).

112 In der Begründung des Entwurfs des Stiftungsgesetzes für das Land Brandenburg führte die Landesregierung aus, diese Regelung sei verfassungsrechtlich zwingend geboten, denn die Errichtung öffentlich-rechtlicher Stiftungen bedürfe „nach dem allgemeinen Verfassungsverständnis eines speziellen Gesetzes". § 24 Abs. 2 DDRStiftG (s. o.) könne deswegen „nicht mehr als verfassungsgemäß angesehen werden" (Landtagsdrucksache 2/577, S. 18 f.).

113 Bremisches Stiftungsgesetz vom 7. März 1989 (Brem.GBl. S. 163), zuletzt geändert durch Geschäftsverteilung des Senats vom 2. August 2016 (Brem.GBl. S. 434).

## IX. Hamburg

Auch das Landesrecht von Hamburg enthält, soweit ersichtlich, keine allgemeinen organisatorischen Regelungen über Stiftungen des öffentlichen Rechts.[114] Das Stiftungsgesetz Hamburgs[115] gilt ausschließlich für Stiftungen des bürgerlichen Rechts mit Sitz in Hamburg (§ 1 HmbStiftG).

## X. Hessen

Demgegenüber gilt das Stiftungsgesetz des Landes Hessen[116] auch für Stiftungen des öffentlichen Rechts mit Sitz in Hessen (§ 1 HessStiftG). Stiftungen des öffentlichen Rechts in Sinne dieses Gesetzes sind nach § 2 Abs. 1 HessStiftG

> *„Stiftungen, die ausschließlich oder überwiegend öffentliche Zwecke verfolgen und mit dem Land, einer Gemeinde, einem Gemeindeverband oder einer sonstigen Körperschaft oder Anstalt des öffentlichen Rechts in einem organischen Zusammenhang stehen."*

Nach § 2 Abs. 3 HessStiftG gelten mit Ausnahme des § 82 Satz 2 BGB die §§ 80 bis 88 BGB für Stiftungen des öffentlichen Rechts entsprechend. Im Übrigen behandelt das Gesetz Stiftungen des öffentlichen und des bürgerlichen Rechts grundsätzlich gleich und enthält nur einige spezielle Regelungen über Stiftungen des öffentlichen Rechts (so insbesondere § 2 Abs. 2, § 3, 2. Fall und § 11 Abs. 2, 2. Fall HessStiftG; siehe ferner § 22 HessStiftG).

## XI. Mecklenburg-Vorpommern

In Mecklenburg-Vorpommern gilt das Stiftungsgesetz[117] wiederum nur für Stiftungen des bürgerlichen Rechts mit Sitz in Mecklenburg-Vorpommern (§ 1 MVStiftG).

---

114 Allerdings werden nach der Begründung des Entwurfs eines Hamburgischen Stiftungsgesetzes Stiftungen des öffentlichen Rechts in Hamburg *stets* durch besondere Errichtungsgesetze errichtet (dortige Bürgerschaftsdrucksache 18/1513, S. 5; vgl. auch Bürgerschaftsdrucksache 16/1537, S. 16; danach bedarf es für die Errichtung einer Stiftung des öffentlichen Rechts im Hamburg immer eines Gesetzes).

115 Hamburgisches Stiftungsgesetz vom 14. Dezember 2005 (HmbGVBl. S. 521).

116 Hessisches Stiftungsgesetz vom 4. April 1966 (GVBl. S. 77), zuletzt geändert durch Gesetz vom 27. September 2012 (GVBl. S. 290).

117 Stiftungsgesetz des Landes Mecklenburg-Vorpommern (Landesstiftungsgesetz) vom 7. Juni 2006 (GVOBl. M-V S. 366), zuletzt geändert durch Gesetz vom 15. November 2012 (GVOBl. M-V S. 502, 503).

Nach dem dortigen Verwaltungsorganisationsgesetz[118] sind Stiftungen des öffentlichen Rechts unter der Aufsicht des Landes in Mecklenburg-Vorpommern „Träger der mittelbaren Landesverwaltung" (nur), „soweit sie ihnen übertragene öffentliche Aufgaben wahrnehmen" (§ 2 Abs. 3 Satz 1 MVLOG). Außerdem können sie „Träger einzelner Aufgaben der öffentlichen Verwaltung" sein (§ 9 Abs. 2 MVLOG). Insoweit gilt für sie das Landesorganisationsgesetz (§ 1 Abs. 1 Satz 3 MVLOG). Spezielle Regelungen über Stiftungen des öffentlichen Rechts enthalten dann § 10 Abs. 3 und 4 und § 19 Abs. 1 Satz 1 MVLOG.

§ 10 Abs. 3 MVLOG definiert Stiftungen des öffentlichen Rechts im Sinne dieses Gesetzes als

> *„aufgrund öffentlichen Rechts errichtete oder anerkannte Verwaltungseinheiten, die mit einem Kapital- oder Sachbestand Aufgaben der öffentlichen Verwaltung dauerhaft wahrnehmen".*

Nach § 10 Abs. 4 MVLOG werden sie „durch Gesetz oder aufgrund eines Gesetzes errichtet und aufgehoben. Die wesentlichen Grundzüge dieser juristischen Personen hat der Gesetzgeber zu bestimmen. Sie nehmen Aufgaben der Landesverwaltung nach Maßgabe der hierfür geltenden gesetzlichen Vorschriften wahr."

Schließlich unterstehen „ihre Behörden" nach § 19 Abs. 1 Satz 1 MVLOG „der Fachaufsicht durch die zuständigen Behörden des Landes", soweit sie „Aufgaben des übertragenen Wirkungskreises wahrnehmen".

## XII. Niedersachsen

In Niedersachsen gilt das Landesstiftungsgesetz[119] (unmittelbar) nur für Stiftungen der bürgerlichen Rechts mit Sitz in Niedersachsen (§ 1 NStiftG).

Für Stiftungen des öffentlichen Rechts ist in Niedersachsen aber zum einen der Sonderfall geregelt, dass eine Kommune eine Stiftung des öffentlichen Rechts verwaltet. In diesem Fall sind nach § 135 Abs. 1 Satz 3 NKomVG die Regelungen in § 135 Abs. 1 Satz 2 NKomVG und in den §§ 6 bis 8 und 19 Abs. 2 NStiftG *entsprechend* anzuwenden. Die zuletzt genannte Verweisung betrifft die Verwaltung der Stiftung (§§ 6 und 19 Abs. 2 Satz 1 NStiftG), ihre Änderung und Aufhebung (§§ 7, 8 und 19 Abs. 2 Satz 2 NStiftG) und die Aufsicht über die Stiftung (§ 19 Abs. 2 Satz 3 NStiftG). Außerdem enthält § 135 Abs. 2 NKomVG besondere Vorschriften

118 Organisationsgesetz für das Land Mecklenburg-Vorpommern (Landesorganisationsgesetz) vom 14. März 2005 (GVOBl. M-V S. 98), zuletzt geändert durch Gesetz vom 28. Oktober 2010 (GVOBl. M-V S. 615).

119 Niedersächsisches Stiftungsgesetz vom 24. Juli 1968 (Nds. GVBl. S. 119), zuletzt geändert durch Gesetz vom 25. Juni 2014 (Nds. GVBl. S. 168).

für den Fall, dass eine Kommune mehrere Stiftungen des öffentlichen Rechts verwaltet; in diesem Fall kann sie unter bestimmten Voraussetzungen eine weitere, nicht von ihr verwaltete Stiftung mit der Führung der Geschäfte beauftragen.

Zum anderen finden sich in Niedersachsen spezielle Regelungen über Stiftungen des öffentlichen Rechts als Träger von Hochschulen in staatlicher Verantwortung in den §§ 55 ff. NHG. Diese Regelungen enthalten zumindest Vorgaben für die Gründung und Ausgestaltung derartiger Stiftungen, die dann auf Antrag einer Hochschule durch Verordnung der Landesregierung gegründet werden können. Das Gesetz selbst bestimmt dabei im Wesentlichen den Stiftungszweck (§ 55 Abs. 2 Satz 1 und Abs. 6 Satz 1 NHG), enthält Vorgaben für das Stiftungsvermögen und (sonstige) Stiftungsmittel (§ 56 NHG) und regelt die Stiftungsorgane (§§ 59 ff. NHG) sowie die Aufsicht über die Stiftung (§ 62 NHG). Raum für grundsätzliche Regelungen durch die Verordnung und die dabei zu erlassende Stiftungssatzung (§ 55 Abs. 1 Sätze 2 und 6 NHG) besteht danach kaum.

Im Übrigen finden Stiftungen des öffentlichen Rechts in der Niedersächsischen Verfassung lediglich insoweit ausdrücklich Erwähnung, als Mitglieder des Staatsgerichtshofs nach Artikel 55 Abs. 3 Satz 2 NV beruflich nicht im Dienst einer Stiftung des öffentlichen Rechts unter der Aufsicht des Landes stehen dürfen.

Außerdem vertreten *A. Freiherr von Campenhausen/ C. Stumpf*[120] die Auffassung, dass zumindest die §§ 37 bis 41 ALR II 19, in denen die Aufsicht über „milde Stiftungen" geregelt ist (s. o.), noch heute als niedersächsisches Landesrecht in Kraft und auf Stiftungen des öffentlichen Rechts anwendbar seien. Dafür könnte in der Tat sprechen, worauf *A. Freiherr von Campenhausen/C. Stumpf* auch hinweisen, dass § 1 des *Patents wegen Wiedereinführung des Allgemeinen Landrechts und der Allgemeinen Gerichtsordnung, in die von den Preußischen Staaten getrennt gewesenen mit denselben wieder vereinigten Provinzen* vom 9. September 1814, wonach das Allgemeine Landrecht vom 1. Januar 1815 an (wieder) gesetzliche Kraft haben soll, sowie § 1 der *Verordnung, betr. das Rechts-System und die gerichtliche Verfassung im Fürstenthum Ostfriesland* vom 24. Juni 1817 und § 1 Satz 1 der *Verordnung, betreffend das Rechts-System und die gerichtliche Verfassung in der Nieder-Grafschaft Lingen* vom 18. September 1819 auf Grundlage des Dritten Gesetzes zur Bereinigung des niedersächsischen Rechts vom 17. Mai 1967[121] im Nds. GVBl. Sb. III (S. 8) bekanntgemacht worden sind. Daraus kann aber zunächst nur der Schluss gezogen werden, dass diese Vorschriften nicht schon nach

120 in: von Campenhausen/Richter (Hrsg.), Stiftungsrechts-Handbuch, § 17 Rn. 7 mit Fn. 11.

121 Nds. GVBl. S. 135.

§ 1 des Dritten Gesetzes zur Bereinigung des niedersächsischen Rechts außer Kraft getreten sind. Ob sie unabhängig davon ihre Gültigkeit verloren haben, ist damit noch nicht geklärt (vgl. Abschnitt A, fünfter Absatz der Einführung zum Nds. GVBl. Sb. III). Zumindest weist das Niedersächsische Vorschrifteninformationssystem NI-VORIS das Patent und die beiden Verordnungen mit Ablauf des 1. August 2007 als „durch Vollzug erledigt" und damit als außer Kraft getreten aus. Ob und inwieweit dies zutrifft, kann hier nicht abschließend beurteilt werden. Denkbar wäre aber immerhin auch, den Gültigkeitsverlust nur für die privatrechtlichen, nicht aber für die öffentlich-rechtlichen Regelungen des ALR anzunehmen. Eine dahingehende Staatspraxis besteht aber, soweit ersichtlich, in Niedersachsen nicht. Vor diesem Hintergrund wird im Folgenden davon ausgegangen, dass das ALR in Niedersachsen überhaupt nicht mehr auf Stiftungen des öffentlichen Rechts anzuwenden ist.

Eine bislang, soweit ersichtlich, überhaupt noch nicht beachtete Rechtsquelle könnten aber auch die oben bereits zitierten Regelungen in § 75 Abs. 1, 2, 4 und 5 HannLVerfG1840 darstellen. *Diese* Regelungen gelten offenbar weiterhin als Landesrecht fort; sie werden jedenfalls im Nds. GVBl. Sb. III (S. 5) aufgeführt und im niedersächsischen Vorschrifteninformationssystem NI-VORIS auch heute noch als in Kraft befindlich ausgewiesen. Zwar könnten sie nach den beiden Kollisionsregeln *lex posterior derogat legi priori*[122] und *lex specialis derogat legi generali*[123] durch die später erlassenen und möglicherweise auch spezielleren Vorschriften des Bürgerlichen Gesetzbuchs, des Niedersächsischen Stiftungsgesetzes und des Niedersächsischen Kommunalverfassungsgesetzes verdrängt worden sein. Dies wäre hinsichtlich von Stiftungen *des öffentlichen Rechts* jedoch nur möglich, soweit diese Gesetze überhaupt auf derartige Stiftungen anzuwenden sind, was, wie dargelegt, weitestgehend nicht der Fall ist. Hinzu kommt, dass im Nds. GVBl. Sb. III (S. 5) der *Absatz 3* des § 75 HannLVerfG1840, der für „Stiftungen, welche nicht für öffentliche Zwecke bestimmt sind", galt, unmittelbar als außer Kraft getreten ausgewiesen wurde. Demgegenüber wurde *Absatz 2*, der eine Regelung für „alle ... für ... öffentliche Zwecke bestimmten Stiftungen" enthält, als grundsätzlich fortgeltend nachgewiesen. Auch dies könnte dafür sprechen, dass die Regelungen in § 75 Abs. 1, 2, 4 und 5 HannLVerfG1840 für Stiftungen *des öffentlichen Rechts* grundsätzlich fortgelten. Allerdings ist nicht erkennbar, dass die genannten Regelungen in der niedersächsischen Staatspraxis jemals überhaupt eine Rolle gespielt haben. Vielmehr führte das niedersächsische Landesministerium im Jahr

---

122 Siehe dazu BVerfGE 141, 1 (21), bei juris Rn. 50.

123 Siehe dazu BVerwGE 152, 264 (Rn. 14), bei juris Rn. 14 m. w. N.

1968 in der Begründung des von ihm beschlossenen Entwurfes eines Niedersächsischen Stiftungsgesetzes u. a. Folgendes aus:

> „... *Stiftungen des öffentlichen Rechts ... sind ... ein Teil der mittelbaren Staatsverwaltung und sollten bei einer etwaigen gesetzlichen Regelung in diesem Zusammenhang behandelt werden. Ein besonderes Bedürfnis für allgemeine Bestimmungen über Stiftungen des öffentlichen Rechts besteht im übrigen, soweit es sich um Neugründungen handelt, z. Z. nicht, da derartige Stiftungen ... nur durch Gesetz oder nach Art. 29 Abs. 1 Vorl. Nieders. Verfassung durch Beschluß des Landesministeriums errichtet und die für die Verwaltung der Stiftungen erforderlichen Bestimmungen im Errichtungsakt getroffen werden können. Im Hinblick auf bestehende Stiftungen des öffentlichen Rechts ist zwar auch eine Erneuerung des unübersichtlichen überkommenen Rechts wünschenswert, jedoch erst nach Klärung einiger Vorfragen möglich.*“[124]

Weder hier noch, soweit ersichtlich, an anderer Stelle hat § 75 HannLVerfG1840 jemals Erwähnung gefunden. Daher soll auf die darin enthaltenen Regelungen im Folgenden ebenfalls nicht weiter eingegangen, sondern davon ausgegangen werden, dass auch sie nicht (mehr) auf Stiftungen des öffentlichen Rechts in Niedersachsen anzuwenden sind.[125]

Im Folgenden wird deswegen zugrunde gelegt, dass es in Niedersachsen mit Ausnahme der eingangs genannten Regelungen im Niedersächsischen Kommunalverfassungsgesetz und im Niedersächsischen Hochschulgesetz *keine* allgemeinen organisatorischen Regelungen über Stiftungen des öffentlichen Rechts gibt.

## XIII. Nordrhein-Westfalen

In Nordrhein-Westfalen sind die Stiftungen des öffentlichen Rechts in gleicher Weise geregelt wie in Brandenburg: Das Stiftungsgesetz des Landes[126] gilt nur für Stiftungen des bürgerlichen Rechts mit Sitz in Nordrhein-Westfalen

---

124 Landtagsdrucksache 6/200, S. 9.

125 Denkbar wäre, dass dieses Ergebnis daraus herzuleiten ist, dass für praktisch alle Stiftungen des öffentlichen Rechts in Niedersachsen (s. u.) spätere und speziellere gesetzliche Regelungen bestehen, sodass die Regelungen in § 75 Abs. 1, 2, 4 und 5 HannLVerfG1840 *insoweit* tatsächlich nach der lex-posterior- und der lex-specialis-Regel verdrängt werden. Damit bliebe allerdings offen, ob die älteren und allgemeineren Regelungen theoretisch noch anwendbar wären, soweit spätere und speziellere Regelungen fehlen sollten.

126 Stiftungsgesetz für das Land Nordrhein-Westfalen vom 15. Februar 2005 (GV. NRW. S. 52), zuletzt geändert durch Gesetz vom 9. Februar 2010 (GV. NRW. S. 112).

(§ 1 NRWStiftG). Nach dem Verwaltungsorganisationsgesetz[127] gelten die Regelungen über Körperschaften des öffentlichen Rechts (§§ 18 bis 20 NRWLOG) für Stiftungen des öffentlichen Rechts entsprechend (§ 21 NRWLOG). Auch hier können Stiftungen des öffentlichen Rechts danach nur durch Gesetz oder aufgrund eines Gesetzes errichtet werden (§ 21 i. V. m. § 18 NRWLOG).

Die Verfassung für das Land Nordrhein-Westfalen enthält ebenfalls keine organisatorischen Regelungen über Stiftungen des öffentlichen Rechts, sondern bezieht Stiftungen des öffentlichen Rechts, soweit sie unter der Aufsicht des Landes stehen, lediglich in die Regelungen über das Petitionsrecht ein (Artikel 41 a NRWVerf).

## XIV. Rheinland-Pfalz

Das Stiftungsgesetz des Landes Rheinland-Pfalz[128] gilt sowohl für Stiftungen des bürgerlichen als auch des öffentlichen Rechts mit Sitz in Rheinland-Pfalz (§§ 2 und 3 Abs. 1 RPStiftG). Nach § 3 Abs. 4 Satz 1 RPStiftG sind Stiftungen des öffentlichen Rechts in Sinne dieses Gesetzes

> *„rechtsfähige Stiftungen, die zum Land, zu einer kommunalen Gebietskörperschaft oder zu einer sonstigen Körperschaft des öffentlichen Rechts in einer solchen Beziehung stehen, dass sie als öffentliche Einrichtung erscheinen, und als Stiftung des öffentlichen Rechts errichtet oder anerkannt worden sind".*

Spezielle Vorschriften über Stiftungen des öffentlichen Rechts enthält das Gesetz dann aber nur in § 10 RPStiftG. Danach bedarf eine Stiftung des öffentlichen Rechts, soweit sie nicht durch Gesetz, aufgrund eines Gesetzes oder durch einen Akt der Landesregierung errichtet wird, zur Erlangung der Rechtsfähigkeit der Anerkennung durch die Stiftungsbehörde (Absatz 1). Im Übrigen gelten die §§ 4 bis 9 RPStiftG sowie die §§ 80 bis 88 BGB für Stiftungen des öffentlichen Rechts entsprechend, soweit nicht durch Gesetz, aufgrund eines Gesetzes oder durch einen Akt der Landesregierung etwas anderes bestimmt ist (Absatz 2).

Im Übrigen behandelt auch die Verfassung für Rheinland-Pfalz die Stiftungen des öffentlichen Rechts nur wie die Verfassung für das Land Nordrhein-Westfalen, indem sie sie, soweit sie unter der Aufsicht des Landes stehen, in die Regelungen über das Petitionsrecht einbezieht (Artikel 90 a RPVerf), aber keine organisatorischen Regelungen trifft.

---

127 Gesetz über die Organisation der Landesverwaltung (Landesorganisationsgesetz) vom 10. Juli 1962 (GV. NW. S. 421), zuletzt geändert durch Gesetz vom 1. Oktober 2013 (GV. NRW. S. 566).

128 Landesstiftungsgesetz vom 19. Juli 2004 (GVBl. S. 385).

## XV. Saarland

Das Stiftungsgesetz des Saarlandes[129] gilt wiederum nur für Stiftungen des bürgerlichen Rechts mit Sitz im Saarland (§ 1 SaarlStiftG).

Im saarländischen Verwaltungsorganisationsgesetz[130] sind Stiftungen des öffentlichen Rechts in gleicher Weise wie in Brandenburg und Nordrhein-Westfalen (s. o.) geregelt (§§ 18 bis 21 SaarlLOG). Auch hier können Stiftungen des öffentlichen Rechts danach nur durch Gesetz oder aufgrund eines Gesetzes errichtet werden (§ 21 i. V. m. § 18 SaarlLOG).

## XVI. Sachsen

Demgegenüber gilt das Stiftungsgesetz in Sachsen[131] für Stiftungen sowohl des bürgerlichen als auch des öffentlichen Rechts mit Sitz in Sachen (§ 1 SächsStiftG). Stiftungen des öffentlichen Rechts im Sinne dieses Gesetzes sind nach § 12 Abs. 1 SächsStiftG

> *„Stiftungen, die ausschließlich öffentliche Zwecke verfolgen und mit einer Körperschaft oder Anstalt des öffentlichen Rechts in einem organisatorischen Zusammenhang stehen".*

Nach § 12 Abs. 2 SächsStiftG entsteht eine Stiftung (nur) „durch Gesetz, soweit in den §§ 13 und 14 [SächsStiftG] nichts Abweichendes bestimmt ist". Insoweit gilt allerdings die Besonderheit, dass nach § 13 Abs. 2 Satz 1 SächsStiftG kommunale Stiftungen (im Sinne von § 13 Abs. 1 SächsStiftG) des öffentlichen Rechts „durch den Satzungsbeschluss der kommunalen Gebietskörperschaft und die Anerkennung der Stiftung als rechtsfähig durch die Stiftungsbehörde" entstehen. Im Übrigen gelten für Stiftungen des öffentlichen Rechts § 80 Abs. 1 Sätze 2 und 3 BGB entsprechend (§ 12 Abs. 3 SächsStiftG) sowie die allgemeinen Vorschriften des Gesetzes, soweit keine speziellen Vorschriften gerade für Stiftungen des öffentlichen Rechts bestehen (soweit ersichtlich, nur in § 8 Abs. 1 Satz 1 Nr. 6, 2. Fall SächsStiftG).

---

129 Gesetz Nr. 1168 – Saarländisches Stiftungsgesetz – vom 11. Juli 1984 in der Fassung der Bekanntmachung vom 9. August 2004 (Amtsbl. S. 1825), zuletzt geändert durch Gesetz vom 15. Februar 2006 (Amtsbl. S. 474, 530).

130 Gesetz Nr. 883 – Landesorganisationsgesetz – vom 2. Juli 1969 in der Fassung der Bekanntmachung vom 27. März 1997 (Amtsbl. S. 410), zuletzt geändert durch Gesetz vom 2. Dezember 2015 (Amtsbl. S. 967).

131 Sächsisches Stiftungsgesetz vom 7. August 2007 (SächsGVBl. S. 386), zuletzt geändert durch Gesetz vom 27. Januar 2012 (SächsGVBl. S. 130, 141).

Eine Besonderheit in Sachsen ist zudem, dass Stiftungen des öffentlichen Rechts gemäß Artikel 82 Abs. 3 SächsVerf „nach Maßgabe der Gesetze Träger der Selbstverwaltung“ sind.[132]

## XVII. Sachsen-Anhalt

Das Stiftungsgesetz des Landes Sachsen-Anhalt[133] gilt ebenfalls sowohl für Stiftungen des bürgerlichen als auch des öffentlichen Rechts mit Sitz in Sachsen-Anhalt (§ 2 SAStiftG). Begrifflich unterscheidet dieses Gesetz ausdrücklich (nur) zwischen staatlichen und kirchlichen Stiftungen des öffentlichen Rechts (§ 3 Abs. 3 SAStiftG); kommunale Stiftungen des öffentlichen Rechts kennt dieses Gesetz hingegen nicht.[134] *Staatliche* Stiftungen des öffentlichen Rechts im Sinne dieses Gesetzes sind nach § 3 Abs. 4 SAStiftG

> *„Stiftungen, die*
> 1. *ausschließlich dazu bestimmt sind, öffentliche Aufgaben zu erfüllen,*
> 2. *mit dem Land organisatorisch verbunden sind und*
> 3. *vom Land als staatliche Stiftung des öffentlichen Rechts errichtet worden sind“.*

Spezielle Regelungen über staatliche Stiftungen des öffentlichen Rechts enthält dann § 11 SAStiftG. Danach kann eine solche Stiftung nur durch Gesetz errichtet oder aufgelöst werden (Absatz 1). Im Übrigen gelten die §§ 7 und 10 Abs. 1 bis 5 und 7 SAStiftG sowie § 148 des Kommunalverfassungsgesetzes des Landes Sachsen-Anhalt für staatliche Stiftungen des öffentlichen Rechts entsprechend, soweit nicht durch Gesetz oder aufgrund eines Gesetzes etwas anderes bestimmt

---

132 Dass Stiftungen des öffentlichen Rechts in gleicher Weise wie Körperschaften des öffentlichen Rechts ein „Selbstverwaltungsrecht“ haben könnten, ist allerdings nicht anzunehmen. Denn Stiftungen verwalten sich zwar in gewisser Weise durch ihre Organe selbst. In ihr wirken jedoch keine Personen, die *ihre* Angelegenheiten selbst verwalten. Vielmehr verwalten Stiftungen ein Vermögen zu dem *vom Stifter*, also extern vorgegebenen Zweck (so auch *J. Ipsen*, Hochschulen als Stiftungen, S. 242; vgl. ferner schon *E. Forsthoff*, S. 390). Daher ist es mindestens missverständlich, Stiftungen des öffentlichen Rechts im Hinblick auf ein „Selbstverwaltungsrecht“ in einem Atemzug mit Körperschaften des öffentlichen Rechts zu nennen.

133 Stiftungsgesetz Sachsen-Anhalt vom 20. Januar 2011 (GVBl. LSA S. 14), zuletzt geändert durch Gesetz vom 17. Juni 2014 (GVBl. LSA S. 288, 341).

134 Kommunale Stiftungen des öffentlichen Rechts werden in Sachsen-Anhalt als entbehrlich angesehen und sind daher bewusst nicht (mehr) im Gesetz vorgesehen (Begründung des Entwurfs des Stiftungsgesetzes Sachsen-Anhalt, Landtagsdrucksache 5/2651, S. 20).

ist (Absatz 2). Darüber hinaus enthält § 4 Abs. 2 SAStiftG noch eine Sonderregelung für staatliche Stiftungen des öffentlichen Rechts. Außerdem gelten nach § 15 Abs. 2 SAStiftG die durch einen Stiftungsakt eines Trägers hoheitlicher Gewalt oder durch Beschluss der Landesregierung vor Inkrafttreten dieses Gesetzes (insbesondere auf Grundlage von § 24 Abs. 2 Satz 1 DDRStiftG) errichteten öffentlich-rechtlichen Stiftungen als staatliche Stiftungen des öffentlichen Rechts im Sinne dieses Gesetzes fort.

Eine Besonderheit besteht in Sachsen-Anhalt insoweit, als staatliche Stiftungen des öffentlichen Rechts nicht nur im Stiftungsgesetz des Landes, sondern daneben teilweise auch im Verwaltungsorganisationsgesetz[135] geregelt werden (§ 1 Abs. 2 SALOG). Dies gilt allerdings nur, soweit staatliche Stiftungen des öffentlichen Rechts Aufgaben wahrnehmen, die ihnen „zur Erfüllung nach Weisung übertragen" worden sind (vgl. § 4 Abs. 2 SALOG). Insoweit unterliegen sie nach Maßgabe des § 20 Abs. 2 SALOG der Fachaufsicht.

## XVIII. Schleswig-Holstein

In Schleswig-Holstein werden Stiftungen des öffentlichen Rechts demgegenüber wiederum nur im Landesverwaltungsgesetz[136] geregelt; das Gesetz über rechtsfähige Stiftungen des bürgerlichen Rechts[137] – wie das Stiftungsgesetz des Landes Schleswig-Holstein mit voller Bezeichnung lautet – gilt naturgemäß nur für Stiftungen des bürgerlichen Recht mit Sitz in Schleswig-Holstein (§ 1 SHStiftG).

Das schleswig-holsteinische Landesverwaltungsgesetz enthält den umfangreichsten Bestand von Regelungen über der Stiftungen des öffentlichen Rechts. Der Begriff wird in § 46 Abs. 1 SHLVwG wie folgt definiert:

> *„Rechtsfähige Stiftungen des öffentlichen Rechts sind auf einen Stiftungsakt gegründete, aufgrund öffentlichen Rechts errichtete oder anerkannte Verwaltungseinheiten mit eigener Rechtspersönlichkeit, die mit einem Kapital- oder Sachbestand Aufgaben der öffentlichen Verwaltung erfüllen."*

---

135 Gesetz über die Organisation der Landesverwaltung Sachsen-Anhalt – Organisationsgesetz Sachsen-Anhalt – vom 27. Oktober 2015 (GVBl. LSA S. 554), zuletzt geändert durch Gesetz vom 10. Dezember 2015 (GVBl. LSA S. 627).

136 Allgemeines Verwaltungsgesetz für das Land Schleswig-Holstein (Landesverwaltungsgesetz) in der Fassung der Bekanntmachung vom 2. Juni 1992 (GVOBl. Schl.-H. S. 243, 534), zuletzt geändert durch Gesetz vom 5. April 2017 (GVOBl. Schl.-H. S. 218).

137 Gesetz über rechtsfähige Stiftungen des bürgerlichen Rechts (Stiftungsgesetz) [des Landes Schleswig-Holstein] in der Fassung der Bekanntmachung vom 2. März 2000 (GVOBl. Schl.-H. S. 208), zuletzt geändert durch Verordnung vom 16. März 2015 (GVOBl. Schl.-H. S. 96).

Für diese Stiftungen gelten sodann eine ganze Reihe von Vorschriften des Gesetzes, so insbesondere die §§ 46 bis 49 sowie § 1 Abs. 1 Satz 2, die §§ 12, 19, 21, 23 und 30, die §§ 50 bis 52, § 65, § 67 Abs. 4, § 150 Abs. 4, § 263 Abs. 1 Satz 1 Nr. 1, § 271 Abs. 1, § 322 Abs. 2 und § 330 SHLVwG.

Hervorgehoben seien davon an dieser Stelle nur die §§ 47 bis 49 SHLVwG, die Regelungen über die Errichtung, die Aufhebung und die Satzungen von Stiftungen des öffentlichen Rechts enthalten. Nach § 47 Abs. 1 SHLVwG können Stiftungen des öffentlichen Rechts „nur durch Gesetz oder aufgrund eines Gesetzes errichtet werden. Entsteht eine Stiftung nicht durch Gesetz, so ist außer dem Stiftungsakt ein Verwaltungsakt erforderlich, es sei denn, dass die Stiftung unter Mitwirkung der für den Verwaltungsakt zuständigen Behörde errichtet wird."

## XIX. Thüringen

In Thüringen gilt hingegen das Thüringer Stiftungsgesetz[138] sowohl für Stiftungen des bürgerlichen als auch des öffentlichen Rechts mit Sitz in Thüringen (§§ 2 und 3 Abs. 1 TStiftG). Nach § 3 Abs. 3 TStiftG „*können*" Stiftungen des öffentlichen Rechts

> *„nur Stiftungen sein, die ausschließlich öffentliche Zwecke verfolgen und mit dem Staat, einer Gemeinde, einem Gemeindeverband oder einer sonstigen Körperschaft oder Anstalt des öffentlichen Rechts in einem organischen Zusammenhang stehen, der die Stiftung selbst zu einer öffentlichen Einrichtung macht"*.

Eine Besonderheit ist hier die besondere Kategorie der „behördenverwalteten Stiftung". Dies sind nach § 3 Abs. 4 TStiftG „Stiftungen des bürgerlichen oder des öffentlichen Rechts, die durch das Land, eine öffentlich-rechtliche Körperschaft des Landes oder eine ihrer Behörden verwaltet werden".

Nach § 13 Abs. 1 Satz 1 TStiftG entsteht eine Stiftung des öffentlichen Rechts durch Gesetz oder aufgrund eines Gesetzes. Nach § 13 Abs. 2 TStiftG gelten die Bestimmungen des Zweiten Abschnitts dieses Gesetzes, also die Vorschriften über Stiftungen des bürgerlichen Rechts in den §§ 7 bis 12 TStiftG, für Stiftungen des öffentlichen Rechts entsprechend, soweit nicht durch Gesetz oder aufgrund eines Gesetzes etwas anderes bestimmt ist. Eine Sondervorschrift für Stiftungen des öffentlichen Rechts enthält zudem § 5 Abs. 2 Nr. 5, 2. Fall TStiftG. Für behördenverwaltete Stiftungen (auch des öffentlichen Rechts) enthält § 14 TStiftG besondere Aufsichtsregelungen.

---

138 Thüringer Stiftungsgesetz vom 16. Dezember 2008 (GVBl. S. 561), zuletzt geändert durch Gesetz vom 13. März 2014 (GVBl. S. 92, 94).

Eine Besonderheit weist § 13 Abs. 3 TStiftG auf. Danach sind die „Dienstherrnfähigkeit einer Stiftung des öffentlichen Rechts sowie Art und Ausmaß sonstiger hoheitlicher Befugnisse ... durch Gesetz oder aufgrund eines Gesetzes festzulegen".

Schließlich enthält auch die Verfassung des Freistaates Thüringen keine organisatorischen Regelungen über Stiftungen des öffentlichen Rechts, sondern bezieht sie, wenn sie der Aufsicht des Landes unterstehen, lediglich bei den Regelungen über parlamentarische Untersuchungsausschüsse ein (Artikel 64 Abs. 4 TVerf) und bestimmt, wie die Niedersächsische Verfassung, dass die Mitglieder des Verfassungsgerichtshofs beruflich nicht in ihrem Dienst stehen dürfen (Artikel 79 Abs. 3 Satz 2 TVerf).

## XX. Zusammenfassung

Die allgemeinen organisatorischen Regelungen über Stiftungen des öffentlichen Rechts sind sehr unterschiedlich.

Keine Regelungen bestehen insoweit im Bund und in den Ländern Bremen, Hamburg und letztlich auch in Berlin sowie (als einzigem Flächenland) – mit Ausnahme einiger spezieller Regelungen – in Niedersachsen. Innerhalb der Gruppe der übrigen zwölf Länder gelten in sieben Ländern (Baden-Württemberg, Bayern, Hessen, Rheinland-Pfalz, Sachsen, Sachsen-Anhalt und Thüringen) die jeweiligen Landesstiftungsgesetze auch für Stiftungen des öffentlichen Rechts, während in sechs Ländern (Brandenburg, Mecklenburg-Vorpommern, Nordrhein-Westfalen, Saarland, Sachsen-Anhalt und Schleswig-Holstein) die jeweiligen Verwaltungsorganisationsgesetze allgemeine organisatorische Regelungen über Stiftungen des öffentlichen Rechts enthalten (ähnlich, soweit überhaupt Regelungen getroffen werden, Berlin); Sachsen-Anhalt trifft allgemeine organisatorische Regelungen über Stiftungen des öffentlichen Rechts sowohl in seinem Landesstiftungsgesetz als auch in seinem Verwaltungsorganisationsgesetz.

Gesetzliche Bestimmungen des *Begriffs* der Stiftung des öffentlichen Rechts nehmen (nur) acht Länder vor. Diese Regelungen *ähneln* sich jedoch nur in sechs Ländern (Bayern, Hessen, Rheinland-Pfalz, Sachsen, Sachsen-Anhalt und Thüringen) einerseits sowie in zwei Ländern (Mecklenburg-Vorpommern und Schleswig-Holstein) andererseits. Während sich die zuerst genannte Gruppe mehr oder weniger an das bei der Entstehung des Bürgerlichen Gesetzbuchs angedachte Begriffsverständnis (s. o.) anlehnt, haben nur die beiden zuletzt genannten Länder eine eigenständige Begriffsbestimmung unternommen.

Auch inhaltlich unterscheiden sich die in den Landesgesetzen getroffenen Regelungen erheblich: Während die sechs Länder, die Stiftungen des öffentlichen

Rechts *nur* in ihren Landesstiftungsgesetzen regeln (Baden-Württemberg, Bayern, Hessen, Rheinland-Pfalz, Sachsen und Thüringen), eher dazu tendieren, Stiftungen des öffentlichen Rechts grundsätzlich den *Stiftungen* des bürgerlichen Rechts gleichzustellen (besonders deutlich insoweit Hessen), tendieren die fünf Länder, die Stiftungen des öffentlichen Rechts *nur* in ihren Verwaltungsorganisationsgesetzen regeln (Brandenburg, Mecklenburg-Vorpommern, Nordrhein-Westfalen, Saarland und Schleswig-Holstein), eher dazu, die Stiftungen des öffentlichen Rechts grundsätzlich den Körperschaften und Anstalten, also den anderen *juristischen Personen des öffentlichen Rechts* gleichzustellen (besonders deutlich insoweit Brandenburg, Nordrhein-Westfalen und das Saarland; ähnlich wohl außerdem Berlin); Sachsen-Anhalt, das Stiftungen des öffentlichen Rechts sowohl in seinem Landesstiftungsgesetz als auch in seinem Verwaltungsorganisationsgesetz regelt, lässt sich insoweit nicht eindeutig zuordnen.

Erheblich unterschiedlich geregelt ist außerdem die Grundlage für die *Entstehung* einer Stiftung des öffentlichen Rechts: Der Bund darf nach Artikel 87 Abs. 3 Satz 1 GG (analog) eine bundesunmittelbare (also seiner – unmittelbaren – Aufsicht unterstehende) Stiftung des öffentlichen Rechts nur *durch Gesetz* gründen (ebenso wohl die Auffassung in Hamburg und möglicherweise auch in Bremen und Berlin; zu Niedersachsen noch ausführlicher unten). Genau so streng sind nur Sachsen und Sachsen-Anhalt, wobei in Sachsen immerhin noch die Möglichkeit der Entstehung durch Satzungsbeschluss einer Kommune und staatliche Anerkennung hinzukommt. In sechs Ländern (Brandenburg, Mecklenburg-Vorpommern, Nordrhein-Westfalen, Saarland, Schleswig-Holstein und Thüringen) können Stiftungen des öffentlichen Rechts nur *durch Gesetz oder aufgrund eines Gesetzes* entstehen (dies sind – mit Ausnahme Thüringens – zugleich die Länder, die Stiftungen des öffentlichen Rechts nur in ihren Verwaltungsorganisationsgesetzen regeln und sie darin eher nicht mit Stiftungen des bürgerlichen Rechts, sondern mit Körperschaften und Anstalten des öffentlichen Rechts gleichstellen). In den übrigen vier Ländern (Baden-Württemberg, Bayern, Hessen und Rheinland-Pfalz) genügen hingegen ein Stiftungsakt und die staatliche Anerkennung, wobei indes die Möglichkeit der Entstehung durch Gesetz (oder aufgrund eines Gesetzes) nicht ausgeschlossen wird (dies sind durchweg Länder, die Stiftungen des öffentlichen Rechts nur in ihren Landesstiftungsgesetzen regeln und sie darin eher mit Stiftungen des bürgerlichen Rechts gleichstellen; Sachsen und Thüringen weichen insoweit, wie dargestellt, ab).[139]

---

139 Noch anders § 24 Abs. 2 DDRStiftG: Danach wurde nicht zwischen Stiftungsakt und staatlicher Anerkennung unterschieden. Vielmehr konnten danach Stiftungen,

Damit lässt sich nur feststellen, dass der Begriff der Stiftung des öffentlichen Rechts und die rechtlichen Anforderungen an ihre Entstehung im Bund und in den Ländern sehr uneinheitlich geregelt sind.

# D. Bestehende Stiftungen des öffentlichen Rechts

## I. Einleitung

Der Bundesverband Deutscher Stiftungen gibt, wie bereits erwähnt, in seinem im Jahr 2014 erschienenen Verzeichnis Deutscher Stiftungen an, insgesamt 566 rechtsfähige Stiftungen des öffentlichen Rechts in seiner Datenbank erfasst zu haben.[140] Diese lassen sich hier selbstverständlich nicht auch nur annähernd vollständig darstellen, ohne den Rahmen der vorliegenden Untersuchung zu sprengen. Gleichwohl soll im Folgenden versucht werden, einen gewissen Überblick zu geben. Der Schwerpunkt liegt dabei auf dem Bund und Niedersachsen, die möglichst vollständig dargestellt werden sollen. Aus den anderen Ländern werden lediglich mehr oder weniger willkürlich ausgewählte Beispiele dargestellt.

Die Darstellung richtet zudem ein besonderes Augenmerk auf die Tätigkeitsfelder der bestehenden Stiftungen des öffentlichen Rechts, weil sich daran möglicherweise die Motivation für die Wahl dieser Rechtsform ablesen lässt. Deshalb wird im Folgenden jeweils neben der Fundstelle der Rechtsgrundlage der jeweiligen Stiftung auch (nur) der Stiftungszweck angegeben.

## II. Bund

### 1. *„Conterganstiftung für behinderte Menschen“*[141]

§ 2 des Conterganstiftungsgesetzes:

> *„Zweck der Stiftung ist es, behinderten Menschen, deren Fehlbildungen mit der Einnahme thalidomidhaltiger Präparate der Grünenthal GmbH, Aachen (früher Chemie*

---

wie oben dargestellt, nur durch *staatlichen* Stiftungsakt („eines Trägers hoheitlicher Gewalt“) oder durch Rechtsvorschrift entstehen.

140 *BDS*, Verzeichnis, S. 13.

141 Gesetz über die Conterganstiftung für behinderte Menschen (Conterganstiftungsgesetz) in der Fassung vom 25. Juni 2009 (BGBl. I S. 1537), zuletzt geändert durch Gesetz vom 21. Februar 2017 (BGBl. I S. 263); hervorgegangen aus der Stiftung „Hilfswerk für behinderte Kinder“, errichtet durch Gesetz vom 17. Dezember 1971 (BGBl. I 2018; 1972 S. 2045), zuletzt geändert durch Gesetz vom 27. Dezember 2003 (BGBl. I S. 3022), aufgehoben durch § 25 Satz 2 des Gesetzes vom 13. Oktober 2005 (BGBl. I S. 2967).

*Grünenthal GmbH in Stolberg), durch die Mutter während der Schwangerschaft in Verbindung gebracht werden können,*

1. *Leistungen zu erbringen und*
2. *ihnen durch die Förderung oder Durchführung von Forschungs- und Erprobungsvorhaben Hilfe zu gewähren, um ihre Teilhabe am Leben in der Gesellschaft zu unterstützen und die durch Spätfolgen hervorgerufenen Beeinträchtigungen zu mildern."*

## 2. „Mutter und Kind – Schutz des ungeborenen Lebens"[142]

§ 2 Abs. 1 Gesetz zur Errichtung einer Stiftung „Mutter und Kind – Schutz des ungeborenen Lebens":

*„Zweck der Stiftung ist es, Mittel für ergänzende Hilfen zur Verfügung zu stellen, die werdenden Müttern, die sich wegen einer Notlage an eine Schwangerschaftsberatungsstelle wenden, gewährt oder für die Zeit nach der Geburt zugesagt werden, um ihnen die Fortsetzung der Schwangerschaft zu erleichtern."*

## 3. „Humanitäre Hilfe für durch Blutprodukte HIV-infizierte Personen"[143]

§ 4 des HIV-Hilfegesetzes:

*„Zweck der Stiftung ist es, die Zwecksetzung nach § 1 durch Auszahlung der Leistungen an die anspruchsberechtigten Personen zu erfüllen."*

§ 1 des HIV-Hilfegesetzes:

*„Zweck des Gesetzes ist es, aus humanitären und sozialen Gründen und unabhängig von bisher erbrachten Entschädigungs- und sozialen Leistungen an Personen, die durch Blutprodukte unmittelbar oder mittelbar mit dem Human Immundeficiency Virus (HIV) oder infolge davon an AIDS erkrankt sind, und an deren unterhaltsberechtigte Angehörige finanzielle Hilfe zu leisten."*

---

142 Gesetz zur Errichtung einer Stiftung „Mutter und Kind – Schutz des ungeborenen Lebens" in der Fassung vom 19. März 1993 (BGBl. I S. 406), zuletzt geändert durch Gesetz vom 8. Juli 2016 (BGBl. I S. 1594).

143 §§ 3 bis 14 des Gesetzes über die humanitäre Hilfe für durch Blutprodukte HIV-infizierte Personen (HIV-Hilfegesetz) vom 24. Juli 1995 (BGBl. I S. 972; 979), zuletzt geändert durch Verordnung vom 31. August 2015 (BGBl. I S. 1474) [sowie mit Wirkung vom 1. Januar 2019 durch Gesetz vom 18. Juli 2017 (BGBl. I S. 2757)].

### 4. *„Stiftung für ehemalige politische Häftlinge“*[144]

§ 15 Abs. 1 des Häftlingshilfegesetzes:

> *„Zur Förderung ehemaliger politischer Häftlinge wird unter dem Namen ‚Stiftung für ehemalige politische Häftlinge‘ eine rechtsfähige Stiftung des öffentlichen Rechts errichtet.“*

### 5. *„Heimkehrerstiftung“*[145]

§ 1 Abs. 2 Satz 1 des Gesetzes über die Heimkehrerstiftung:

> *„Der Stiftung obliegt die wirtschaftliche und soziale Förderung ehemaliger Kriegsgefangener und Geltungskriegsgefangener.“*

### 6. *„Erinnerung, Verantwortung und Zukunft“*[146]

§ 2 Abs. 1 und 2 des Gesetzes zur Errichtung einer Stiftung „Erinnerung, Verantwortung und Zukunft“:

> *„(1) Zweck der Stiftung ist es, über Partnerorganisationen Finanzmittel zur Gewährung von Leistungen an ehemalige Zwangsarbeiter und von anderem Unrecht aus der Zeit des Nationalsozialismus Betroffene bereitzustellen.*
>
> *(2) Innerhalb der Stiftung wird ein Fonds ‚Erinnerung und Zukunft‘ gebildet. Seine dauerhafte Aufgabe besteht darin, vor allem mit den Erträgen aus den ihm zugewiesenen Stiftungsmitteln Projekte zu fördern, die der Völkerverständigung, den*

---

144 §§ 15 bis 25 des Gesetzes über Hilfsmaßnahmen für Personen, die aus politischen Gründen außerhalb der Bundesrepublik Deutschland in Gewahrsam genommen wurden (Häftlingshilfegesetz) in der Fassung vom 2. Juni 1993 (BGBl. I S. 838), zuletzt geändert durch Gesetz vom 7. November 2015 (BGBl. I S. 1922).

145 Gesetz über die Heimkehrerstiftung, verkündet als Artikel 4 des Gesetzes vom 21. Dezember 1992 (BGBl. I S. 2094; 2101), zuletzt geändert durch Gesetz vom 10. Dezember 2007 (BGBl. I S. 2830); hervorgegangen aus der „Heimkehrerstiftung – Stiftung für ehemalige Kriegsgefangene –“ nach den §§ 44 bis 53 Gesetzes über die Entschädigung ehemaliger deutscher Kriegsgefangener (Kriegsgefangenenentschädigungsgesetz), zuletzt gültig in der Fassung vom 4. Februar 1987 (BGBl. I S. 506), zuletzt geändert durch Gesetz vom 20. Dezember 1991 (BGBl. I S. 2317), aufgehoben durch Gesetz vom 21. Dezember 1992 (BGBl. I S. 2094; 2101). *Diese Stiftung wurde durch § 1 Abs. 4 Satz 1 des Gesetzes über die Heimkehrerstiftung mit Ablauf des 31. Dezember 2007 aufgehoben.* Sie wird hier aber gleichwohl der Vollständigkeit halber nachgewiesen, zumal das Gesetz selbst noch in Kraft ist.

146 Gesetz zur Errichtung einer Stiftung „Erinnerung, Verantwortung und Zukunft“ vom 2. August 2000 (BGBl. I S. 1263), zuletzt geändert durch Gesetz vom 1. September 2008 (BGBl. I S. 1797).

*Interessen von Überlebenden des nationalsozialistischen Regimes, dem Jugendaustausch, der sozialen Gerechtigkeit, der Erinnerung an die Bedrohung durch totalitäre Systeme und Gewaltherrschaft und der internationalen Zusammenarbeit auf humanitärem Gebiet dienen. Im Gedenken an und zu Ehren derjenigen Opfer nationalsozialistischen Unrechts, die nicht überlebt haben, soll er auch Projekte im Interesse ihrer Erben fördern."*

## 7. „Stiftung zur Aufarbeitung der SED-Diktatur"[147]

§ 2 Abs. 1 des Gesetzes über die Errichtung einer Stiftung zur Aufarbeitung der SED-Diktatur:

> *„Zweck der Stiftung ist es, in Zusammenarbeit mit anderen Einrichtungen auf dem Gebiet der Aufarbeitung der SED-Diktatur, Beiträge zur umfassenden Aufarbeitung von Ursachen, Geschichte und Folgen der Diktatur in der sowjetischen Besatzungszone in Deutschland und in der DDR zu leisten und zu unterstützen, die Erinnerung an das geschehene Unrecht und die Opfer wachzuhalten sowie den antitotalitären Konsens in der Gesellschaft, die Demokratie und die innere Einheit Deutschlands zu fördern und zu festigen."*

## 8. „Stiftung Denkmal für die ermordeten Juden Europas"[148]

§ 2 des Gesetzes zur Errichtung einer „Stiftung Denkmal für die ermordeten Juden Europas":

> *„(1) Zweck der Stiftung ist die Erinnerung an den nationalsozialistischen Völkermord an den Juden Europas. Die Stiftung trägt dazu bei, die Erinnerung an alle Opfer des Nationalsozialismus und ihre Würdigung in geeigneter Weise sicherzustellen.*
>
> *(2) Die Stiftung verwirklicht ihren Zweck insbesondere, indem sie*
>
> *1. das Denkmal für die ermordeten Juden Europas (Stelenfeld und Ort der Information) unterhält und betreibt,*
> *2. eine ständige Ausstellung im Ort der Information unterhält,*
> *3. wechselnde Sonderausstellungen, Vortrags- und Seminarveranstaltungen durchführt und*
> *4. im notwendigen Umfang begleitende Publikationen erstellt.*

147 Gesetz über die Errichtung einer Stiftung zur Aufarbeitung der SED-Diktatur vom 5. Juni 1998 (BGBl. I S. 1226).

148 Gesetz zur Errichtung einer „Stiftung Denkmal für die ermordeten Juden Europas" vom 17. März 2000 (BGBl. I S. 212), zuletzt geändert durch Gesetz vom 29. März 2017 (BGBl. I S. 626).

(3) *Die Stiftung betreut auch das Denkmal für die im Nationalsozialismus ermordeten Sinti und Roma und das Denkmal für die im Nationalsozialismus verfolgten Homosexuellen."*

## *9. „Preußischer Kulturbesitz"*[149]

§ 3 Abs. 1 Gesetz zur Errichtung einer Stiftung „Preußischer Kulturbesitz" und zur Übertragung von Vermögenswerten des ehemaligen Landes Preußen auf die Stiftung:

*„Die Stiftung hat den Zweck, bis zu einer Neuregelung nach der Wiedervereinigung die ihr übertragenen preußischen Kulturgüter für das deutsche Volk zu bewahren, zu pflegen und zu ergänzen, unter Beachtung der Tradition den sinnvollen Zusammenhang der Sammlungen zu erhalten und eine Auswertung dieses Kulturbesitzes für die Interessen der Allgemeinheit in Wissenschaft und Bildung und für den Kulturaustausch zwischen den Völkern zu gewährleisten."*

## *10. „Haus der Geschichte der Bundesrepublik Deutschland"*[150]

§ 2 Abs. 1 des Gesetzes zur Errichtung einer Stiftung „Haus der Geschichte der Bundesrepublik Deutschland":

*„Zweck der Stiftung ist es, in einem Ausstellungs-, Dokumentations- und Informationszentrum die Geschichte der Bundesrepublik Deutschland einschließlich der Geschichte der Deutschen Demokratischen Republik unter Einbeziehung der Vor- und Entstehungsgeschichte darzustellen und Kenntnisse hierüber zu vermitteln."*

## *11. „Deutsches Historisches Museum"*[151]

§ 2 Abs. 1 des Gesetzes zur Errichtung einer Stiftung „Deutsches Historisches Museum":

*„Zweck der Stiftung ist es, die gesamte deutsche Geschichte in ihrem europäischen Zusammenhang darzustellen."*

---

149 Gesetz zur Errichtung einer Stiftung „Preußischer Kulturbesitz" und zur Übertragung von Vermögenswerten des ehemaligen Landes Preußen auf die Stiftung vom 25. Juli 1957 (BGBl. I S. 841), zuletzt geändert durch Gesetz vom 5. Februar 2009 (BGBl. I S. 160).

150 Gesetz zur Errichtung einer Stiftung „Haus der Geschichte der Bundesrepublik Deutschland" vom 28. Februar 1990 (BGBl. I S. 294), zuletzt geändert durch Gesetz vom 5. Februar 2009 (BGBl. I S. 160).

151 Gesetz zur Errichtung einer Stiftung „Deutsches Historisches Museum" vom 21. Dezember 2008 (BGBl. I S. 2891), zuletzt geändert durch Gesetz vom 29. März 2017 (BGBl. I S. 626).

### 12. *„Stiftung Jüdisches Museum Berlin"*[152]

§ 2 Abs. 1 des Gesetzes zur Errichtung einer „Stiftung Jüdisches Museum Berlin":

> *„Zweck der Stiftung ist es, jüdisches Leben in Berlin und in Deutschland, die von hier ausgehenden Einflüsse auf das europäische und das außereuropäische Ausland sowie die Wechselbeziehungen zwischen jüdischer und nichtjüdischer Kultur zu erforschen und darzustellen sowie einen Ort der Begegnung zu schaffen."*

### 13. *„Museumsstiftung Post und Telekommunikation"*[153]

§ 2 Abs. 1 des Gesetzes zur Errichtung einer Museumsstiftung Post und Telekommunikation:

> *„Zweck der Stiftung ist die Erschließung, Sammlung und Darstellung der gesamten Entwicklung der Nachrichtenübermittlung und des damit im Zusammenhang stehenden Bank-, Güter- und Personenverkehrs im Post- und Fernmeldewesen."*

### 14. *„Geld und Währung"*[154]

§ 11 Abs. 1 des Gesetzes über die Ausprägung einer 1-DM-Goldmünze und die Errichtung einer Stiftung „Geld und Währung":

> *„Zweck der Stiftung ist, das Bewusstsein der Öffentlichkeit für die Bedeutung stabilen Geldes zu erhalten und zu fördern. Die Stiftung unterstützt zu diesem Zweck die wirtschaftswissenschaftliche und juristische Forschung insbesondere auf dem Gebiet des Geld- und Währungswesens."*

### 15. *„Bundesstiftung Baukultur"*[155]

§ 2 des Gesetzes zur Errichtung einer „Bundesstiftung Baukultur":

> *„Zweck der Stiftung ist es, die Qualität, Nachhaltigkeit und Leistungsfähigkeit des Planungs- und Bauwesens in Deutschland national wie international herauszustellen und das Bewusstsein für gutes Planen, Bauen und Baukultur sowie den Wert der gebauten*

---

152 Gesetz zur Errichtung einer „Stiftung Jüdisches Museum Berlin" vom 16. August 2001 (BGBl. I S. 2138), zuletzt geändert durch Gesetz vom 29. März 2017 (BGBl. I S. 626).

153 Gesetz zur Errichtung einer Museumsstiftung Post und Telekommunikation vom 14. September 1994 (BGBl. I S. 2325; 2382), zuletzt geändert durch Gesetz vom 28. Mai 2015 (BGBl. I S. 813).

154 §§ 10 bis 18 des Gesetzes über die Ausprägung einer 1-DM-Goldmünze und die Errichtung einer Stiftung „Geld und Währung" vom 27. Dezember 2000 (BGBl. I S. 2045).

155 Gesetz zur Errichtung einer „Bundesstiftung Baukultur" vom 17. Dezember 2006 (BGBl. I S. 3177), geändert durch Verordnung vom 31. August 2015 (BGBl. I S. 1474).

*Umwelt bei Bauschaffenden und bei der Bevölkerung zu stärken. Dazu soll die Stiftung insbesondere als Kommunikationsplattform für die bundesweite Diskussion städtebaulicher, planerischer, bau- und wohnungswirtschaftlicher Qualitätsmaßstäbe dienen. Die Stiftung wird sich dabei auf Instrumente mit bundesweiter und internationaler Ausstrahlung konzentrieren. Maßnahmen der Länder und Gemeinden bleiben hiervon unberührt.“*

## 16. *„Stiftung Deutsche Geisteswissenschaftliche Institute im Ausland“*[156]

§ 2 Abs. 1 und 2 des Gesetzes zur Errichtung einer Stiftung Deutsche Geisteswissenschaftliche Institute im Ausland, Bonn:

*„(1) Zweck der Stiftung ist es, Folgendes zu fördern:*

1. *die Forschung mit Schwerpunkten auf den Gebieten der Geschichts-, Kultur-, Wirtschafts- und Sozialwissenschaften in ausgewählten Ländern und*
2. *das gegenseitige Verständnis zwischen Deutschland und diesen Ländern.*

*Die Stiftung unterhält mit dieser Zielrichtung im jeweiligen Gastland deutsche Forschungsinstitute (Institute) und fördert vorbereitende und begleitende Tätigkeiten, insbesondere Projekte.*

*(2) Die Institute sind im Rahmen der Satzung der Stiftung selbständige Einrichtungen, die in ihrer wissenschaftlichen Arbeit unabhängig sind. Sie sollen eigene Forschung betreiben und dabei die Zusammenarbeit zwischen den deutschen Geisteswissenschaften und den Geisteswissenschaften des Gastlandes fördern, insbesondere durch*

1. *Publikationen,*
2. *wissenschaftliche Veranstaltungen wie Ausstellungen, Kolloquien und Tagungen,*
3. *wissenschaftliche Auskünfte und Beratungen sowie die Vermittlung wissenschaftlicher Kontakte und*
4. *Förderung des wissenschaftlichen Nachwuchses, vor allem durch Vergabe von Stipendien.“*

156 Gesetz zur Errichtung einer Stiftung Deutsche Geisteswissenschaftliche Institute im Ausland, Bonn vom 20. Juni 2002 (BGBl. I S. 2003), zuletzt geändert durch Gesetz vom 29. März 2017 (BGBl. I S. 626). Die Stiftung hat sich gemäß § 1 Satz 2 dieses Gesetzes den Namenszusatz „Max Weber Stiftung“ gegeben.

### 17. *„Stiftung Bundeskanzler-Adenauer-Haus"*[157]

§ 2 Abs. 1 des Gesetzes über die Errichtung einer Stiftung Bundeskanzler-Adenauer-Haus:

> *„Zweck der Stiftung ist es,*
>
> 1. *das Andenken an das Wirken des Staatsmannes Konrad Adenauer für Freiheit und Einheit des deutschen Volkes, für Europa, für Verständigung und Versöhnung unter den Völkern zu wahren und einen Beitrag zum Verständnis der jüngeren Geschichte sowie des Entstehens der Bundesrepublik Deutschland zu leisten;*
> 2. *den Nachlass Konrad Adenauers, soweit er nicht familiären Charakter hat, zu sammeln, zu pflegen, zu verwalten und für die Interessen der Allgemeinheit in Wissenschaft, Bildung und Politik auszuwerten."*

### 18. *„Otto-von-Bismarck-Stiftung"*[158]

§ 2 Abs. 1 des Gesetzes über die Errichtung einer Otto-von-Bismarck-Stiftung:

> *„Zweck der Stiftung ist es, das Andenken an das Wirken des Staatsmannes Otto von Bismarck zu wahren, seinen Nachlass zu sammeln und zu verwalten sowie für die Interessen der Allgemeinheit in Kultur und Wissenschaft, Bildung und Politik auszuwerten."*

### 19. *„Stiftung Bundespräsident-Theodor-Heuss-Haus"*[159]

§ 2 Abs. 1 des Gesetzes über die Errichtung einer Stiftung Bundespräsident-Theodor-Heuss-Haus:

> *„Zweck der Stiftung ist es,*
>
> 1. *das Andenken an das Wirken des ersten Bundespräsidenten der Bundesrepublik Deutschland, Theodor Heuss, für Freiheit und Einheit des deutschen Volkes, für Europa, für Verständigung und Versöhnung unter den Völkern zu wahren und einen Beitrag zum Verständnis der jüngeren Geschichte sowie der Entstehung der Bundesrepublik Deutschland zu leisten und*
> 2. *den Nachlass Theodor Heuss zu sammeln, zu pflegen, zu verwalten und für die Interessen der Allgemeinheit in Wissenschaft, Bildung und Politik auszuwerten."*

---

157 Gesetz über die Errichtung einer Stiftung Bundeskanzler-Adenauer-Haus vom 24. November 1978 (BGBl. I S. 1821), geändert durch Verordnung vom 29. Oktober 2001 (BGBl. I S. 2785).

158 Gesetz über die Errichtung einer Otto-von-Bismarck-Stiftung vom 23. Oktober 1997 (BGBl. I S. 2582), zuletzt geändert durch Gesetz vom 1. November 2016 (BGBl. I S. 2450).

159 Gesetz über die Errichtung einer Stiftung Bundespräsident-Theodor-Heuss-Haus vom 27. Mai 1994 (BGBl. I S. 1166), geändert durch Verordnung vom 29. Oktober 2001 (BGBl. I S. 2785).

## *20. „Stiftung Reichspräsident-Friedrich-Ebert-Gedenkstätte“*[160]

§ 2 Abs. 1 des Gesetzes über die Errichtung einer Stiftung Reichspräsident-Friedrich-Ebert-Gedenkstätte:

> *„Zweck der Stiftung ist es, das Andenken an das Wirken des ersten deutschen Reichspräsidenten Friedrich Ebert zu wahren und einen Beitrag zum Verständnis der deutschen Geschichte seiner Zeit zu leisten.“*

## *21. „Bundeskanzler-Willy-Brandt-Stiftung“*[161]

§ 2 Abs. 1 des Gesetzes über die Errichtung einer Bundeskanzler-Willy-Brandt-Stiftung:

> *„Zweck der Stiftung ist es, das Andenken an das Wirken Willy Brandts für Freiheit, Frieden und Einheit des deutschen Volkes und die Sicherung der Demokratie für Europa und die Dritte Welt, die Vereinigung Europas und für die Verständigung und Versöhnung unter den Völkern sowie für den Nord-Süd-Dialog zu wahren und so einen Beitrag zum Verständnis der Geschichte dieses Jahrhunderts und der Entwicklung der Bundesrepublik Deutschland zu leisten.“*

## *22. „Bundeskanzler-Helmut-Schmidt-Stiftung“*[162]

§ 2 Abs. 1 des Gesetzes über die Errichtung einer Bundeskanzler-Helmut-Schmidt-Stiftung:

> *„Zweck der Stiftung ist es, das Andenken an das politische Wirken Helmut Schmidts für Freiheit und Einheit des deutschen Volkes, für den Frieden und die Einigung Europas sowie für die Verständigung und Versöhnung unter den Völkern zu wahren und so in seinem Sinne*
>
> 1. *einen Beitrag zum Verständnis der Zeitgeschichte und der weiteren Entwicklung der Bundesrepublik Deutschland sowie*
> 2. *zur Aufarbeitung, Darstellung und Weiterentwicklung der Verantwortung Deutschlands in der Außen, Sicherheits- und Wirtschaftspolitik im europäischen und globalen Umfeld zu leisten;*

---

160 Gesetz über die Errichtung einer Stiftung Reichspräsident-Friedrich-Ebert-Gedenkstätte vom 19. Dezember 1986 (BGBl. I S. 2553; 1987 S. 1069), geändert durch Verordnung vom 29. Oktober 2001 (BGBl. I S. 2785).

161 Gesetz über die Errichtung einer Bundeskanzler-Willy-Brandt-Stiftung vom 25. Oktober 1994 (BGBl. I S. 3138), geändert durch Verordnung vom 29. Oktober 2001 (BGBl. I S. 2785).

162 Gesetz über die Errichtung einer Bundeskanzler-Helmut-Schmidt-Stiftung vom 13. Oktober 2016 (BGBl. I S. 2358).

3. *Kenntnisse zu den geopolitischen und wirtschaftlichen Herausforderungen des 21. Jahrhunderts in Europa und der Welt zu vertiefen und zu erweitern.“*

## 23. *„Fonds zur Finanzierung der kerntechnischen Entsorgung“*

§ 1 Abs. 2 EntsorgFondsG:[163]

*„Zweck des Fonds ist es, die Finanzierung der Kosten für die sichere Entsorgung der entstandenen und zukünftig noch entstehenden radioaktiven Abfälle aus der gewerblichen Nutzung der Kernenergie zur Erzeugung von Elektrizität in Deutschland zu sichern.“*

§ 3 Abs. 1 EntsorgFondsG:

*„Zur Verwirklichung des Zwecks nach § 1 Absatz 2 erstattet der Fonds die dem Bund ab dem Übergang der Entsorgungsverpflichtung nach dem Entsorgungsübergangsgesetz entstehenden Kosten für die sichere Entsorgung der entstandenen und zukünftig noch entstehenden radioaktiven Abfälle aus der gewerblichen Nutzung der Kernenergie zur Erzeugung von Elektrizität in Deutschland und legt die dazu übertragenen Mittel an.“*

Diese Mittel sollten ursprünglich etwas mehr 17 Milliarden Euro betragen.[164] Tatsächlich wurden der Stiftung zum 1. Juli 2017 Finanzmittel in Höhe von 24,1 Milliarden Euro übertragen.[165] Die Stiftung soll dazu dienen, die Verfügbarkeit dieser Mittel durch den Staat zu sichern, um die Finanzierung von Vorhaben im Bereich der kerntechnischen Entsorgung sowie die Verfügbarkeit einer ausreichenden Haftungsmasse der bisher verantwortlichen Unternehmen sicherzustellen.[166]

---

163 Gesetz zur Errichtung eines Fonds zur Finanzierung der kerntechnischen Entsorgung (Entsorgungsfondsgesetz), verkündet als Artikel 1 des Gesetzes zur Neuordnung der Verantwortung in der kerntechnischen Entsorgung vom 27. Januar 2017 (BGBl. I S. 114). Nach Artikel 10 dieses Gesetzes tritt es an dem Tag in Kraft, an dem die Europäische Kommission die beihilferechtliche Genehmigung erteilt oder verbindlich mitteilt, dass eine solche Genehmigung nicht erforderlich ist; das Bundesministerium für Wirtschaft und Energie gibt den Tag des Inkrafttretens im Bundesgesetzblatt bekannt. Dies ist mittlerweile mit Bekanntmachung vom 16. Juni 2017 (BGBl. I S. 1676) geschehen. Danach ist das Gesetz am 16. Juni 2017 in Kraft getreten.

164 Bundestagsdrucksache 18/10353, S. 35 ff.

165 www.bmwi.de/Redaktion/DE/Artikel/Energie/kernenergie-stilllegung-rueckbau-kernkraftwerke.html

166 Bundestagsdrucksache 18/10353, S. 29.

### 24. *„Deutsch-Britische Stiftung für das Studium der Industriegesellschaft" als bundesunmittelbare Stiftung des öffentlichen Rechts?*

Eine Sonderstellung nimmt die Deutsch-Britische Stiftung für das Studium der Industriegesellschaft ein. Sie wurde auf Grundlage des (Verwaltungs-)Abkommens zwischen der Regierung der Bundesrepublik Deutschland und der Regierung des Vereinigten Königreichs Großbritannien und Nordirland über die Errichtung der Deutsch-Britischen Stiftung für das Studium der Industriegesellschaft vom 2. März 1973[167] errichtet. Ob es sich um eine „Stiftung des öffentlichen Rechts" handelt,[168] ist aber unklar. Jedenfalls handelt es sich um eine „durch königliche Urkunde" (Artikel 11 des Abkommens) errichtete Stiftung nach britischem Recht[169] mit Sitz in Großbritannien (Artikel 8 des Abkommens), an der die Bundesrepublik Deutschland zwar beteiligt ist, die jedoch nicht der (alleinigen) Aufsicht des Bundes untersteht. Zumindest die Einordnung als „bundesunmittelbare Stiftung des öffentlichen Rechts"[170] ist daher sehr zweifelhaft.

## III. Niedersachsen

### 1. *„Remenhof"*[171]

§ 2 des Gesetzes über die Errichtung einer Stiftung zum Zwecke der Erziehung Jugendlicher („Remenhof-Stiftung"):

---

167 BGBl. II S. 554.

168 So *W. Kluth*, in: Wolff/Bachof/Stober/Kluth, Verwaltungsrecht II, 7. Aufl., § 87 Rn. 21 unter Verweis auf *M. Kilian*, in: Bellezza/Kilian/Vogel (Hrsg.), Der Staat als Stifter, S. 110 f., 128 f.; ebenso – gleichfalls unter Verweis auf *M. Kilian*, ebenda – Wissenschaftliche Dienste des Deutschen Bundestages, Ausarbeitung WD 3 – 3000 – 158/12 vom 12. Juni 2012: Stiftungsbeteiligungen des Bundes, S. 24 f. www.bundestag.de/blob/413538/3f7e23870d0906ab34ceaeb250d6db8e/wd-3-158-12-pdf-data.pdf

169 Siehe auch www.agf.org.uk/about-us/the-foundation/die-stiftung/index.html

170 So aber *W. Kluth*, in: Wolff/Bachof/Stober/Kluth, Verwaltungsrecht II, 7. Aufl., § 87 Rn. 21.

171 Gesetz über die Errichtung einer Stiftung zum Zwecke der Erziehung Jugendlicher („Remenhof-Stiftung") vom 20. September 1939 (Nds. GVBl. Sb. II S. 331). Siehe dazu auch die Neufassung der Stiftungssatzung der Remenhof-Stiftung in Braunschweig, Bekanntmachung vom 17. März 2016 (Nds. MBl. S. 403). Darin wird der Stiftungszweck abweichend vom Gesetz, dabei aber insbesondere ohne die dort offenkundige Anlehnung an nationalsozialistisches Gedankengut beschrieben.

*„Die Stiftung verfolgt den Zweck, Kinder und Jugendliche, deren Erziehung gefährdet ist, nach vorübergehendem Heimaufenthalt durch Unterbringung in geeigneten Familien körperlich, geistig und sittlich so zu fördern, dass sie sich zu nützlichen Mitgliedern der Volksgemeinschaft entwickeln."*

## 2. „Stiftung niedersächsische Gedenkstätten"[172]

§ 2 Satz 1 des Gesetzes über die „Stiftung niedersächsischer Gedenkstätten":

*„Die Stiftung soll*

1. *dazu beitragen, dass das Wissen über das historische Geschehen in den Jahren 1933 bis 1945, insbesondere über die Geschichte von Verfolgung und Widerstand auf dem Gebiet des Landes Niedersachsen, im Bewusstsein der Menschen wach gehalten und weitergetragen wird,*
2. *die Gedenkstätten Bergen-Belsen und Wolfenbüttel als Orte der Erinnerung an die Leiden der Opfer des Nationalsozialismus und der Opfer der Justizverbrechen und als Orte des Lernens für künftige Generationen erhalten und gestalten,*
3. *die Gedenkstättenarbeit von Initiativen und Gedenkstätten in privater Trägerschaft in Niedersachsen fördern und*
4. *die auf das historische Geschehen in den Jahren 1933 bis 1945 und dessen Folgen bezogene Forschung unterstützen."*

## 3. „Stiftung Braunschweigischer Kulturbesitz"[173]

§ 3 Abs. 1 und 2 Satz 1 des Gesetzes über die „Stiftung Braunschweigischer Kulturbesitz":

*„(1) Die Stiftung soll die kulturellen und historischen Belange des ehemaligen Landes Braunschweig wahren und fördern. Ihr obliegt es insbesondere, unbeschadet gleichgerichteter Förderung durch das Land*

1. *aus den Erträgen des Teilvermögens Braunschweigischer Vereinigter Kloster- und Studienfonds kirchliche, kulturelle und soziale Zwecke im ehemaligen Land Braunschweig zu fördern,*
2. *aus den Erträgen des Teilvermögens Braunschweig-Stiftung die Technische Universität Braunschweig, das Staatstheater Braunschweig und das Braunschweigische Landesmuseum zu fördern.*

---

172 Gesetz über die „Stiftung niedersächsischer Gedenkstätten" vom 18. November 2004 (Nds. GVBl. S. 494).

173 Gesetz über die „Stiftung Braunschweigischer Kulturbesitz" vom 16. Dezember 2004 (Nds. GVBl. S. 649) [geändert durch Gesetz vom 20. September 2017 (Nds. GVBl. S. 286)]. In dieser Stiftung sind gemäß § 1 Abs. 1 Satz 2 dieses Gesetzes der *Braunschweigische Vereinigte Kloster- und Studienfonds* und die *Braunschweig-Stiftung* aufgegangen.

*Sie wirkt mit dem Herzog Anton Ulrich-Museum in Braunschweig, der Herzog August Bibliothek Wolfenbüttel, dem Niedersächsischen Landesarchiv – Standort Wolfenbüttel – und dem Staatlichen Naturhistorischen Museum in Braunschweig zusammen.*

*(2) Mit Zustimmung der Aufsichtsbehörde kann die Stiftung weitere Aufgaben im Bereich der regionalen Kulturförderung übernehmen. …"*

## 4. *„Stiftung Zukunft der Altenpflegeausbildung"*[174]

§ 2 des Gesetzes über die „Stiftung Zukunft der Altenpflegeausbildung":

*„Die Stiftung hat den Zweck, die Attraktivität der Altenpflegeausbildung zu erhöhen, um eine ausreichende Zahl qualifizierten Personals in der Altenpflege zu sichern. Sie soll insbesondere*

1. *die Bereitschaft ambulanter und stationärer Einrichtungen, an der Ausbildung für die Berufe in der Altenpflege mitzuwirken,*
2. *die Attraktivität der Berufe in der Altenpflege,*
3. *das Interesse junger Menschen, einen Beruf in der Altenpflege zu ergreifen, und*
4. *Maßnahmen zur Vorbereitung auf die Ausbildung und den Beruf in der Altenpflege fördern."*

## 5. *„Technische Informationsbibliothek (TIB)"*[175]

§ 2 Abs. 1 bis 3 des Gesetzes über die Stiftung „Technische Informationsbibliothek (TIB)":

*„(1) Zweck der Stiftung ist die überregionale Literatur- und Informationsversorgung für alle Gebiete der Technik und ihrer Grundlagenwissenschaften, insbesondere Architektur, Chemie, Informatik, Mathematik und Physik, zur Deckung des Bedarfs in Wissenschaft, Forschung, Lehre und Praxis. Die Stiftung soll ferner Forschungs- und Entwicklungsprojekte im Bereich der Informationswissenschaften zur Weiterentwicklung ihrer Dienstleistungen in der Literatur- und Informationsversorgung durchführen.*

*(2) Die Stiftung übernimmt den Betrieb der Technischen Informationsbibliothek.*

*(3) Die Stiftung übernimmt den Betrieb der Universitätsbibliothek der Universität Hannover und gewährleistet die vom Land Niedersachsen finanzierte Literatur- und Informationsversorgung der Universität Hannover. Das Nähere regeln die Stiftung und die Universität Hannover durch eine Kooperationsvereinbarung."*

---

174 Gesetz über die „Stiftung Zukunft der Altenpflegeausbildung" vom 24. Februar 2012 (Nds. GVBl. S. 20).

175 Gesetz über die Stiftung „Technische Informationsbibliothek (TIB)" vom 14. Juli 2015 (Nds. GVBl. S. 151), geändert durch Gesetz vom 20. Dezember 2016 (Nds. GVBl. S. 308).

## 6. *„Stiftung Zukunftsfonds Asse“*[176]

§ 2 Abs. 1 des Gesetzes über die „Stiftung Zukunftsfonds Asse“:

*„Zweck der Stiftung ist es, die regionale Landesentwicklung in den am 1. Januar 2015 zum Landkreis Wolfenbüttel gehörenden Gebieten (Fördergebiet) insbesondere im Gebiet um die Schachtanlage Asse II zu fördern, um dazu beizutragen, Belastungen durch die Einlagerung radioaktiver Abfälle in der Schachtanlage Asse II sowie den Weiterbetrieb bis zur Stilllegung einschließlich einer Rückholung radioaktiver Abfälle und der hiermit im Zusammenhang stehenden Maßnahmen auszugleichen. Die Förderung erfolgt insbesondere in den Bereichen*

1. *Wohnen, Infrastruktur und Siedlungsentwicklung,*
2. *Arbeit und Wirtschaft,*
3. *Bildung, Kinder- und Jugendarbeit, Soziales und Gesundheit,*
4. *Erneuerbare Energien, Umwelt und Klimaschutz,*
5. *Mobilität, Freizeit und Tourismus,*
6. *Kultur, Sport und Engagementförderung sowie*
7. *Wissenschaft und Forschung.“*

## 7. *„Georg-August-Universität Göttingen Stiftung öffentlichen Rechts“*[177]

§ 2 Abs. 1 und 2 der Verordnung über die Errichtung der Stiftung „Georg-August-Universität Göttingen Stiftung öffentlichen Rechts“:

*„(1) Der Stiftung obliegt die Trägerschaft der Georg-August-Universität Göttingen (im Folgenden: Universität).*

*(2) Die Stiftung unterhält und fördert die Universität in deren Eigenschaft als Körperschaft des öffentlichen Rechts; dies umfasst insbesondere die Sicherung und Weiterentwicklung der Universität in ihren Funktionen Forschung, Lehre, Krankenversorgung, Dienstleistungen im öffentlichen Gesundheitswesen, Aus-, Fort- und Weiterbildung sowie Technologietransfer. [2] Die Stiftung hat zum Ziel, durch einen eigenverantwortlichen und effizienten Einsatz der ihr überlassenen Mittel die Qualität von Forschung, Lehre, Studium und Weiterbildung an der Universität zu steigern.“*

---

176 Gesetz über die „Stiftung Zukunftsfonds Asse“ vom 12. November 2015 (Nds. GVBl. S. 314). Siehe dazu die Satzung der Stiftung Zukunftsfonds Asse, Bekanntmachung vom 20. April 2016 (Nds. MBl. S. 506).

177 Verordnung über die Errichtung der Stiftung „Georg-August-Universität Göttingen Stiftung öffentlichen Rechts“ vom 17. Dezember 2002 (Nds. GVBl. S. 812), zuletzt geändert [Anlage 1 (Satzung)] durch Beschluss des Stiftungsrates vom 16. März 2016 (Nds. MBl. S. 763).

### *8. Studentenwerk Göttingen*[178]

Das Studentenwerk Göttingen ist gemäß § 68 Abs. 1 Satz 1 Halbsatz 2 NHG eine Stiftung des öffentlichen Rechts. Bemerkenswert hieran ist zum einen, dass der Status als Stiftung des öffentlichen Rechts offenbar auf einer Entscheidung der britischen Besatzungskräfte beruht. Denn das Studentenwerk Göttingen (seinerzeit „Akademisches Hilfswerk") erhielt seinen Rechtsstatus im Mai 1946,[179] also noch vor Errichtung des Landes Niedersachsen zum 1. November 1946. Zum anderen ist auffällig, dass gemäß § 68 Abs. 1 Satz 1 Halbsatz 1 NHG die Studentenwerke OstNiedersachsen, Hannover, Oldenburg und Osnabrück rechtsfähige *Anstalten* des öffentlichen Rechts sind.
Die Aufgaben des Studentenwerkes Göttingen als Stiftung des öffentlichen Rechts sind in § 68 Abs. 2 NHG wie folgt geregelt:

> *„(2) [1]Die Studentenwerke fördern und beraten die Studierenden wirtschaftlich, gesundheitlich, sozial und kulturell. [2]Zu ihren Aufgaben gehört insbesondere der Betrieb von Wohnheimen, Mensen, Cafeterien und Betreuungseinrichtungen für Kinder von Studierenden. [3]Das Fachministerium kann den Studentenwerken durch Verordnung weitere Aufgaben als staatliche Auftragsangelegenheiten übertragen. [4]Die Studentenwerke dürfen Schülerinnen und Schülern sowie Studierende an Berufsakademien mit Mensaleistungen versorgen, soweit der hochschulbezogene Versorgungsauftrag dadurch nicht beeinträchtigt wird, kostendeckende Entgelte erhoben werden und die Leistungen im Rahmen vorhandener Kapazitäten erbracht werden können. [5]Ein Studentenwerk kann durch Vertrag mit einer Hochschule weitere hochschulbezogene Aufgaben übernehmen."*

Demgegenüber lautet § 1 der Satzung des Studentenwerks Göttingen:[180]

> *„Das Studentenwerk Göttingen hat den Zweck, die Studierenden der*
>
> *(1) Universität Göttingen,*
> *(2) Fachhochschule Hildesheim/Holzminden/Göttingen ‚Fachbereiche in Göttingen',*
> *(3) Privaten Fachhochschulen Göttingen*
> *– in Ausnahmefällen auch andere Studierende und Studienbewerberinnen und Studienbewerber – wirtschaftlich, sozial und kulturell zu fördern und für ihre Gesundheit zu sorgen."*

---

178 § 68 Abs. 1 Satz 1 Halbsatz 2 NHG.

179 Siehe die Broschüre „Die Alte Mensa am Wilhelmsplatz. Geschichtsträchtiges Tagungshaus", im Internet als pdf-Datei herunterzuladen unter www.uni-goettingen.de/de/525947.html, S. 29.

180 www.studentenwerk-goettingen.de/satzung0.html.

### 9. „Stiftung Universität Hildesheim"[181]

§ 2 Abs. 1 der Verordnung über die „Stiftung Universität Hildesheim":

> *„(1) Der Stiftung obliegt die Trägerschaft der Universität Hildesheim (im Folgenden: Universität).*
>
> *(2) Die Stiftung unterhält und fördert die Universität in deren Eigenschaft als Körperschaft des öffentlichen Rechts. Sie hat zum Ziel, durch einen eigenverantwortlichen und effizienten Einsatz der ihr überlassenen Mittel die Qualität von Forschung, Lehre, Studium und Weiterbildung an der Universität zu steigern."*

### 10. „Stiftung Universität Lüneburg"[182]

§ 2 Abs. 1 der Verordnung über die „Stiftung Universität Lüneburg":

> *„(1) Der Stiftung obliegt die Trägerschaft der Universität Lüneburg (im Folgenden: Universität).*
>
> *(2) Die Stiftung unterhält und fördert die Universität in deren Eigenschaft als Körperschaft des öffentlichen Rechts. Sie hat zum Ziel, durch einen eigenverantwortlichen und effizienten Einsatz der ihr überlassenen Mittel die Qualität von Forschung, Lehre, Studium und Weiterbildung an der Universität zu steigern."*

### 11. „Stiftung Tierärztliche Hochschule Hannover"[183]

§ 2 Abs. 1 der Verordnung über die „Stiftung Tierärztliche Hochschule Hannover":

> *„(1) Der Stiftung obliegt die Trägerschaft der Tierärztlichen Hochschule Hannover (im Folgenden: Hochschule).*
>
> *(2) Die Stiftung unterhält und fördert die Hochschule in deren Eigenschaft als Körperschaft des öffentlichen Rechts. Sie hat zum Ziel, durch einen eigenverantwortlichen und effizienten Einsatz der ihr überlassenen Mittel die Qualität von Forschung, Lehre, Studium und Weiterbildung an der Hochschule zu steigern."*

---

181 Verordnung über die „Stiftung Universität Hildesheim" vom 17. Dezember 2002 (Nds. GVBl. S. 842), zuletzt geändert [Anlage 1 (Satzung)] durch Beschluss des Stiftungsrates vom 29. April 2016 (Nds. MBl. S. 764).

182 Verordnung über die „Stiftung Universität Lüneburg" vom 17. Dezember 2002 (Nds. GVBl. S. 847), zuletzt geändert [Anlage 1 (Satzung)] durch Beschluss des Stiftungsrates vom 8. März 2016 (Nds. MBl. S. 765).

183 Verordnung über die „Stiftung Tierärztliche Hochschule Hannover" vom 17. Dezember 2002 (Nds. GVBl. S. 852), zuletzt geändert [Anlage 1 (Satzung)] durch Beschluss des Stiftungsrates vom 21. April 2016 (Nds. MBl. S. 764).

## 12. *„Stiftung Fachhochschule Osnabrück“*[184]

§ 2 Abs. 1 der Verordnung über die „Stiftung Fachhochschule Osnabrück“:

> *„(1) Der Stiftung obliegt die Trägerschaft der Fachhochschule Osnabrück (im Folgenden: Fachhochschule).*
>
> *(2) Die Stiftung unterhält und fördert die Fachhochschule in deren Eigenschaft als Körperschaft des öffentlichen Rechts. Sie hat zum Ziel, durch einen eigenverantwortlichen und effizienten Einsatz der ihr überlassenen Mittel die Qualität von Forschung, Lehre, Studium und Weiterbildung an der Fachhochschule zu steigern.“*

## 13. *„Museumsdorf Cloppenburg – Niedersächsisches Freilichtmuseum“*[185]

Abschnitt II des Beschlusses des Niedersächsischen Landesministeriums vom 21. März 1961:

> *„Die Stiftung hat die Aufgabe, das Museumsdorf Cloppenburg zu verwalten, zu unterhalten und auszubauen. Das Museumsdorf soll ein Bild alter niederdeutscher Dorfkultur bieten und der Forschung und Volksbildung dienen.“*[186]

## 14. *„Allgemeiner Hannoverscher Klosterfonds“*[187]

§ 79 Abs. 1 HannLVerfG1840:[188]

---

184 Verordnung über die „Stiftung Fachhochschule Osnabrück“ vom 17. Dezember 2002 (Nds. GVBl. S. 858), zuletzt geändert [Anlage 1 (Satzung)] durch Beschluss des Stiftungsrates vom 5. April 2016 (Nds. MBl. S. 763).

185 Beschluss des Niedersächsischen Landesministeriums über die Errichtung einer Stiftung „Museumsdorf Cloppenburg“ vom 21. März 1961 (Nds. MBl. S. 409), zuletzt geändert durch Beschluss der Landesregierung vom 23. Oktober 2007 (Nds. MBl. 2008 S. 170).

186 § 1 Abs. 2 und 3 der Satzung der Stiftung „Museumsdorf Cloppenburg Niedersächsisches Freilichtmuseum“ (a. a. O., vorstehende Fn.) beschreibt den Stiftungszweck etwas ausführlicher.

187 Diese Stiftung und die folgenden drei Stiftungen werden von der Klosterkammer Hannover verwaltet. Siehe allgemein dazu und zu den vier von der Klosterkammer Hannover verwalteten Stiftungen u. a. Landtagsdrucksache 16/5387, die Darstellungen von *H.-C. Biallas* und *W. Brandes/A. Hesse/S. Lüttich* sowie www.klosterkammer.de/ueber-die-klosterkammer/historie/. Die Klosterkammer Hannover ist eine Behörde der unmittelbaren Staatsverwaltung des Landes Niedersachsen (Nds. StGH, Urteil vom 13. Juli 1972 – StGH 1/71 – bei juris Rn. 1).

188 Nds. GVBl. Sb. III S. 5.

*„Das von den vormaligen Klöstern und anderen ähnlichen Stiftungen in den verschiedenen Theilen des Königreichs herrührende, zu einer abgesonderten Masse vereinigte Vermögen soll von den übrigen öffentlichen Cassen gänzlich getrennt bleiben, und allein zu Zuschüssen für die Landes-Universität, für Kirchen und Schulen, auch zu milden Zwecken aller Art verwandt werden."*

## *15. „Domstrukturfonds Verden"*

Der Bundesverband Deutscher Stiftungen gibt den Stiftungszweck wie folgt an:[189]

- *Bauliche Unterhaltung des Verdener Doms und der Andreaskirche (teilweise) sowie weiterer kirchlicher Gebäude der Domgemeinde;*
- *Zuschuss (jährlich) an das Domgymnasium;*
- *Beihilfen für Kirchen- und Schulzwecke und für Studierende in den früheren Herzogtümern Bremen und Verden*

## *16. „Hospitalfonds St. Benedikti in Lüneburg"*

Nach Angaben des Bundesverbandes Deutscher Stiftungen hat diese Stiftungen folgenden Stiftungszweck:[190]

- *Unterstützung und Verpflegung armer und alter Personen;*
- *Förderung von Projekten im sozialen Bereich in der ehemaligen Provinz Hannover*

## *17. „Stift Ilfeld" (Thüringen)*

Den Stiftungszweck dieser Stiftung gibt der Bundesverband Deutscher Stiftungen wie folgt an:[191]

- *Förderung von Aufgaben im pädagogischen und im kirchlichen Bereich;*
- *Erfüllung von Leistungsverpflichtungen gegenüber der evangelischen Kirchengemeinde Ilfeld-Wiegersdorf*

## *18. „Hospital zum Graal"*[192]

§ 2 Abs. 1 der Stiftungssatzung:

---

189 *BDS*, Verzeichnis, S. 721.

190 *BDS*, Verzeichnis, S. 1532.

191 *BDS*, Verzeichnis, S. 2647.

192 Die Satzungen dieser Stiftung und der folgenden zwei Stiftungen sind von der Stadt Lüneburg im Internet als „Ortsrecht" veröffentlicht unter www.hansestadtlueneburg.de/Home-Hansestadt-Lueneburg/Stadt-und-Politik/Rathaus/Ortsrecht.aspx, dort jeweils als pdf-Dokument herunterzuladen; hier: Satzung der Stiftung Hospital zum

*„Zweck der Stiftung ist die Errichtung und der Betrieb von mildtätigen und sonstigen Einrichtungen sowie Diensten für sozial Bedürftige und Benachteiligte, besonders im Bereich der Altenhilfe. Vorrangig gewährt die Stiftung insbesondere älteren Personen Unterkunft in dem im Eigentum der Stiftung stehenden Gebäude in Lüneburg, Feldstraße 28."*

### 19. *„Hospital zum Großen Heiligen Geist"*[193]

§ 2 Abs. 1 der Stiftungssatzung:

*„Zweck der Stiftung ist die Errichtung und der Betrieb von mildtätigen und sonstigen Einrichtungen sowie Diensten für sozial Bedürftige und Benachteiligte, besonders im Bereich der Altenhilfe. Vorrangig gewährt die Stiftung insbesondere älteren Personen Unterkunft in dem im Eigentum der Stiftung stehenden Gebäude in Lüneburg, Heiligengeiststraße 29 a."*

### 20. *„Hospital St. Nikolaihof"*[194]

§ 2 Abs. 1 der Stiftungssatzung:

*„Zweck der Stiftung ist die Errichtung und der Betrieb von mildtätigen und sonstigen Einrichtungen sowie Diensten für sozial Bedürftige und Benachteiligte, besonders im Bereich der Altenhilfe. Vorrangig gewährt die Stiftung insbesondere älteren Personen Unterkunft in den im Eigentum der Stiftung stehenden Gebäuden des Nikolaihofs in Bardowick."*

### 21. *Weitere Stiftungen des öffentlichen Rechts in Niedersachsen*

Die vorstehende Aufzählung dürfte nicht ganz vollständig sein:

*G. Ocker*[195] ordnet neben dem Domstrukturfonds Verden und dem Hospitalfonds St. Benedikti in Lüneburg auch die *Lüchower Kalandstiftung* und die *Redensche Stiftung* den rechtsfähigen Stiftungen des öffentlichen Rechts zu.

---

Graal vom 21. Juli 1994 in der Fassung der zweiten Änderungssatzung vom 29. Januar 2015 (a. a. O., Dokument 20-01).

193 Satzung der Stiftung zum Großen Heiligen Geist vom 21. Juli 1994 in der Fassung der zweiten Änderungssatzung vom 29. Januar 2015 (a. a. O., Dokument 20-2).

194 Satzung der Stiftung Hospital St. Nikolaihof vom 21. Juli 1994 in der Fassung der zweiten Änderungssatzung vom 29. Januar 2015 (a. a. O., Dokument 20-03).

195 in: Rüth/Hauer/von Pölnitz-Egloffstein, Lebensbilder deutscher Stiftungen, 3. Band, S. 225 ff.

Dies könnte für die *Redensche Stiftung* zutreffen.[196] Der Bundesverband Deutscher Stiftungen führt diese Stiftung allerdings, soweit ersichtlich, nicht in seinem Verzeichnis.

Für die *Lüchower Kalandstiftung* ist die Einstufung als Stiftung des öffentlichen Rechts demgegenüber zweifelhaft, weil sie in dem vom Niedersächsischen Ministerium für Inneres und Sport bzw. dem Amt für regionale Landesentwicklung Lüneburg im Internet veröffentlichten Stiftungsverzeichnis nach § 17 a NStiftG als Stiftung des *bürgerlichen* Rechts geführt wird.[197] Auch der Bundesverband Deutscher Stiftungen weist sie als Stiftung des bürgerlichen Rechts aus.[198]

Außerdem werden im Kommunalbericht 2014 des Niedersächsischen Landesrechnungshofs insgesamt *sieben* von Kommunen verwaltete Stiftungen des öffentlichen Rechts genannt,[199] also mindestens vier mehr als die drei oben dargestellten, von der Stadt Lüneburg verwalteten Stiftungen.

Ferner benennt das Verwaltungsgericht Osnabrück in seinem Urteil vom 23. September 2014 - 1 A 278/12 -[200] ein in der veröffentlichten Fassung des Urteils nicht namentlich genanntes „Stift" als Stiftung des öffentlichen Rechts. Des Weiteren bezeichnet die Klosterkammer Hannover die Stifte Bassum, Börstel, Fischbeck und Obernkirchen als „selbständige Körperschaften bzw. Stiftungen des öffentlichen Rechts", über die der Präsident der Klosterkammer „als Landeskommissar die Rechtsaufsicht" führe.[201] Der Bundesverband Deutscher Stiftungen führt allerdings, soweit ersichtlich, keines dieser vier Stifte in seinem Verzeichnis.[202]

---

196 Siehe dazu die vom Niedersächsisches Landesamt für Soziales, Jugend und Familie im Internet veröffentlichten Informationen: www.soziales.niedersachsen.de/download/104687/Infoblatt_der_Stiftung_Stand_09.07.2015.pdf

197 www.arl-lg.niedersachsen.de/download/104468/Stiftungsverzeichnis_Stand_02.2016.pdf

198 *BDS*, Verzeichnis, S. 1981.

199 A. a. O., S. 50.

200 Bei juris Rn. 2.

201 www.klosterkammer.de/kloester-stifte/kulturelles-erbe/

202 Über die genannten Stiftungen hinaus gab es in Niedersachsen noch die *Museums- und Bibliotheksstiftung* in Braunschweig (Gesetz vom 23. Oktober 1925 in der Fassung des Gesetzes vom 26. Juni 1943, Nds. GVBl. Sb. II S. 413), die zum 1. April 1970 aufgehoben wurde (Gesetz vom 18. September 1969, Nds. GVBl. S. 169), sowie die *„Stiftung Zukunfts- und Innovationsfonds Niedersachsen"* (Gesetz vom 7. Juni 2007, Nds. GVBl. S. 209), die zum 1. Januar 2011 aufgehoben wurde (Artikel 5 und 9 Abs. 1 des Gesetzes vom 17. Dezember 2010, Nds. GVBl. S. 631).

### 22. *Schlussbemerkung zu Niedersachsen*

Die unter den Nummern 1 bis 6 genannten Stiftungen wurden *durch Gesetz* errichtet, die unter den Nummern 7 bis 11 genannten *durch Verordnung aufgrund eines Gesetzes* (jeweils §§ 55 ff. NHG), die unter Nummer 12 genannte durch *Beschluss der Landesregierung*, und die unter den Nummern 13 bis 19 genannten sind *historisch gewachsen*, wobei die unter den Nummern 13 bis 16 genannten durch die Klosterkammer Hannover und die unter den Nummern 17 bis 19 genannten durch die Stadt Lüneburg verwaltet werden. Dies zeigt, dass es jedenfalls in der niedersächsischen Staatspraxis eine Reihe verschiedener Entstehungstatbestände für Stiftungen des öffentlichen Rechts gibt.

## IV. Andere Länder

### 1. *Baden-Württemberg*

#### a) *„Zentralinstitut für Seelische Gesundheit“*[203]

§ 2 der Stiftungssatzung:

> *„Zweck der Stiftung ist der Betrieb des Zentralinstitutes für Seelische Gesundheit mit den folgenden Aufgaben:*
>
> 1. *Forschung in der Psychiatrie, der Kinder- und Jugendpsychiatrie, der Psychosomatischen Medizin und Psychotherapie, der Suchtmedizin, der Neuropsychologie und der Klinischen Psychologie, der Neurowissenschaften, der Epidemiologie und der Versorgungsforschung;*
> 2. *Vorbeugung, Behandlung und Rehabilitation seelischer Erkrankungen;*
> 3. *Ausbildung von Studierenden;*
> 4. *Fortbildung und Förderung des wissenschaftlichen Nachwuchses; Weiterbildung von Ärzten/Ärztinnen und Psychologen/Psychologinnen; Ausbildung und Weiterbildung zu nicht-ärztlichen medizinischen Berufen und Sozialberufen in den in Ziffer 1 und 2 genannten Fächern:*
> 5. *Beratung bei der Planung und der Vorbereitung von Einrichtungen und Diensten der öffentlichen Gesundheitspflege auf dem Gebiet der seelischen Gesundheit.*
>
> *Die Forschungsergebnisse werden veröffentlicht.“*

---

203 Bekanntmachung über die Errichtung der Stiftung Zentralinstitut für seelische Gesundheit vom 23. Mai 1975 (GBl. S. 304) gemäß Beschluss der Landesregierung vom 8. April 1975 i. V. m. der Satzung für die Stiftung „Zentralinstitut für Seelische Gesundheit“ in der Fassung der Bekanntmachung vom 31. Mai 2005 (GBl. S. 443).

### *b) „Deutsches Krebsforschungszentrum (DKFZ)“*[204]

§ 2 der Stiftungssatzung:

> *„(1) Zweck des Deutschen Krebsforschungszentrums ist es, Krebsforschung zu betreiben.*
> *(2) Das Deutsche Krebsforschungszentrum kann weitere damit im Zusammenhang stehende Aufgaben übernehmen. Hierzu gehören u. a. solche im Bereich der Fort- und Weiterbildung, insbesondere die Förderung des wissenschaftlichen Nachwuchses, der Krebsinformation und Krebsprävention, der transnationalen Forschung, der Gesundheitsökonomie, der Umsetzung, Nutzung und Verwertung der Forschungsergebnisse sowie Aufgaben im Sinne der Politikberatung.*
> *(3) Die Forschungsergebnisse sollen der Öffentlichkeit in geeigneter Weise zugänglich gemacht werden.“*

### *c) Stiftung Naturschutzfonds Baden-Württemberg*[205]

§ 62 Abs. 4 Sätze 1 bis 3 des baden-württembergischen Naturschutzgesetzes:

> *„(4) Der Naturschutzfonds fördert die Bestrebungen für die Erhaltung der natürlichen Umwelt und der natürlichen Lebensgrundlagen und trägt zur Aufbringung der benötigten Mittel bei. Er verfolgt ausschließlich und unmittelbar steuerbegünstigte Zwecke im Sinne der §§ 51 bis 68 der Abgabenordnung. Der Naturschutzfonds hat insbesondere die Aufgabe,*
>
> 1. *die Forschung und modellhafte Untersuchungen auf dem Gebiet der natürlichen Umwelt anzuregen und zu fördern,*
> 2. *die oberste Naturschutzbehörde bei der Planung und Verwendung der verfügbaren Forschungsmittel zu beraten,*
> 3. *Maßnahmen zur Aufklärung, Ausbildung und Fortbildung zu unterstützen und zu fördern,*
> 4. *richtungweisende Leistungen auf dem Gebiet der Erhaltung der natürlichen Umwelt auszuzeichnen,*
> 5. *Grundstücke für Zwecke des Naturschutzes zu erwerben, deren Erwerb zu fördern und zu entwickeln und*
> 6. *Maßnahmen zum Schutz der Natur und zur Pflege der Landschaft zu fördern.“*

---

204 Bekanntmachung über die Errichtung der Stiftung Deutsches Krebsforschungszentrum vom 14. Februar 1964 (GBl. S. 64) gemäß Beschluss der Landesregierung vom 28. Januar 1964 i. V. m. der Satzung der Stiftung Deutsches Krebsforschungszentrum, Heidelberg in der Fassung der Bekanntmachung vom 4. August 2014 (GBl. S. 431).

205 Nach § 62 Abs. 1 des baden-württembergischen Naturschutzgesetzes vom 23. Juni 2015 (GBl. S. 585) ist die „bei der obersten Naturschutzbehörde bestehende Stiftung Naturschutzfonds Baden-Württemberg (Naturschutzfonds) …eine rechtsfähige Stiftung des öffentlichen Rechts“.

## 2. *Bayern*

### a) *„Bayerische Landesstiftung“*[206]

§ 2 des Gesetzes über die Bayerische Landesstiftung:

> *„Die Stiftung verfolgt ausschließlich und unmittelbar gemeinnützige und mildtätige Zwecke auf sozialem und kulturellem Gebiet im Sinn der §§ 51 bis 53 und 55 bis 68 der Abgabenordnung.“*

### b) *„Bayerische Forschungsstiftung“*[207]

§ 2 Abs. 2 und 3 des Gesetzes zur Errichtung der Bayerischen Forschungsstiftung:

> *„(1) Die Stiftung hat den Zweck,*
>
> 1. *ergänzend zur staatlichen Forschungsförderung durch zusätzliche Mittel oder auf sonstige Weise universitäre und außeruniversitäre Forschungsvorhaben, die für die wissenschaftlich-technologische Entwicklung Bayerns oder für die bayerische Wirtschaft oder für den Schutz der natürlichen Lebensgrundlagen nach Art. 131 und 141 der Verfassung von Bedeutung sind,*
> 2. *die schnelle Nutzung wissenschaftlicher Erkenntnisse durch die Wirtschaft zu fördern.*
>
> *(2) Die Stiftung soll ausschließlich und unmittelbar gemeinnützige Zwecke im Sinne des Abschnittes Steuerbegünstigte Zwecke der Abgabenordnung erfüllen. Das Nähere regelt die Satzung.“*

### c) *„Maximilianeum“*[208]

§ 2 der Grundbestimmungen für das Königliche Maximilianeum in München:

---

206 Gesetz über die Bayerische Landesstiftung in der Fassung vom 1. Januar 1983 (BayRS IV S. 474), zuletzt geändert durch Gesetz vom 24. April 2015 (GVBl. S. 72).

207 Gesetz zur Errichtung der Bayerischen Forschungsstiftung vom 24. Juli 1990 (GVBl. S. 241), zuletzt geändert durch Verordnung vom 22. Juli 2014 (GVBl. S. 286).

208 Das Maximilianeum wurde von König Ludwig II. von Bayern durch Urkunde vom 20. August 1876 gegründet. Dieser Urkunde beigefügt waren die Grundbestimmungen für das Königliche Maximilianeum in München. Diese Grundbestimmungen bilden heute noch die maßgebliche Rechtsgrundlage für die Stiftung, ergänzt allerdings durch die Regelungen in der Bekanntmachung des Bayerischen Staatsministeriums für Unterricht und Kultus über den Vollzug der Grundbestimmungen vom 7. September 1955 (Vollzugsbekanntmachung Maximilianeum), die Zusatzbestimmungen zur Satzung der Stiftung Maximilianeum (Zustiftung Wittelsbacher Jubiläumsstiftung) in der Bekanntmachung des Bayerischen Staatsministeriums für Unterricht und Kultus vom 27. Juni 1980 sowie die Zusatzbestimmungen zur Satzung der Stiftung Maximilianeum und zur Zustiftung Wittelsbacher Jubiläumsstiftung

*„Die Maximilianeumsstiftung soll in unabänderlicher Weise dem Zweck gewidmet sein, talentvollen bayerischen Jünglingen die Erreichung jener Stufe wissenschaftlicher und geistiger Ausbildung zu erleichtern, welche zur Lösung der höheren Aufgaben des Staatsdienstes erforderlich ist."*

Abschnitt A. Nrn. 2 und 3 Satz 1 der Urkunde über die Errichtung einer Zustiftung Wittelsbacher Jubiläumsstiftung für weibliche Studierende in der Stiftung Maximilianeum:

*„2. Die Erträgnisse aus dem Sondervermögen Wittelsbacher Jubiläumsstiftung sind ausschließlich dafür zu verwenden, weibliche Studierende zu fördern.*
*3. Für die Zustiftung Wittelsbacher Jubiläumsstiftung sollen die für die Maximilianeumstiftung jeweils geltenden Bestimmungen über den Stiftungszweck (§ 2 der Grundbestimmungen) ... entsprechend angewendet werden. ..."*

### 3. *Berlin*

#### a) *Stiftung „Topographie des Terrors – Internationales Dokumentations- und Begegnungszentrum Berlin"*[209]

§ 2 des Topographiestiftungsgesetzes:

*„Zweck der Stiftung ist es, in einem Ausstellungs-, Dokumentations- und Begegnungszentrum die historische Erfahrung des Nationalsozialismus in der Gegenwart zu vermitteln und zu einer Auseinandersetzung mit der Geschichte des nationalsozialistischen Unrechtsstaats und deren Auswirkungen auf die Geschichte nach 1945 anzuregen. Weiter soll die Stiftung das Land Berlin in allen einschlägigen Angelegenheiten beraten und unterstützen. Sie verfolgt dabei ausschließlich und unmittelbar gemeinnützige Zwecke im Sinne des Abschnitts ‚Steuerbegünstigte Zwecke' der Abgabenordnung."*

---

(Zusatzbestimmungen Maximilianeum) in der Bekanntmachung des Bayerischen Staatsministeriums für Unterricht und Kultus vom 1. Dezember 1982. Alle vorgenannten Dokumente sind im Internet unter www.gesetze-bayern.de als geltendes Bayerisches Landesrecht veröffentlicht. Die Vollzugsbekanntmachung und die Zusatzbestimmungen sind als *Verwaltungsvorschriften* ausgewiesen und dürften ministerielle Erlasse sein. Zum Maximilianeum und seiner Rechtsstellung als Stiftung des öffentlichen Rechts siehe auch BayVerfGH, Entscheidung vom 5. Februar 1974 – Vf. 18-VII-71 – VerwRspr. 25, 641 (bei juris nur Kurztext).

209 Gesetz über die Errichtung der Stiftung „Topographie des Terrors – Internationales Dokumentations- und Begegnungszentrum Berlin" (Topographiestiftungsgesetz) in der Fassung vom 27. Februar 2005 (GVBl. S. 131), zuletzt geändert durch Gesetz vom 29. Mai 2013 (GVBl. S. 138).

### *b) „Stiftung Berliner Philharmoniker“*[210]

§ 2 Abs. 1 des Gesetzes über die „Stiftung Berliner Philharmoniker“:

> *„Zweck der Stiftung ist die Förderung der Kunst und Kultur, insbesondere der Musikkultur. Dieser Zweck wird verwirklicht durch Konzerte und Veranstaltungen des Orchesters Berliner Philharmoniker, dessen Trägerschaft die Stiftung übernimmt, sowie den Betrieb der Philharmonie und des Kammermusiksaales mit eigenen und Fremdveranstaltungen.“*

## *4. Berlin/Brandenburg*

„Stiftung Preußische Schlösser und Gärten Berlin-Brandenburg“[211]

Artikel 2 Abs. 1 des Staatsvertrages über die Errichtung einer „Stiftung Preußische Schlösser und Gärten Berlin-Brandenburg“:

> *„Die Stiftung hat die Aufgabe, die ihr übergebenen Kulturgüter zu bewahren, unter Berücksichtigung historischer, kunst- und gartenhistorischer und denkmalpflegerischer Belange zu pflegen, ihr Inventar zu ergänzen, der Öffentlichkeit zugänglich zu machen und die Auswertung dieses Kulturbesitzes für die Interessen der Allgemeinheit insbesondere in Wissenschaft und Bildung zu ermöglichen. Das Nähere regelt die Satzung.“*

## *5. Brandenburg*

„Brandenburgische Gedenkstätten“[212]

§ 2 Abs. 1 bis 3 der Verordnung über die Errichtung der rechtsfähigen Stiftung öffentlichen Rechts „Brandenburgische Gedenkstätten“:

> *„(1) Die Stiftung hat den Zweck, an Terror, Krieg und Gewaltherrschaft zu erinnern, die Auseinandersetzung der Öffentlichkeit mit diesem Thema zu fördern und ein würdiges Gedenken an die Opfer der Verbrechen der Gewaltherrschaft des NS-Regimes, der sowjetischen Besatzungsmacht und der DDR zu ermöglichen. Sie unterhält die Gedenkstätten:*

---

210 Gesetz über die „Stiftung Berliner Philharmoniker“ vom 12. Juli 2001 (GVBl. S. 252), zuletzt geändert durch Gesetz vom 22. Oktober 2008 (GVBl. S. 294).

211 Staatsvertrag über die Errichtung einer „Stiftung Preußische Schlösser und Gärten Berlin-Brandenburg“ vom 23. August 1994 (veröffentlicht u. a. in Brandenburg als Anlage zum Zustimmungsgesetz, GVBl. I 1995 S. 2, 82).

212 Verordnung über die Errichtung der rechtsfähigen Stiftung öffentlichen Rechts „Brandenburgische Gedenkstätten“ in der Fassung der Bekanntmachung vom 11. Juni 1997 (GVBl. II S. 470), zuletzt geändert durch Verordnung vom 18. November 2013 (GVBl. II S. 1).

1. *Sachsenhausen mit der Außenstelle Belower Wald;*
2. *Ravensbrück;*
3. *Brandenburg an der Havel (Görden, Gedenkstätte für die Opfer der Euthanasiemorde).*

*(2) Die Stiftung wird insbesondere*

1. *die Gedenkstätten, Sammlungen und Archive bewahren und ergänzen und in geeigneter Weise der Öffentlichkeit zugänglich machen;*
2. *die mit den Gedenkstätten verbundene Geschichte erforschen, Dokumentationen, Schriftenreihen, Kataloge und Ähnliches erarbeiten und veröffentlichen;*
3. *Dauer-, Wechsel- und Sonderausstellungen durchführen;*
4. *Besucher und Benutzer der Einrichtungen der Stiftung führen und betreuen;*
5. *Forschungen zu den Themengebieten der Stiftung anregen, vergeben oder selbst durchführen;*
6. *Zeugnisse zur Geschichte der Gedenkstätten sammeln und dokumentieren;*
7. *mit lokalen Initiativen und Trägern der politischen Bildung zusammenarbeiten und politische Bildungsarbeit fördern;*
8. *mit Gedenkstätten und wissenschaftlichen Einrichtungen insbesondere in Berlin zusammenarbeiten.*

*(3) Die Stiftung widmet sich insbesondere folgenden Themen:*

1. *Struktur und Entwicklung der Konzentrationslager in Brandenburg und ihrer Außenlager sowie weiterer Einrichtungen des NS-Terrors;*
2. *Geschichte der NKWD-Lager sowie des politischen Strafsystems der sowjetischen Besatzungsmacht und der DDR."*

## 6. *Brandenburg/Sachsen*

### „Stiftung für das sorbische Volk"[213]

Artikel 2 Abs. 1 des Staatsvertrages zwischen dem Land Brandenburg und dem Freistaat Sachsen über die Errichtung der „Stiftung für das sorbische Volk":

*„Zweck der Stiftung ist die Pflege und Förderung sorbischer Sprache und Kultur als Ausdruck der Identität des sorbischen Volkes."*

213 Staatsvertrag zwischen dem Land Brandenburg und dem Freistaat Sachsen über die Errichtung der „Stiftung für das sorbische Volk" vom 28. August 1998 (veröffentlicht u. a. in Brandenburg als Anlage zum Zustimmungsgesetz, GVBl. I 1998 S. 220).

## *7. Bremen*

Sparkassenstiftung Bremerhaven[214]

§ 3 des Gesetzes zur Errichtung der Sparkassenstiftung Bremerhaven:

> „(1) *Die Stiftung dient dem Gemeinwohl der Bürgerinnen und Bürger der Stadt Bremerhaven durch Förderung und Pflege von Einrichtungen und Maßnahmen in Kunst und Kultur, der Jugend, der Erziehung und des Sports sowie der Aus- und Weiterbildung, im Sozialen für die Gesundheit und Pflege der Alten, der Gestaltung des Wohn- und Lebensraumes sowie der Förderung des Naturschutzes. Näheres regelt die Satzung.*
>
> (2) *Die Stiftung verfolgt ausschließlich und unmittelbar gemeinnützige Zwecke im Sinne des Abschnitts ‚Steuerbegünstigte Zwecke' der Abgabenordnung. Die Stiftung ist selbstlos tätig und verfolgt nicht in erster Linie eigenwirtschaftliche Zwecke.*"

## *8. Hamburg*

### *a) Hamburger Kunsthalle, Museum für Kunst und Gewerbe Hamburg, Museum für Völkerkunde Hamburg, Historische Museen Hamburg, bestehend aus dem Museum für Hamburgische Geschichte, dem Altonaer Museum in Hamburg, Norddeutsches Landesmuseum und dem Museum der Arbeit, Helms-Museum – Hamburger Museum für Archäologie und die Geschichte Harburgs*[215]

§ 2 Abs. 1 und 2 des Hamburgischen Museumsstiftungsgesetzes:

> „(1) *Zweck der Stiftungen ist die Führung und der Erhalt der in § 1 Absatz 1 genannten Museen als öffentliche Einrichtungen der Kultur, der Bildung und der Wissenschaft.*
>
> (2) *Die Stiftungen haben die Aufgabe, die Sammlungen zu bewahren und zu erweitern, sie durch Forschung, Dokumentation und Publikation zu erschließen und sie durch Ausstellungen und andere Veranstaltungen der Allgemeinheit zugänglich zu machen.*"

---

214 Gesetz zur Errichtung der Sparkassenstiftung Bremerhaven vom 8. April 2003 (Brem. GBl. S. 168), zuletzt geändert durch Gesetz vom 22. Juli 2014 (Brem.GBl. S. 375).

215 Gesetz über die Errichtung von Museumsstiftungen der Freien und Hansestadt Hamburg (Hamburgisches Museumsstiftungsgesetz) vom 22. Dezember 1998 (HmbGVBl. S. 333), zuletzt geändert durch Gesetz vom 8. Juli 2014 (HmbGVBl. S. 299, 326).

### b) *„Stiftung Lebensraum Elbe"*[216]

§ 2 des Gesetzes über die Errichtung der „Stiftung Lebensraum Elbe":

> *„Die Stiftung hat den Zweck, zur Verbesserung des ökologischen Zustands der Tideelbe beizutragen. Sie soll dazu insbesondere Flachwasserbereiche schaffen. Darüber hinaus soll sie Nebenelben und Nebengewässer wieder tideoffen an die Elbe anbinden oder in ihrer ökologischen Struktur aufwerten, Vorlandflächen und Ufer wieder naturnäher gestalten, den ökologischen Wert von Wattflächen erhalten und entwickeln und die Entwicklung einer natürlichen Tidedynamik fördern. Durch Extensivierung oder Nutzungsaufgabe von Flächen und sonstige Maßnahmen sollen die Lebensräume an der Tideelbe für eine vielfältige und Ästuar typische Tier- und Pflanzenwelt erhalten und verbessert werden. Dabei sollen solche Maßnahmen angemessen berücksichtigt werden, die die Umweltsituation im Gebiet der Freien und Hansestadt Hamburg nachhaltig verbessern. Die Stiftung kann zu dem vorgenannten Zweck insbesondere*
>
> 1. *eigene Maßnahmen durchführen,*
> 2. *Grundstücke erwerben,*
> 3. *Maßnahmen Dritter fördern,*
> 4. *im Auftrag Dritter Maßnahmen planen und durchführen, die den Stiftungszweck fördern sowie*
> 5. *Bildungs-, Informations- und Öffentlichkeitsarbeit betreiben."*

## 9. *Hessen*

### a) *Deutsches Institut für Internationale Pädagogische Forschung (DIPF)*[217]

Abschnitt IV Satz 1 der Stiftungssatzung:

> *„Die Stiftung dient der internationalen pädagogischen Forschung."*[218]

---

216 Gesetz über die Errichtung der „Stiftung Lebensraum Elbe" vom 11. Mai 2011 (HmbGVBl. S. 383), zuletzt geändert durch Gesetz vom 21. Oktober 2016 (HmbGVBl. S. 461).

217 Errichtet als „Hochschule für Internationale Pädagogische Forschung" durch Beschluss der Landesregierung vom 25. Oktober 1951; siehe dazu die Bekanntmachung der Satzung des Deutschen Instituts für Internationale Pädagogische Forschung in Frankfurt am Main durch den Hessischen Kultusminister vom 25. November 1965 (Staats-Anzeiger für das Land Hessen, S. 1440).

218 In Abschnitt IV Satz 2 der Stiftungssatzung werden dann die „Aufgaben", die die Stiftung „zu diesem Zweck hat", im Einzelnen aufgeführt.

### *b) Stiftung „Förderung der Land- und Forstwirtschaft"*[219]

§ 2 Abs. 1 und 2 des Gesetzes zur Errichtung der Stiftung „Förderung der Land- und Forstwirtschaft":

*„(1) Zweck der Stiftung ist die Förderung*

1. *der Bildung der in der Land- und Forstwirtschaft tätigen Personen,*
2. *rationeller Produktionsmethoden der Land- und Forstwirtschaft durch Verbreitung der Kenntnisse und Erkenntnisse neuer Verfahren,*
3. *von Maßnahmen, die auf eine Rationalisierung in der Betriebsführung gerichtet sind,*
4. *überbetrieblicher Zusammenschlüsse.*

*(2) Zur Erreichung des Stiftungszweckes können Einrichtungen geschaffen, erhalten und gefördert werden. Zur Förderung der Einrichtung gehört auch die Unterstützung ihrer Benutzer. Zuwendungen an einzelne land- oder forstwirtschaftliche Betriebe und ihre Beratung sind ausgeschlossen."*

## *10. Mecklenburg-Vorpommern*

Stiftung „Leibniz-Institut für Ostseeforschung Warnemünde (IOW)"[220]

§ 2 Abs. 1 bis 5 Satz 1 des Gesetzes zur Errichtung der Stiftung „Leibniz-Institut für Ostseeforschung Warnemünde (IOW)":

*„(1) Die Stiftung hat den Zweck, Forschung, Lehre und Entwicklung auf dem Gebiet der Meereswissenschaften zu betreiben und zu fördern. Sie arbeitet mit Hochschulen, wissenschaftlichen Einrichtungen und der Wirtschaft eng zusammen. Der Zweck wird insbesondere durch wissenschaftliche Forschungsvorhaben und Veranstaltungen verwirklicht.*

*(2) Die Stiftung dient der interdisziplinären Meeresforschung mit besonderer Hinwendung zum Ökosystem der Ostsee. Der Stiftung können hoheitliche Aufgaben übertragen werden.*

*(3) In Forschung und Lehre arbeitet die Stiftung mit der Universität Rostock und der Ernst-Moritz-Arndt-Universität Greifswald sowie anderen Hochschulen des Landes zusammen. Sie stellt Personal und Einrichtungen für die Ausbildung der*

---

219 Gesetz zur Errichtung der Stiftung „Förderung der Land- und Forstwirtschaft" vom 17. März 1970 (GVBl. I S. 241), zuletzt geändert durch Gesetz vom 2. Mai 1972 (GVBl. I S. 103).

220 Gesetz zur Errichtung der Stiftung „Leibniz-Institut für Ostseeforschung Warnemünde (IOW)" vom 16. Februar 2010 (GVOBl. M-V S. 48). Siehe dazu die umfangreiche Begründung des Gesetzentwurfs hinsichtlich der Wahl der Organisationsform der Stiftung des öffentlichen Rechts (anstelle eines privatrechtlichen gemeinnützigen Vereins), Landtagsdrucksache 5/2608, S. 2 ff. und S. 20 ff.

*Studierenden auf dem Gebiet der Meereswissenschaften zur Verfügung. Näheres regeln die Satzung sowie die Kooperationsverträge mit den Universitäten und anderen Hochschulen des Landes.*

*(4) Die Stiftung kann weitere im Zusammenhang mit den Meereswissenschaften stehende Aufgaben übernehmen. Das Nähere kann die Satzung regeln.*

*(5) Die Stiftung verfolgt ausschließlich und unmittelbar gemeinnützige Zwecke im Sinne des Abschnittes ‚Steuerbegünstigte Zwecke' der Abgabenordnung. …"*

## *11. Nordrhein-Westfalen*

### *a) „Stiftung zur Akkreditierung von Studiengängen in Deutschland"*[221]

§ 2 Abs. 1 und 2 des Gesetzes zur Errichtung einer Stiftung „Stiftung zur Akkreditierung von Studiengängen in Deutschland":

*„(1) Die Stiftung dient der Erfüllung der folgenden Aufgaben:*

1. *Akkreditierung und Reakkreditierung von Akkreditierungsagenturen (Agenturen) durch eine zeitlich befristete Verleihung der Berechtigung, Studiengänge und hochschulinterne Qualitätssicherungssysteme durch Verleihung des Siegels der Stiftung zu akkreditieren,*
2. *Zusammenfassung der ländergemeinsamen und landesspezifischen Strukturvorgaben zu verbindlichen Vorgaben für die Agenturen,*
3. *Regelung von Mindestvoraussetzungen für Akkreditierungsverfahren einschließlich der Voraussetzungen und Grenzen von gebündelten Akkreditierungen,*
4. *Überwachung der Akkreditierungen, welche durch die Agenturen erfolgen.*

*(2) Darüber hinaus hat die Stiftung folgende Aufgaben:*

1. *Sie wirkt darauf hin, einen fairen Wettbewerb unter den Agenturen zu gewährleisten.*
2. *Sie legt unter Berücksichtigung der Entwicklung in Europa die Voraussetzungen für die Anerkennung von Akkreditierungen durch ausländische Einrichtungen fest.*
3. *Sie fördert die internationale Zusammenarbeit im Bereich der Akkreditierung und der Qualitätssicherung.*

---

221 Gesetz zur Errichtung einer Stiftung „Stiftung zur Akkreditierung von Studiengängen in Deutschland" vom 15. Februar 2005 (GV. NRW. S. 45), zuletzt geändert durch Gesetz vom 16. September 2014 (GV. NRW. S. 547). Siehe dazu BVerfGE 141, 143 (juris). Aufgrund dieser Entscheidung haben sich die Länder inzwischen auf eine Neuregelung der Studienakkreditierung verständigt und den „Staatsvertrag über die Organisation eines gemeinsamen Akkreditierungssystems zur Qualitätssicherung in Studium und Lehre an deutschen Hochschulen (Studienakkreditierungsstaatsvertrag)" abgeschlossen, dem der niedersächsische Landtag am 21. September 2017 zugestimmt hat (Nds. GVBl. S. 290). Dieser neue Staatsvertrag ist aber noch nicht in Kraft getreten.

4. *Sie berichtet den Ländern regelmäßig über die Entwicklung bei der Umstellung des Studiensystems auf die gestufte Studienstruktur und über die Qualitätsentwicklung im Rahmen der Akkreditierung.“*

### b) „Stiftung für Hochschulzulassung“[222]

§ 2 Abs. 1 und 2 des Gesetzes zur Errichtung einer Stiftung „Stiftung für Hochschulzulassung“:

*„(1) Die Stiftung dient der Erfüllung der folgenden Aufgaben:*

1. *Gemäß Artikel 2 Nr. 1 des Staatsvertrags über die Errichtung einer gemeinsamen Einrichtung für Hochschulzulassung vom 5. Juni 2008 (Staatsvertrag) Unterstützung der Hochschulen, die Leistungen der Stiftung in Anspruch nehmen. Die Unterstützung bezieht sich auf die Durchführung der Zulassungsverfahren, insbesondere durch die Errichtung eines Bewerbungsportals mit*
   - *a) Information und Beratung der Studienbewerberinnen und -bewerber über die mit der Bewerbung und Zulassung zusammenhängenden Fragen,*
   - *b) Erhebung und Aufbereitung der Bewerberdaten für die Hochschulen nach deren Vorgabe,*
   - *c) (Vor-)Auswahl nach Maßgabe der Kriterien der Hochschulen,*
   - *d) Abgleich der Auswahlranglisten der Hochschulen zur Vermeidung von Mehrfachzulassungen,*
   - *e) Versand der Zulassungs- und Ablehnungsbescheide im Namen und im Auftrag der Hochschulen,*
   - *f) Übersendung der Hochschulunterlagen für die Immatrikulation an die Zugelassenen,*
   - *g) Vermittlung von nicht besetzten Studienplätzen (Clearing).*
2. *Gemäß Artikel 2 Nr. 2 des Staatsvertrags Durchführung der Aufgaben im zentralen Vergabeverfahren.*

---

222 Gesetz zur Errichtung einer Stiftung „Stiftung für Hochschulzulassung“, verkündet als Artikel 2 des Gesetzes vom 18. November 2008 (GV. NRW. S. 710), geändert durch Gesetzes vom 31. Januar 2017 (GV. NRW. S. 240). Grundlage dieses Gesetzes ist der zwischen allen Ländern geschlossene Staatsvertrag über die Errichtung einer gemeinsamen Einrichtung für Hochschulzulassung vom 8. März/5. Juni 2008, dem der niedersachsächsische Landtag mit Gesetz vom 17. Februar 2010 (Nds. GVBl. S. 47, 228) zugestimmt hat. Siehe dazu ferner OVG NRW, Beschluss vom 21. Dezember 2010 – 13 B 1557/10 – bei juris.

*(2) Darüber hinaus kann die Stiftung nach Maßgabe entsprechender Vereinbarungen mit den Hochschulen für diese weitere Dienstleistungen im Zusammenhang mit der Hochschulzulassung durchführen."*

### c) „Deutsche Zentralbibliothek für Medizin" (ZB MED)[223]

§ 2 Abs. 1 des Gesetzes zur Errichtung einer Stiftung „Deutsche Zentralbibliothek für Medizin":

> *„Zweck der Stiftung ist die überregionale Informations- und Literaturversorgung in den Fachgebieten Medizin, Gesundheitswesen, Ernährungs-, Umwelt- und Agrarwissenschaften sowie deren Grundlagenwissenschaften und Randgebieten zur Abdeckung des Bedarfs in Forschung, Lehre und Praxis. Die Stiftung hat hierbei insbesondere die Aufgabe der zielgruppenspezifischen Beschaffung, Erschließung, Archivierung und Bereitstellung von in- und ausländischer Literatur sowie von sonstigen analogen und digitalen Informationsmedien. Die Stiftung hat ferner die Aufgabe, Forschungs- und Entwicklungsprojekte im Bereich der Informationswissenschaften gerade auch zur Weiterentwicklung der Informations- und Literaturversorgung durch die Stiftung durchzuführen."*

## 12. Rheinland-Pfalz

### a) Stiftung Natur und Umwelt Rheinland-Pfalz[224]

§ 32 Abs. 1 Sätze 2 und 3 des rheinland-pfälzischen Landesnaturschutzgesetzes:

> *„... [Die Stiftung Natur und Umwelt Rheinland-Pfalz] fördert Projekte und Maßnahmen zur nachhaltigen Entwicklung und Erhaltung von Natur und Landschaft sowie der Umwelt im Land und im Rahmen der grenzüberschreitenden und internationalen Zusammenarbeit des Landes. Sie kann Projekte und Maßnahmen auch selbst durchführen."*

---

223 Gesetz zur Errichtung einer Stiftung „Deutsche Zentralbibliothek für Medizin" vom 19. Dezember 2013 (GV. NRW. S. 881). Die Stiftung führt nach § 1 Abs. 1 Satz 2 dieses Gesetzes die Zusatzbezeichnung „*Leibniz-Informationszentrum Lebenswissenschaften*".

224 § 32 des rheinland-pfälzischen Landesnaturschutzgesetzes vom 6. Oktober 2015 (GVBl. S. 283), zuletzt geändert durch Gesetz vom 21. Dezember 2016 (GVBl. S. 583). Nach § 32 Abs. 1 Satz 1 dieses Gesetzes „ist" die „von der Landesregierung errichtete Stiftung ... eine rechtsfähige Stiftung des öffentlichen Rechts".

### *b) Stiftung Rheinland-Pfalz für Kultur*[225]

§ 2 Abs. 1 bis 3 der Stiftungssatzung:[226]

> „(1) *Zweck der Stiftung ist die Förderung von Kunst und Kultur im Land Rheinland-Pfalz nach Maßgabe des Absatzes 2 und die Durchführung des ‚Kultursommers Rheinland-Pfalz' nach Maßgabe des Absatzes 3.*
>
> (2) *Die Stiftung fördert insbesondere den Erwerb und die Sicherung besonders wertvoller Kunstgegenstände und Kulturgüter, bedeutsame Vorhaben der Dokumentation und Präsentation sowie besondere Aufgaben der Förderung von Künstlerinnen und Künstlern sowie Kulturstätten. Ein Rechtsanspruch auf Förderung besteht nicht.*
>
> (3) *Die Stiftung veranstaltet den ‚Kultursommer Rheinland-Pfalz'. Der Kultursommer belebt durch geeignete Kulturprojekte die Kulturlandschaft Rheinland-Pfalz und entwickelt sie weiter. Zur Verwirklichung dieses Zweckes kann die Stiftung im Rahmen des ‚Kultursommers Rheinland-Pfalz'*
>
> 1. *eigene Kulturprojekte veranstalten,*
> 2. *Kulturprojekte anderer Träger fördern und Aufträge zur Veranstaltung von Kulturprojekten vergeben, dies gilt insbesondere für Kulturprojekte der Freien Szene,*
> 3. *innovative Veranstaltungsmodelle entwickeln,*
> 4. *die Kooperation privater und öffentlicher Träger von Kulturveranstaltungen initiieren,*
> 5. *den Dialog zwischen Künstlerinnen und Künstlern verschiedener Sparten und die Begegnung von Kultur und Wirtschaft sowie von Kultur und Wissenschaft beleben.*"

### *c) Römisch-Germanisches Zentralmuseum (RGZM) – Leibniz-Forschungsinstitut für Archäologie –?*

Auf der Internetseite des RGZM wird dargestellt, das RGZM sei „seit 1870" „eine Stiftung des öffentlichen Rechts".[227] Das wäre erstaunlich. Denn dann wäre das RGMZ wohl die älteste Stiftung dieser Art überhaupt, lange bevor die Rechtsfigur der „Stiftung des öffentlichen Rechts" überhaupt „erfunden" wurde (s. o.). Tatsächlich wird in der ebenfalls im Internet vom RGZM veröffentlichten Stiftungsatzung unter § 1 Nr. 2 nur wiedergegeben, die hessische Staatsregierung habe dem RGMZ „am 23. Juni 1870 die Eigenschaft und die

---

225 Beschluss der Landesregierung vom 17. Dezember 1991 (Staatsanzeiger S. 1358).

226 Aktuelle Fassung der Stiftungssatzung vom 13. Dezember 2012 im Internet unter: www.kulturstiftung-rlp.de/uploads/media/Satzung_Kulturstiftung_20121213_Vorstandsbeschluss.pdf

227 web.rgzm.de/ueber-uns/ueber-das-rgzm/

Rechte einer öffentlichen Stiftung verliehen".[228] Eine „öffentliche" Stiftung ist aber, wie eingangs dargelegt, nicht notwendigerweise auch eine Stiftung „des öffentlichen Rechts".[229] Danach dürfte es sich bei dem RGMZ nicht um eine Stiftung des öffentlichen Rechts handeln.

### *13. Saarland*

„Stiftung für die deutsch-französische kulturelle Zusammenarbeit"[230]

§ 2 Abs. 1 des saarländischen Gesetzes Nr. 1253 zur Errichtung einer „Stiftung für die deutsch-französische kulturelle Zusammenarbeit":

> *„Die Stiftung hat den Zweck, die kulturellen Beziehungen zwischen Deutschland und Frankreich zu fördern."*

### *14. Sachsen*

#### *a) „Kulturstiftung des Freistaates Sachsen"*[231]

§ 3 Abs. 1 des Gesetzes über die Errichtung der Kulturstiftung des Freistaates Sachsen:

> *„Die Kulturstiftung fördert die Kultur und Kunst im Freistaat Sachsen. Sie verfolgt ausschließlich und unmittelbar gemeinnützige Zwecke im Sinne des Abschnitts ‚Steuerbegünstigte Zwecke' der Abgabenordnung."*

#### *b) „Stiftung Sächsische Behindertenselbsthilfe – Otto Perl"*[232]

§ 2 Abs. 1 des Gesetzes zur Errichtung einer „Stiftung Sächsische Behindertenselbsthilfe – Otto Perl":

228 web.rgzm.de/fileadmin/RGZM/Satzung_des_RGZM_vom_15.12.2014.pdf

229 Siehe auch den Aufsatz von *K. David* zu einem wohl ähnlichen Fall in Hamburg.

230 Gesetz Nr. 1253 zur Errichtung einer „Stiftung für die deutsch-französische kulturelle Zusammenarbeit" vom 8. November 1989 (Amtsbl. S. 1770), zuletzt geändert durch Gesetz vom 15. Februar 2006 (Amtsbl. S. 474, 530).

231 Gesetz über die Errichtung der Kulturstiftung des Freistaates Sachsen vom 17. Mai 1993 (SächsGVBl. S. 459), zuletzt geändert durch Gesetz vom 13. Dezember 2012 (SächsGVBl. S. 725, 729).

232 Gesetz zur Errichtung einer „Stiftung Sächsische Behindertenselbsthilfe – Otto Perl" in der Fassung der Bekanntmachung vom 12. April 2006 (SächsGVBl. S. 95), zuletzt geändert durch Gesetz vom 29. Januar 2008 (SächsGVBl. S. 138, 174).

*„Die Stiftung fördert die Behindertenselbsthilfe im Freistaat Sachsen. Sie verfolgt ausschließlich und unmittelbar gemeinnützige und mildtätige Zwecke im Sinne der Abgabenordnung."*

## 15. Sachsen-Anhalt

### a) „Leucorea"[233]

§ 2 der Stiftungssatzung:

*„(1) Die Stiftung unterstützt die Pflege und Entwicklung der Wissenschaften in Forschung, Lehre und Studium an der Martin-Luther-Universität Halle-Wittenberg und fördert und organisiert Forschungen zur Reformationsgeschichte und zu den kulturellen Wirkungen der Reformation bis in die Gegenwart.*

*(2) Sie repräsentiert die Tradition der Martin-Luther-Universität Halle-Wittenberg am historischen Standort der Universität Wittenberg.*

*(3) Sie leistet ihre Arbeit im Verbund mit der Martin-Luther-Universität Halle-Wittenberg, der Stiftung Luthergedenkstätten in Sachsen-Anhalt, der Lutherstadt Wittenberg sowie mit Partneruniversitäten und anderen wissenschaftlichen Einrichtungen. Zu diesem Zweck beteiligt sie sich an der Reformationsgeschichtlichen Forschungsbibliothek in Wittenberg.*

*(4) Zur Unterstützung von Forschung und Lehre fördert sie Seminare, Tagungen, Kongresse und Weiterbildungsveranstaltungen. Sie kann eigene wissenschaftliche und kulturelle Veranstaltungen durchführen.*

*(5) Darüber hinaus fördert sie Forschung und Lehre, indem sie insbesondere*

1. *ihre wissenschaftlichen Kooperationspartner ihre Räume und Ausstattung ganz oder teilweise unentgeltlich nutzen lässt,*
2. *wissenschaftlichen Vorhaben finanzielle, sächliche oder personelle Mittel zuwendet,*
3. *Stipendien an Studenten, Wissenschaftler und Veranstaltungsteilnehmer vergibt."*

---

233 Beschluss der Landesregierung über die Errichtung der „Leucorea", rechtsfähige Stiftung des öffentlichen Rechts an der Martin-Luther-Universität Halle-Wittenberg vom 26. April 1994 (MBl. LSA S. 1283) i. V. m. der als Anlage zu diesem Beschluss veröffentlichten Satzung der Stiftung „Leucorea", rechtsfähige Stiftung des öffentlichen Rechts an der Martin-Luther-Universität Halle-Wittenberg vom 26. April 1994, zuletzt geändert durch die Anlage zu der Bekanntmachung vom 25. Januar 2016 (MBl. LSA S. 161).

### *b) Luthergedenkstätten in Sachsen-Anhalt*[234]

Nummer 2 des Beschlusses der Landesregierung vom 18. März 1997:

> *„Zweck der Stiftung ist die Pflege und Erhaltung der reformationsgeschichtlichen Gedenkstätten insbesondere in den Lutherstädten Wittenberg und Eisleben sowie in dem Umfang, wie es zur fachbezogenen Darstellung der Gedenkstätten erforderlich ist, die Bewahrung und Präsentation des reformatorischen Erbes und die Förderung von Forschung und Lehre im Zusammenhang mit Reformation und Reformationsgeschichte. Die Stiftung verwaltet reformationsgeschichtliche Stätten, Museen und ihre Sammlungen. Sie sind der Öffentlichkeit zugänglich zu machen."*

## *16. Schleswig-Holstein*

### *a) „Helmholtz-Zentrum für Ozeanforschung Kiel (GEOMAR)"*[235]

§ 2 Abs. 1 und 2 des Errichtungsgesetzes GEOMAR:

> *„(1) Zweck der Stiftung ist, nach näherer Bestimmung ihrer Satzung, Ozeanforschung auf internationalem Spitzenniveau zu betreiben und zu fördern. Bei der Durchführung arbeitet die Stiftung mit Hochschulen und Forschungsinstituten sowie der Wirtschaft auf nationaler und internationaler Ebene zusammen. Sie unterhält eine enge Kooperation mit der Christian-Albrechts-Universität zu Kiel (CAU).*
>
> *(2) Die Stiftung kann weitere, im Zusammenhang mit der Ozeanforschung stehende Aufgaben übernehmen."*

### *b) Kulturstiftung des Landes Schleswig-Holstein*[236]

§ 2 Abs. 1 und 2 des Gesetzes zur Umwandlung der Kulturstiftung des Landes Schleswig-Holstein in eine Stiftung des öffentlichen Rechts:

> *„(1) Die Stiftung hat den Zweck,*
>
> *1. Kulturgüter und Kunstgegenstände von herausragender Bedeutung für das Land Schleswig-Holstein zu sichern,*

234 Beschluss der Landesregierung zur Errichtung der Stiftung Luthergedenkstätten in Sachsen-Anhalt vom 18. März 1997 (MBl. S. 962).

235 Gesetz über die Errichtung der Stiftung „Helmholtz-Zentrum für Ozeanforschung Kiel (GEOMAR)" (Errichtungsgesetz GEOMAR), verkündet als Artikel 1 des Gesetzes vom 5. Oktober 2011 (GVOBl. Schl.-H. S. 310). Als Artikel 2 dieses Gesetzes wurde das Gesetz zum Konsortialvertrag zwischen der Bundesrepublik Deutschland und dem Land Schleswig Holstein zur gemeinsamen Förderung des „Helmholtz-Zentrums für Ozeanforschung Kiel (GEOMAR)" verkündet.

236 Gesetz zur Umwandlung der Kulturstiftung des Landes Schleswig-Holstein in eine Stiftung des öffentlichen Rechts vom 30. Mai 1995 (GVOBl. Schl.-H. S. 221), zuletzt geändert durch Verordnung vom 4. April 2013 (GVOBl. Schl.-H. S. 143).

2. *Veranstaltungen und Publikationen von besonderem Interesse für die Kultur, Kunst oder Geschichte des Landes Schleswig-Holstein zu ermöglichen oder selbst durchzuführen,*
3. *neue Formen und Entwicklungen auf den Gebieten von Kultur und Kunst zu fördern,*
4. *Maßnahmen zur Entwicklung und Stärkung der kulturellen Infrastruktur im Lande zu unterstützen.*

*Mit Mitteln der Stiftung erworbene Gegenstände, Werke oder Güter werden Eigentum des Landes.*

*(2) Die Stiftung kann aus ihren Mitteln auch Zuwendungen geben an*

1. *öffentliche oder gemeinnützige Einrichtungen, die im Sinne des Stiftungszwecks nach Absatz 1 tätig sind,*
2. *sonstige gemeinnützige Organisationen, die sich im Interesse des Landes der Erwerbung und Bewahrung wertvoller Kulturgüter und Kunstgegenstände widmen, Kultur- und Kunstveranstaltungen im Sinne von Absatz 1 durchführen oder neue Formen und Entwicklungen auf den Gebieten von Kultur und Kunst gemäß Absatz 1 fördern,*
3. *Einzelpersonen, die im Auftrag der Kulturstiftung entsprechend dem Stiftungszweck nach Absatz 1 tätig werden."*

### *c) „Universität zu Lübeck"*[237]

§ 2 Abs. 1 des Gesetzes über die Stiftungsuniversität zu Lübeck:

*„Zweck der Stiftung ist es,*

1. *die Stiftungsuniversität als Hochschule des Landes zu betreiben,*
2. *durch einen eigenverantwortlichen und effizienten Einsatz der ihr überlassenen Mittel die in § 3 [des Hochschulgesetzes] bestimmten Aufgaben wahrzunehmen."*

### *d) „Deutsche Zentralbibliothek für Wirtschaftswissenschaften – Leibniz-Informationszentrum Wirtschaft" (ZBW)*[238]

§ 2 Abs. 1 und 2 des Gesetzes über die Errichtung der Stiftung „Deutsche Zentralbibliothek für Wirtschaftswissenschaften – Leibniz-Informationszentrum Wirtschaft –":

---

237 Gesetz über die Stiftungsuniversität zu Lübeck vom 24. September 2014 (GVOBl. Schl.-H. S. 306), zuletzt geändert durch Gesetz vom 11. Januar 2016 (GVOBl. Schl.-H. S. 2).

238 Gesetz über die Errichtung der Stiftung „Deutsche Zentralbibliothek für Wirtschaftswissenschaften – Leibniz-Informationszentrum Wirtschaft –" vom 30. November 2006 (GVOBl. Schl.-H. S. 262), zuletzt geändert durch Gesetz vom 15. Dezember 2006 (GVOBl. Schl.-H. S. 348).

*„(1) Die Stiftung sammelt und erschließt weltweit erscheinende wirtschaftswissenschaftliche Literatur. Sie bietet umfassende Serviceleistungen an, die eine effiziente und effektive Nutzung wirtschaftswissenschaftlicher Fachinformationen für Forschung und Lehre ermöglichen. Sie ist eine nutzerorientierte Bibliothek, die modernen und innovativen Anforderungen der Informationsvermittlung verpflichtet ist.*

*(2) Zur Erlangung und Nutzbarmachung ihrer Serviceleistungen für Wissenschaft, Wirtschaft, Politik und Verwaltung sowie Aus- und Weiterbildung unterhält die Stiftung enge Beziehungen zu und geht Kooperationen ein mit wissenschaftlichen Institutionen, insbesondere zur Christian-Albrechts-Universität zu Kiel, zu Wissenschaftlerinnen und Wissenschaftlern des In- und Auslandes, zur Wirtschaftspraxis und zu nationalen und internationalen Einrichtungen der wirtschaftswissenschaftlichen Forschung und Informationsvermittlung. Die Stiftung kann weitere im Zusammenhang mit der wirtschaftswissenschaftlichen Informationsversorgung stehende Aufgaben übernehmen.“*

## *17. Thüringen*

Stiftung „FamilienSinn“[239]

§§ 2 und 3 Abs. 1 des Gesetzes über die Errichtung der Stiftung „Familiensinn“ und die Förderung der „Thüringer Stiftung HandinHand – Hilfe für Kinder, Schwangere und Familien in Not“:

*„§ 2*
*Stiftungszweck*

*Zweck der Stiftung ist es, Maßnahmen und Einrichtungen zu fördern, die der Familienbildung, der Unterstützung von Ehe und Familien in sozialer, politischer und kultureller Hinsicht, der Familienhilfe, der allgemeinen Schwangerenberatung sowie der Beratung von Schwangeren, Paaren und Familien in schwieriger Situation sowie der Steigerung der Wirksamkeit bestehender familienunterstützender Maßnahmen dienen. Hierbei sind die in § 6 Abs. 1 Thüringer Familienförderungssicherungsgesetz aufgeführten Förderbereiche sowie die Aufgaben nach § 3 vorrangig zu berücksichtigen.*

*§ 3*
*Elternakademie*

*(1) Die Stiftung unterhält die Elternakademie.“*

---

239 Gesetz über die Errichtung der Stiftung „Familiensinn“ und die Förderung der „Thüringer Stiftung HandinHand – Hilfe für Kinder, Schwangere und Familien in Not“ vom 16. Dezember 2005 (GVBl. S. 365, 377), zuletzt geändert durch Gesetz vom 21. Dezember 2011 (GVBl. S. 531, 535).

## V. Zusammenfassung

Die in ihren jeweiligen Zwecken zum Ausdruck kommenden *Tätigkeitsfelder* von Stiftungen des öffentlichen Rechts sind, wie sich gezeigt hat, weit gefächert. Die (Sach-)Gebiete, auf denen Stiftungen des öffentlichen Rechts gegenwärtig tatsächlich tätig werden, lassen sich aber schwerpunktmäßig wie folgt zusammenfassen:[240]

- *Kultur* (dort insbesondere Unterhaltung, Pflege oder Förderung von Museen, Denkmälern, Gedenkstätten oder sonstigen Kulturgütern oder Einrichtungen auf den Gebieten der Kunst oder der – sonstigen – Kultur, anderweitige Pflege oder Förderung historischer oder – anderer – kultureller Belange[241]),
- *Wissenschaft, Forschung und Lehre* (dort insbesondere Unterhaltung oder Förderung von Forschungseinrichtungen oder von Hochschulen oder mit ihnen zusammenhängenden Einrichtungen) sowie
- *Soziale Fürsorge im weitesten Sinne* (dort insbesondere Erbringung von Leistungen für soziale oder humanitäre Zwecke oder Unterhaltung oder Förderung von Einrichtungen mit derartigen Zwecken).

Als weiteres, eher neues Betätigungsfeld, kann der *Naturschutz* hervorgehoben werden.

Außerdem lässt sich in jüngerer Zeit zumindest in Niedersachsen feststellen, dass Stiftungen des öffentlichen Rechts auch dazu genutzt werden, um bestimmte *allgemein-politische Ziele* zu verfolgen (wie bei der „Stiftung Zukunft der Altenpflegeausbildung", die, wie dargelegt, den Zweck hat, „die Attraktivität der Altenpflegeausbildung zu erhöhen") oder *allgemeinere Aufgaben des Staates (einschließlich der Kommunen)* zu erfüllen (wie etwa bei der „Stiftung Zukunftsfonds Asse", die, wie ebenfalls dargelegt, den Zweck hat, „die regionale Landesentwicklung" in einem bestimmten räumlichen Gebiet und in bestimmten Sachbereichen „zu fördern").

Einen Sonderfall stellt wohl auch die „Bayerische Landesstiftung" dar, die praktisch ohne spezifischen Stiftungszweck auszukommen scheint.

Besonders hervorgehoben werden sollen an dieser Stelle schließlich aber auch noch die beiden „Hochschulstiftungen" des Landes Nordrhein-Westfalen, also die „Stiftung für Hochschulzulassung" und die „Stiftung zur Akkreditierung von

240 Siehe dazu auch *J. Ipsen*, Hochschulen als Stiftungen, S. 241 f.

241 Siehe dazu insbesondere die sog. Traditionsklausel in Artikel 72 NV sowie hinsichtlich ihrer Bedeutung als Bestandsschutz für Stiftungen *E. Schmidt-Jortzig*, in: Martinek/Rawert/Weitemeyer (Hrsg.), Festschrift Reuter, S. 1339 ff.

Studiengängen in Deutschland". Diese beiden Stiftungen zeichnen sich zum einen dadurch aus, dass sie neben einem grundsätzlichen, der Höhe nach nicht bestimmten Anspruch auf Zuwendungen der Länder, die diese (nur) nach Maßgabe ihrer jeweiligen Haushaltsgesetze zu leisten haben, und der Möglichkeit, Kosten bzw. Beiträge zu erheben und Zuwendungen Dritter anzunehmen, praktisch über *keinerlei „klassisches" Stiftungsvermögen* verfügen (§ 3 des Gesetzes zur Errichtung einer Stiftung „Stiftung für Hochschulzulassung", § 4 des Gesetzes zur Errichtung einer Stiftung „Stiftung zur Akkreditierung von Studiengängen in Deutschland"). Zum anderen sind diesen beiden Stiftungen in besonderem Maße *grundrechtsrelevante* Entscheidungsbefugnisse übertragen worden, deren Ausübung sich erheblich auf das Recht auf Zulassung zum Hochschulstudium aus Artikel 12 Abs. 1 Satz 1 GG i. V. m. Artikel 3 Abs. 1 GG und dem Sozialstaatsprinzip (Artikel 20 Abs. 1 GG)[242] bzw. das Recht auf freie Gestaltung des wissenschaftlichen Lehrangebots im Rahmen der Wissenschaftsfreiheit nach Artikel 5 Abs. 3 Satz 1 GG auswirkt.[243]

Dieser Befund veranschaulicht zum einen, dass der *Gestaltungsspielraum* bei der Gründung und Ausgestaltung von Stiftungen des öffentlichen Rechts anscheinend *beträchtlich* ist. Zum anderen macht er bereits deutlich, dass es nicht gerechtfertigt wäre, Stiftungen des öffentlichen Rechts auf das Stiftungen im Allgemeinen anhaftende „Image" von altruistischen und freigiebigen Einrichtungen (dazu noch ausführlicher unter H.) zu reduzieren und sie deshalb als „prinzipiell harmlos" zu betrachten. Vielmehr können die Befugnisse von Stiftungen des öffentlichen Rechts durchaus *erhebliche Grundrechtsrelevanz* haben, die sich für die Betroffenen ggf. im Ergebnis als nichts Anderes darstellen können als staatliche Eingriffe in ihre Freiheitsrechte bzw. das Verweigern staatlicher Leistungen.

Letztlich lässt sich ganz allgemein feststellen, dass das Motiv für die Wahl der Rechtsform einer Stiftung des öffentlichen Rechts wohl regelmäßig entweder darin liegt, einen besonderen Zweck zu verfolgen und dafür (irgend)ein ausreichendes Vermögen zu sichern (rechtlich „abzuschirmen"), oder aber darin,

---

242 Siehe dazu grundlegend BVerfGE 33, 303 (329 ff.), bei juris Rn. 56 ff.

243 Siehe deswegen nochmals zum einen OVG NRW, Beschluss vom 21. Dezember 2010 - 13 B 1557/10 - juris, sowie zum anderen BVerfGE 141, 143 (insbesondere 164 ff., bei juris Rn. 46 ff.). Die baldigen Änderungen der bisherigen „Stiftung zur Akkreditierung von Studiengängen in Deutschland" - künftig: „Stiftung Akkreditierungsrat" - durch den o. g. Studienakkreditierungsstaatsvertrag haben auf diese Einordnung keinen Einfluss.

ein besonderes Vermögen zu sichern (rechtlich „abzuschirmen“) und dieses der Verfolgung eines bestimmten Zwecks zur Verfügung zu stellen.[244]

# E. Allgemeine Rechtsvorschriften für die Betätigung bestehender Stiftungen des öffentlichen Rechts

## I. Einleitung

Nachfolgend sollen die allgemeinen Rechtsvorschriften für die Betätigung bestehender Stiftungen des öffentlichen Rechts betrachtet werden. Gemeint sind damit Rechtsvorschriften, die zum einen nicht die Organisation von Stiftungen des öffentlichen Rechts regeln und zum anderen insofern „allgemein“ sind, als sie nicht nur für eine einzelne, sondern für *jede* bestehende Stiftung des öffentlichen Rechts gelten.

Die nachfolgende Darstellung erhebt keinen Anspruch auf Vollständigkeit. Vielmehr sollen lediglich beispielhaft einige besonders bedeutsam erscheinende Regelungen hervorgehoben werden. Die Darstellung konzentriert sich wiederum auf den Bund und das Land Niedersachsen, das aber insoweit beispielhaft für andere Länder steht.

## II. Privatrecht

Auf Bundesebene hervorzuheben sind zunächst die bereits angesprochenen Regelungen in § 89 BGB.[245] Darin soll nach Ansicht der Verfasser des Bürgerlichen Gesetzbuchs nur das geregelt werden, was unbedingt notwendig ist, damit die juristischen Personen des öffentlichen Rechts am Privatrechtsverkehr teilnehmen können.[246] Dies sind demnach die Vorschriften des § 31 BGB über die Haftung der juristischen Person für ihre Organe (§ 89 Abs. 1 BGB) und die des § 42 Abs. 2 BGB über die Pflichten der Organe der juristischen Person im Falle einer Insolvenz und ihre diesbezügliche Haftung (§ 89 Abs. 2 BGB).

---

244 Ein besonderes Gewicht hat der Aspekt der Vermögens*sicherung*, wie gezeigt, beim Fonds zur Finanzierung der kerntechnischen Entsorgung, der praktisch den alleinigen Zweck hat, Finanzmittel „einzusammeln“, zu sichern, gewinnbringend anzulegen und zu gegebener Zeit an den Bund auszukehren, damit *dieser* damit dann bestimmte Aufgaben erfüllen kann.

245 Die §§ 80 bis 88 BGB gelten, wie dargelegt, ausschließlich für Stiftungen des bürgerlichen Rechts.

246 Vgl. *B. Mugdan*, S. 670 f.

Das Insolvenzverfahren über das Vermögen einer juristischen Person (also auch einer Stiftung) des öffentlichen Rechts, die der Aufsicht eines Landes untersteht, ist nach § 12 Abs. 1 Nr. 2 InsO im Übrigen unzulässig, wenn das Landesrecht dies bestimmt.[247] Von dieser Ermächtigung haben die einzelnen Länder in unterschiedlichem Umfang Gebrauch gemacht.[248] Beispielsweise sind in Niedersachsen alle juristischen Personen des öffentlichen Rechts, die der Aufsicht dieses Landes unterstehen (einschließlich der Stiftungen des öffentlichen Rechts), mit Ausnahme der öffentlich-rechtlichen Versicherungsunternehmen und der öffentlich-rechtlichen Bank- und Kreditinstitute für insolvenzunfähig erklärt worden (§ 1 des Niedersächsischen Gesetzes über die Insolvenzunfähigkeit juristischer Personen des öffentlichen Rechts[249]). Für diesen Fall ist in § 12 Abs. 2 InsO lediglich ein Leistungsanspruch von Arbeitnehmerinnen und Arbeitnehmern gegen das Land bei Zahlungsunfähigkeit oder Überschuldung der betreffenden juristischen Person vorgesehen.

Eine weitere Sondervorschrift, die ausdrücklich auch für „Stiftungen des öffentlichen Rechts" gilt, ist § 882 a (Abs. 3 Satz 1) ZPO, der die Zwangsvollstreckung wegen einer Geldforderung gegen den Bund, ein Land oder eine Körperschaft, Anstalt oder Stiftung des öffentlichen Rechts regelt (und diese insoweit privilegiert).[250]

## III. Öffentliches Recht

### *1. Einleitung*

Breiteren Raum als im Privatrecht nehmen Stiftungen des öffentlichen Rechts hingegen im öffentlichen Recht ein.

### *2. Steuerrecht*

Von besonderer Bedeutung ist das Steuerrecht.[251]

---

247 Juristische Personen des öffentlichen Rechts, die der Aufsicht des Bundes unterstehen, sind grundsätzlich insolvenzfähig, es sei denn, dies ist spezialgesetzlich ausgeschlossen (*U. Gundlach*, in: Schmidt [Hrsg.], InsO, § 12 Rn. 2).

248 Nachweise z. B. bei *U. Gundlach*, in: Schmidt (Hrsg.), InsO, § 12 Rn. 4 ff.

249 Gesetz vom 27. März 1987 (Nds. GVBl. S. 67).

250 Darüber hinaus enthalten nach wie vor die Artikel 85, 91, 100, 101 und 138 EGBGB ausdrückliche Regelungen u. a. über „Stiftungen des öffentlichen Rechts", die aber jeweils nur regeln, inwieweit bestimmte landesgesetzliche Vorschriften im Verhältnis zum Bürgerlichen Gesetzbuch „unberührt bleiben".

251 Vgl. *R. Hüttemann*, in: Kötz/Rawert/Schmidt/Walz (Hrsg.), Non Profit Law Yearbook 2001, S. 145 ff., dort allerdings noch ohne Berücksichtigung der weiteren Änderungen

Danach sind schon grundsätzlich Spenden, die zur Förderung steuerbegünstigter Zwecke im Sinne der §§ 52 bis 54 AO (d. h. gemeinnütziger, mildtätiger oder kirchlicher Zwecke) an eine juristische Person (also auch eine Stiftung) des öffentlichen Rechts geleistet werden, bei der Bemessung des der Steuerpflicht jeweils unterliegenden Betrages in besonderem Maße abzugsfähig (so § 9 Abs. 1 Nr. 2 Sätze 1 und 2 Buchst. a, 1. Fall KStG, § 10 b Abs. 1 Sätze 1 und 2 Nr. 1, 1. Fall EStG und § 9 Nr. 5 Sätze 1 und 2 Buchst. a, 1. Fall GewStG).

Darüber hinaus sind nach § 10 b Abs. 1 a Satz 1 i. V. m. Abs. 1 Satz 2 Nr. 1, 1. Fall EStG und § 9 Nr. 5 Satz 9 i. V. m. Satz 2 Buchst. a, 1. Fall GewStG Spenden zur Förderung steuerbegünstigter Zwecke im Sinne der §§ 52 bis 54 AO (also wiederum gemeinnütziger, mildtätiger oder kirchlicher Zwecke) in das *zu erhaltende* Vermögen (*Vermögensstock*) einer Stiftung des öffentlichen Rechts (bei Erfüllung auch der sonstigen Voraussetzungen nach § 10 b Abs. 1 Sätze 2 bis 6 EStG bzw. § 9 Nr. 5 Sätze 2 bis 6 GewStG) bei der Bemessung des der Einkommensteuer bzw. der Gewerbesteuer unterliegenden Betrages auf Antrag der oder des Steuerpflichtigen in einem erheblichen Umfang zusätzlich abzugsfähig. Nicht abzugsfähig sind insoweit nach § 10 b Abs. 1 a Satz 2 EStG und § 9 Nr. 5 Satz 10 GewStG allerdings Spenden in das *verbrauchbare* Vermögen einer Stiftung.

Ferner entfällt nach § 29 Abs. 1 Nr. 4 ErbStG grundsätzlich die Erbschaft- und Schenkungsteuer rückwirkend, wenn ein Vermögensgegenstand, der sonst der Steuer unterläge, innerhalb von zwei Jahren nach Entstehung der Steuer einer Stiftung zugewandt wird.

Damit privilegiert und fördert das Steuerrecht in erheblichem Maße (nachhaltige) Zuwendungen an Stiftungen des öffentlichen Rechts, die gemeinnützige, mildtätige oder kirchliche Zwecke im Sinne der §§ 52 bis 54 AO verfolgen.

Außerdem sind Stiftungen des öffentlichen Rechts – anders als Stiftungen („und andere Zweckvermögen") des privaten Rechts (§ 1 Abs. 1 Nr. 5 KStG) – grundsätzlich nicht körperschaftsteuerpflichtig. Körperschaftsteuerpflichtig sind vielmehr nur „Betriebe gewerblicher Art" von juristischen Personen des öffentlichen Rechts, auch wenn der Betrieb gewerblicher Art selbst eine juristische Person des öffentlichen Rechts ist, es sei denn, der Betrieb dient „überwiegend der Ausübung der öffentlichen Gewalt" und ist deshalb ein „Hoheitsbetrieb" (§ 1 Abs. 1 Nr. 6 und § 4 KStG).

Ferner privilegiert das Steuerrecht allgemein juristische Personen des öffentlichen Rechts, also auch Stiftungen des öffentlichen Rechts, indem es sie nur

durch das Ehrenamtsstärkungsgesetz vom 21. März 2013 (BGBl. I S. 556); siehe dazu den Gesetzentwurf in der Bundestagsdrucksache 17/11632.

ausnahmsweise als „Unternehmer“ im Sinne des Umsatzsteuergesetzes definiert (vgl. § 2 b UStG), sodass ihre Einnahmen, die sie für die von ihnen erbrachten Leistungen erzielen, in der Regel nicht der Umsatzsteuerpflicht unterliegen.[252]

Zudem können Stiftungen unter leichteren Bedingungen als andere juristische Personen steuerlich unschädlich sog. freie Rücklagen bilden (§ 62 Abs. 4 AO).

Schließlich sind Stiftungen des öffentlichen Rechts nach Maßgabe der Regelungen in § 44 a Abs. 4 und 7 EStG von der Kapitalertragsteuer befreit, wobei § 44 a Abs. 4 EStG für alle inländischen juristischen Personen des öffentlichen Rechts gilt, während § 44 a Abs. 7 EStG eine Sondervorschrift für Stiftungen des öffentlichen Rechts ist, die ausschließlich und unmittelbar gemeinnützigen oder mildtätigen Zwecken dienen.

### 3. *Haushaltsrecht*

Stiftungen des öffentlichen Rechts sind nach den §§ 105 ff. BHO sowie den §§ 105 ff. Nds. LHO – wie alle juristischen Personen unter der Aufsicht des Bundes bzw. des Landes – in weitem Umfang den Vorschriften des staatlichen Haushaltsrechts unterworfen[253] und werden nach § 111 BHO und § 111 Nds. LHO vom Bundes- bzw. Landesrechnungshof geprüft.[254] Insoweit kann man davon sprechen, dass (auch) Stiftungen des öffentlichen Rechts einer staatlichen *„Finanzaufsicht“* unterliegen.[255]

---

252 Zu dahingehenden Erwägungen bei der Wahl der Organisationsform siehe etwa den Gesetzentwurf zum Gesetz zur Errichtung der Stiftung „Leibniz-Institut für Ostseeforschung Warnemünde (IOW)“, Drucksache des Landtages Mecklenburg-Vorpommern 5/2608, S. 21 f.

253 Auch das Haushaltsgrundsätzegesetz ist nach seinem § 48 auf bundes- oder landesunmittelbare juristische Personen grundsätzlich entsprechend anzuwenden. Siehe dazu insgesamt und ausführlich *M. Kilian*, Nebenhaushalte, dort auch zu den Voraussetzungen, unter denen Stiftungen des öffentlichen Rechts als staatliche Nebenhaushalte anzusehen sind, und den Folgen die sich daraus ggf. für die Anwendung des staatlichen Haushaltsrechts ergeben.

254 Zur Prüfung von bundesunmittelbaren Stiftungen des öffentlichen Rechts durch den Bundesrechnungshof siehe den vom Bundesbeauftragten für Wirtschaftlichkeit in der Verwaltung erstellten und vom Bundesrechnungshof im Internet veröffentlichten „Leitsatz der externen Finanzkontrolle“ Nr. 13/04 vom 15. Dezember 2014: www.bundesrechnungshof.de/de/veroeffentlichungen/leitsaetze-der-externen-finanzkontrolle/leitsatzsammlung/organisation/leitsatz-13-04-oeffentlich-rechtliche-stiftungen

255 So etwa *W. Kluth*, in: Wolff/Bachof/Stober/Kluth, Verwaltungsrecht II, 7. Aufl., § 87 Rn. 42.

### 4. *Beamtenrecht*

Des Weiteren können Stiftungen (wie Körperschaften und Anstalten) des öffentlichen Rechts nach § 2 BBG sowie nach den §§ 1 und 2 Nr. 2 BeamtStG i. V. m. § 1 Nr. 3 und § 2 des NBG Beamtinnen und Beamte haben, also *Dienstherr* von Personen sein, die gemäß Artikel 33 Abs. 4 GG[256] und Artikel 60 Satz 1 NV[257] in einem öffentlich-rechtlichen Dienst- und Treueverhältnis stehen und denen regelmäßig die Aufgabe übertragen ist, hoheitsrechtliche Befugnisse auszuüben. Hinsichtlich der Zuständigkeit für Entscheidungen des Dienstherrn gelten insoweit allerdings Sondervorschriften (§ 144 BBG, § 3 Abs. 4 und 6 NBG), insbesondere auch im Bereich des Disziplinarrechts (§ 83 BDG, § 5 Abs. 2 NDiszG). Danach hat vielfach die Aufsichtsbehörde weitreichende Entscheidungsbefugnisse.

### 5. *Verwaltungsverfahrensrecht*

Stiftungen (sowie Körperschaften und Anstalten) des öffentlichen Rechts können nach § 1 Abs. 1 und 4 VwVfG sowie nach § 1 Abs. 1 und 4 NVwVfG *Behörden* haben, also Stellen, die öffentlich-rechtliche Verwaltungstätigkeit ausüben, und durch diese insbesondere auch – bei entsprechender gesetzlicher Ermächtigung[258] – Verwaltungsakte (§ 35 VwVfG) erlassen, mithin hoheitliche Maßnahmen treffen.

### 6. *Verwaltungsvollstreckungsrecht*

Stiftungen des öffentlichen Rechts, die bundesunmittelbare juristische Personen des öffentlichen Rechts sind, können ihre öffentlich-rechtlichen Geldforderungen sowie die von ihnen erlassenen Verwaltungsakte, die auf die Herausgabe

---

256 Siehe dazu BVerfGE 130, 76 (111 ff.), bei juris Rn. 134 ff.

257 Siehe dazu Nds. StGH, Urteil vom 5. Dezember 2008 – StGH 2/07 – bei juris Rn. 100 ff.

258 BVerwGE 144, 306 (Rn. 9 ff.), bei juris Rn. 9 ff., m. w. N. – Gemeint ist hier, dass die jeweils zuständige Stelle nur dann die Befugnis hat, in der Handlungsform des Verwaltungsaktes zu handeln (VA-Befugnis), wenn sie dazu gesetzlich ermächtigt ist. Nicht erforderlich (und nicht einmal die Regel) ist allerdings, dass sich sowohl die zuständige Stelle als auch ihre VA-Befugnis aus derselben Vorschrift ergeben. Vielmehr werden (insbesondere in Bundesgesetzen, die nach den Artikeln 83 bis 85 GG von den Ländern auszuführen sind) oft die VA-Befugnis in einer und die Zuständigkeit für die Ausübung dieser Befugnis in einer anderen Vorschrift geregelt. Die VA-Befugnis einer bestimmten Stelle ergibt sich daher in einem solchen Fall erst aus dem Zusammenspiel beider Vorschriften, wobei sich das Erfordernis einer gesetzlichen Ermächtigung in diesem Zusammenhang zunächst nur auf die VA-Befugnis und (wohl) nicht notwendigerweise auch auf die Zuständigkeitszuweisung erstreckt (dazu noch im Folgenden).

einer Sache oder auf die Vornahme einer Handlung oder auf Duldung oder Unterlassung gerichtet sind, nach Maßgabe des Verwaltungsvollstreckungsgesetzes des Bundes im Verwaltungszwangsverfahren vollstrecken (lassen).[259]

Stiftungen (sowie Körperschaften und Anstalten) des öffentlichen Rechts unter der Aufsicht des Landes Niedersachsen können nach § 1 Abs. 1 NVwVG ihre Ansprüche im Verwaltungsvollstreckungsverfahren vollstrecken lassen, und zwar nach § 2 Abs. 3 NVwVG i. V. m. § 1 DVO-NVwVG teilweise auch ihre *privatrechtlichen* Geldforderungen, sowie nach § 6 Abs. 2 NVwVG selbst zur Vollstreckungsbehörde bestimmt werden.

### 7. *Vollstreckung im Verwaltungsprozess*

Vollstreckungsmaßnahmen *gegen* eine Stiftung (oder Körperschaft oder Anstalt) des öffentlichen Rechts im Verwaltungsprozess erfolgen in einem besonderen Verfahren (§ 170 Abs. 1 und 2 VwGO). Außerdem bestehen insoweit besondere Schutzvorschriften für die Vollstreckung in Sachen, „die für die Erfüllung öffentlicher Aufgaben unentbehrlich sind oder deren Veräußerung ein öffentliches Interesse entgegensteht" (§ 170 Abs. 3 VwGO). Auch für die Vollstreckung *zugunsten* einer Stiftung (oder Körperschaft oder Anstalt) des öffentlichen Rechts im Verwaltungsprozess bestehen besondere, diese privilegierende Vorschriften (§ 169 VwGO).

### 8. *Vergaberecht*

Nach Artikel 2 Abs. 1 Nr. 4 der Richtlinie 2014/24/EU des Europäischen Parlaments und des Rates vom 26. Februar 2014 über die öffentliche Auftragsvergabe und zur Aufhebung der Richtlinie 2004/18/EG sind „Einrichtungen des öffentlichen Rechts" Einrichtungen mit sämtlichen der folgenden Merkmale:

- *„Sie wurden zu dem besonderen Zweck gegründet, im Allgemeininteresse liegende Aufgaben nicht gewerblicher Art zu erfüllen"*,
- *„sie besitzen Rechtspersönlichkeit"* und
- *„sie werden überwiegend vom Staat, von Gebietskörperschaften oder von anderen Einrichtungen des öffentlichen Rechts finanziert oder unterstehen hinsichtlich ihrer Leitung der Aufsicht dieser Gebietskörperschaften oder Einrichtungen,*

---

259 Bei der Kostenregelung in § 19 a Abs. 1 Satz 1 VwVG sind die bundesunmittelbaren Stiftungen des öffentlichen Rechts nur deshalb nicht aufgeführt, „weil für sie die Inanspruchnahme der Bundesfinanzverwaltung zur Vollstreckung ihrer Ansprüche keine praktische Relevanz hat" (Bundestagsdrucksache 18/2337, S. 10, vorletzter Absatz am Ende). Auf sie ist das Gesetz mithin im Übrigen anwendbar.

*oder sie haben ein Verwaltungs-, Leitungs- beziehungsweise Aufsichtsorgan, das mehrheitlich aus Mitgliedern besteht, die vom Staat, von Gebietskörperschaften oder von anderen Einrichtungen des öffentlichen Rechts ernannt worden sind".*[260]

In Erwägungsgrund 10 der Richtlinie 2014/24/EU wird klargestellt, dass eine „Aufgabe nicht gewerblicher Art" nicht vorliegt, wenn die betreffende Einrichtung „unter marktüblichen Bedingungen arbeitet, gewinnorientiert ist und die mit der Ausübung ihrer Tätigkeit einhergehenden Verluste trägt".[261]

In der Vorgängerrichtlinie 2004/18/EG waren Einrichtungen in den Mitgliedstaaten, bei denen diese Merkmale vorliegen, in Anhang III aufgeführt. Für Deutschland waren dort in der Kategorie „Juristische Personen des öffentlichen Rechts" die „bundes-, landes- und gemeindeunmittelbaren ... Stiftungen des öffentlichen Rechts" angegeben, in der Unterkategorie „Anstalten und Stiftungen" mit dem Zusatz, dies seien die „der staatlichen Kontrolle unterliegenden und im Allgemeininteresse tätig werdenden Einrichtungen nichtgewerblicher Art".[262]

Stiftungen des öffentlichen Rechts erfüllen mithin (jedenfalls im Regelfall) die Merkmale einer „Einrichtung des öffentlichen Rechts" im Sinne des Unionsrechts und sind (ggf.) deshalb „öffentliche Auftraggeber" im Sinne von Artikel 2 Abs. 1 Nr. 1 der Richtlinie 2014/24/EU und § 99 GWB. Sie sind (ggf.) daher nach Maßgabe des Unionsrechts und des zu seiner Umsetzung erlassenen nationalen deutschen Vergaberechts (insbesondere §§ 97 ff. GWB) bei der Vergabe ihrer öffentlichen Aufträge zur Durchführung eines Vergabeverfahrens verpflichtet.[263]

### *9. Sonstiges*

Ferner kann einer Stiftung des öffentlichen Rechts unter der Aufsicht des Landes Niedersachsen nach § 2 Abs. 3 Satz 1 NWappG in ihrer Eigenschaft als „Träger[in] öffentlicher Aufgaben" gestattet werden, das Landeswappen – also ein *Hoheitszeichen* des Landes – „im Zusammenhang mit der Erfüllung ihrer öffentlichen Aufgaben zu verwenden".

Außerdem sind Behörden und sonstige Einrichtungen von Stiftungen des öffentlichen Rechts z. B. „Öffentliche Stellen" des Bundes oder eines Landes im Sinne

260 ABl. EU Nr. L 94 S. 65 (96 f.).

261 ABl. EU Nr. L 94 S. 65 (66).

262 ABl. EU Nr. L 134 S. 114 (171 f.).

263 Vgl. OLG München, Beschluss vom 7. Juni 2005 – Verg 4/05 – bei juris Rn. 16 ff. (zu § 98 Nr. 2 GWB a. F., der § 99 Nr. 2 GWB n. F. entspricht); OLG Saarbrücken, Urteil vom 17. August 2016 – 1 U 159/14 – bei juris Rn. 84.

von § 2 Abs. 1 und 2 BDSG und § 2 Abs. 1 Satz 1 Nr. 3 NDSG und unterliegen insoweit nach Maßgabe der *Datenschutzgesetze* den darin enthaltenen Bindungen.

Des Weiteren sind Stiftungen des öffentlichen Rechts nach § 18 Abs. 1 Satz 1 BVerfSchG und § 25 NVerfSchG verpflichtet, von sich aus den *Verfassungsschutzbehörden* bestimmte Informationen zu übermitteln.

Die Reihe ließe sich nahezu beliebig fortsetzen (siehe beispielsweise § 1 Satz 1 BPersVG, § 1 Abs. 1 und § 108 NPersVG, § 24 AGG, § 2 Abs. 1 BGebG, § 3 Satz 2 Nds. AGBGB, § 139 BauGB usw.). Gleichwohl soll die Darstellung an dieser Stelle beendet werden, weil sie bereits hinreichend anschaulich sein dürfte.

### *10. Zusammenfassung*

Die Betrachtung des öffentlichen Rechts hat gezeigt, dass Stiftungen des öffentlichen Rechts in diesem Rechtsbereich in vielfältiger Weise besonders behandelt und dabei regelmäßig privilegiert werden, dies allerdings – mit Ausnahme des Steuerrechts – in der Regel[264] nur in gleicher Weise wie Körperschaften und Anstalten des öffentlichen Rechts bzw. wie juristische Personen des öffentlichen Rechts im Allgemeinen.

## IV. Zusammenfassung

Die Regelungen des Privatrechts über Stiftungen des öffentlichen Rechts beschränken sich im Wesentlichen darauf, die Möglichkeit ihrer Teilnahme am Privatrechtsverkehr zu gewährleisten. Im Steuerrecht werden sie hingegen erheblich privilegiert, wenn sie steuerbegünstigte Zwecke verfolgen, weil insoweit Zuwendungen in ihren Vermögensstock auf der Seite der oder des Zuwendenden steuerlich vorteilhaft behandelt werden. Außerdem unterliegen sie regelmäßig nicht der Körperschaftssteuerpflicht. Ferner sind sie in der Regel keine Unternehmer im Sinne des Umsatzsteuerrechts, sodass ihre Umsätze weitgehend keiner Umsatzsteuerpflicht unterliegen. Im sonstigen öffentlichen Recht werden Stiftungen des öffentlichen Rechts einerseits ebenfalls erheblich privilegiert, weil sie weitgehend mit dem Bund oder einem Land gleichgestellt werden. Insbesondere können sie Beamtinnen und Beamte sowie Behörden haben und

264 Spezifische Regelungen *nur* für Stiftungen des öffentlichen Rechts enthalten zwar auch § 3 Abs. 3 und die §§ 15 und 43 des Niedersächsischen Gesetzes über den Wald und die Landschaftsordnung, indem dort Sonderregelungen über Wald im Alleineigentum einer unter der Aufsicht des Landes Niedersachsen stehenden Stiftung des öffentlichen Rechts (Stiftungswald) aufgestellt werden. Diese Regelungen sind jedoch sehr speziell und sollen daher im Folgenden außer Betracht bleiben.

durch diese hoheitliche Befugnisse ausüben. Auch ist ihr Vermögen in der Regel vor einem Insolvenzverfahren geschützt. Andererseits wird ihnen aber auch eine Reihe besonderer Pflichten auferlegt, denen auch sonst der Staat insbesondere im Verhältnis zum Bürger unterworfen ist. So gelten etwa die Datenschutzgesetze auch für Stiftungen des öffentlichen Rechts, und bei der Vergabe öffentlicher Aufträge müssen sie (in aller Regel) ein Vergabeverfahren durchführen.

Allerdings ist auch festzustellen, dass es – außerhalb des Steuerrechts – kaum *spezifische* Regelungen gibt, die *nur* für *Stiftungen* des öffentlichen Rechts gelten. Vielmehr gelten die von bestehenden und auf bestehende Stiftungen des öffentlichen Rechts anzuwendenden allgemeinen Rechtsvorschriften in der Regel gleichermaßen auch für Körperschaften und Anstalten, also allgemein für alle juristischen Personen des öffentlichen Rechts.

Eine Ausnahme bilden, wie dargelegt, nur die Vorschriften des Steuerrechts, und auch dort nur die Regelungen in § 10 b Abs. 1 a Satz 1 i. V. m. Abs. 1 Satz 2 Nr. 1,1. Fall EStG, § 9 Nr. 5 Satz 9 i. V. m. Satz 2 Buchst. a, 1. Fall GewStG und § 29 Abs. 1 Nr. 4 ErbStG, in denen spezielle Privilegien für (nachhaltige) Zuwendungen an eine Stiftung des öffentlichen Rechts enthalten sind, sowie die besondere Regelung der Befreiung von der Kapitalertragsteuer in § 44 b Abs. 7 EStG.

Allgemeine Rechtsvorschriften, die *nur* auf die Rechtsform der *Stiftung* des öffentlichen Rechts und nicht *auch* auf Körperschaften und Anstalten des öffentlichen Rechts bzw. juristische Personen des öffentlichen Rechts im Allgemeinen anzuwenden wären, gibt es mithin praktisch – mit Ausnahme der genannten steuerrechtlichen Regelungen – nicht.

## F. Rechtsprechung

Nunmehr soll noch ein kurzer Blick auf den Bestand an einschlägiger Rechtsprechung speziell zu *Stiftungen des öffentlichen Rechts* geworfen werden. Dieser kann indes wohl als eher überschaubar bezeichnet werden. Genannt seien hier (allerdings wiederum ohne Anspruch auf Vollständigkeit)

aus der verfassungsgerichtlichen Rechtsprechung zu Stiftungen des öffentlichen Rechts im engeren Sinne nur

- BVerfGE 10, 20, bei juris (zur Stiftung „Preußischer Kulturbesitz“),
- BVerfGE 15, 46, bei juris (grundlegend zum Begriff der Stiftung des öffentlichen Rechts),
- BayVerfGH, Entscheidung vom 5. Februar 1974 – Vf. 18-VII-71 – VerwRspr. 25, 641 [bei juris nur Kurztext] (zur Rechtsstellung der Stiftung Maximilianeum als Stiftung des öffentlichen Rechts) und

- BayVerfGH, Entscheidung vom 28. Dezember 1984 – Vf. 10-VII-81 – bei juris Rn. 135 ff. (zur Entstehung einer Stiftung des öffentlichen Rechts auf Grundlage eines privatrechtlichen Stiftungsaktes) sowie

im weiteren Sinne

- BVerfGE 21, 362 (369 ff.), bei juris Rn. 23 ff. (zur Rechtsstellung von Stiftungen des öffentlichen Rechts im staatlichen Organisationsgefüge; in diesem Sinne auch BVerfG, Beschluss vom 20. Februar 1986 – 1 BvR 859, 937/81 – NJW 1987, 2501 [2502] [bei juris nur Kurztext]),
- BVerfGE 141, 143 (170 ff.), bei juris Rn. 59 ff. (zum Erfordernis gesetzlicher Vorgaben für die Tätigkeit von Stiftungen des öffentlichen Rechts im Bereich der Wissenschaftsfreiheit, dort allerdings eher allgemein zum Erfordernis einer gesetzlichen Grundlage für die Regelung wesentlicher Fragen),
- HessStGH, Urteil vom 30. April 1986 – P.St. 1023 – bei juris Rn. 169 (zur Ausübung von Staatsgewalt, die der demokratischen Legitimation bedarf, auch durch Stiftungen des öffentlichen Rechts) und
- HessStGH, Urteil vom 4. Mai 2004 – P.St. 1713 – bei juris Rn. 245 (zum selben Thema wie die vorgenannte Entscheidung),
- aus der verwaltungs- und finanzgerichtlichen Rechtsprechung
- BVerwGE 135, 286 (Rn. 40 ff.), bei juris Rn. 40 ff. (zur Verfassungsmäßigkeit der Trägerschaft von Hochschulen in staatlicher Verantwortung durch Stiftungen des öffentlichen Rechts nach den §§ 55 ff. NHG),
- Nds. OVG, Urteil vom 5. Dezember 2007 – 5 LB 343/07 – bei juris Rn. 34 ff. (zum selben Thema wie die vorgenannte Entscheidung),
- VG Lüneburg, Urteil vom 25. August 2004 – 1 A 97/03 – bei juris Rn. 30 ff. (zum selben Thema wie die beiden vorgenannten Entscheidungen),[265]
- OVG NRW, Urteil vom 23. März 1984 – 15 A 1620/81 – bei juris Rn. 17 ff. (zur Frage, nach welchen Kriterien eine – unselbständige – Stiftung dem öffentlichen oder dem privaten Recht zuzuordnen ist),
- BFH, Urteil vom 29. Januar 2003 – I R 106/00 – bei juris Rn. 15 ff. (zur selben Frage – und zum selben Sachverhalt – wie die vorgenannte Entscheidung),

---

265 Zu dieser Entscheidung (sowie zu dem ähnlich gelagerten, aber im vorliegenden Zusammenhang weniger aussagekräftigen Urteil des Verwaltungsgerichts Göttingen vom 29. März 2006 – 3 A 57/04 – bei juris) siehe *K. Meyer*, in: Schulte (Hrsg.), Rechtsprechung, S. 87 ff.

- OVG NRW, Urteil vom 23. Juni 2004 – 8 A 3587/02 – bei juris Rn. 68 ff. (nochmals zur selben Frage – und zum selben Sachverhalt – wie die beiden vorgenannten Entscheidungen),[266]
- OVG NRW, Beschluss vom 21. Dezember 2010 – 13 B 1482/10 – bei juris Rn. 44 ff. (zur Verfassungsmäßigkeit der „Stiftung für Hochschulzulassung" als gemeinsame Einrichtung der Länder),
- OVG NRW, Beschluss vom 21. Dezember 2010 – 13 B 1557/10 – bei juris Rn. 23 ff. (zum selben Thema wie die vorgenannte Entscheidung) und
- VG Osnabrück, Urteil vom 23. September 2014 – 1 A 278/ 12 – bei juris 23 f. (zum „Selbstverwaltungsrecht" einer Stiftung des öffentlichen Rechts und ihrer darauf beruhenden Klagebefugnis gegen Aufsichtsmaßnahmen) sowie

aus der zivilgerichtlichen Rechtsprechung

- RGZ 78, 4 (6 f.) [Urteil des Reichsgerichts vom 14. November 1911(!); nicht bei juris] (zu den Voraussetzungen des Vorliegens einer Stiftung des öffentlichen Rechts),
- BGH, Urteil vom 11. Dezember 1974 – IV ZR 135/73 – bei juris Rn. 57 (zur Abgrenzung zwischen Stiftungen des privaten und des öffentlichen Rechts und der Bedeutung einer falschen Bezeichnung),
- BGH, Urteil vom 17. Dezember 2010 – V ZR 45/10 – bei juris Rn. 19 ff. (zur Frage, inwieweit eine Stiftung des öffentlichen Rechts befugt ist, Ansprüche aus dem zivilrechtlichen Eigentum an einer Sache geltend zu machen, sowie zur Übertragung des Eigentums an einer Sache auf eine Stiftung des öffentlichen Rechts),
- OLG München, Beschluss vom 7. Juni 2005 – Verg 4/05 – bei juris Rn. 34 ff. (zur Eigenschaft einer Stiftung als solche des öffentlichen Rechts und zur Zulässigkeit von Satzungsänderungen)[267] und
- OLG Saarbrücken, Urteil vom 17. August 2016 – 1 U 159/14 – bei juris insbesondere Rn. 84 (zur Eigenschaft einer Stiftung des öffentlichen Rechts als öffentlicher Auftraggeber im Sinne des § 98 Nr. 2 GWB a. F. und ihrer deswegen bestehenden Ausschreibungspflicht bei der Vergabe von Aufträgen).

Den – begrenzten – Wert der Rechtsprechung für den Erkenntnisgewinn mag allerdings folgender Fall veranschaulichen:

Eine nordrhein-westfälische Stadt verwaltet seit langer Zeit das ihr von einer Privatperson mit einer bestimmten Zweckbestimmung zugewandte Vermögen.

266 Siehe dazu *K. Meyer*, in: Schulte (Hrsg.), Rechtsprechung, S. 62 ff.
267 Siehe dazu *K. Meyer*, in: Schulte (Hrsg.), Rechtsprechung, S. 78 ff.

Die Kommune ist der Auffassung, es handele sich um die Verwaltung einer (unselbständigen) Stiftung. Anlässlich eines Rechtsstreits über die Gewährung eines Stipendiums aus Mitteln des betreffenden Vermögens stellte das Oberverwaltungsgericht für das Land Nordrhein-Westfalen fest, bei dem Vermögen handele sich um eine (unselbständige) Stiftung *des öffentlichen Rechts*, um zu begründen, dass eine öffentlich-rechtliche Streitigkeit vorliege, für die nach § 40 Abs. 1 Satz 1 VwGO der Verwaltungsrechtsweg gegeben sei.[268] Anlässlich eines späteren Rechtsstreits über die Körperschaftsteuerplicht der Stiftung stellte der Bundesfinanzhof demgegenüber fest, es handele sich um eine (nichtrechtsfähige) Stiftung *des privaten Rechts* im Sinne von § 1 Abs. 1 Nr. 5 KStG, um die Körperschaftsteuerpflicht der Stiftung zu begründen. Dabei führte der Bundesfinanzhof aus, die Stiftung sei „insbesondere für die körperschaftsteuerliche Behandlung ... als solche des privaten Rechts anzusehen". Die Einordnung als Stiftung des öffentlichen Rechts durch das Oberverwaltungsgericht für das Land Nordrhein-Westfalen ändere daran nichts, weil die „Beurteilung der Rechtsqualität" der Stiftung dem Bundesfinanzhof „unabhängig" davon obliege und er insoweit nicht an die vorangegangene Beurteilung des anderen Gerichts gebunden sei.[269] Anlässlich eines weiteren Rechtsstreits stellte sodann das Oberverwaltungsgericht für das Land Nordrhein-Westfalen noch einmal fest, es handele sich um eine Stiftung *des öffentlichen Rechts*. Das vorgenannte Urteil des Bundesfinanzhofs veranlasse „keine abweichende Bewertung", zumal es sich „in erster Linie auf die körperschaftsteuerliche Behandlung der Stiftung" beziehe.[270] Dabei beriefen sich die Gerichte in allen drei Entscheidungen zur Begründung ihrer jeweiligen Auffassung – insoweit im Ansatz übereinstimmend – maßgeblich auf die bereits zitierte Entscheidung des Bundesverfassungsgerichts aus dem Jahr 1962, nach der „aus der Gesamtheit aller Umstände erschlossen werden" müsse, ob es sich bei der jeweiligen Stiftung „um eine öffentlich-rechtlich gestaltete Institution handelt".[271]

Dieser Fall wurde in der Rechtswissenschaft eingehend beleuchtet. So legt z. B. *B. Andrick* in seinem Beitrag „Im Dickicht des Rechts" ausführlich dar, dass

268 Urteil vom 23. März 1984 – 15 A 1620/81 – bei juris Rn. 13 ff. Zu diesem Ergebnis gelangte das Gericht übrigens trotz des Umstandes, dass die seinerzeit einschlägige landesgesetzliche Regelung unter den Begriff der „örtlichen Stiftung" nur „Stiftungen des privaten Rechts" fasste (a. a. O., bei juris Rn. 36).

269 Urteil vom 29. Januar 2003 – I R 106/00 – bei juris Rn. 14 ff.

270 Urteil vom 23. Juni 2004 – 8 A 3587/02 – bei juris Rn. 83 ff.

271 BVerfGE 15, 46 (66 f.), bei juris Rn. 57.

die divergierende Beurteilung durch die Gerichte auf „gesetzliche Unzulänglichkeiten“ zurückzuführen sei und die Funktionsfähigkeit der Stiftung gefährde.[272]

Als mindestens „innovativ“ kann man zudem das o. g. Urteil des Verwaltungsgerichts Osnabrück vom 23. September 2014 – 1 A 278/12 – bezeichnen. Das Gericht legt seiner Entscheidung nämlich folgende „Grundsätze“ zugrunde:

> *„[Stiftungen des öffentlichen Rechts] sind, im Gegensatz zu Stiftungen des privaten Rechts, wie die kommunalen Gebietskörperschaften, Teil der mittelbaren Staatsverwaltung (…) und unterliegen in gewissem Umfang dem Weisungsrecht der übergeordneten Behörden, genießen in bestimmten Bereichen und in unterschiedlicher Ausprägung aber zugleich ein Recht zur Selbstverwaltung. Geht es um Aufgaben, die die Stiftung des öffentlichen Rechts für den Staat übernimmt, handelt sie lediglich als dessen ‚verlängerter Arm'. … In diesem Fall ist sie … in den staatlichen Behördenaufbau mit der allgemeinen organisationsrechtlichen Folge eingegliedert, dass die übergeordnete (Aufsichts-)Behörde mit umfassenden Kontroll- und Korrekturrechten ausgestattet ist. Aber nur im Bereich dieser übertragenen Aufgaben – die nicht dem Selbstverwaltungsrecht unterliegen – ist der Aufsichtsführende zu Zweckmäßigkeitserwägungen berechtigt. Etwas anderes gilt hingegen dann, wenn es sich um eine Angelegenheit handelt, die dem Selbstverwaltungsrecht der Stiftung des öffentlichen Rechts zuzuordnen ist (…). In diesem Bereich stellt die Stiftung als juristische Person des öffentlichen Rechts eigene Zweckmäßigkeitserwägungen an und unterliegt lediglich – als Ausgleich für die beschränkte, aber wegen des Prinzips der repräsentativen Demokratie in allen Bereichen grundsätzlich erforderlichen Einflussnahme staatlich legitimierter Organe – einer reinen Rechtskontrolle des Staates (…). Bei den Stiftungen des öffentlichen Rechts hat der Umfang des Selbstverwaltungsrechts und damit des Umfangs der staatlichen Aufsicht (…) keine gesetzliche Kodifikation erfahren. Der Umfang des Selbstverwaltungsrechts besteht in dem Umfang, in dem es für die Erfüllung der ihr eingeräumten Aufgaben erforderlich ist (…).“*[273]

Inwieweit sich diese „Grundsätze“ aus dem geltenden Recht ableiten lassen, wird leider nicht dargelegt. Vielmehr werden *de facto* rechtliche Maßstäbe, die für Kommunen und sonstige Körperschaften des öffentlichen Rechts gelten (Artikel 57 NV), unbesehen auf Stiftungen des öffentlichen Rechts übertragen, ohne zu hinterfragen, inwieweit beide Organisationsformen derart miteinander vergleichbar sind, dass eine solche Übertragung – etwa im Wege der Analogie? – gerechtfertigt sein könnte.

Von einer ständigen oder wenigstens gefestigten Rechtsprechungspraxis lässt sich danach jedenfalls nicht sprechen. Wenn „Recht“ tatsächlich die „zutreffende

---

272 *B. Andrick*, u. a. S. 191, m. w. N.

273 VG Osnabrück, Urteil vom 23. September 2014 – 1 A 278/12 – bei juris Rn. 26 m. w. N.

Voraussage dessen, was die Gerichte wirklich entscheiden", sein sollte,[274] so ist es an dieser Stelle um die Steuerungskraft des Rechts wohl nicht gut bestellt.

## G. Rechtswissenschaft

Ferner soll hier noch ein – ebenfalls kurzer – Blick auf den Stand der Rechtswissenschaft geworfen werden. Anders als die soeben behandelte einschlägige Rechtsprechung lässt sich das rechtswissenschaftliche Schrifttum zum Thema „Stiftungen des öffentlichen „Rechts" allerdings als geradezu uferlos sowie „an Unklarheit kaum noch zu überbieten"[275] beschreiben. Aus der Vielzahl der vertretenen Auffassungen[276] seien hier beispielhaft nur einige wenige Punkte herausgegriffen:

---

274 So die bei *B. Rüthers/C. Fischer/A. Birk* (Rn. 48, Fn. 47) zitierte These von *Oliver Wendell Holmes.*

275 *D. Reuter*, in: Schliesky/Ernst/Schulz (Hrsg.), Festschrift Schmidt-Jortzig, S. 788.

276 Siehe dazu nur die im Literaturverzeichnis nachgewiesenen Ausführungen zu Stiftungen des öffentlichen Rechts von *S. Alscher, B. Andrick, B. Andrick/J. Suerbaum, U. Battis*, in: Häberle/Morlok/Skouris (Hrsg.), Festschrift Tsatsos, S. 11 ff., und in: Mecking/Schulte (Hrsg.), Grenzen der Instrumentalisierung von Stiftungen, S. 45 ff., *G. Bockamp/A. Tesfaiesus, A. Freiherr von Campenhausen/C. Stumpf*, in: von Campenhausen/Richter (Hrsg.), Stiftungsrechts-Handbuch, 4. Kapitel (§§ 15 bis 21), *K. David, H. Ebersbach* (alle aus dem Literaturverzeichnis), *M. Fehling*, in: Hüttemann/Rawert/Schmidt/ Weitemeyer (Hrsg.), Non Profit Law Yearbook 2008, S. 129 ff., *A. Fiedler* (beide aus dem Literaturverzeichnis), *T. Fraatz-Rosenfeld*, in: Mehde/Ramsauer/Seckelmann (Hrsg.), Festschrift Bull, S. 579 ff., *H. Freese*, in: Blum u. a., KVR (neu), und in: Blum/Häusler/Meyer (Hrsg.), NKomVG, jeweils zu § 135 NKomVG, *H. Gölz* (auch in: Strachwitz/Mercker [Hrsg.], Stiftungen in Theorie, Recht und Praxis, S. 365 ff.), *L. Hagebölling* (Stiftung Braunschweigischer Kulturbesitz), *H. Hof*, in: von Campenhausen/ Richter (Hrsg.), Stiftungsrechts-Handbuch, § 4 (S. 19 ff.) und § 8 (S. 227 ff.), *R. Hüttemann*, in: Kötz/Rawert/ Schmidt/Walz (Hrsg.), Non Profit Law Yearbook 2001, S. 145 ff., *R. Hüttemann/P. Rawert*, in: von Staudinger (Begr.), BGB, Buch 1, Allgemeiner Teil, §§ 80 bis 89 (Stiftungsrecht), *M. Ibler*, in: Maunz/Dürig (Begr.), GG, Artikel 87, *J. Ipsen* (Hochschulen als Stiftungen), *J. A. Kämmerer*, in: Walz/Kötz/Rawert/Schmidt (Hrsg.), Non Profit Law Yearbook 2004, S. 59 ff., *M. Kilian* (Organisationshoheit; auch in: Bellezza/Kilian/Vogel [Hrsg.], Der Staat als Stifter, S. 11 ff.; in: Mecking/Schulte [Hrsg.], Grenzen der Instrumentalisierung von Stiftungen, S. 87 ff.; in: Werner/ Saenger [Hrsg.], Die Stiftung, Rn. 993 ff.), *W. Klappstein*, in: Jickeli/Kreutz/Reuter (Hrsg.), Gedächtnisschrift Sonnenschein, S. 811 ff.; *W. Kluth*, in: Wolff/Bachof/Stober/Kluth, Verwaltungsrecht II, 7. Aufl., § 87, *H. Krüger, R. Kunze/ O. Bronner/A. Katz*, § 101, *H. Maurer/C. Waldhoff*, § 23 Rn. 62 (S. 666 f.); *E. Müller, M. J. Müller, K. Muscheler, G. Ocker*, in: Rüth/Hauer/von Pölnitz-Egloffstein, Lebensbilder

- Umstritten ist schon, ob es überhaupt einen einheitlichen rechtlichen Begriff der „Stiftung" gibt, der auch dem Begriff der „Stiftung des öffentlichen Rechts" zugrunde liegt.[277]
- Dementsprechend ist auch nicht geklärt, ob eine „Stiftung des öffentlichen Rechts" im Verhältnis zu einer „Stiftung des bürgerlichen Rechts" eher ein „wesensgleiches *maius*" oder ein „*aliud*" ist.[278]
- Jedenfalls besteht kein durchweg einheitliches Verständnis des Begriffs der „Stiftung des öffentlichen Rechts". Einig ist man sich wohl nur darin, dass eine rechtsfähige Stiftung des öffentlichen Rechts – wie in § 89 BGB ausdrücklich geregelt – eine *juristische Person des öffentlichen Rechts* ist, die – wie alle „Stiftungen" – über ein *Stiftungsvermögen* verfügen und *Stiftungsorgane* haben muss, die das Stiftungsvermögen nur zu einem bestimmten, vom Stifter festgelegten *Stiftungszweck* verwalten dürfen; außerdem muss eine Stiftung des öffentlichen Rechts – wie vom Bundesverfassungsgericht festgestellt –[279] *in die öffentliche Verwaltung eingegliedert* sein und *öffentliche Aufgaben* erfüllen. Über weitere Einzelheiten, insbesondere die

---

deutscher Stiftungen, 3. Band, S. 225 ff.; *F. Ossenbühl*, in: Classen/Dittmann/Fechner/Gassner/Kilian (Hrsg.), Liber amicorum Oppermann, S. 841 ff.; *E. Rasch*, *D. Reuter*, in: Säcker/Rixecker (Hrsg.), MüKo BGB, 6. Aufl., vor § 80; in: Hüttemann/Richter/Weitemeyer (Hrsg.), Landesstiftungsrecht, S. 135 ff.; in: Schliesky/Ernst/Schulz (Hrsg.), Festschrift Schmidt-Jortzig, S. 783 ff.; *A. Schlüter/D. Krüger*, *A. Schlüter/ S. Stolte*, Kapitel 1 Rn. 56 bis 58; *C. Schmid/P. Lex*, *E. Schmidt-Jortzig*, in: Martinek/Rawert/Weitemeyer (Hrsg.), Festschrift Reuter, S. 1339 ff., *R. Schröder*, in: Mecking/Schulte (Hrsg.), Grenzen der Instrumentalisierung von Stiftungen, S. 117 ff., *M. Schulte* (auch in: Kötz/Rawert/ Schmidt/Walz [Hrsg.], Non Profit Law Yearbook 2001, S. 127 ff.), *W. Seifart*, *R. Stettner*, *R. Graf Strachwitz*, in: Bellezza/Kilian/Vogel (Hrsg.), Der Staat als Stifter, Vorwort, *J. Suerbaum*, in: Stumpf/Suerbaum/Schulte/Pauli, Stiftungsrecht, Teil C, Abschnitt IX, *M. Twehues*, *W. Weber* (Körperschaften und Rechtsgutachten), *B. Weitemeyer*, in: Säcker/Rixecker/Oetker/Limperg (Hrsg.), MüKo BGB, 7. Aufl., § 80, *R. Werner* und *H. J. Wolff*, in: Wolff/Bachof/Stober, Verwaltungsrecht II, 5. Aufl., §§ 102 und 103.

277 Vgl. *D. Reuter*, in: Hüttemann/Richter/Weitemeyer (Hrsg.), Landesstiftungsrecht, Rn. 4.2 ff., m. w. N.

278 *D. Reuter*, in: Säcker/Rixecker (Hrsg.), MüKo BGB, 6. Aufl., vor § 80 Rn. 64; *ders.*, in: Hüttemann/ Richter/Weitemeyer (Hrsg.), Landesstiftungsrecht, Rn. 4.9 ff. (4.10); *A. Freiherr von Campenhausen/ C. Stumpf*, in: von Campenhausen/Richter (Hrsg.), Stiftungsrechts-Handbuch, § 18 Rn. 12 am Ende; *B. Weitemeyer*, in: Säcker/Rixecker/Oetker/Limperg (Hrsg.), MüKo BGB, 7. Aufl., § 80 Rn. 229.

279 BVerfGE 15, 46 (66 f.), bei juris Rn. 57.

Abgrenzung zur Anstalt des öffentlichen Rechts, besteht hingegen keine Übereinstimmung.[280]

- Hinsichtlich der Entstehung einer Stiftung des öffentlichen Rechts wird oftmals – ungeachtet der anderslautenden Rechtslage in einigen Ländern und der Staatspraxis – lapidar erklärt, sie könnten „nur durch Gesetz oder aufgrund eines Gesetzes errichtet werden",[281] während andere darauf abstellen, es seien ein Stiftungsakt und ein staatlicher Hoheitsakt erforderlich,[282] wobei dann schon wieder umstritten ist, ob als Stiftungsakt auch eine privatrechtliche Willenserklärung ausreicht oder ob diese öffentlich-rechtlicher Art sein muss.[283]
- Außerdem ist hinsichtlich der Aufhebung einer Stiftung des öffentlichen Rechts umstritten, ob insoweit, vorbehaltlich abweichender landesgesetzlicher Regelungen, § 87 BGB, wonach eine Aufhebung oder Zweckumwandlung nur unter bestimmten Voraussetzungen (Unmöglichkeit der Erfüllung des Stiftungszwecks, Gefährdung des Gemeinwohls durch die Stiftung) zulässig wäre, analog anzuwenden ist[284] oder nicht.[285]

Einen weiteren Überblick über den vielstimmigen Meinungsstand gibt auch *D. Reuter.*[286] Hierauf wird an dieser Stelle verwiesen.

---

280 Siehe dazu z. B. ausführlich *M. Kilian*, in: Werner/Saenger (Hrsg.), Die Stiftung, Rn. 1079 ff.; *R. Schröder*, in: Mecking/Schulte (Hrsg.), Grenzen der Instrumentalisierung von Stiftungen, S. 118 ff.; *D. Reuter*, in: Hüttemann/Richter/Weitemeyer (Hrsg.), Landesstiftungsrecht, Rn. 4.9 ff.; *W. Kluth*, in: Wolff/Bachof/Stober/Kluth, Verwaltungsrecht II, 7. Aufl., § 87 Rn. 11 ff.; jeweils m. w. N.

281 So etwa *Schlüte/Stolte*, Kapitel 1 Rn. 58; ähnlich *H. Maurer/C. Waldhoff*, § 23 Rn. 62 (jeweils ohne weitere Nachweise).

282 So etwa *A. Freiherr von Campenhausen/C. Stumpf*, in: von Campenhausen/Richter (Hrsg.), Stiftungsrechts-Handbuch, § 18 Rn. 1 ff.; *W. Kluth*, in: Wolff/Bachof/Stober/Kluth, Verwaltungsrecht II, 7. Aufl., § 87 Rn. 28 ff.

283 Siehe dazu *D. Reuter*, in: Hüttemann/Richter/Weitemeyer (Hrsg.), Landesstiftungsrecht, Rn. 4.17.

284 So etwa *W. Kluth*, in: Wolff/Bachof/Stober/Kluth, Verwaltungsrecht II, 7. Aufl., § 87 Rn. 33; *A. Freiherr von Campenhausen/C. Stumpf*, in: von Campenhausen/Richter (Hrsg.), Stiftungsrechts-Handbuch, § 18 Rn. 9 (jeweils ohne weitere Nachweise).

285 So etwa *S. Alscher*, S. 185; *D. Reuter*, in: Säcker/Rixecker (Hrsg.), MüKo BGB, 6. Aufl., vor § 80 Rn. 71. Beide meinen, eine Stiftung des öffentlichen Rechts könne im Wege des *actus contrarius* durch einen ihrer Entstehung entsprechenden Akt jederzeit voraussetzungslos wieder aufgehoben werden.

286 in: Schliesky/Ernst/Schulz (Hrsg.), Festschrift Schmidt-Jortzig, S. 788 ff.

Im Ergebnis lässt sich danach feststellen, dass eine rechtswissenschaftlich fundierte Dogmatik der Stiftung des öffentlichen Rechts zwar vielfach versucht worden ist.[287] Eine auch nur annähernd gesicherte *einheitliche Auffassung* darüber lässt sich jedoch nicht ausmachen.

Einigkeit besteht letztlich wohl nur insoweit, als dass auch für Stiftungen des öffentlichen Rechts – wie für Stiftungen des bürgerlichen Rechts – das Vorhandensein eines an einen vom Stifter festgelegten Stiftungszweck gebundenen Stiftungsvermögens und von Stiftungsorganen wesensbestimmend ist und die Stiftung des öffentlichen Rechts eine juristische Person des öffentlichen Rechts ist, die in die öffentliche Verwaltung eingegliedert ist und öffentliche Aufgaben erfüllt.

Eine allgemeine Rechtsüberzeugung, die ggf. eine Grundlage für ein entsprechendes Gewohnheitsrecht bilden könnte, lässt sich m. E. im Übrigen nicht ausmachen.

## H. Image

### I. Einleitung

Stiftungen des öffentlichen Rechts sind jedenfalls juristische Personen des öffentlichen Rechts (§ 89 BGB). Juristische Personen sind Zweckschöpfungen, die vom Recht geschaffen und zur Verfügung gestellt werden, um bestimmte Zwecke zu verfolgen. Dabei stellen das bürgerliche und das öffentliche Recht eine Vielzahl unterschiedlicher Formen juristischer Personen zur Verfügung, die jeweils unterschiedlichen Zwecken zu dienen bestimmt sind. Derjenige, der einen bestimmten Zweck verfolgen und sich dazu einer juristischen Person bedienen will, sollte sich also Vorstellungen darüber machen, welche Eigenschaften die jeweilige juristische Person hat und ob sie deshalb als geeignetes Mittel erscheint, den angestrebten Zweck zu erreichen. Gegenstand solcher Vorstellungen ist allerdings oftmals nicht eine Analyse des Rechts, sondern das *Image*, das einer juristischen Person anhaftet.[288] Deshalb soll auch hier – noch vor einer näheren

287 Siehe insoweit insbesondere noch einmal *M. Kilian*, in: Werner/Saenger (Hrsg.), Die Stiftung, Rn. 1089 ff., m. w. N.

288 Zum Aspekt des Images von juristischen Personen vgl. *J. Isensee*, Diskussionsbeitrag im Rahmen der Aussprache zur öffentlichrechtlichen Anstalt bei der Tagung der Vereinigung der Deutschen Staatsrechtslehrer vom 2. bis 5. Oktober 1985, in: VVDStRL 44, S. 268; *J. Ipsen*, Hochschulen als Stiftungen, S. 241 m. w. N.; *M. J. Müller*, S. 142 f. m. w. N.

Untersuchung des Rechts – der Frage nachgegangen werden, welches Image Stiftungen des öffentlichen Rechts haben.

## II. Tatsächlicher Befund

Ganz allgemein lässt sich sagen, dass der Begriff der *Stiftung* positiv besetzt ist und mit Begriffen wie „Freigiebigkeit" oder „Altruismus" assoziiert wird.[289] Auch „Spendenbereitschaft", „Gemeinnützigkeit" und „bürgerschaftliches Engagement" werden mit dem Begriff der Stiftung verbunden.[290]

Speziell zur Stiftung *des öffentlichen Rechts* führte die Staatsministerin für Kultur und Medien *M. Grütters* in einem Interview allgemein aus:

> *„Die Rechtsform der Stiftung des öffentlichen Rechts bietet die Möglichkeit, auf Dauer einen Zweck zu verfolgen, der in einem öffentlichen Interesse steht. Grundsätzlich wird dieses Instrument gewählt, da die Selbständigkeit der Organe und Gremien eine an wissenschaftlichen Kriterien orientierte objektive und unabhängige Arbeit gewährleistet. … Da sie auch international viel Wertschätzung erfährt, erleichtert diese Rechtsform die Zusammenarbeit mit Museen und Forschungseinrichtungen im In- und Ausland und ermöglicht insbesondere private Zustiftungen, die im Hinblick auf steuerliche Aspekte dann privilegiert behandelt werden."*[291]

Im Schlussbericht der Enquete-Kommission „Kultur in Deutschland" wird darauf hingewiesen, dass mit der Gründung einer Stiftung (auch des öffentlichen Rechts) in der Regel die Vorstellung verbunden werde, Entscheidungen könnten weniger bürokratisch, flexibler, sachgerechter und unabhängiger getroffen werden, sodass die getroffenen Entscheidungen qualitativ besser bzw. angemessener und wirtschaftlicher seien. Außerdem werde angenommen, es könnten neue Anreizstrukturen für mehr Eigenverantwortung in organisatorischer, finanzwirtschaftlicher und personalwirtschaftlicher Hinsicht geschaffen werden. Auch solle die Kostentransparenz verbessert werden. Allerdings liege die Motivation von Staat und Kommunen bei der Gründung von Stiftungen auch in dem Bemühen, Kosten zu sparen und damit die eigenen Ausgaben zu senken. Zwar werde die ebenfalls angestrebte Autonomie in der Praxis oftmals, insbesondere durch finanzielle Abhängigkeiten, unterlaufen. Jedoch sei es gleichwohl wünschenswert, wenn bestimmte öffentliche Aufgaben durch ein „Weniger an Staat" wahrgenommen werden könnten.[292]

---

289 *J. Ipsen*, Hochschulen als Stiftungen, S. 241; *B. Andrick*, S. 191, jeweils m. w. N.

290 *M. J. Müller*, S. 142.

291 Stiftung & Sponsoring, Heft 6/2015, S. 8.

292 Bundestagsdrucksache 16/7000, S. 157 ff.

In der Begründung des Gesetzentwurfs zur Einführung des Modells einer „Hochschule in staatlicher Verantwortung in Trägerschaft einer Stiftung des öffentlichen Rechts“ in Niedersachsen (vgl. die §§ 1 und 55 ff. NHG) werden im Hinblick auf das Stiftungsmodell die Aspekte

- *„Entstaatlichung“*,
- *„Autonomie“*,
- *„Selbstverantwortung“*,
- *„Vermögenserhaltung“* und
- *„Einwerbung von Zustiftungen“*

hervorgehoben.[293]

Der Niedersächsische Landesrechnungshof führt dazu in seinem Jahresbericht 2016 aus, es sei das erklärte Ziel der Gesetzesnovelle gewesen, „dass mit dem Zuwachs an Autonomie auch eine zusätzliche Schöpfung neuer ideeller und materieller Ressourcen aus der Gesellschaft einhergehen sollte“.[294]

Eine allgemeinere Untersuchung zu „Stiftungshochschulen“ ergab, dass mit der Wahl der Stiftungsform im Zusammenhang mit einer Hochschule vor allem

- mehr Autonomie der Hochschule
- bei entsprechend mehr Eigenverantwortung,
- eine Beschleunigung und
- eine größere Transparenz der hochschulinternen Prozesse,
- nicht zuletzt durch den Wegfall staatlicher Reglementierungen und ministerieller Fachaufsichtsbefugnisse,
- Erleichterungen bei der Einwerbung zusätzlicher Mittel infolge eines hohen Vertrauens von Spendern (Zustiftern) in die effektive Mittelverwendung bzw. einer hohen Identifikation von Spendern (Zustiftern) mit dem Stiftungszweck,
- eine größere Akzeptanz und
- eine deutlichere Wahrnehmung der Hochschule in der Öffentlichkeit sowie
- eine höhere Identifikation der Bediensteten mit der Hochschule

assoziiert wurden.[295]

Betrachtet man hingegen die in Bezug auf einzelne andere Stiftungen des öffentlichen Rechts im Gesetzgebungsverfahren vorgebrachten Begründungen, so

---

293 Drucksache des Niedersächsischen Landtages 14/2541, S. 61.

294 Jahresbericht des Niedersächsischen Landesrechnungshofs 2016 zur Haushalts- und Wirtschaftsführung, www.lrh.niedersachsen.de/download/107689, S. 88 f., m. w. N.

295 *Y. Hener/S. Kaudelka/S. Kirst*, S. 37 ff.

bleiben diese oft eher diffus.[296] So heißt es z. B. zur Begründung der Wahl der Rechtsform bei der gemeinsamen Einrichtung der Länder für die Hochschulzulassung:

> *„Die gemeinsame Einrichtung für Hochschulzulassung wird … als Stiftung des öffentlichen Rechts errichtet. Diese Rechtsform entspricht dem Wesen und den wahrzunehmenden Aufgaben der neuen Einrichtung und führt zu einer stärkeren Herauslösung der Einrichtung aus der Staatsverwaltung. Eine Fortführung als Anstalt des öffentlichen Rechts würde demgegenüber der zu erwartenden Entwicklung, dass die im Rahmen des zentralen Vergabeverfahrens zu erfüllenden hoheitlichen Aufgaben an Bedeutung verlieren, nicht gerecht.“*[297]

Was das „Wesen“ der Rechtsform und das „Wesen“ der wahrzunehmenden Aufgaben ausmachen soll, bleibt dabei im Nebel.

In der Begründung des Gesetzentwurfs zu einer der jüngsten Stiftungsgründungen auf Bundesebene, der Bundeskanzler-Helmut-Schmidt-Stiftung, heißt es auch nur knapp:

> *„Durch die Rechtsform einer rechtsfähigen Stiftung soll die Autonomie zum Ausdruck kommen, die der überparteilich unabhängig von unmittelbarer staatlicher Einflussnahme zu führenden Einrichtung eingeräumt werden soll.“*[298]

Auffällig hieran ist aber schon, dass durch die Wahl der Rechtsform einer Stiftung (nur) die Autonomie zum Ausdruck kommen soll, die der Stiftung *eingeräumt werden soll.*

Eine geradezu bemerkenswert nüchterne und ausführliche Begründung enthält demgegenüber der Gesetzentwurf der Landesregierung von Mecklenburg-Vorpommern hinsichtlich der Errichtung der Stiftung „Leibniz-Institut für Ostseeforschung Warnemünde (IOW)“. Ziel war die rechtliche Verselbständigung des zunächst als rechtlich unselbständige Anstalt des Landes errichteten IOW. Erreicht werden sollten

- eine „weitgehende Selbstbestimmung und Selbstorganisation“ in fachlicher Hinsicht,
- eine „Autonomie bei der Ressourcensteuerung“ und
- ein „Selbstergänzungsrecht beim Personalkörper“.

296 Siehe auch *M. Kilian*, in: Werner/Saenger (Hrsg.), Die Stiftung, Rn. 1091 m. w. N. Danach sind die Motive, gerade eine Stiftung zu errichten, „eher undurchsichtig“.

297 Drucksache des Niedersächsischen Landtages 16/1945, S. 17.

298 Bundestagsdrucksache 18/8858, S. 7 (unter Nummer 3).

Dazu wurden zwei Varianten miteinander verglichen, zum einen die Stiftung des öffentlichen Rechts, zum anderen der privatrechtliche gemeinnützige Verein. Als Vorteile des – letztendlich gewählten – Modells der Stiftung des öffentlichen Rechts wurden dabei herausgestellt:

- Beibehaltung der Rechtsstellung einer Behörde bei gleichzeitiger rechtlicher Verselbständigung,
- Herausstellung der staatlichen Trägerschaft und damit verbundene hohe Akzeptanz, insbesondere im Ausland,
- Beliebtheit der Rechtsform beim Bund als Zuwendungsgeber,
- geringe Auswirkungen auf die Rechtsstellung der Beschäftigten,
- Möglichkeit der Bereitstellung von Sachvermögen als Stiftungsvermögen sowie
- insbesondere steuerrechtliche Vorteile in Bezug auf die konkreten Tätigkeiten des IOW.[299]

Dabei fällt ein Teilaspekt besonders auf: Während bei den Hochschulstiftungen die „Entstaatlichung“ besonders hervorgehoben wird, schien es beim IOW gerade von Vorteil zu sein, dass zumindest die „Trägerschaft des Staates“ deutlich wird.

### III. Zusammenfassung

Zusammenfassend lässt sich danach im Großen und Ganzen feststellen, dass die Stiftung des öffentlichen Rechts vor allem mit „Autonomie“/„Selbständigkeit“/„Unabhängigkeit“, „Entstaatlichung“/“Staatsferne“, „hohe Akzeptanz“ (nach innen und außen) und „Flexibilität“ verbunden wird, aber auch die verstärkte Möglichkeit, Vermögen Dritter für die Erfüllung öffentlicher Aufgaben zu akquirieren, gesehen wird.

## I. Zusammenfassung

Betrachtet man den Stand des Rechts zum Thema „Stiftungen des öffentlichen Rechts“, so ergibt sich ein ernüchterndes Bild: Als der Reichsgesetzgeber zum 1. Januar 1900 den Rechtsbegriff der „Stiftung des öffentlichen Rechts“ erstmals gesetzlich einführte, hatte er dafür kein Vorbild und auch keine klare Vorstellung davon, was damit bezeichnet werden sollte. Die Vermutung, dass es in erster Linie darum ging, eine Form einer juristischen Person, die man aus dem bürgerlichen Recht kannte, eher schematisch, denn einem sachlogischen Konzept

299 Drucksache des Landtages Mecklenburg-Vorpommern 5/2608, S. 18 ff.

folgend auch auf das öffentliche Recht zu übertragen,[300] liegt wohl nicht fern. Gleichwohl wurden schon unmittelbar nach der „Erfindung“ des Rechtsbegriffs und werden bis heute viele Stiftungen des öffentlichen Rechts gegründet. Die Rechtsgrundlagen hierfür sind im Bund und in den einzelnen Ländern indes sehr verschieden: Während im Bund aufgrund des Artikels 87 Abs. 3 Satz 1 GG ein strenger Gesetzesvorbehalt angenommen wird, stellen einige Länder Stiftungen des öffentlichen Rechts in ihrem Landesrecht eher den Stiftungen des bürgerlichen Rechts gleich, während andere sie den Körperschaften und Anstalten des öffentlichen Rechts annähern. Selbst der Begriff der „Stiftung des öffentlichen Rechts“ wird, wo überhaupt, uneinheitlich gesetzlich definiert. Nach ihren Tätigkeitsfeldern lassen sich die Stiftungen des öffentlichen Rechts zwar grob gewissen Schwerpunkten zuordnen (insbesondere Kultur, Wissenschaft sowie soziale Fürsorge). Letztlich werden sie jedoch, gerade in jüngerer Zeit, universell zur Erfüllung nahezu beliebiger Arten von öffentlichen Aufgaben eingesetzt. Hinsichtlich ihrer Betätigung behandelt das geschriebene Recht Stiftungen des öffentlichen Rechts – mit Ausnahme des Steuerrechts – eher unspezifisch und in der Regel nicht anders als Körperschaften und Anstalten des öffentlichen Rechts bzw. juristische Personen des öffentlichen Rechts im Allgemeinen. Spezielle Rechtsvorschriften, die *nur* für *Stiftungen* des öffentlichen Rechts gelten würden und aus denen man daher – mittelbar – auf eine besondere Form der Stiftung des öffentlichen Rechts schließen könnte, sind praktisch nicht vorhanden. Aus den besonderen steuerrechtlichen Vorschriften kann man lediglich folgern, dass auch Stiftungen *des öffentlichen Rechts* über ein bestimmtes Vermögen verfügen müssen, das der Erfüllung eines bestimmten Zwecks dienen muss. Die Rechtsprechung fällt als Quelle der allgemein gültigen Rechtserkenntnis ebenso weitgehend aus wie die rechtswissenschaftliche Diskussion: Während die Rechtsprechung eher dürftig ist, ist die Meinungsvielfalt in der Rechtswissenschaft geradezu uferlos. Beiden ist aber eigen, dass sich allgemein anerkannte Rechtssätze bislang praktisch nicht herausgebildet haben, angefangen vom Begriff der „Stiftung des öffentlichen Rechts“ über die Voraussetzungen ihrer Entstehung bis hin zu den Möglichkeiten ihrer Aufhebung. Einigkeit kann allenfalls insoweit verzeichnet werden, dass eine Stiftung des öffentlichen Rechts eine *juristische Person des öffentlichen Rechts* ist, die ein *Stiftungsvermögen* haben muss, das nur zu einem bestimmten *Stiftungszweck* verwendet werden darf, und die *Stiftungsorgane* haben muss, durch die sie rechtlich handelt; außerdem muss die Stiftung *in die öffentliche Verwaltung eingegliedert* sein und *öffentliche Aufgaben erfüllen.*

300 Vgl. *M. Stolleis*, S. 416 f.

Die im Übrigen bestehende Unklarheit wirkt sich schließlich darin aus, dass Stiftungen des öffentlichen Rechts ein eher diffuses Image anhaftet. Klare Gründe, die den Ausschlag für die Wahl der Rechtsform der Stiftung des öffentlichen Rechts geben sollen, werden jedenfalls in der Regel nicht benannt und sind auch sonst nicht zu erkennen.

# 3. Teil: Begriffsbestimmung

## A. Einleitung

Ungeachtet dieses Befundes kommt man im Folgenden nicht umhin, näher zu bestimmen, welche Bedeutung der Begriff „Stiftung des öffentlichen Rechts“ im Recht hat.

Denn das Recht dient, wie eingangs dargelegt, der Ordnung des gesellschaftlichen Zusammenlebens von Menschen durch Steuerung menschlichen Verhaltens.[301] Diese Funktion kann das Recht nur erfüllen, wenn Rechtsnormen *sprachlich* so deutlich gefasst sind, dass diejenigen, an die sie sich wenden, verstehen können, wie sie sich verhalten sollen, um es ihnen zu ermöglichen, ihr Verhalten danach auszurichten.[302] Im Rechtsstaat dient das Recht außerdem dazu, die Organe des Staates, durch die die Staatsgewalt ausgeübt wird, zu binden (Artikel 20 Abs. 2 und 3 GG, Artikel 2 NV) und ihr Verhalten nach Inhalt, Zweck und Ausmaß zu begrenzen. Dies setzt voraus, dass das Recht hierfür hinreichend klare und bestimmte Maßstäbe bereitstellt.[303] Ferner sind die Gerichte nur dann in der Lage, ihre Aufgabe, Rechtsschutz zu gewähren, insbesondere die anderen staatlichen Organe anhand rechtlicher Maßstäbe zu kontrollieren (Artikel 19 Abs. 4 GG), zu erfüllen, wenn hinreichend bestimmte und klare Rechtsnormen als Maßstab der Beurteilung vorhanden sind.[304] Eine – erforderlichenfalls im Wege der Auslegung zu ermittelnde – hinreichende Klarheit des Gesetzes ist schließlich auch im Hinblick auf die Bedeutung der gesetzlichen Regelung im demokratischen Verantwortungszusammenhang erforderlich: An dem erkennbaren Inhalt getroffener Regelungen muss der Gesetzgeber sich festhalten lassen und der Gesetzesvollzug sich ausrichten können; denn „Rechtsnormen dürfen nicht zum Mittel der Desinformation über das politisch Entschiedene und zu Verantwortende werden (‚Normenwahrheit‘ …)“.[305]

---

301 Vgl. BVerfGE 39, 1 (59), bei juris Rn. 187.

302 Vgl. nur *K. Larenz*, S. 320 ff.; BVerfGE 113, 348 (375 f.), bei juris Rn. 119.

303 Vgl. BVerfGE 113, 348 (376), bei juris Rn. 120 (bezüglich der öffentlichen Verwaltung).

304 Vgl. BVerfGE 113, 348 (376 f.), bei juris Rn. 121.

305 BVerfGE 132, 334 (350), bei juris Rn. 51. Zum Bestimmtheitsgebot siehe außerdem BayVerfGH, Entscheidung vom 15. Mai 2014 – Vf. 8-VII-12, Vf. 24-VII-12 – bei juris Rn. 92. Zur Bedeutung gesetzlicher Regelungen für die demokratische Legitimation der Ausübung von Staatsgewalt vgl. ferner BVerfGE, 137, 108 (143 f.), bei juris Rn. 81.

Aus alledem folgt, dass der Begriff „Stiftung des öffentlichen Rechts", soweit er im Recht als Zuordnungsobjekt von Rechtsnormen, insbesondere von Rechten und Pflichten verwendet wird, wenn schon nicht gesetzlich abschließend bestimmt, so aber doch wenigstens im Wege der Auslegung hinreichend verlässlich bestimmbar sein muss. Auch muss sich der Gesetzgeber, wenn er den Begriff „Stiftung des öffentlichen Rechts" in einem Gesetz verwendet, Klarheit darüber verschaffen, welche Bedeutung der Begriff haben soll, um verantworten zu können, was er geregelt hat.[306] Und schließlich kann man die Anforderungen, die das Recht an einen Gegenstand stellt, selbstverständlich nur ermitteln, wenn man weiß (oder zumindest hinreichend sicher eingrenzen kann), was dieser Gegenstand ist.

Allerdings ist die Bestimmung des Begriffs der „Stiftung des öffentlichen Rechts" in besonderer Weise dem Problem ausgesetzt, das sich allgemein bei der Auslegung rechtlicher Begriffe stellt, nämlich dass sich das Verständnis eines Rechtsbegriffs in Abhängigkeit von Zeit und Raum wandeln kann.[307] Im vorliegenden Zusammenhang ist dies deshalb augenfällig, weil, wie gezeigt, der Begriff „Stiftung des öffentlichen Rechts" einerseits in § 89 BGB zum 1. Januar 1900 geschaffen und dort seither – ungeachtet aller in der Zwischenzeit eingetretenen gesellschaftlichen und rechtlichen Umwälzungen – nach dem Wortlaut der Norm unverändert geblieben ist. Andererseits ist der Begriff im Wesentlichen vom öffentlichen Recht, und zwar vor allem auch dem der Länder auszufüllen. Dass sich das öffentliche Recht seit dem 1. Januar 1900 aber mehrfach ganz erheblich geändert hat, ist offenkundig, bis hin zu dem Umstand, dass die Länder bekanntlich zwischenzeitlich schon einmal sogar gänzlich aufgehoben waren.

Dementsprechend hat sich auch das Verständnis davon, ob eine bestimmte Einrichtung eine Stiftung des öffentlichen Rechts sei, in einigen Fällen gewandelt. Ein illustres Beispiel ist insoweit der AHK (siehe dazu noch ausführlich

---

306 Mit bemerkenswerter Offenheit allerdings der Entwurf eines Stiftungsgesetzes für Baden-Württemberg, Landtagsdrucksache 6/7810, S. 37 f. Dort wird – offensichtlich in Anlehnung an *H. Ebersbach*, Handbuch des deutschen Stiftungsrechts, S. 184 – der Verzicht auf eine gesetzliche Begriffsbestimmung damit begründet, dass Stiftungen des öffentlichen Rechts „in derart unterschiedlichen Erscheinungsformen" vorkämen, dass „es bis heute nicht gelungen [sei], einen allgemein anerkannten Begriff der öffentlich-rechtlichen Stiftung zu prägen".

307 Siehe speziell zur rechtlichen Charakterisierung einer Stiftung BVerfGE 46, 73 (85), bei juris Rn. 25, sowie allgemein *B. Rüthers/C. Fischer/A. Birk*, Rn. 36 und 45 f., jeweils m. w. N.

und mit Nachweisen im 5. Teil unter C.): Im Zeitpunkt seiner Gründung im Jahr 1818 gab es den Begriff der „Stiftung des öffentlichen Rechts" noch nicht. Im Jahr 1840 gab es, wie gezeigt, mit § 75 HannLVerfG1840 zwar eine allgemeine verfassungsrechtliche Regelung über Stiftungen, und zwar auch solche, die öffentlichen Zwecken dienen. Diese Regelung wurde jedoch nicht auf den AHK angewendet. Stattdessen gab es für diesen eine eigene Sonderregelung in § 79 HannLVerfG1840, wonach er zunächst eher nur wie ein staatliches Sondervermögen ausgestaltet zu sein schien. Gleichwohl wurde ihm im Jahr 1871 eine eigene Rechtspersönlichkeit und (spätestens) im Jahr 1910 die Eigenschaft einer Stiftung zuerkannt. Heute ist er allgemein als Stiftung des öffentlichen Rechts anerkannt.

Der Begriff „Stiftung des öffentlichen Rechts" ist mithin in besonderer Weise „in Zeit und Raum gestellt". Dies entbindet indes nicht von der Aufgabe, den – jeweiligen – Bedeutungsgehalt des Begriffs möglichst sicher zu bestimmen, wenn das Recht seine – durch die Sprache vermittelte – Steuerungsfunktion und damit ihren wesentlichen Sinn nicht verlieren soll.

## B. Gesetzliche Begriffsbestimmungen

Die in erster Linie in Betracht kommende Erkenntnisquelle für eine Begriffsbestimmung wäre zwar das Gesetz. Eine bundesweit allgemein gültige Begriffsbestimmung durch Gesetz gibt es jedoch, wie bereits festgestellt, nicht.

Vielmehr enthalten, wie ausgeführt, nur das Stiftungsgesetz der DDR und die Gesetze von acht Bundesländern Begriffsbestimmungen, die aber voneinander abweichen. Diese neun gesetzlichen Begriffsbestimmungen seien hier der Übersichtlichkeit halber noch einmal zusammengefasst:

§ 24 Abs. 1 DDRStiftG lautet:

*„Stiftungen des öffentlichen Rechts sind Stiftungen, die ausschließlich öffentliche Zwecke verfolgen und mit dem Land ihres Sitzes oder einer anderen öffentlich-rechtlichen Gebiets-Körperschaft oder einer sonstigen Körperschaft oder Anstalt des öffentlichen Rechts in einem organischen Zusammenhang stehen."*

Nach Artikel 1 Abs. 3 Satz 1 BayStiftG sind Stiftungen des öffentlichen Rechts „im Sinn dieses Gesetzes"

*„Stiftungen, die ausschließlich öffentliche Zwecke verfolgen und mit dem Staat, einer Gemeinde, einem Gemeindeverband oder einer sonstigen unter der Aufsicht des Staates stehenden Körperschaft oder Anstalt des öffentlichen Rechts in einem organischen Zusammenhang stehen, der die Stiftung selbst zu einer öffentlichen Einrichtung macht".*

§ 2 Abs. 1 HessStiftG definiert Stiftungen des öffentlichen Rechts als

> *„Stiftungen, die ausschließlich oder überwiegend öffentliche Zwecke verfolgen und mit dem Land, einer Gemeinde, einem Gemeindeverband oder einer sonstigen Körperschaft oder Anstalt des öffentlichen Rechts in einem organischen Zusammenhang stehen."*

Nach § 10 Abs. 3 MVLOG sind rechtsfähige Stiftungen des öffentlichen Rechts

> *„aufgrund öffentlichen Rechts errichtete oder anerkannte Verwaltungseinheiten, die mit einem Kapital- oder Sachbestand Aufgaben der öffentlichen Verwaltung dauerhaft wahrnehmen".*

§ 3 Abs. 4 Satz 1 RPStiftG bestimmt zu Stiftungen des öffentlichen Rechts

> *„rechtsfähige Stiftungen, die zum Land, zu einer kommunalen Gebietskörperschaft oder zu einer sonstigen Körperschaft des öffentlichen Rechts in einer solchen Beziehung stehen, dass sie als öffentliche Einrichtung erscheinen, und als Stiftung des öffentlichen Rechts errichtet oder anerkannt worden sind".*

Stiftungen des öffentlichen Rechts sind nach § 12 Abs. 1 SächsStiftG

> *„Stiftungen, die ausschließlich öffentliche Zwecke verfolgen und mit einer Körperschaft oder Anstalt des öffentlichen Rechts in einem organisatorischen Zusammenhang stehen".*

§ 3 Abs. 4 SAStiftG führt den Begriff „staatliche" Stiftungen des öffentlichen Rechts ein und bezeichnet damit

> *„Stiftungen, die*
>
> *1. ausschließlich dazu bestimmt sind, öffentliche Aufgaben zu erfüllen,*
> *2. mit dem Land organisatorisch verbunden sind und*
> *3. vom Land als staatliche Stiftung des öffentlichen Rechts errichtet worden sind".*

Der Begriff der rechtsfähigen Stiftungen des öffentlichen Rechts wird in § 46 Abs. 1 SHLVwG wie folgt definiert:

> *„Rechtsfähige Stiftungen des öffentlichen Rechts sind auf einen Stiftungsakt gegründete, aufgrund öffentlichen Rechts errichtete oder anerkannte Verwaltungseinheiten mit eigener Rechtspersönlichkeit, die mit einem Kapital- oder Sachbestand Aufgaben der öffentlichen Verwaltung erfüllen."*

Nach § 3 Abs. 3 TStiftG „*können*" Stiftungen des öffentlichen Rechts

> *„nur Stiftungen sein, die ausschließlich öffentliche Zwecke verfolgen und mit dem Staat, einer Gemeinde, einem Gemeindeverband oder einer sonstigen Körperschaft oder Anstalt des öffentlichen Rechts in einem organischen Zusammenhang stehen, der die Stiftung selbst zu einer öffentlichen Einrichtung macht".*

Versucht man, diesen neun Begriffsbestimmungen im Wege der Rechtsvergleichung einen allgemeinen Rechtsgrundsatz zu entnehmen, so stellt man fest, dass allen Regelungen zwar dem Grunde nach die Forderung nach einer (engen) organisatorischen (oder „organischen") Verbindung mit dem Staat oder einer anderen juristischen Person des öffentlichen Rechts gemeinsam ist, jedoch auch insoweit Unterschiede gemacht werden: Teilweise genügt eine Verbindung mit einer Körperschaft oder einer Anstalt des öffentlichen Rechts, teilweise muss die Verbindung zu einer Körperschaft des öffentlichen Rechts bestehen, teilweise kommt sogar nur eine Verbindung mit dem Land in Betracht; wieder andere begnügen sich mit der Eigenschaft (irgend)einer „Verwaltungseinheit". Außerdem muss nach fünf Begriffsbestimmungen ein „öffentlicher Zweck verfolgt", nach einer eine „öffentliche Aufgabe" und nach zwei weiteren eine „Aufgabe der öffentlichen Verwaltung" erfüllt werden. Im Übrigen setzen sieben Definitionen den Begriff der „Stiftung" voraus, ohne diesen näher zu bestimmen, während zwei Definitionen stattdessen darauf abstellen, dass es sich um eine „Verwaltungseinheit" „mit einem Kapital- oder Sachbestand" handeln muss. Außerdem stellen – nur – zwei Länder darauf ab, dass die Stiftung ausdrücklich *als* Stiftung des öffentlichen Rechts „errichtet" worden sein muss, wobei wiederum nur ein Land auch die Anerkennung als eine solche genügen lässt. Zwei andere Länder fordern zwar nicht die ausdrückliche Errichtung bzw. Anerkennung *als* Stiftung des öffentlichen Rechts, aber immerhin die Errichtung oder Anerkennung aufgrund öffentlichen Rechts. Nur ein Land stellt schon bei der Begriffsbestimmung auf das Erfordernis der Gründung auf einen Stiftungsakt ab.

Nach alledem bietet sich ein vielgestaltiges Bild, dem man allenfalls entnehmen kann, dass die Stiftung irgendwie (eng) organisatorisch mit dem Staat oder einer anderen juristischen Person des öffentlichen Rechts verbunden und für die Erfüllung von irgendwelchen öffentlichen Aufgaben zuständig sein muss. Für die Bildung eines hinreichend konkreten allgemeinen Rechtsgrundsatzes genügt dies indes nicht.

## C. Kein bundesweit einheitlicher Begriff

Bei dem Versuch, den Begriff der „Stiftung des öffentlichen Rechts" zu bestimmen, stößt man also relativ schnell auf die von *J. A. Kämmerer* nur lapidar in einer Fußnote[308] festgestellte, an sich aber doch wohl eher erstaunliche Erkenntnis:

*„‚Die' Stiftung des öffentlichen Rechts gibt es nicht."*

308 *J. A. Kämmerer*, in: Walz/Kötz/Rawert/Schmidt (Hrsg.), Non Profit Law Yearbook 2004, S. 59 (61) Fn. 10.

Vielmehr gibt es lediglich eine Vielzahl von Organisationsformen, die dieselbe Bezeichnung tragen. Dass damit notwendigerweise jeweils derselbe Inhalt zum Ausdruck gebracht werden soll, ist dabei keineswegs sicher.[309] Der Begriff „Stiftung des öffentlichen Rechts" scheint mithin einerseits eher als „Mantelbegriff",[310] unter dem sich ganz unterschiedliche Organisationsformen verbergen können.

## D. Erforderlichkeit eines einheitlichen Wesensgehalts

Andererseits stellt sich dann zum einen doch die Frage, welchen Sinn die begriffliche Unterscheidung zwischen „Körperschaften", „Anstalten" und „Stiftungen" haben soll. Bloße Begriffsklauberei wird es wohl nicht sein. Vielmehr wird man annehmen müssen, dass mit den unterschiedlichen Begriffen schon auch unterschiedliche *Rechtsfolgen* verbunden sein sollen - wenngleich die Gesetze, die sich auf die Betätigung juristischer Personen des öffentlichen Rechts beziehen oder ihnen in anderer Weise Rechtsnormen zuordnen, wie gezeigt, in weiten Teilen *alle* juristischen Personen des öffentlichen Rechts gleich behandeln.

Zum anderen lässt sich das Erfordernis eines wenigstens in einem Mindestmaß übereinstimmenden Begriffsverständnisses schon allein deshalb nicht von der Hand weisen, weil das *Bundes*recht Rechtsfolgen an das Bestehen einer „Stiftung des öffentlichen Rechts" auch dann knüpft, wenn es sich um eine solche im Sinne eines *Landes*rechts handelt. Denn es wäre schon tatsächlich kaum vorstellbar, dass der Bundesgesetzgeber zwar an einen von ihm verwendeten Begriff bestimmte Rechtsfolgen, zumal Privilegien (wie etwa im Steuerrecht) knüpft, die Ausfüllung dieses Begriffes jedoch der vollkommen autonomen Entscheidung jedes einzelnen Landes überlässt (für alles, was die Länder als „Stiftung des öffentlichen Rechts" bezeichnen, würden die bundesgesetzlich geregelten Rechtsfolgen gelten). Dies liefe außerdem auf eine Art „Blankettverweis"[311] des Bundes auf das Landesrecht hinaus. Ein solcher ist aber grundsätzlich verfassungsrechtlich unzulässig. Denn aus rechtsstaatlichen Gründen darf ein Gesetz zwar so ausgestaltet sein, dass es nicht selbst den gesetzlichen Tatbestand festlegt, sondern auf andere Normen (auch anderer Normgeber) verweist; dann muss es jedoch, um den Anforderungen der Rechtssicherheit zu genügen, für den Rechtsunterworfenen klar erkennen lassen, was Recht sein soll.[312] Der Bund darf zwar einen unbestimmten Rechtsbegriff verwenden und zu dessen Auslegung auf Landesrecht

309 *J. A. Kämmerer*, ebenda.
310 Vgl. BVerfGE 139, 321 (350), bei juris Rn. 92.
311 Vgl. BVerfGE 141, 143 (174), bei juris Rn. 69.
312 Grundlegend BVerfGE 5, 25 (31), bei juris Rn. 16.

verweisen; jedoch muss dann wenigstens *im Kern* feststehen, was der Bund mit seinem Begriff gemeint hat; diesen Kern dürfen die Länder grundsätzlich nicht verlassen.[313] Umgekehrt ist auch anzunehmen, dass die Landesgesetzgeber sich an dem vom Bund zugrunde gelegten begrifflichen Wesensgehalt orientieren wollen, um sicherzustellen, dass die von ihnen geregelten Organisationen die vom Bund mit dem Begriff der „Stiftung des öffentlichen Rechts" verknüpften Privilegien in Anspruch nehmen können.

Ferner ist allgemein anerkannt, dass die Bildung einer juristischen Person des öffentlichen Rechts, zu denen die Stiftungen des öffentlichen Rechts nach § 89 BGB unzweifelhaft gehören, in einem Land insoweit (mindestens) bundesweite Bedeutung entfaltet, als diese juristische Person auch in den anderen Ländern und vom Bund (sowie auch darüber hinaus) als existent anzuerkennen ist. Eine durch das Recht eines Staates bzw. auf dieser Grundlage gebildete juristische Person erhält ihre Rechtspersönlichkeit und ihre Rechtsfähigkeit grundsätzlich nicht nur in Bezug auf das Recht dieses Staates, sondern ist auch von anderen Staaten in Bezug auf ihr jeweiliges Recht als juristische Person anzuerkennen.[314] Auch dies setzt aber voraus, dass wenigstens ein Mindestmaß an begrifflicher Übereinstimmung herrscht. Denn die Einordnung einer anzuerkennenden juristischen Person in das eigene Recht ist nur dann sinnvoll möglich, wenn man hinreichend sicher weiß, was das Wesen dieser juristischen Person ausmachen soll.

Folglich lässt sich einerseits festhalten, dass es zwar keinen bundesweit vollständig einheitlichen Begriff der „Stiftung des öffentlichen Rechts" gibt (und nicht geben muss). Auf dieser Linie liegt es auch, wenn *D. Reuter*, wie bereits erwähnt, mit guten Argumenten schon bestreitet, dass es überhaupt einen für alle Rechtsgebiete

---

313 BVerfGE 35, 23 (32), bei juris Rn. 34 (zum Begriff „Dienstbezüge").

314 BVerfGE 139, 321 (357), bei juris Rn. 112 m. w. N. (zur bundesweiten Wirkung der einer Religionsgemeinschaft durch ein Land verliehenen Rechtsstellung als Körperschaft des öffentlichen Rechts und der damit verbundenen Rechtsfähigkeit; diese bundesweite Wirkung wird auch in der der Entscheidung beigefügten abweichenden Meinung nicht in Frage gestellt); BGHZ 178, 192 (194 ff./Rn. 10 ff.), bei juris Rn. 10 ff. (danach ist die Rechtsfähigkeit einer nach ausländischem Recht gegründeten juristischen Person in Deutschland dem Grunde nach unstreitig; umstritten ist lediglich die Ausgestaltung der Rechtsfähigkeit im Inland, die sich entweder nach dem Recht des Gründungsstaates oder nach dem Recht des Sitzstaates richten kann); EuG, Beschluss vom 3. April 2008 – T-236/06 – bei juris Rn. 22 (danach ist für die Frage nach der Eigenschaft einer Einrichtung als juristische Person und ihrer Rechtsfähigkeit das jeweilige nationale Recht der Mitgliedstaaten maßgebend); vgl. auch Artikel 86 EGBGB und Artikel 19 Abs. 3 GG.

einheitlichen, allgemeingültigen Begriff der „Stiftung" gibt.[315] Die Entstehungsgeschichte des Bürgerlichen Gesetzbuchs deutet ebenfalls in diese Richtung: Denn die Verfasser des Bürgerlichen Gesetzbuchs haben, wie dargelegt, die Ausfüllung des Begriffs der „Stiftung des öffentlichen Rechts" bewusst dem öffentlichen Recht (und zwar insbesondere dem *der einzelnen Länder*) überlassen und sich darauf beschränkt, alles, was „das" öffentliche Recht als „Stiftung des öffentlichen Rechts" bezeichnet, für den Privatrechtsverkehr als handlungsfähige juristische Person (des öffentlichen Rechts) anzuerkennen.[316]

Andererseits besteht die rechtliche Notwendigkeit, dem Begriff der „Stiftung des öffentlichen Rechts" wenigstens einen bundesweit *einheitlichen Wesensgehalt* beizulegen.[317] Im Folgenden soll und kann daher nur der Frage nachgegangen werden, was diesen einheitlichen Wesensgehalt ausmacht.

## E. Bestimmung des Wesensgehalts

### I. Einleitung

Innerhalb des Bürgerlichen Gesetzbuchs ist § 89 BGB mit seinen Regelungen über „Stiftungen des öffentlichen Rechts" in den Titel „Juristische Personen" und den Untertitel „Juristische Personen des öffentlichen Rechts" eingeordnet. Daraus ergibt sich, dass es sich bei einer „Stiftung des öffentlichen Rechts" jedenfalls um eine *juristische Person* des *öffentlichen* Rechts in Form einer *Stiftung* handeln muss. Daher soll hier zunächst der Frage nachgegangen werden, welche Erkenntnisse sich aus diesen drei unbestreitbaren Wesensmerkmalen, die bundesrechtlich vorgegeben sind und daher bundesweit Geltung beanspruchen, gewinnen lassen. Danach soll noch untersucht werden, ob es noch weiterer Merkmale bedarf, um den Wesensgehalt des Begriffs der „Stiftung des öffentlichen Rechts" zu bestimmen.

---

315 *D. Reuter*, in: Hüttemann/Richter/Weitemeyer (Hrsg.), Landesstiftungsrecht, Rn. 4.2 ff.

316 *B. Mugdan*, S. 670 f.

317 Wohl in diesem Sinne kommt denn auch *D. Reuter* (in: Hüttemann/Richter/Weitemeyer [Hrsg.], Landesstiftungsrecht, Rn. 4.8) zu dem Schluss, der Stiftungsbegriff des bürgerlichen Rechts habe (nur) eine *„Leitbildfunktion"* für den Begriff der „Stiftung des öffentlichen Rechts" dergestalt, dass er insoweit (nur) in „modifizierter", auf den jeweiligen Regelungszusammenhang „abgestimmter Form" gelte.

## II. Merkmal „Juristische Person des öffentlichen Rechts"

### 1. *Einleitung*

Dass es im Recht juristische Personen gibt, ist heute allgemein anerkannt. Für das deutsche Recht ist dies – heute – schon deshalb unbestreitbar, weil Artikel 19 Abs. 3 GG eine ausdrückliche Regelung über *inländische juristische Personen* enthält. Auch im Übrigen trifft das deutsche Recht eine Vielzahl von Regelungen über juristische Personen des öffentlichen Rechts und des Privatrechts (z. B. in den §§ 21 bis 89 BGB und § 1 Abs. 1 VwVfG).[318]

Aber auch an dieser Stelle sei noch einmal daran erinnert, dass die Rechtsfigur der „juristischen Person" erst in der ersten Hälfte des 19. Jahrhunderts „erfunden" wurde, und zwar zunächst nur für das Privatrecht. Die Übertragung auf das öffentliche Recht zur Erklärung des Staates als juristische Person und die Anwendung der Rechtsfigur der juristischen Person auch auf verselbständigte Erscheinungsformen des Staates erfolgte dann erst nach und nach und mündete schließlich in der gesetzlichen Ausdifferenzierung in § 89 BGB.[319] § 89 BGB bringt mithin, wie bereits bei der Untersuchung der Entstehungsgeschichte des § 89 BGB im Zweiten Teil gezeigt wurde, nicht eine seinerzeit schon lange allgemein anerkannte Auffassung zum Ausdruck, sondern stellt nur das (vorläufige) Ergebnis einer zum damaligen Zeitpunkt vergleichsweise „jungen" rechtswissenschaftlichen Entwicklung dar.

Im Folgenden soll nun aber untersucht werden, welche Folgerungen sich aus der Eigenschaft einer Stiftung des öffentlichen Rechts als juristische Person des öffentlichen Rechts heute ableiten lassen.

Angesichts der dargelegten Entstehungsgeschichte des Begriffs der juristischen Person des öffentlichen Rechts sollen im Folgenden allerdings die Merkmale „juristische Person …" und „… des öffentlichen Rechts" gesondert betrachtet werden.

### 2. *„Juristische Person …"*

Zur Erfassung des Wesens einer juristischen Person muss man zunächst kurz einen Schritt zurücktreten und sich Zweck und Funktionsweise des Rechts im

---

318 Die Frage, ob die Anerkennung dieser Rechtsfigur *sinnvoll* ist (verneinend etwa *W. Kluth*, in: Wolff/Bachof/Stober/Kluth, Verwaltungsrecht II, 7. Aufl., § 82 Rn. 22), ist hier nicht zielführend und wird daher nicht weiter verfolgt.

319 S. o. und auch hier noch einmal *M. Stolleis*, S. 106 ff., 368 ff. und 416 f.; *J. Ipsen*, Staatsrecht I, Rn. 9 ff.; *R. Zippelius*, S. 80 ff. (§ 13), jeweils m. w. N.

Allgemeinen bewusst machen: Das Recht dient der Ordnung des menschlichen Zusammenlebens. Zu diesem Zweck bildet das Recht ein hochkomplexes, aber prinzipiell fingiertes und von der Realität abstrahiertes System von Normen und Werten, an denen Menschen ihr Verhalten ausrichten sollen. Diesem System liegt insbesondere die Idee zugrunde, die in der Natur vorhandenen Dinge in Personen und Sachen[320] einzuteilen, ihnen Identifikationsmerkmale (Namen) und Eigenschaften zuzuordnen, diese mit Rechten und Pflichten zu verknüpfen und festzulegen, wie diese Rechte und Pflichten, soweit sie nicht freiwillig befolgt werden, auch in der Realität durchgesetzt werden können. Innerhalb dieses Systems bildet der Mensch als *natürliche* Person die maßgebliche Wirkeinheit, weil er nach allgemeiner Auffassung die natürliche Fähigkeit hat, einen *Willen* zu bilden, und ihm im Recht die Fähigkeit zuerkannt wird, eigene Rechte und Pflichten zu haben (Rechtsfähigkeit) und selbst als eigenständige Einheit rechtswirksam zu handeln (Rechtspersönlichkeit).

Die Idee der *juristischen* Person besteht darin, im Recht durch Rechtssatz eine abgegrenzte Einheit[321] zu bilden und ihr Eigenschaften zuzuordnen, die auch natürlichen Personen zuerkannt werden, nämlich die Fähigkeit, einen eigenen Willen zu bilden,[322] eigene Rechte und Pflichten zu haben und rechtswirksam handeln zu können. Um diese Funktionen erfüllen zu können, muss die betreffende Einheit in identifizierbarer Weise von anderen Personen abgegrenzt (benannt) und mit Organen ausgestattet werden, durch die die Einheit ihren Willen bilden und rechtswirksam handeln kann.[323] Bei der Bildung einer solchen

---

320 Der Begriff „Sache" soll hier die Tiere mit umfassen.

321 Im Recht der Katholischen Kirche wird insoweit von einer „Gesamtheit von Personen oder Sachen" gesprochen (Can. 113 § 2, Can. 114 § 1 und Can. 115 § 1 CIC).

322 Vgl. z. B. für den Bund Artikel 23 Abs. 4 und 5 Satz 2 GG.

323 Begriff und Wesen juristischer Personen sind seit jeher im Einzelnen umstritten; vgl. z. B. *B. Weitemeyer*, in: Säcker/Rixecker/Oetker/Limperg (Hrsg.), MüKo BGB, 7. Aufl., vor § 21 Rn. 1 ff.; *W. Krebs*, in: Isensee/Kirchhof (Hrsg.), Handbuch des Staatsrechts, Band V, § 108 Rn. 40 ff.; *R. Zippelius*, S. 80 ff. (§ 13); *J. Ellenberger*, in: Palandt (Begr.), BGB, Einführung vor § 21 Rn. 1, jeweils m. w. N. Auf diesen Streit soll und kann hier nicht näher eingegangen werden. Hier wird eine rechts*technische* Sichtweise (vgl. *B. Weitemeyer*, in: Säcker/Rixecker/ Oetker/Limperg [Hrsg.], MüKo BGB, 7. Aufl., vor § 21 Rn. 2 und 5) zugrunde gelegt, über die als solche im Wesentlichen Einigkeit bestehen dürfte. Siehe auch BGHZ 25, 134 (144) [bei juris nur Kurztext] und EuG, Beschluss vom 3. April 2008 – T-236/06 – bei juris Rn. 22 ff. Danach bestimmt die jeweilige Rechtsordnung eines Staates, unter welchen Voraussetzungen eine juristische Person entsteht bzw. eine Einrichtung Rechtspersönlichkeit und Rechtsfähigkeit erlangt.

Einheit kann das Recht reale Vorgänge abbilden, etwa indem es eine tatsächliche Vereinigung natürlicher Personen[324] im und für das Recht als juristische Person (nur) anerkennt, oder selbst ein Gebilde schaffen („errichten"), z. B. indem es bestimmte natürliche Personen unabhängig von ihrem Willen in einer juristischen Person zusammenfasst. Ob das eine oder das andere der Fall ist, ist für Begriff und Wesen einer juristischen Person unerheblich. Es kann aber Bedeutung für die Behandlung der juristischen Person im Recht erlangen, insbesondere wenn es um die Frage geht, ob und inwieweit rechtlich auf etwaige „hinter" der juristischen Person stehende natürliche Personen zurückgegriffen werden kann oder muss („Durchgriff").[325]

Aus alledem folgt zum einen, dass eine juristische Person rechtlich von anderen natürlichen und juristischen Personen *abgegrenzt* sein muss und, soweit es um die Zuordnung von Rechten und Pflichten geht, selbst eigenständige „Rechtsträgerin" ist.[326]

Zum anderen kann eine juristische Person rechtlich nur durch Organe handeln, muss also solche haben (vgl. auch insoweit § 89 BGB, der mit dem Verweis auf die Haftung der Stiftung für ihre Organe nach den §§ 31 und 42 Abs. 2 BGB notwendigerweise voraussetzt, dass die Stiftung Organe hat und durch diese handelt).

Aus der Eigenschaft einer Stiftung des öffentlichen Rechts als juristische Person folgt mithin zum einen, dass die Stiftung eine im Verhältnis zu anderen natürlichen und juristischen Personen rechtlich selbständige Rechtspersönlichkeit mit eigener Rechtsfähigkeit, also selbst „Rechtsträgerin" ist, sowie zum anderen, dass sie Organe („Stiftungsorgane") haben muss, durch die sie rechtlich handeln kann.

### 3. *„... des öffentlichen Rechts"*

#### *a) Einleitung*

Die Zuordnung einer juristischen Person zum öffentlichen Recht verweist zunächst auf die (auch) das deutsche Recht prägende Trennung zwischen Privatrecht und öffentlichem Recht. Diese Unterscheidung rechtfertigt sich aus der

324 Artikel 9 GG.

325 Vgl. z. B. BVerfGE 143, 246 (313 f.), bei juris Rn. 188 m. w. N.

326 Deshalb ist es unpräzise, wenn *A. Fiedler* (Staatliches Engagement im Stiftungswesen, S. 24 ff.) und *M. Schulte* (Staat und Stiftung, S. 11) vom „Rechtsträger" einer Stiftung sprechen: *Rechtsträger* ist immer *die Stiftung selbst*, das macht sie als juristische Person gerade aus.

gedanklichen Trennung zwischen Staat und Gesellschaft und beinhaltet, dass es einen besonderen Teil der Rechtsordnung gibt, der den Staat als solchen und seine rechtlichen Beziehungen zu anderen, insbesondere zu den seiner Herrschaftsgewalt unterworfenen Personen und zu anderen Staaten, betrifft.[327] Dem entspricht die Rechtsprechung des Gemeinsamen Senats der Obersten Gerichtshöfe des Bundes zur Auslegung des Begriffs der „öffentlich-rechtlichen Streitigkeit“: Danach ist für das öffentliche Recht – im Unterschied zum bürgerlichen Recht – kennzeichnend, dass seine „Rechtsnormen nicht für jedermann gelten, sondern Sonderrecht des Staates oder eines anderen Trägers öffentlicher Aufgaben sind, das sich zumindest auf einer Seite nur an Hoheitsträger wendet“.[328]

### *b) Erforderlichkeit der Abgrenzung von Staat und Gesellschaft*

Diese dahinter stehende Abgrenzung der Sphären von Staat und Gesellschaft ist ungeachtet der vielerorts festzustellenden Verschränkungen und Überschneidungen auch sinnvoll und notwendig. Denn wie im Allgemeinen so ermöglicht auch im Recht nur eine klare Abgrenzung eine klare Zuordnung von Zuständigkeiten und Verantwortlichkeiten, die nicht zuletzt im Hinblick auf das Demokratieprinzip von essentieller Bedeutung ist. Nur wenn klar ist, wer wofür zuständig ist, ist auch klar, wer wofür verantwortlich, also rechenschafts- und einstandspflichtig ist.[329] An der Abgrenzung muss daher unbedingt festgehalten werden.[330]

Auf Grundlage dieser Abgrenzung lässt sich die Bildung und Betätigung juristischer Personen des öffentlichen Rechts nicht, wie bei juristischen Personen des Privatrechts, als „Ausdruck der freien Entfaltung der privaten, natürlichen Personen“,[331] sondern, im Gegensatz dazu, als *Ausdruck der – im Rechtsstaat: an Gesetz und Recht, insbesondere die Verfassung gebundenen – Entfaltung des Staates* beschreiben.

### *c) Zuordnung*

#### aa) Einleitung

Dass eine juristische Person des öffentlichen Rechts eine solche nur ist, wenn sie der Sphäre des Staates *zuzuordnen ist*, entbindet indes nicht von der Beantwortung

327 Siehe statt vieler etwa nur *H. Maurer*, § 1 Rn. 17 ff.

328 Siehe dazu z. B. BVerwGE 129, 9 (Rn. 4), bei juris Rn. 4 m. w. N.

329 Vgl. BVerfGE 119, 331 (364 ff.), bei juris Rn. 151 ff.

330 So z. B. BVerfG, Beschluss vom 6. Dezember 2013 – 2 BvQ 55/13 – bei juris Rn. 5 ff. Vgl. aber auch *Uattis*, Der Staat als Stifter, S. 18; *ders.*, Entlastung des Staates, S. 52 f.

331 Vgl. BVerfGE 143, 246 (313 f.), bei juris Rn. 188 m. w. N.

der Frage, *wann und wie* eine solche Zuordnung vorzunehmen ist. Insoweit stellt sich das Problem, dass eine juristische Person des öffentlichen Rechts wegen ihrer wesensnotwendigen rechtlichen Selbständigkeit als juristische Person ja einerseits gerade nicht bloß (rechtlich unselbständige) Behörde, Einrichtung oder Dienststelle einer anderen juristischen Person (etwa des Bundes, eines Landes oder einer Kommune), sondern, falls sie nicht selbst Staat (Bund oder Land) ist, ein *selbständiges* Rechtssubjekt ist.[332] Andererseits muss sie gleichwohl dem Gesamtgefüge des Staates so zugeordnet sein, dass sie sich trotz ihrer rechtlichen Verselbständigung „nur" als eine „besondere Erscheinungsform der einheitlichen Staatsgewalt" darstellt.[333] Letztlich geht es damit um die Frage, ob und wie eine juristische Person dem Staat *organisatorisch zugerechnet* werden kann.

### bb) Zurechnung durch Erfüllung bestimmter Aufgaben?

Zunächst könnte man daran denken, eine juristische Person organisatorisch dem Staat zuzurechnen, wenn und weil sie „staatliche Aufgaben" erfüllt (vgl. Artikel 24 Abs. 1 a und Artikel 30 GG).[334]

Letztlich führt dieses Kriterium an dieser Stelle aber nicht recht weiter. Denn ob eine Aufgabe eine staatliche ist, entscheidet sich zum einen danach, ob der Staat die betreffende Aufgabe erfüllen *darf* oder *muss*, also anhand des Rechts,[335] und zum anderen danach, ob der Staat die Aufgabe auch *als eigene* erfüllen *will*. Überträgt (oder überlässt) der Staat die Erfüllung einer bestimmten Aufgabe einer anderen juristischen Person, so kann mithin schon deswegen nicht unmittelbar darauf geschlossen werden, dass es sich um eine staatliche Aufgabe handelt, sodass eine organisatorische Zurechnung anhand der wahrgenommenen Aufgabe schon allein deshalb schwierig ist.

---

332 Zum Unterschied zwischen einer Stiftung des öffentlichen Rechts und einer Behörde der bundeseigenen Verwaltung siehe BVerfGE 10, 20 (48), bei juris Rn. 133 f.

333 Vgl. BVerfGE 143, 246 (313 f.), bei juris Rn. 188 m. w. N. Vgl. zum Problem ferner BVerfGE 39, 302 (312 ff.), bei juris Rn. 66 ff.

334 Vgl. hierzu etwa BVerfGE 21, 362 (369 ff.), bei juris Rn. 23 ff., wo das Gericht davon spricht, dass sich der Staat – gerade auch bei Stiftungen des öffentlichen Rechts – „zur Erfüllung seiner Aufgaben eines selbständigen Rechtsgebildes bedient" und sich die Bildung rechtlich selbständiger Hoheitsträger nur als „Aufteilung der staatlichen Gewalt" darstellt. Vgl. ferner BVerfGE 39, 302 (312 ff.), bei juris Rn. 66 ff., wo das Gericht ebenfalls auf die Art der wahrgenommenen Aufgaben abstellt.

335 Vgl. *H. Wißmann*, in: Hoffmann-Riem/Schmidt-Aßmann/Voßkuhle (Hrsg.), Grundlagen des Verwaltungsrechts, § 15 Rn. 10 m. w. N.

Selbst wenn man aber sicher feststellen könnte, dass eine Aufgabe eine staatliche ist, so würde die Erfüllung dieser Aufgabe durch die betreffende juristische Person immer noch kein sicheres Indiz für die organisatorische Zurechnung zur Sphäre des Staates ergeben. Dies zeigt sich bereits am Phänomen der Beleihung, bei der eine natürliche oder juristische Person *des Privatrechts* mit der Erfüllung staatlicher Aufgaben betraut wird, gerade ohne dass dies zu einer Zurechnung der beliehenen Person zur Sphäre des Staates in dem Sinne führen würde, dass die betreffende Person eine solche *des öffentlichen Rechts* würde.[336]

Umgekehrt gibt es zudem auch juristische Personen *des öffentlichen Rechts*, die im Kern gerade *keine* staatlichen Aufgaben erfüllen. Dies gilt für alle juristischen Personen des öffentlichen Rechts, die – mit den Worten des Bundesverfassungsgerichts – „unmittelbar einem durch bestimmte Grundrechte geschützten Lebensbereich zugeordnet sind oder ihm kraft ihrer Eigenart von vornherein zugehören, wie Rundfunkanstalten, Universitäten und deren Fakultäten … oder Kirchen und sonstige öffentlich-rechtliche Weltanschauungsgemeinschaften",[337] oder die sich zumindest hinsichtlich einzelner ihrer Funktionen als bloße „Interessenvertretung ihrer Mitglieder" darstellen.[338] In diesen Fällen übt der Staat – selbstverständlich – nicht selbst Grundrechte aus, sondern erfüllt nur die ihm zukommende Aufgabe des *Schutzes der Grundrechte* (vgl. Artikel 1 Abs. 1 Satz 2 GG, Artikel 3 Abs. 2 Satz 3 NV), indem er durch die Gewährleistung eines organisatorischen Rahmens einen geschützten Raum für die Grundrechtsausübung sichert;[339] das, was *Grundrechtsträger* in diesem organisatorischen Rahmen tun, wird dadurch nicht zur staatlichen Aufgabe, sondern bleibt „staatsfremd".[340] Die sich hier entfaltende staatliche Aktivität beschränkt sich mithin darauf, Grundrechtsträgern eine „Plattform" für eine freie Grundrechtsausübung zu bieten und diese Freiheit durch organisatorische Maßnahmen gegenüber Eingriffen des Staates oder Dritter zu schützen, also gewissermaßen auf *Grundrechtsschutz durch Organisation*,[341] ohne dass sich die Betätigung der juristischen Person

---

336 Zur Beleihung vgl. z. B. § 16 a des Luftsicherheitsgesetzes und BVerfGE 130, 76 (111 ff.), bei juris Rn. 133 ff.

337 BVerfGE 143, 246 (314), bei juris Rn. 189 m. w. N.

338 BVerfGE 70, 1 (15 ff. [21 f.]), bei juris Rn. 51 ff. (59).

339 Vgl. allgemein zum Grundrechtsschutz durch Sicherung der Möglichkeit der Grundrechtsausübung BVerfGE 125, 39 (78), bei juris Rn. 134 m. w. N.

340 BVerfGE 31, 314 (340 f.), bei juris Rn. 65 (abweichende Meinung der Richter Dr. *Geiger*, Dr. *Rinck* und *Wand*).

341 So auch *H. Bethge*, in: Sachs (Hrsg.), GG, Artikel 5 Rn. 202 a, m. w. N., dort zwar speziell zu Artikel 5 Abs. 3 Satz 1 GG, jedoch prinzipiell verallgemeinerungsfähig.

selbst in ihrem Kern als Erfüllung staatlicher Aufgaben oder gar Ausübung von Staatsgewalt darstellen würde.[342]

Aus der Erfüllung einer bestimmten Aufgabe allein lässt sich mithin keine organisatorische Zurechnung zum Staat ableiten: Der bloße Umstand, dass eine juristische Person staatliche Aufgaben erfüllt, macht sie noch nicht zur juristischen Person des öffentlichen Rechts, und es gibt juristische Personen des öffentlichen Rechts, die im Kern gerade keine staatlichen Aufgaben erfüllen.

### cc) Zurechnung durch staatliche Beherrschung?

Des Weiteren könnte man in Erwägung ziehen, das maßgebliche Zurechnungskriterium in der *Beherrschung* einer juristischen Person durch den Staat zu sehen. Denn – nur – was der Staat beherrscht, kann ihm auch zugerechnet werden, und nur dafür kann er auch verantwortlich gemacht werden.[343]

Eine solche Sichtweise könnte die jüngere Rechtsprechung des Bundesverfassungsgerichts nahe legen, in der das Gericht für die Beantwortung der Frage, ob eine juristische Person nach Artikel 1 Abs. 3 GG an die Grundrechte gebunden ist, darauf abstellt, ob sie vom Staat *beherrscht* wird.[344] Dabei komme es nicht auf „konkrete Einwirkungsmöglichkeiten auf die Geschäftsführung", sondern nur auf die „Gesamtverantwortung für das jeweilige Unternehmen" an, aufgrund derer die Betätigung des Unternehmens als *Entfaltung staatlicher Aktivität zu werten* sei.[345]

Indes führt eine solche Beherrschung durch den Staat zunächst nur dazu, die juristische Person *funktional* dem Staat als Teil der vollziehenden Gewalt (Verwaltung) im Sinne von Artikel 1 Abs. 3 GG zuzurechnen mit der Folge, dass sie an die Grundrechte gebunden ist.[346] Eine *organisatorische* Zurechnung zum Staat in dem Sinne, dass die juristische Person deswegen zu einer *des öffentlichen*

---

342 Auch gibt es juristische Personen des öffentlichen Rechts, die sich vorwiegend privatwirtschaftlich betätigen, wie etwa Bank-, Kredit- und Versicherungsunternehmen, und die insoweit keine (wichtigen) öffentlichen Aufgaben erfüllen, sodass sie, wie gezeigt, auch insolvenzfähig sind (vgl. BVerfGE 89, 132 [143], bei juris Rn. 43). Derartige juristische Personen bleiben im Folgenden allerdings außer Betracht.

343 Vgl. BVerfGE 119, 331 (375), bei juris Rn. 183; BayVerfGH, Entscheidung vom 26. Juli 2006 – Vf. 11-IVa-05 – bei juris Rn. 424 und 431.

344 Vgl. BVerfGE 143, 246 (314), bei juris Rn. 190 m. w. N.; BVerfGE 128, 226 (245 ff.), bei juris Rn. 49 ff.

345 BVerfGE 128, 226 (247), bei juris Rn. 54.

346 Siehe dazu *H. Wißmann*, in: Hoffmann-Riem/Schmidt-Aßmann/Voßkuhle (Hrsg.), Grundlagen des Verwaltungsrechts, § 15 Rn. 4 f.

*Rechts* würde, erfolgt jedoch nicht; vielmehr bleibt sie eine solche des Privatrechts.[347]

Außerdem gibt es, wie gezeigt, juristische Personen des öffentlichen Rechts, die im Kern gerade keine staatlichen Aufgaben erfüllen, sondern lediglich eine organisatorische Plattform für die Grundrechtsausübung Privater bilden. Solche juristischen Personen des öffentlichen Rechts unterliegen nach der Rechtsprechung des Bundesverfassungsgerichts *in funktionaler Hinsicht* bezogen auf diese staatsfremden Aufgaben sogar einem ausdrücklichen *Beherrschungsverbot*.[348] In den genannten Fällen wird man lediglich sagen können, dass die jeweilige juristische Person des öffentlichen Rechts (nur, aber eben immerhin insoweit) *in organisatorischer Hinsicht* der Regelungsbefugnis des Staates unterworfen ist (von ihm also – nur – insoweit „beherrscht" wird), der Staat dann aber seinerseits durch die Grundrechte verpflichtet ist, von seiner Regelungsbefugnis im Wege einer freiheitssichernden und -gewährenden Ausgestaltung der Organisation Gebrauch zu machen, und hierfür auch die Verantwortung trägt.[349] Die Betätigung der juristischen Person wird aber, soweit es um die Erfüllung staatsfremder Aufgaben geht, nicht vom Staat beherrscht.

Aus der staatlichen Beherrschung einer juristischen Person allein lässt sich folglich ebenfalls keine organisatorische Zurechnung zum Staat ableiten: Es gibt auch juristische Personen des Privatrechts, die zwar in funktionaler Hinsicht staatlich beherrscht werden; dies hat jedoch nur zur Folge, dass ihre Betätigung nach Artikel 1 Abs. 3 GG an die Grundrechte gebunden ist und sich als Ausübung von

---

347 Vgl. Artikel 87 e Abs. 3 GG sowie die §§ 53 bis 55 des Haushaltsgrundsätzegesetzes.

348 BVerfGE 121, 30 (52 f. und 61), bei juris Rn. 96 und 119, jeweils m. w. N. (zu den öffentlich-rechtlichen Rundfunkanstalten).

349 Vgl. zu den öffentlich-rechtlichen Rundfunkanstalten BVerfGE 136, 9 (28 ff.), bei juris Rn. 33 ff., sowie zu den Hochschulen BVerfGE 136, 338 (362 ff.), bei juris Rn. 55 ff., jeweils m. w. N. Siehe auch BVerfGE 121, 30 (63 f.), bei juris Rn. 127 („Ausgestaltungsverantwortung"). Wenn das Niedersächsische Hochschulgesetz Hochschulen in Trägerschaft des Staates und Hochschulen in Trägerschaft von rechtsfähigen Stiftungen des öffentlichen Rechts als *„in staatlicher Verantwortung"* stehend bezeichnet (§ 1 Abs. 1 Satz 1 NHG), so bezieht sich diese Verantwortung mithin in erster Linie auf die *Organisation* der Hochschulen (sowie ihre Finanzierung; vgl. § 1 Abs. 1 Satz 2, 2. Fall NHG) und weniger auf die Erfüllung der Aufgaben der Hochschule (§ 3 NHG). Dementsprechend hat die Stiftung nach § 55 Abs. 2 NHG auch – nur – den Zweck, die Hochschule zu „unterhalten" und zu „fördern" sowie „die Qualität von Forschung, Lehre, Studium und Weiterbildung an der Hochschule zu steigern", nicht aber selbst Wissenschaft zu betreiben. Vielmehr hat die Stiftung nach § 55 Abs. 5 NHG „die Selbstverwaltung der Hochschule" zu „wahren".

Staatgewalt darstellt, ohne dass dieser Umstand zwingend zur Charakterisierung der juristischen Person als eine des öffentlichen Rechts führen müsste. Umgekehrt gibt es juristische Personen des öffentlichen Rechts, deren Betätigung im Kern gerade nicht staatlich beherrscht werden darf.

### dd) Zurechnung durch staatliche Aufsicht?

Denkbar wäre ferner anzunehmen, die erforderliche Zurechnung werde dadurch bewirkt, dass die betreffende juristische Person einer Aufsicht des Staates unterliegt.[350]

Denn Aufsicht ist das von der Verfassung vorgesehene typische Mittel, um innerhalb der öffentlichen Verwaltung ein Rechtssubjekt der Kontrolle und dem Einfluss eines anderen Rechtssubjekts zu unterstellen.[351] Dadurch wird in der Regel auch eine gewisse Verantwortlichkeit des Aufsichtführenden für das Verhalten des der Aufsicht Unterworfenen begründet.

Allerdings bestehen verbreitet auch Aufsichtsbefugnisse, die gerade keine Zurechnung des der Aufsicht Unterworfenen zur Sphäre des Aufsichtführenden bewirken. So begründet nach der Rechtsprechung des Bundesverfassungsgerichts nicht einmal die weitreichende Fachaufsicht und Weisungsbefugnis des Bundes gegenüber den Ländern im Rahmen der sog. Bundesauftragsverwaltung nach Artikel 85 GG eine Zurechnung des Handelns der der Aufsicht des Bundes unterworfenen Landesbehörden zum Bereich des Bundes; vielmehr bleibt ihr Handeln dem Bereich des Landes zuzurechnen, selbst wenn sie im Innenverhältnis verpflichtet sind, einer bundesaufsichtlichen Weisung zu folgen.[352]

Zudem unterliegt auch jede Stiftung des *bürgerlichen* Rechts einer staatlichen Aufsicht, die (mindestens) gewährleistet, dass das Stiftungsvermögen dem Stiftungszweck entsprechend verwaltet wird.[353] Allein dies führt aber offensichtlich nicht dazu, jede Stiftung auch des bürgerlichen Rechts der öffentlichen Verwaltung

---

350 So wohl *S. Alscher*, S. 215.

351 Siehe die ausdrücklichen Regelungen in Artikel 84 Abs. 3, Artikel 85 Abs. 4, Artikel 87 Abs. 3 und Artikel 130 Abs. 3 GG sowie Artikel 57 Abs. 5 NV.

352 BVerfGE 81, 310 (331 ff.), bei juris Rn. 84 ff.; BVerfGE 104, 249 (264 ff.), bei juris Rn. 66 ff. m. w. N.

353 Siehe die §§ 10 ff. NStiftG; ferner BVerwGE 106, 177 (185), bei juris Rn. 42 m. w. N.: Danach „sichert mangels einer verbandsmäßigen Kontrolle durch die juristische Person allein die staatliche Stiftungsaufsicht die Einhaltung des Stiftungszwecks. Sie führt zu einem ‚Schutz der Stiftung'".

zuzurechnen.[354] Ebenso ergibt sich z. B. aus § 10 Abs. 1 Satz 1 und Abs. 2 NStiftG, dass alle Stiftungen des bürgerlichen Rechts, die unmittelbar nicht nur private (also auch oder nur öffentliche) Zwecke verfolgen (wie auch solche, die von einer Behörde verwaltet werden), einer allgemeinen Rechtsaufsicht des Landes unterworfen sind, ohne dass auch dies zu der Annahme zwingen würde, die einer solchen Aufsicht unterworfenen Stiftungen seien stets in die öffentliche Verwaltung des Landes eingegliedert.

Dementsprechend hat das Bundesverfassungsgericht bereits in einer frühen Entscheidung darauf verwiesen, dass die bloße Unterstellung einer Einrichtung unter eine staatliche Aufsicht nicht notwendigerweise dazu führe, diese Einrichtung dem öffentlichen Recht zurechnen zu können; erforderlich sei vielmehr mindestens eine über das Maß sonstiger staatlicher Aufsichtsbefugnisse hinausgehende Aufsicht.[355] Auch nach der schon mehrfach zitierten Entscheidung des Bundesverfassungsgerichts aus dem Jahr 1962 soll es – nur – *ein Indiz* für das Vorliegen einer Stiftung des öffentlichen Rechts sein, dass sie in einer Art und Weise staatlicher Aufsicht unterstellt ist, die *erheblich* über das § 38 ALR II 19 entsprechende Maß der Aufsicht über Stiftungen des bürgerlichen Rechts hinausgeht.[356]

Mithin lässt sich auch aus dem Umstand, dass eine juristische Person einer staatlichen Aufsicht unterliegt, keine organisatorische Zurechnung zum Staat ableiten.

### ee) Zurechnung durch staatliche Organisationsbefugnis

Als tragfähig erweist sich letztlich nur ein Kriterium, nämlich das Sonderrecht des Staates, über die Organisation der betreffenden juristischen Person – auch abweichend von dem für juristische Personen des Privatrechts geltenden Recht – zu entscheiden. Denn eine juristische Person des Privatrechts kann auf Grundlage einer entsprechenden Rechtsnorm zwar jedermann entstehen lassen, ihre organisatorische Ausgestaltung muss sich jedoch im Rahmen der gesetzlich festgelegten Typen bewegen („Typenzwang“); andere Formen und Typen werden im Recht nicht als juristische Person anerkannt. Demgegenüber wird dem Staat das

---

354 Auf dieses Problem war allerdings bereits im Rahmen der Beratungen zum Bürgerlichen Gesetzbuch hingewiesen worden; siehe *B. Mugdan*, S. 317 f., 419 f., 657 f.

355 BVerfGE 6, 257 (268 f.), bei juris Rn. 25 f.

356 BVerfGE 15, 46 (63 f. und 70 ff.), bei juris Rn. 50 und 68 ff. Auch der BayVerfGH hält in seiner Entscheidung vom 5. Februar 1974 – Vf. 18-VII-71 – VerwRspr. 25, 641 (646) [bei juris nur Kurztext] allein die Unterstellung unter eine staatliche Aufsicht nicht für ausreichend.

besondere Recht zuerkannt, auch andere juristische Personen zu bilden, ohne dabei grundsätzlich (vorbehaltlich besonderer verfassungsrechtlicher oder einfachgesetzlicher Beschränkungen) an bestimmte Formen oder Typen gebunden zu sein.[357] Die Abgrenzung zwischen juristischen Personen des Privatrechts und solchen des öffentlichen Rechts ist also im Ansatz eher banal und formal: Juristische Personen des Privatrechts können von jedermann auf Grundlage und im Rahmen des für jedermann geltenden Rechts gegründet werden. Juristische Personen des öffentlichen Rechts können dagegen vom Staat auch abweichend von dem für jedermann geltenden Recht gebildet werden.[358]

Eine juristische Person ist also eine des öffentlichen Rechts, solange der Staat das Recht hat, über ihre Organisation unabhängig von dem für die Organisation von juristischen Personen des Privatrechts geltenden Recht zu entscheiden.[359] Oder: Eine juristische Person ist nur dann eine solche des Privatrechts, wenn sie – auf Grundlage und im Rahmen des für jedermann geltenden Rechts – prinzipiell von jedermann gebildet und ausgestaltet werden darf.[360]

Nimmt der Staat ein dahingehendes, jedermann ausschließendes Sonderrecht für sich in Anspruch, so bedeutet das allerdings auch, dass der Staat sich damit die juristische Person grundsätzlich *als eigene* zurechnen lassen muss mit der Folge, dass er insoweit unweigerlich auch eine Verantwortung trägt.[361] Denn Rechtsgrund für die Inanspruchnahme eines solchen Sonderrechts kann nur sein, dass der Staat die Bildung und Ausgestaltung der betreffenden juristischen Person als Ausdruck seines *Selbstorganisationsrechts* und als staatliche Entfaltung begreift, während sie bei einer juristischen Person des Privatrechts, wie dargelegt,

---

357 BVerwGE 135, 286 (Rn. 16), bei juris Rn. 16 m. w. N. (dort gerade auch zu „Stiftungen des öffentlichen Rechts“).

358 Zum Ganzen im Hinblick auf kommunale Stiftungen *J. A. Kämmerer*, in: Walz/Kötz/Rawert/Schmidt (Hrsg.), Non Profit Law Yearbook 2004, S. 59 (61 f.), m. w. N.

359 Vgl. BVerfGE 15, 46 (70 ff.), bei juris Rn. 68 ff.

360 Dass auch Stiftungen des bürgerlichen Rechts zu ihrer Entstehung (§ 80 Abs. 1 BGB) sowie zu ihrer Änderung und Aufhebung (§ 87 BGB, §§ 7 und 8 NStiftG) eines konstitutiven Hoheitsaktes zumindest in Form der „Anerkennung“ oder „Genehmigung“ bedürfen, steht dem hier zugrunde gelegten Verständnis nicht entgegen. Denn dies ändert nichts daran, dass die Rechtsform der Stiftung des bürgerlichen Rechts im Rahmen der §§ 80 bis 88 BGB prinzipiell jedermann offen steht.

361 Zum Aspekt der „öffentlichen Verantwortung“ für die Erfüllung öffentlicher Aufgaben durch den Staat siehe schon BVerfGE 12, 205 (246), bei juris Rn. 145. Eine nicht verallgemeinerungsfähige Ausnahme bilden nur die nach Artikel 140 GG i. V. m. Artikel 137 Abs. 5 WRV als „Körperschaften des öffentlichen Rechts“ verfassten Religionsgesellschaften; siehe BVerfGE 139, 321 (349 f.), bei juris Rn. 91 m. w. N.

grundsätzlich (ungeachtet der Möglichkeit des Staates, sich insoweit wie ein Privater zu verhalten) Ausdruck privater Entfaltung wäre.

So gesehen sind im Übrigen auch die als Körperschaften des öffentlichen Rechts verfassten Kommunen „nur“ Teil des Staates, in den sie eingegliedert und von dem sie abhängig sind.[362] Denn nur der Bund und die Länder sind als Staaten jeweils Inhaber einer eigenen, nicht abgeleiteten Staatsgewalt,[363] die Kommunen sind ihr integraler Bestandteil.[364] Sie sind staatsorganisationsrechtlich Untergliederungen der Länder mit einer Hoheitsgewalt, die sie lediglich von der Staatsgewalt des Landes, in das sie eingegliedert sind, ableiten,[365] auch wenn sie gemäß Artikel 28 Abs. 1 Sätze 2 bis 4 GG mit dem Volk in ihrem Gebiet eine eigene unmittelbare demokratische Legitimationsgrundlage haben.[366]

Mithin ist es ein durchaus treffendes Bild, wenn in dem Entwurf des Gesetzes zur Umwandlung der Kulturstiftung des Landes Schleswig-Holstein in eine Stiftung des öffentlichen Rechts davon gesprochen wird, dass sich das Land die bisherige Stiftung des bürgerlichen Rechts durch die Umwandlung in eine Stiftung des öffentlichen Rechts „einverleibe“.[367]

Mit dieser Sichtweise ist nicht verbunden, dass die organisatorische Ausgestaltung der betreffenden juristischen Person auch stets vom Staat selbst *ausgehen* muss. Vielmehr kann der Staat der juristischen Person die Regelung ihrer Organisation mehr oder weniger selbst überlassen und sich auf eine Genehmigung oder Anerkennung beschränken, sofern diese nur für die Rechtswirksamkeit der Regelung konstitutiv ist.[368] Dies geschieht auch in aller Regel, indem der

---

362 Grundlegend BVerfGE 61, 82 (101 ff.), bei juris Rn. 59 ff.

363 Siehe nur BVerfGE 34, 9 (19 f.), bei juris Rn. 41.

364 So auch *M. Burgi*, Gutachten, S. D 16. Siehe auch BVerfGE 83, 37 (53 f.), bei juris Rn. 61, sowie § 2 Abs. 1 NKomVG, wonach die Gemeinden „die Grundlage des demokratischen Staates“ sind. Vgl. ferner BVerfGE 52, 95 (111 f.), bei juris Rn. 63; BVerfGE 79, 127 (148 f.), bei juris Rn. 54.

365 BVerfGE 8, 122 (132), bei juris Rn. 14; BVerfGE 119, 331 (364), bei juris Rn. 151; BVerfGE 137, 108 (147 ff.), bei juris Rn. 89 ff.; BVerfG, Beschluss vom 18. Oktober 1994 – 2 BvR 611/91 – bei juris Rn. 20 f., jeweils m. w. N.

366 Diese ist auch nicht bloß körperschaftlicher Natur, sondern dient unmittelbar der Legitimation der von den Kommunen ausgeübten Staatsgewalt (BVerfGE 83, 37 [53 ff.], bei juris Rn. 60 ff.).

367 Landtagsdrucksache 13/2424, S. 7, dort zu § 1.

368 Vgl. dazu die „Verleihung“ der Eigenschaft einer Körperschaft des öffentlichen Rechts an eine Religionsgesellschaft nach Artikel 140 GG i. V. m. Artikel 137 Abs. 5 Satz 2 WRV und dazu BVerfGE 139, 321 (357), bei juris insbesondere Rn. 112 m. w. N. Bei dieser „Verleihung“ nimmt der Staat keinerlei Einfluss auf die Ausgestaltung

Staat den kraft seines Organisationsrechts entstandenen juristischen Personen des öffentlichen Rechts die Befugnis überträgt, im Rahmen der ihnen vom Staat eingeräumten Autonomie *Satzungen* zu erlassen,[369] die dann aber erst mit der staatlichen Genehmigung rechtswirksam werden.

Von daher lässt sich im Übrigen auch die Frage beantworten, ob auch eine Privatperson eine juristische Person des öffentlichen Rechts „errichten" könne und ob ihre diesbezügliche Willenserklärung öffentlich- oder privatrechtlich sei:[370] Die der eigentlichen Entstehung einer juristischen Person des öffentlichen Rechts *vorgelagerten* rechtserheblichen Erklärungen von Privatpersonen können, auch soweit sie im Ergebnis auf die Entstehung einer juristischen Person des öffentlichen Rechts gerichtet sind, durchaus privatrechtlicher Natur sein.[371] Die Entstehung der juristischen Person als eine solche des öffentlichen Rechts – ggf. also die *Transformation* – ist aber in jedem Fall dem öffentlichen Recht und damit einer staatlichen (Letzt-)Entscheidung vorbehalten.[372]

Ein illustres Beispiel bildet in diesem Zusammenhang wiederum die soeben schon in Bezug genommene Kulturstiftung des Landes Schleswig-Holstein, die zunächst als Stiftung des bürgerlichen Rechts gegründet und dann durch das Gesetz vom 30. Mai 1995[373] in eine Stiftung des öffentlichen Rechts umgewandelt wurde. In der Begründung des Gesetzentwurfs heißt es:

---

der betreffenden Organisation, sondern verleiht ihr – bei Vorliegen bestimmter Voraussetzungen – nur in der Gestalt, in der sie sich befindet, den Rechtsstatus einer Körperschaft des öffentlichen Rechts.

369 BVerfGE 10, 20 (49 f.), bei juris Rn. 139 f.

370 Vgl. *B. Weitemeyer*, in: Säcker/Rixecker/Oetker/Limperg (Hrsg.), MüKo BGB, 7. Aufl., § 80 Rn. 231; *D. Reuter*, in: Hüttemann/Richter/Weitemeyer (Hrsg.), Landesstiftungsrecht, Rn. 4.17.

371 Siehe dazu etwa noch einmal das o. g. Beispiel der „Verleihung" der Eigenschaft einer Körperschaft des öffentlichen Rechts an eine zunächst auf privatrechtlicher Grundlage errichtete Religionsgemeinschaft. So lässt sich im Übrigen auch die Entscheidung des BayVerfGH vom 5. Februar 1974 – Vf. 18-VII-71 – (VerwRspr. 25, 641 [bei juris nur Kurztext]) erklären, in der das Gericht dezidiert ausgeführt hat, auch eine Stiftung des öffentlichen Rechts (dort: das Maximilianeum) könne durch bürgerlich-rechtliche Willenserklärung eines Privaten errichtet werden.

372 Die besondere Affinität der Stiftungen des bürgerlichen Rechts zum öffentlichen Recht zeigt sich allerdings auch hier: Auch die Stiftungen des bürgerlichen Rechts bedürfen zu ihrer Entstehung (§ 80 Abs. 1 BGB) sowie zu ihrer Änderung und Aufhebung (§ 87 BGB, §§ 7 und 8 NStiftG) eines konstitutiven Hoheitsaktes zumindest in Form der „Anerkennung" oder „Genehmigung".

373 GVOBl. Schl.-H. S. 221.

*„Nach allgemeiner Rechtsauffassung ist es möglich, daß eine durch Privatrechtsgeschäft mit staatlicher Genehmigung entstandene Stiftung in eine Stiftung des öffentlichen Rechts umgewandelt wird, indem sie in das staatliche Verwaltungssystem eingegliedert und damit zu einem organischen Bestandteil der staatlichen Ordnung gemacht wird. Die Einfügung (Einverleibung) erfolgt durch eine klärende Anerkennung in Form eines Staatsaktes, namentlich durch Gesetz.“*[374]

Wenn aber offenbar schon die Umwandlung einer Stiftung des bürgerlichen Rechts in eine Stiftung des öffentlichen Rechts durch „Einverleibung“ des Staates möglich ist, so muss dies erst recht für die „Einverleibung“ eines Gebildes gelten, dass den Status einer juristischen Person noch nicht erlangt hat.

Und schließlich lässt sich mit der dargelegten Sichtweise auch die Frage beantworten, was hinsichtlich solcher Einrichtungen gilt, die bereits in vorkonstitutioneller Zeit gebildet wurden: Auch insoweit ist maßgeblich, ob der Staat das Sonderrecht für sich in Anspruch genommen hat, die Einrichtung unabhängig vom Privatrecht organisatorisch auszugestalten bzw. ob ihm ein solches Recht ausdrücklich oder gewohnheitsrechtlich zuerkannt wurde.[375]

### ff) Zusammenfassung

Eine juristische Person ist eine solche des öffentlichen Rechts, wenn sie dem Staat organisatorisch zugerechnet werden kann. Dass die juristische Person bestimmte Aufgaben erfüllt, in funktionaler Hinsicht vom Staat beherrscht wird oder unter einer staatlichen Aufsicht steht, genügt insoweit nicht als Zurechnungskriterium. Vielmehr muss die juristische Person öffentlich-rechtlich gestaltet sein,[376] also (mindestens) in organisatorischer Hinsicht vom Staat beherrscht werden. Dies ist der Fall, solange der Staat das Recht hat, über die Organisation der juristischen Person unabhängig von dem für die Organisation von juristischen Personen des Privatrechts geltenden Recht zu entscheiden. Umgekehrt ist eine juristische Person nur dann eine solche des Privatrechts, wenn sie – auf Grundlage und im Rahmen des für jedermann geltenden Rechts – prinzipiell von jedermann gebildet und ausgestaltet werden darf. Wird eine juristische Person organisatorisch vom Staat beherrscht, so ist dies Ausdruck des Selbstorganisationsrechts des Staates und staatlicher Entfaltung. Daraus folgt, dass sich der Staat die juristische Person als eigene zurechnen lassen muss und insoweit auch für sie verantwortlich ist.

---

374 Landtagsdrucksache 13/2424, S. 7, dort zu § 1.

375 Vgl. BVerfGE 15, 46 (66 f. und 70 ff.), bei juris Rn. 57, 68 ff.; *B. Weitemeyer*, in: Säcker/Rixecker/Oetker/ Limperg (Hrsg.), MüKo BGB, 7. Aufl., § 80 Rn. 232.

376 Vgl. BVerfGE 15, 46 (66 f.), bei juris Rn. 57.

### d) *Weitere Wesensmerkmale juristischer Personen des öffentlichen Rechts*

#### aa) Einleitung

Ist mit der staatlichen Organisationsbefugnis das Zurechnungskriterium gefunden, aus dem die Qualifizierung einer juristischen Person als eine solche des öffentlichen Rechts folgt, so ist damit das Wesen einer juristischen Person des öffentlichen Rechts aber noch nicht abschließend beschrieben. Denn das Recht, über die Organisation einer juristischen Person zu entscheiden, ist kein Selbstzweck, sondern dem Staat deshalb eingeräumt, weil er sich, wenn auch in rechtlich verselbständigter Form, durch die juristische Person betätigt, und sei es nur, indem er Dritten einen organisatorischen Rahmen für ihre (Grundrechts-)Betätigung zur Verfügung stellt (s. o.). Diese Erwägung führt dazu, weitere Wesensmerkmale einer juristischen Person des öffentlichen Rechts zu suchen.

#### bb) Erfüllung staatlicher Aufgaben

Da eine juristische Person des öffentlichen Rechts wegen ihres notwendigerweise staatlichen Ursprungs stets wenigstens *auch* der „verlängerte Arm" des Staates ist,[377] muss sie begriffsnotwendig zumindest *auch* staatliche Aufgaben wahrnehmen.

Fraglich ist indes, was „staatliche Aufgaben" sind. Dieser Begriff wird zwar in den Artikeln 30 und 24 Abs. 1 a GG verwendet, rechtlich aber nicht ausdrücklich und abschließend bestimmt. Die Versuche einer Begriffsbestimmung füllen daher erwartungsgemäß ganze Bände von Rechtsprechung und juristischer Literatur.[378]

---

377 BVerfGE 21, 362 (377 f.), bei juris Rn. 40;

378 Zu den Begriffen „[legitime] öffentliche Aufgabe", „[materiell] staatliche Aufgabe" und „Staatsaufgabe [im engeren Sinne]" siehe z. B. (grundlegend) BVerfGE 12, 205 (243 ff.), bei juris Rn. 138 ff., sowie im Übrigen mit teilweise deutlichen Unterschieden BVerfGE 10, 89 (102 ff.), bei juris Rn. 48 ff.; BVerfGE 15, 235 (239 ff.), bei juris Rn. 21 ff.; BVerfGE 20, 162 (174 ff.), bei juris Rn. 36 ff.; BVerfGE 38, 281 (299 ff.), bei juris Rn. 90 ff.; BVerfGE 53, 366 (399 ff.), bei juris Rn. 140 ff.; BVerfGE 66, 248 (257 ff.), bei juris Rn. 34 ff.; BVerfGE 83, 363 (376 ff.), bei juris Rn. 53 ff.; BVerfGE 88, 203 (328 ff.), bei juris Rn. 355 ff.; BVerfGE 107, 59 (91 ff.), bei juris Rn. 143 ff.; BVerfGE 125, 260 (361 f.), bei juris Rn. 301; BVerfGE 137, 108 (141 ff. [156 ff.]), bei juris 76 ff. (114 ff.); BVerfG, Beschluss vom 10. September 2008 – 1 BvR 1914/02 – bei juris Rn. 12 ff.; Beschluss vom 6. Dezember 2013 – 2 BvQ 55/13 – bei juris Rn. 5 ff.; *S. Baer*, in: Hoffmann-Riem/Schmidt-Aßmann/Voßkuhle (Hrsg.), Grundlagen des Verwaltungsrechts, § 11 Rn. 13 f.; *M. Burgi*, in: Isensee/

An dieser Stelle soll und kann nicht versucht werden, den Meinungsstand auch nur annähernd vollständig nachzuzeichnen. Für die Zwecke dieser Untersuchung soll nur folgendes Begriffsverständnis zugrunde gelegt werden:

- Eine *öffentliche Aufgabe* ist jede Aufgabe, deren Erfüllung dem Gemeinwohl dient und deshalb im *öffentlichen Interesse* liegt, unabhängig davon, ob sie vom Staat oder von Privaten erfüllt wird, werden darf oder werden muss.[379]
- Eine *staatliche Aufgabe* ist jede öffentliche Aufgabe, mit der sich der Staat „in irgendeiner Form befasst",[380] genauer: die „Betätigung des Staates, die der Erfüllung öffentlicher Aufgaben dient,[381] und zwar ohne Rücksicht darauf, ob

Kirchhof (Hrsg.), Handbuch des Staatsrechts, Band IV, § 75 Rn. 2; *ders.*, Gutachten, S. D 14 ff.; *ders.*, Funktionale Privatisierung, dort insbesondere S. 20 ff.; *U. Di Fabio*, S. 585; *J. Isensee*, in: Isensee/Kirchhof (Hrsg.), Handbuch des Staatsrechts, Band IV, § 73 Rn. 12 f.; *S. Korioth*, in: Maunz/Dürig (Begr.), GG, Artikel 30 Rn. 7 ff.; *R. Stober*, S. 2303 ff., jeweils m. w. N.

379 Der Begriff der „öffentlichen Aufgabe" in Artikel 57 Abs. 3 NV ist anders zu verstehen; dazu noch im Folgenden.

380 BVerfGE 12, 205 (243 ff.), bei juris Rn. 138 ff. m. w. N.

381 Soweit nicht externe (von ihm nicht zu beeinflussende) Rechtsnormen den Staat zur Aufgabenerfüllung verpflichten oder ihm diese verbieten, er also selbst entscheiden kann, ob er eine bestimmte Aufgabe erfüllen will, kann man von einem „Aufgabenzugriffsrecht" des Staates sprechen (*S. Korioth*, in: Maunz/Dürig [Begr.], GG, Artikel 30 Rn. 9 m. w. N.; für die Gemeinden im Rahmen von Artikel 28 Abs. 2 Satz 1 GG siehe BVerfGE 79, 127 [147 und 155], bei juris Rn. 49 und 69; BVerfGE 83, 363 [384 f.], bei juris Rn. 75). Bei näherer Betrachtung müsste insoweit allerdings wohl noch weiter differenziert werden. Denn „der Staat" dürfte insoweit ein zu abstrakter Begriff sein. Genauerer Betrachtung bedürfte vielmehr, welches staatliche Organ welcher staatlichen Ebene die betreffende Aufgabe aufgreift und wem dann die Zuständigkeit für die Erfüllung dieser Aufgabe zugewiesen wird. Wo eine Stelle noch ein Recht hat, kann sich ihre Entscheidung für eine andere Stelle zur Pflicht wandeln (vgl. *S. Korioth*, in: Maunz/Dürig [Begr.], GG, Artikel 30 Rn. 11, dort allerdings etwas undifferenziert auf „den Staat" abstellend), so z. B. wenn der Bundesgesetzgeber eine Aufgabe aufgreift, für deren Erfüllung dann die Landesverwaltungen zuständig sind, wenn die Landesregierung eine Aufgabe aufgreift und die Zuständigkeit für ihre Erfüllung dann der nachgeordneten Landesverwaltung zuweist (so z. B. verbreitet im Bereich der Zuwendungen) oder der Landesgesetzgeber eine Aufgabe aufgreift und diese dann den Kommunen zuweist oder überträgt (Artikel 57 Abs. 4 NV).

Mittel des öffentlichen oder des privaten Rechts verwendet werden",[382] einschließlich der Aufgaben, mit deren Erfüllung sich der Staat befassen *muss*.[383]

Letztlich kann man sagen, dass die Erfüllung staatlicher Aufgaben im vorgenannten Sinne eine juristische Person zwar nicht zwingend zu einer solchen des öffentlichen Rechts macht, eine juristische Person des öffentlichen Rechts jedoch zumindest *auch* solche staatliche Aufgaben erfüllen muss.

### cc) Funktionale Beherrschung

*Soweit* die juristische Person des öffentlichen Rechts staatliche Aufgaben erfüllt, muss sie ferner auch funktional vom Staat beherrscht werden. Denn die Erfüllung einer Aufgabe kann nur dann dem Staat zugerechnet und die Aufgabe als „staatliche" bezeichnet werden, wenn und soweit ihre Erfüllung vom Staat

---

382 BVerfGE 12, 205 (244), bei juris Rn. 139. Es sind also Aufgaben gemeint, *„mit deren Erfüllung* sich der Staat befasst". Diese Präzisierung ist erforderlich, weil es durchaus öffentliche Aufgaben gibt, mit denen sich der Staat zwar irgendwie „befasst", etwa indem er durch Rechtsvorschrift besondere Rechte oder Pflichten in Bezug auf die Aufgabenerfüllung begründet (vgl. dazu etwa § 2 Abs. 2 Nr. 1 NUIG), die er aber nicht selbst erfüllen muss, darf oder will.

383 Der Staat wird z. B. durch die Verfassung zur Achtung und zum Schutz der Menschen- und Grundrechte (Artikel 1 GG, Artikel 3 NV) sowie zur Verwirklichung des Sozialstaatsprinzips (Artikel 20 Abs. 1 GG) und der Staatszielbestimmungen (z. B. Artikel 20 a und Artikel 23 Abs. 1 Satz 1 GG) verpflichtet (siehe auch die Artikel 4 ff. NV). Zu den rechtlichen Verpflichtungen des Staates dürften ferner die allgemein anerkannten grundlegenden Staatsaufgaben wie „die Wahrung der territorialen Unversehrtheit, die Aufrechterhaltung der öffentlichen Ordnung und [der] Schutz der nationalen Sicherheit" gehören (siehe dazu Artikel 4 Abs. 2 Sätze 2 und 3 EUV; zu Kernbereichen staatlicher Aufgaben vgl. außerdem BVerfGE 123, 267 [359 ff.], bei juris Rn. 252 ff.). Insoweit handelt es sich aber in der Regel nur um eine Verpflichtung *dem Grunde nach*. Die Entscheidung über die Art und Weise der Aufgabenerfüllung bleibt hingegen zumeist dem Staat überlassen (siehe z. B. Artikel 20 a GG: „... im Rahmen der verfassungsmäßigen Ordnung durch die Gesetzgebung und nach Maßgabe von Gesetz und Recht durch die vollziehende Gewalt und die Rechtsprechung"). Konkreter sind allerdings die Artikel 87 ff. GG, die vor allem der Bundesverwaltung bestimmte öffentliche Aufgaben zuweisen und dabei auch Vorgaben für die Art und Weise der Aufgabenerfüllung, insbesondere hinsichtlich der zulässigen Organisationsformen machen. Vgl. ferner § 5 NVOZustG zu „öffentlichen Aufgaben, die sich aus Rechtsvorschriften des Bundes oder des Landes oder aus unmittelbar anzuwendenden Rechtsakten der Europäischen Union ergeben".

effektiv beeinflusst werden kann; nur insoweit kann der Staat zudem für die Aufgabenerfüllung verantwortlich gemacht werden.[384]

Erforderlich ist *insoweit*, dass die juristische Person derart von einem staatlichen Hoheitsträger (Bund, Land oder Kommune) beherrscht wird, dass sie sich bei ihrem Handeln gegenüber Dritten als „verlängerter Arm des Staates" darstellt, ihr Handeln mithin als Handeln des Staates und nicht als Handeln Privater zu bewerten ist.[385]

Mittel der Steuerung können in *sachlich-inhaltlicher* Hinsicht (Rechts- oder Fach-)Aufsichts-, Weisungs-, Einvernehmens- oder Letztentscheidungsbefugnisse sein. In *personeller* Hinsicht kommen Entscheidungsbefugnisse bei der Berufung und Abberufung der Personen, die als oder in einem Organ der juristischen Person oder in anderer Weise für sie tätig werden sollen, in Betracht.[386] Außerdem ist an *finanzielle* Abhängigkeiten zu denken.[387]

Für die Beurteilung, ob insgesamt ein hinreichendes Maß staatlicher Steuerung gegeben ist, können ferner zum einen die in der Rechtsprechung des Bundesgerichtshofs zur Auslegung von § 11 Abs. 1 Nr. 2 Buchst. c StGB[388] entwickelten

---

384 Vgl. BVerfGE 119, 331 (375), bei juris Rn. 183; BayVerfGH, Entscheidung vom 26. Juli 2006 – Vf. 11-IVa-05 – bei juris Rn. 424 und 431.

385 Zum Merkmal der „Beherrschung" siehe u. a. BVerfG, Beschluss vom 18. Mai 2009 – 1 BvR 1731/05 – bei juris Rn. 17; BVerfGE 128, 226 (244 ff.), bei juris Rn. 46 ff.; SaarlVerfGH, Urteil vom 8. Juli 2014 – Lv 6/13 – bei juris Rn. 83; BayVerfGH, Entscheidung vom 26. Juli 2006 – Vf. 11-IVa-05 – bei juris Rn. 432. Vgl. ferner BVerfGE 21, 362 (369 ff.), bei juris Rn. 23 ff., dort auch zum Merkmal „verlängerter Arm des Staates" (ebenda [377 f.], bei juris Rn. 40). Vgl. auch BGH, Urteil vom 11. Dezember 1974 – IV ZR 135/73 – bei juris Rn. 57. Dort stellt das Gericht entscheidend auf das Ausmaß der „Einflussmöglichkeit der öffentlichen Hand auf die Verwaltung der Stiftung" ab. Vgl. ferner § 17 AktG zu den Begriffen „herrschendes" und „abhängiges Unternehmen" bei Aktiengesellschaften. Zum Kriterium der Beherrschung als Voraussetzung für die Annahme einer staatlichen Tätigkeit auch *H. Wißmann*, in: Hoffmann-Riem/Schmidt-Aßmann/Voßkuhle (Hrsg.), Grundlagen des Verwaltungsrechts, § 15 Rn. 4 a.

386 Siehe insoweit auch die oben zitierte Regelung in § 5 Abs. 2 der – inzwischen außer Kraft getretenen – Verordnung zur Ausführung des [Bayerischen] Stiftungsgesetzes aus dem Jahr 1958.

387 Vgl. *U. Battis*, in: Häberle/Morlok/Skouris (Hrsg.), Festschrift Tsatsos, S. 13; *ders.*, in: Mecking/Schulte (Hrsg.), Grenzen der Instrumentalisierung von Stiftungen, S. 47 f. Vgl. auch BVerwGE 135, 286 (Rn. 39), bei juris Rn. 39.

388 Nach § 11 Abs. 1 Nr. 2 Buchst. c StGB ist „Amtsträger" im Sinne des Strafgesetzbuches, „wer nach deutschem Recht ... sonst dazu bestellt ist, bei einer Behörde oder bei einer sonstigen Stelle oder in deren Auftrag Aufgaben der öffentlichen

Grundsätze herangezogen werden.[389] Danach ist es maßgeblich, ob die betreffende Stelle bei der Wahrnehmung ihrer Aufgaben in gleicher Weise wie eine staatliche Behörde „derart staatlicher Steuerung unterliegt, dass sie bei Gesamtbewertung der sie kennzeichnenden Merkmale gleichsam als ‚verlängerter Arm' des Staates erscheint".

Einen guten Maßstab bieten ferner die Kriterien, die nach Artikel 2 Abs. 1 Nr. 4 der Richtlinie 2014/24/EU eine Einrichtung zu einer solchen „des öffentlichen Rechts" machen („*sie werden überwiegend vom Staat, von Gebietskörperschaften oder von anderen Einrichtungen des öffentlichen Rechts finanziert oder unterstehen hinsichtlich ihrer Leitung der Aufsicht dieser Gebietskörperschaften oder Einrichtungen, oder sie haben ein Verwaltungs-, Leitungs- beziehungsweise Aufsichtsorgan, das mehrheitlich aus Mitgliedern besteht, die vom Staat, von Gebietskörperschaften oder von anderen Einrichtungen des öffentlichen Rechts ernannt worden sind*").[390]

Diese Kriterien sind aus den oben dargelegten Gründen zwar für sich genommen nicht geeignet, eine juristische Person notwendigerweise auch organisatorisch dem Staat zuzurechnen und deshalb als eine solche des öffentlichen Rechts zu qualifizieren (sondern führen nur dazu, die betreffende Tätigkeit funktional als Ausübung von Staatsgewalt zu werten). Sie bieten jedoch gute Anhaltspunkte für die Beantwortung der Frage, wie eine juristische Person ausgestaltet sein muss, *soweit* sie staatliche Aufgaben erfüllt.

#### dd) Staatsaufsicht

Schließlich lässt sich noch feststellen, dass eine juristische Person des öffentlichen Rechts, die nicht selbst Staat (Bund oder Land) ist, notwendigerweise einer staatlichen Aufsicht unterliegen muss. Zwar ist der Umstand, dass eine solche Aufsicht besteht, für sich allein, wie gezeigt, noch kein ausreichendes Kriterium für die organisatorische Zurechnung einer juristischen Person zur Sphäre des Staates. Es ist jedoch ein allgemeiner Grundsatz des deutschen Verfassungsrechts, dass jede

---

Verwaltung unbeschadet der zur Aufgabenerfüllung gewählten Organisationsform wahrzunehmen".

389 BGHSt 43, 370 (376 ff.), bei juris Rn. 20; BGHSt 46, 310 (312 ff.), bei juris Rn. 32 ff. (dort insbesondere auch mit der Feststellung, dass das Bestehen einer staatlichen Rechtsaufsicht angesichts der verbleibenden Entscheidungsspielräume der zu beaufsichtigenden Stelle nicht ausreicht); BGHSt 49, 214 (219 ff.), bei juris Rn. 15 ff.; BGHSt 50, 299 (303 ff.), bei juris Rn. 11 ff.

390 Vgl. insoweit auch noch einmal die oben zitierte Regelung in Artikel 5 Abs. 2 der Verordnung zur Ausführung des [Bayerischen] Stiftungsgesetzes.

juristische Person des öffentlichen Rechts, die nicht selbst Staat ist, einer staatlichen Aufsicht untersteht.[391]

Dieser Grundsatz lässt sich aus einer Gesamtschau der einschlägigen verfassungs- und einfachgesetzlichen rechtlichen Regelungen ableiten. So bestimmt Artikel 130 Abs. 3 GG, dass Anstalten und Körperschaften des öffentlichen Rechts, wenn sie nicht „landesunmittelbar" sind und nicht auf Staatsverträgen der Länder beruhen, jedenfalls einer Aufsicht des Bundes unterstehen. Außerdem enthält das Grundgesetz eine Reihe von Vorschriften, in denen die juristischen Personen des öffentlichen Rechts entweder als „bundesunmittelbar" oder „landesunmittelbar" bezeichnet werden (Artikel 86 Satz 1, Artikel 87 Abs. 2 und 3 Satz 1, Artikel 87 f Abs. 3 und Artikel 130 Abs. 3 GG), was nach allgemeiner Auffassung jeweils „unter der (unmittelbaren) Aufsicht des Bundes" bzw. „eines Landes stehend" zu verstehen ist.[392] Auch setzt beispielsweise Artikel 57 Abs. 5 NV offenbar selbstverständlich voraus, *dass* Körperschaften des öffentlichen Rechts einer staatlichen Aufsicht unterliegen. Ferner stellen alle Vorschriften etwa des niedersächsischen Landesrechts, die besondere Rechte oder Pflichten für Körperschaften, Anstalten und Stiftungen (also juristische Personen) des öffentlichen Rechts begründen, darauf ab, dass diese der „Aufsicht des Landes" unterstehen.[393]

„Aufsicht" bedeutet dabei „ein auf Kontrolle zielendes Beobachten", „das die Befugnis zum Einwirken auf die zu beaufsichtigende Stelle umfasst, sodass der Aufsichtsmaßstab" erforderlichenfalls „zwangsweise durchgesetzt werden

---

391 *S. Alscher*, S. 24 f., m. w. N. Vgl. auch BVerfGE 63, 1 (30), bei juris Rn. 99. Zum Erfordernis staatlicher Aufsicht speziell im Bereich der sog. funktionalen Selbstverwaltung siehe außerdem BVerfGE 107, 59 (94), bei juris Rn. 148; BVerfGE 111, 191 (218), bei juris Rn. 151.

392 Statt vieler nur *M. Sachs*, in: Sachs (Hrsg.), GG, Artikel 86 Rn. 15 und Artikel 130 Rn. 12, jeweils m. w. N. Vgl. außerdem zum Begriff „bundesunmittelbar" BVerfGE 11, 105 (108), bei juris Rn. 5, sowie zum Begriff „landesunmittelbar" BVerwG, Urteil vom 19. November 1971 – BVerwG VII C 55.69 – bei juris Rn. 24; OVG Sachsen, Urteil vom 17. Mai 2011 – 4 A 304/10 – bei juris Rn. 15 f.

393 So z. B. § 1 Abs. 1 NVwVfG, § 1 Abs. 1 NVwVG, § 1 Nr. 3 NBG, § 2 Abs. 1 Satz 1 Nr. 3 NDSG, § 105 Abs. 1 Satz 1 und Abs. 2 Nds. LHO, § 2 Abs. 1 Satz 1 Nrn. 2 und 4 NUIG, § 23 Abs. 1 Satz 1 und § 25 Abs. 1 NVerfSchG, § 7 Abs. 1 Satz 1 des Gesetzes über die Sicherung und Nutzung von Archivgut in Niedersachsen (Niedersächsisches Archivgesetz). Insoweit zutreffend auch *L. Hagebölling*, Stiftung Braunschweigischer Kulturbesitz, S. 170.

kann".[394] Damit Aufsicht wirksam sein kann, umfasst sie notwendigerweise zudem die erforderlichen „Informationsgewinnungs- und Durchsetzungsbefugnisse".[395]

Nicht gesagt ist damit allerdings, worin der jeweilige Aufsichts*maßstab* bestehen muss, insbesondere ob nur die Rechtmäßigkeit (dann „Rechtsaufsicht")[396] oder auch die Zweckmäßigkeit (dann „Fachaufsicht")[397] kontrolliert wird.[398]

Allgemein lässt sich aber sagen, dass der Aufsichtsmaßstab mindestens die *Rechtmäßigkeit* des Handelns der juristischen Person des öffentlichen Rechts sein muss, weil diese dem Staat zuzurechnen ist und dieser insgesamt an Gesetz und Recht, insbesondere die Verfassung gebunden ist (Artikel 20 Abs. 3 GG, Artikel 2 Abs. 2 NV). Dieser Bindung darf sich der Staat nicht durch Bildung rechtlich verselbständigter juristischer Personen entziehen. Die Staatsaufsicht hat also *mindestens* zu gewährleisten, dass die juristische Person rechtmäßig handelt,[399] und zwar wegen des Demokratieprinzips in einer Art und Weise, die eine hinreichende demokratische Verantwortlichkeit für die Wahrnehmung der Aufsicht gewährleistet, also durch Organe oder Amtsträger, die ihrerseits hinreichend

---

394 BVerfGE 137, 108 (150 f.), bei juris Rn. 99 m. w. N.

395 Vgl. BVerfGE 130, 76 (127 f.), bei juris Rn. 176 m. w. N., dort zur Beleihung. Ferner schon § 39 ALR II 19.

396 Vgl. Artikel 84 Abs. 3 Satz 1 GG.

397 Vgl. Artikel 85 Abs. 4 Satz 1 GG.

398 Vgl. BVerfGE 78, 331 (340 ff.), bei juris Rn. 26 ff.

399 Insoweit verkürzt *L. Hagebölling*, Stiftung Braunschweigischer Kulturbesitz, S. 170, m. E. unzulässig, indem er ausführt, auch Stiftungen des öffentlichen Rechts unterlägen *notwendigerweise nur* einer Rechtsaufsicht, weil „ausschließlich das öffentliche Interesse an der Verwirklichung des Stiftungszwecks den Eingriff in die Handlungsfreiheit der Stiftungsorgane" rechtfertige. In dem von ihm zur Begründung seiner Auffassung herangezogenen Urteil des Bundesverwaltungsgerichts (BVerwGE 40, 347 [348 ff.], bei juris Rn. 17 ff.) leitet das Gericht seine Entscheidung indes daraus ab, dass die dort zu beurteilende Stiftung eine juristische Person des *bürgerlichen* Rechts war und sich daher gemäß Artikel 19 Abs. 3 GG selbst auf eigene *Grundrechte* berufen konnte. Eine solche Grundrechtsfähigkeit fehlt juristischen Personen des *öffentlichen* Rechts aber grundsätzlich (vgl. BVerfGE 143, 246 [313 ff.], bei juris Rn. 187 ff., m. w. N.), sodass es erforderlich gewesen wäre, zu begründen, warum ausgerechnet die Stiftung Braunschweigischer Kulturbesitz ausnahmsweise in einer „grundrechtstypischen Gefährdungslage" im Sinne der Rechtsprechung des Bundesverfassungsgerichts sein sollte, um zu einem schlüssigen Ergebnis zu gelangen. Daran fehlt es aber bei *L. Hagebölling* (ebenda).

demokratisch legitimiert sind.[400] Die staatliche Aufsicht ist gewissermaßen das Korrelat zur rechtlichen Verselbständigung der juristischen Person.[401]

##### ee) Zusammenfassung

Über die organisatorische Beherrschung hinaus ist das Wesen einer juristischen Person des öffentlichen Rechts dadurch geprägt, dass sie zumindest *auch* staatliche Aufgaben erfüllt, *insoweit* auch funktional vom Staat beherrscht wird und insgesamt einer staatlichen Aufsicht unterliegt, die mindestens die Bindung an Gesetz und Recht (Artikel 20 Abs. 3 GG, Artikel 2 Abs. 2 NV) gewährleistet (also Rechtsausicht ist).

#### *e) Zusammenfassung*

Durch die Qualifizierung einer juristischen Person als eine solche „des öffentlichen Rechts" lässt sich mithin ableiten, dass die betreffende juristische Person jedenfalls organisatorisch vom Staat beherrscht werden, zumindest auch staatliche Aufgaben erfüllen, insoweit funktional vom Staat beherrscht werden und insgesamt mindestens einer staatlichen Rechtsaufsicht unterliegen muss.

### *4. Zusammenfassung*

Aus der Eigenschaft einer Stiftung des öffentlichen Rechts als juristische Person des öffentlichen Rechts folgt mithin, dass die Stiftung
- eine eigene Rechtspersönlichkeit und Rechtsfähigkeit hat,
- (Stiftungs-)Organe haben muss,
- organisatorisch vom Staat beherrscht wird,
- zumindest auch staatliche Aufgaben erfüllt,
- insoweit funktional vom Staat beherrscht wird und
- mindestens einer staatlichen Rechtsaufsicht unterliegt.

Bereits hieran zeigt sich, dass eine besondere *Autonomie* oder „*Staatsferne*" – entgegen weit verbreiteter Annahme – schon wegen ihrer Eigenschaft als juristische Person des öffentlichen Rechts *nicht* zu den Wesensmerkmalen einer Stiftung des öffentlichen Rechts gehört. Gerade umgekehrt gilt: Die notwendige Zurechnung zur Sphäre des Staates setzt eine organisatorische und zumindest in Teilen auch funktionale Beherrschung durch den Staat voraus, vollständige Autonomie würde diesen notwendigen Zurechnungszusammenhang unterbinden.

---

400 Vgl. BVerfGE 107, 59 (94), bei juris Rn. 148.

401 Vgl. BVerfGE 78, 331 (341), bei juris Rn. 27; *H. Maurer/C. Waldhoff*, § 23 Rn. 52.

„Autonomie“ und „Staatsferne“ zeigen sich an dieser Stelle vielmehr zunächst nur in der (formalen) rechtlichen Selbständigkeit der Stiftung als gegenüber dem Staat eigenständiger juristischer Person.

## III. Merkmal „Stiftung des öffentlichen Rechts“

### *1. Einleitung*

Fraglich ist nunmehr, welche Rechtsfolgen aus dem Begriffsmerkmal der „Stiftung des öffentlichen Rechts“ abzuleiten sind. Auch hier sollen die Merkmale „Stiftung“ und „des öffentlichen Rechts“ gesondert betrachtet werden.

### *2. „Stiftung …“*

#### *a) Einleitung*

Bei der Bestimmung des Inhalts des Begriffsmerkmals „Stiftung“ besteht zwar die Schwierigkeit, dass es bis heute auch insoweit keine allgemeingültige gesetzliche Begriffsbestimmung gibt.[402] Jedoch lassen sich hierzu trotzdem relativ gesicherte Erkenntnisse feststellen.[403]

#### *b) Juristische Person, Stiftungsorgane*

Auch der Begriff der „Stiftung“, wie er in §§ 80 bis 88 BGB einerseits und § 89 BGB andererseits verwendet wird, beinhaltet, dass es sich um eine juristische Person handeln muss. Daraus leitet sich, wie gezeigt, ab, dass eine Stiftung über eine eigene Rechtspersönlichkeit und Rechtsfähigkeit sowie über Organe, durch die sie rechtlich handeln kann (Stiftungsorgane), verfügen muss (s. o.).

#### *c) Stifter, Stiftungsvermögen und Stiftungszweck*

Außerdem waren sich die Verfasser des Bürgerlichen Gesetzbuchs, wie bereits dargelegt, immerhin insoweit einig, dass eine „Stiftung“ ein durch Verfügung des Stifters einem bestimmten *Zweck* gewidmetes und dazu rechtlich in Gestalt einer juristischen Person verselbständigtes *Vermögen* ist.[404] Auch wird man, bei

402 Siehe dazu aber noch einmal die oben bereits zitierte Begriffsbestimmung in § 1 der – inzwischen außer Kraft getretenen – Verordnung zur Ausführung des [Bayerischen] Stiftungsgesetzes vom 22. August 1958 (BayGVBl. S. 238).

403 Dies gilt ungeachtet des Umstandes, dass *D. Reuter*, wie erwähnt, schon bestreitet, dass es überhaupt einen allgemein gültigen rechtlichen Stiftungsbegriff gibt (in: Hüttemann/Richter/Weitemeyer [Hrsg.], Landesstiftungsrecht, Rn. 4.2 ff.).

404 *B. Mugdan*, S. 396.

aller Offenheit des Begriffs der „Stiftungen des öffentlichen Rechts" aus der Perspektive des bürgerlichen Rechts, davon ausgehen dürfen, dass jedenfalls der historische Gesetzgeber davon ausging, dass auch Stiftungen des öffentlichen Rechts zumindest diese Strukturmerkmale aufweisen müssen.

Zudem besteht wenigstens diesbezüglich auch eine gefestigte höchstrichterliche Rechtsprechung: Nach Auffassung des Bundesverfassungsgerichts besteht das Eigentümliche einer Stiftung, und zwar auch einer solchen des öffentlichen Rechts, darin, dass *„der Stifterwille für die Stiftung dauernd konstitutiv bleibt. Charakter und Zweck der Stiftung"* werden durch ihn *„für die Dauer der Existenz der Stiftung"* festgelegt.[405] *„Wesen und Aufgabe der Stiftung"* sind *„durch das Vorhandensein eines bestimmten, an einen konkreten Zweck gebundenen und für* ihn zu verwaltenden Vermögens" gekennzeichnet; *„Vermögen und Zweckbindung stehen bei ihr im allgemeinen … im Vordergrund"*.[406] Das Bundesverwaltungsgericht versteht unter einer Stiftung *„eine auf Ausstattung mit einem Vermögen angelegte, nicht in einem Personenverband bestehende selbständige juristische Person zur Erreichung eines dauernden Zwecks, der nur durch den Willen des Errichters bestimmt wird"*.[407] Diese Merkmale kommen für die Stiftungen *des bürgerlichen Rechts* mittelbar auch in den §§ 80 bis 88 BGB und den Vorschriften der Stiftungsgesetze der einzelnen Länder zum Ausdruck.

Reduziert man die sich daraus ergebenden Merkmale einer (rechtsfähigen) „Stiftung" auf die Eigenschaft einer juristischen Person sowie das Vorhandensein eines Stiftungsvermögens, das für die Dauer des Bestehens der Stiftung an einen nur durch den Willen des Stifters bestimmten Stiftungszweck gebunden ist und durch die Stiftungsorgane zweckgebunden verwaltet wird, so lässt sich, wie dargelegt, zumindest insoweit auch in der Rechtswissenschaft Einigkeit darüber feststellen, dass dies jedenfalls dem „Leitbild" einer „Stiftung" entspricht.[408]

Danach lässt sich auch ohne ausdrückliche Regelung im geschriebenen Recht zumindest ein Rechtssatz des *Gewohnheitsrechts* des Inhalts feststellen, dass eine Organisation nur dann dem Begriff der Stiftung – auch des öffentlichen Rechts –

---

405 BVerfGE 46, 73 (85), bei juris Rn. 25.

406 BVerfGE 10, 20 (46), bei juris Rn. 130, dort gerade auch im Hinblick auf eine Stiftung des öffentlichen Rechts.

407 BVerwGE 106, 177 (180 f.), bei juris Rn. 31, zwar ohne Nachweise, aber in bemerkenswerter, weitgehend wörtlicher Übereinstimmung mit *H. Lehmann/H. Hübner*, § 62 I 1 (S. 476), beide Stellen allerdings konkret bezogen auf Stiftungen des bürgerlichen Rechts.

408 Siehe insoweit noch einmal *D. Reuter*, in: Hüttemann/Richter/Weitemeyer (Hrsg.), Landesstiftungsrecht, Rn. 4.2 ff. (zusammenfassend Rn. 4.8).

unterfallen kann, wenn es sich um eine juristische Person handelt, die darauf angelegt ist, von einer anderen Person (Stifter) mit einem Vermögen (Stiftungsvermögen) ausgestattet zu werden,[409] das für die Dauer des Bestehens der Stiftung von den Organen der juristischen Person (Stiftungsorganen) nur zu dem vom Stifter festgelegten Zweck (Stiftungszweck) verwendet werden darf.

### *d) Stiftungsaufsicht*

Ein weiteres Wesensmerkmal einer Stiftung, das ebenfalls allgemein anerkannt ist, aber bei der Beschreibung des Begriffs „Stiftung" neben den Merkmalen „Stiftungsvermögen", „Stiftungszweck" und „Stiftungsorgane" mitunter etwas in den Hintergrund gerät, ist das Vorhandensein einer Aufsicht, die darüber wacht, dass die Stiftungsorgane das Stiftungsvermögen auch tatsächlich zu dem vom Stifter festgelegten Stiftungszweck verwenden. Denn seit der Antike besteht der wesentliche Sinn einer Stiftung darin, dass ein sterblicher Stifter ein Vermögen an eine dauerhaft bestehende („unsterbliche") Organisation übergibt, damit diese das Vermögen dauerhaft für einen vom Stifter bestimmten Zweck verwendet. Diese Organisationen waren zunächst die Kirche oder der Staat selbst. Mit der rechtlich-organisatorischen Verselbständigung der Stiftungen gegenüber Staat und Kirche war dann seit jeher und ist weiterhin die Notwendigkeit verbunden, dass der Staat oder die Kirche zumindest im Wege der Aufsicht über die Stiftung die Einhaltung des Stiftungszwecks gewährleisten. Dem entsprechen in historischer Hinsicht beispielsweise für die weltlichen Stiftungen die oben zitierten Vorschriften im Neunzehnten Titel des Zweiten Teils des Allgemeinen Landrechts für die Preußischen Staaten aus dem Jahr 1794 (dort insbesondere die §§ 37 und 38) und allgemein die ebenfalls zitierten Vorschriften in § 75 Abs. 2 und 4 HannLVerfG1840. Auch alle bestehenden Gesetze über die Rechtsverhältnisse von Stiftungen im Allgemeinen oder die Errichtung von einzelnen Stiftungen des öffentlichen Rechts sehen solche Regelungen vor, sodass man auch insoweit einen allgemeinen Rechtsgrundsatz feststellen kann.

Allerdings ist zu beachten, dass die Stiftungsaufsicht und die Staatsaufsicht über juristische Personen des öffentlichen Rechts unterschiedliche Zwecke verfolgen und dementsprechend einen unterschiedlichen Aufsichts*maßstab* haben:

---

409 Insofern ist die gelegentlich anzutreffende Formulierung, bei einer Stiftung handele es sich um ein rechtlich verselbständigtes Vermögen, also zu präzisieren: Es handelt sich um eine juristische Person, die darauf *angelegt* ist, *mit einem Vermögen ausgestattet* zu werden. Anders gewendet: Die Stiftung *ist* kein Vermögen, sie *hat* Vermögen (zu haben).

Die Stiftungsaufsicht soll sowohl bei Stiftungen des öffentlichen Rechts als auch bei den Stiftungen des bürgerlichen Rechts in erster Linie die Beachtung des Stiftungszwecks sicherstellen. Die Staatsaufsicht über juristische Personen des öffentlichen Rechts soll hingegen vor allem die Beachtung der Rechtsbindung der staatlichen Gewalt gewährleisten. Wegen dieser verschiedenen Ansätze sollten beide Aufsichtsformen – zumindest gedanklich – klar auseinandergehalten werden.[410]

### *e) Keine Personenvereinigung*

Darüber hinaus ist, was ebenfalls oft etwas in den Hintergrund gerät, allgemein anerkannt, dass eine Stiftung im Unterschied zu einer Körperschaft[411] keine Vereinigung von Personen ist, also *keine Mitglieder* hat.[412] Sie gründet ihre Rechtsstellung vielmehr allein auf das ihr übertragene Stiftungsvermögen und den im Stiftungszweck perpetuierten Willen des Stifters. Die als oder für ein Stiftungsorgan tätigen natürlichen Personen sind nur „notwendiges Beiwerk", damit die juristische Person überhaupt rechtlich handeln und das Stiftungsvermögen – im Rahmen des Stiftungszwecks – verwaltet werden kann.

Demgegenüber leitet sich die Rechtsstellung der Körperschaften in erster Linie aus den Rechten der in ihnen vereinigten natürlichen (oder juristischen) Personen ab. Dies, und nur dies rechtfertigt es im Übrigen auch, den Körperschaften ein Selbstverwaltungsrecht einzuräumen, also das Recht, „ihre

---

410 Zur Differenzierung zwischen des Aufsichtsarten und -zwecken siehe auch *B. Andrick/J. Suerbaum*, § 5 Rn. 88 f., m. w. N.

411 Die schwierige und im Schrifttum umstrittene Abgrenzung der Stiftung gegenüber der *Anstalt* des öffentlichen Rechts muss hier aus Kapazitätsgründen außer Betracht bleiben. Vgl. insoweit aber z. B. *M. Kilian*, in: Werner/Saenger (Hrsg.), Die Stiftung, Rn. 1093 ff., m. w. N. Letztlich dürfte wohl entscheidend sein, dass die Zweckbindung des Vermögens bei der Stiftung auf Dauer (genauer: auf die Dauer des Bestehens der Stiftung; vgl. § 81 Abs. 1 Satz 2, letzter Halbsatz BGB) angelegt ist und nach Entstehen der Stiftung grundsätzlich nicht mehr, auch nicht vom Stifter, geändert werden kann, während Zweck und Vermögensbestand der Anstalt, vorbehaltlich besonderer rechtlicher Bindungen, nachträglich jederzeit vom Anstaltsträger geändert werden können. Siehe im Übrigen auch Can. 115 § 1 CIC. Danach wird bei den juristischen Personen nur zwischen Gesamtheiten von Personen und Gesamtheiten von Sachen unterschieden, wobei Gesamtheiten von Sachen stets „Stiftungen" sind (Can. 115 § 3 CIC).

412 So etwa u. a. BVerwGE 106, 177 (180 f.), bei juris Rn. 31; *H. Hof*, in: von Campenhausen/Richter (Hrsg.), Stiftungsrechts-Handbuch, § 8 Rn. 1; *B. Weitemeyer*, in: Säcker/Rixecker/Oetker/Limperg (Hrsg.), MüKo BGB, 7. Aufl., § 80 Rn. 1.

Angelegenheiten" – genauer: die Angelegenheiten *der ihn ihnen vereinigten Personen* – selbst zu verwalten. Demgegenüber erscheint es fragwürdig, auch Stiftungen ein „Selbstverwaltungsrecht" einzuräumen (so aber Artikel 82 Abs. 3 SächsVerf; s. o.):[413] Stiftungen verwalten sich zwar in gewisser Weise selbst (durch ihre eigenen Organe), haben aber keine Personen als Mitglieder, die Träger eines Selbstverwaltungsrechts sein könnten.[414]

### *f) Zusammenfassung*

Aus dem Merkmal „Stiftung" folgt danach, dass die fragliche Organisation

- eine juristische Person sein muss, die darauf angelegt ist, von einer anderen Person (Stifter) mit einem Vermögen (Stiftungsvermögen) ausgestattet zu werden, das für die Dauer des Bestehens der Stiftung von den Organen der juristischen Person (Stiftungsorganen) nur zu dem vom Stifter festgelegten Zweck (Stiftungszweck) verwendet werden darf,
- einer staatlichen Aufsicht unterstehen muss, die die Einhaltung des Stiftungszwecks gewährleistet, und
- nicht in einer Personenvereinigung besteht.

Ein Selbstverwaltungsrecht im Sinne einer Verwaltung eigener Angelegenheiten von Personen kommt der Stiftung nicht zu. „Autonomie" genießt sie – ausgehend nur vom Begriff der „Stiftung" und vorbehaltlich besonderer rechtlicher Ausgestaltung – lediglich insofern, als sie rechtlich-organisatorisch verselbständigt ist und das Stiftungsvermögen nur im Rahmen des Stiftungszwecks (und nicht zu anderen Zwecken) verwendet werden darf.

## *3. „... des öffentlichen Rechts"*

### *a) Einleitung*

Fraglich ist nunmehr, was aus dem Merkmal „des öffentlichen Rechts" für eine Stiftung folgt.

### *b) Zuordnung zur Sphäre des Staates*

Wie soeben bereits aufgezeigt, ist es ein Wesensmerkmal juristischer Personen des öffentlichen Rechts, dass es sich bei ihnen lediglich um – wenn auch rechtlich

---

413 Ebenso VG Osnabrück, Urteil vom 23. September 2014 – 1 A 278/12 – bei juris Rn. 26 m. w. N.

414 So auch *J. Ipsen*, Hochschulen als Stiftungen, S. 242.

verselbständigte – Untergliederungen des Staates handelt, sodass auch Stiftungen des öffentlichen Rechts wegen ihrer Eigenschaft als juristische Personen des öffentlichen Rechts notwendigerweise der Sphäre des Staates zuzuordnen sind. Das unterscheidet sie wesensmäßig von Stiftungen des bürgerlichen Rechts, die prinzipiell in der Sphäre der Gesellschaft wurzeln, sodass die Einschätzung der Mehrheit der Verfasser des Bürgerlichen Gesetzbuchs, eine Stiftung sei nicht schon wegen der Mitwirkung des Staates an ihrer Entstehung und Beaufsichtigung stets als juristische Person des öffentlichen Rechts zu bewerten, insofern durchaus seine Berechtigung hatte.

### c) *Organisatorische und funktionale Zuordnung innerhalb der Sphäre des Staates*

#### aa) Einleitung

Die Qualifizierung einer Stiftung als eine solche des öffentlichen Rechts erfordert dann aber auch, sie in das organisatorische und funktionale Gesamtgefüge des Staates einzuordnen.

Dazu hat das Bundesverfassungsgericht in seiner oben zitierten Entscheidung aus dem Jahr 1962 zwei Merkmale einer Stiftung des öffentlichen Rechts als wesensnotwendig herausgestellt, nämlich dass

- die „*Stiftung in das staatliche Verwaltungssystem eingegliedert*“ sein muss und
- „*die Aufgaben der Stiftung … in den Funktionsbereich der öffentlichen Verwaltung fallen*“ müssen.[415]

Diese Merkmale lassen sich wohl auch bei einer Gesamtschau der oben dargestellten allgemeinen landesgesetzlichen Regelungen über die Organisation von Stiftungen des öffentlichen Rechts im Großen und Ganzen als begriffsbestimmend verstehen, und auch in der Rechtswissenschaft besteht (inzwischen) dem Grunde nach wohl Einigkeit darüber, dass diese Voraussetzungen *mindestens* vorliegen müssen, um von einer Stiftung des öffentlichen Rechts sprechen zu können.[416]

---

415 BVerfGE 15, 46 (66 f.), bei juris Rn. 57.

416 Vgl. *D. Reuter*, in: Hüttemann/Richter/Weitemeyer (Hrsg.), Landesstiftungsrecht, Rn. 4.10; *J. A. Kämmerer*, in: Walz/Kötz/ Rawert/Schmidt (Hrsg.), Non Profit Law Yearbook 2004, S. 59 (61; Fn. 12); *B. Weitemeyer*, in: Säcker/Rixecker/Oetker/Limperg (Hrsg.), MüKo BGB, 7. Aufl., § 80 Rn. 229 f. Alle drei weisen darauf hin, dass die beiden genannten Voraussetzungen *allein* noch nicht ausreichen, bestreiten aber immerhin die Notwendigkeit ihres Vorliegens nicht.

## bb) Organisatorische Zuordnung: „Eingliederung in das staatliche Verwaltungssystem“

### (1) Einleitung

Das Merkmal „Eingliederung in das staatliche Verwaltungssystem“ betrifft das organisatorische Umfeld einer Stiftung des öffentlichen Rechts und ist letztlich wohl das, was die Verfasser des Bürgerlichen Gesetzbuchs vor Augen hatten, nämlich ein „Einfügen“ in den „Organismus des Staates“.

### (2) System der öffentlichen Verwaltung

Das System der „staatlichen“ = „öffentlichen“ Verwaltung[417] ist seinerseits eingebettet in das organisatorische und funktionale Gesamtgefüge des Staates. Dieses zeichnet sich unter der Geltung des Grundgesetzes vor allem durch eine „horizontale“ und eine „vertikale“ Gewaltenteilung aus: „Horizontal“ gliedert sich die Staatsgewalt sowohl organisatorisch als auch funktional in Gesetzgebung, vollziehende Gewalt und Rechtsprechung (Artikel 20 Abs. 2 Satz 2 GG), „vertikal“ jeweils in die des Bundes und die der einzelnen Länder (Artikel 30, 70 ff., 83 ff. und 92 ff. GG).

Innerhalb dieses Gesamtgefüges ist die öffentliche Verwaltung zum einen in „horizontaler“ Hinsicht neben der Regierung jeweils Teil der vollziehenden Gewalt.[418] Zum anderen ist sie in „vertikaler“ Hinsicht zwischen dem Bund und den einzelnen Ländern aufgeteilt.[419] Die öffentliche Verwaltung des Bundes und die der einzelnen Länder gliedert sich schließlich noch in die bundes- bzw.

417 Siehe BVerwG, Beschluss vom 29. Dezember 2004 – BVerwG 9 KSt 6.04 – bei juris Rn. 12. Danach ist die „öffentliche Verwaltung“ „das Instrument, durch das der Staat gegenüber dem Bürger handelt“, und wird vom Staat „zur Erfüllung öffentlicher Aufgaben gegenüber dem Bürger“ unterhalten. Vgl. ferner BVerfGE 15, 46 (66 f.), bei juris Rn. 57; Artikel 12 a Abs. 3 und Artikel 130 Abs. 1 Satz 1 GG, Artikel 38 Abs. 1 NV, § 1 Abs. 4 VwVfG, § 1 Abs. 4 NVwVfG, Kapitel V (§§ 13 ff.) EV.

418 Zur Gliederung der vollziehenden Gewalt in Regierung und Verwaltung vgl. u. a. BVerfGE 9, 268 (281 ff.), bei juris Rn. 61 ff.; BVerfGE 68, 1 (89), bei juris Rn. 141; BVerfGE 83, 60 (71 f.), bei juris Rn. 37; BVerfGE 93, 37 (66 ff.), bei juris Rn. 135 ff. Danach ist die Regierung zwar „oberstes Organ“ der vollziehenden Gewalt und auch als deren Spitze Teil der Verwaltung, unterscheidet sich jedoch im Übrigen von der Verwaltung im Wesentlichen dadurch, dass sie für „politische Gestaltung“ zuständig und unmittelbar gegenüber dem Parlament verantwortlich ist. Vgl. auch Artikel 56 Abs. 1 NV, der sich im Siebenten Abschnitt der Niedersächsischen Verfassung befindet, der wiederum allgemein „Die Verwaltung“ regelt.

419 BVerfGE 139, 194 (225 f.), bei juris Rn. 107 m. w. N.

landeseigene Verwaltung, die jeweils durch rechtlich unselbständige, der Regierung nachgeordnete Behörden wahrgenommen wird (sog. unmittelbare Staatsverwaltung), und die sog. mittelbare Staatsverwaltung durch rechtlich selbständige, (nur) der Aufsicht des Bundes bzw. Landes unterstehende Personen, insbesondere die bundes- bzw. landesunmittelbaren Körperschaften, Anstalten und Stiftungen des öffentlichen Rechts[420] (vgl. Artikel 86 ff. GG, Artikel 57 NV[421]).

Innerhalb dieses Systems sind die Stiftungen des öffentlichen Rechts der *vollziehenden Gewalt* und innerhalb der vollziehenden Gewalt der *(öffentlichen) Verwaltung* entweder *des Bundes* oder *eines Landes* und dort jeweils der *mittelbaren Staatsverwaltung* zuzuordnen.[422] Sie stehen also insofern innerhalb eines Landes gewissermaßen auf einer Stufe mit und daher auch selbständig neben den Kommunen, die ihrerseits Körperschaften des öffentlichen Rechts unter der Aufsicht eines Landes sind.[423]

(3) „Eingliederung"

Aus dem Vorstehenden ergibt sich indes lediglich eine Beschreibung des Standortes, an dem eine Organisation eingeordnet sein *muss*, um eine Stiftung des

420 Die Begriffe „bundesunmittelbar" und „landesunmittelbar" werden in Artikel 86 Satz 1, Artikel 87 Abs. 2 und 3 Satz 1, Artikel 87 f Abs. 3 und Artikel 130 Abs. 3 GG verwendet und bedeuten dort jeweils „unter der (unmittelbaren) Aufsicht des Bundes bzw. eines Landes stehend" (s. o.).

421 Artikel 57 NV regelt ausdrücklich nur die landesunmittelbaren, also unter der Aufsicht des Landes stehenden „Körperschaften des öffentlichen Rechts". Ob auch Anstalten und Stiftungen des öffentlichen Rechts erfasst werden, ist in der Literatur nicht unumstritten (vgl. *T. Elster*, in: Korte/Rebe, Verfassung und Verwaltung des Landes Niedersachsen, S. 505 ff.; *K. Waechter*, in: Epping/Butzer/Brosius-Gersdorf/Haltern/ Mehde/Waechter (Hrsg.), Hannoverscher Kommentar zur NV, Artikel 57 Rn. 19; *L. Hagebölling*, NV, Artikel 57 Erl. 2.2 und 7 [wo *L. Hagebölling* die Auffassung vertritt, dass zumindest Artikel 57 Abs. 5 NV für „alle juristischen Personen des öffentlichen Rechts in der mittelbaren Landesverwaltung" gelte]; *H. Neumann*, Artikel 57 Rn. 1, jeweils m. w. N.). Auf diese Kontroverse muss an dieser Stelle noch nicht näher eingegangen werden. Sie erlangt später aber noch Bedeutung.

422 So auch die Begründung des Entwurfs zum Niedersächsischen Stiftungsgesetz (Landtagsdrucksache 6/200, S. 9); allgemeine Auffassung, u. a. *A. Freiherr von Campenhausen/C. Stumpf*, in: von Campenhausen/Richter (Hrsg.), Stiftungsrechts-Handbuch, § 15 Rn. 1 f., m. w. N.

423 Vgl. Artikel 57 Abs. 1 und 5 NV; ferner BVerfGE 137, 108 (150), bei juris Rn. 98.

öffentlichen Rechts sein zu können. Fraglich ist indes, *wie* eine entsprechende „Eingliederung" tatsächlich vorgenommen wird.

Maßgebliche Bedeutung hat hier die *Aufsicht*, und zwar nicht die Stiftungsaufsicht, sondern die Staatsaufsicht: Eine juristische Person des öffentlichen Rechts, die nicht selbst Staat (Bund oder Land) ist, ist in die (mittelbare) Verwaltung des Staates (Bund oder Land) „eingegliedert", dessen Aufsicht sie unterliegt (vgl. Artikel 87 Abs. 2 und 3 Satz 1 sowie Artikel 130 Abs. 3 GG, ferner die Artikel 13 f. EV).[424] Die Staatsaufsicht ist mithin nicht nur Wesensmerkmal einer juristischen Person des öffentlichen Rechts, sondern auch Mittel der Eingliederung der juristischen Person in die mittelbare Staatsverwaltung des aufsichtführenden Staates.

(4) Zusammenfassung

Stiftungen des öffentlichen Rechts müssen organisatorisch durch Unterstellung unter die Aufsicht des Bundes oder eines Landes in die jeweilige mittelbare Staatsverwaltung eingegliedert sein.

cc) Funktionale Zuordnung: „Aufgaben [im Funktionsbereich] der öffentlichen Verwaltung"

(1) Einleitung

Die Anforderung, dass „die Aufgaben der Stiftung … in den Funktionsbereich der öffentlichen Verwaltung fallen" müssen, lässt sich ohne Bedeutungsverlust darauf reduzieren, dass die Stiftung für die Erfüllung von „Aufgaben der öffentlichen Verwaltung" zuständig sein muss (so auch ausdrücklich § 46 Abs. 1 SHLVwG und § 10 Abs. 3 MVLOG; s. o.).

(2) Aufgaben der öffentlichen Verwaltung

Fraglich ist indes, welche Aufgaben damit gemeint sind.

Zunächst lässt sich feststellen, dass Aufgaben der öffentlichen Verwaltung stets auch staatliche Aufgaben im oben dargelegten Sinne sind.

Im Übrigen wird der Begriff „Aufgaben der öffentlichen Verwaltung" in der deutschen Rechtsordnung zwar vielfach verwendet.[425] Was genau zu diesen Aufgaben gehört, lässt sich jedoch wohl nicht abschließend abstrakt-generell bestimmen.

---

424 Vgl. BVerfGE 63, 1 (30 und 42), bei juris Rn. 99 und 134.

425 So z. B. in Artikel 12 a Abs. 3 Satz 1 Halbsatz 2 GG, § 1 Abs. 1 Nrn. 1 und 2 und Abs. 4 VwVfG, § 1 Abs. 4 NVwVfG, § 2 Abs. 1 Satz 2 NUIG, § 11 Abs. 1 Nr. 2 Buchst. c und Nr. 4 Buchst. a und b StGB, § 2 Abs. 3 Satz 1 und Absatz 4 Satz 2 BDSG sowie § 6 Abs. 1 und § 7 Nr. 3 AO.

Als eine typische, ihr von der Verfassung zugewiesene Aufgabe der öffentlichen Verwaltung kann man immerhin die verwaltungsmäßige Ausführung[426] von Gesetzen (vgl. Artikel 83 bis 86 GG[427]) benennen (sog. „gesetzesakzessorische" Verwaltung).[428] Daneben gibt es aber auch den (weiten) Bereich der sog. „gesetzesfreien" („nicht-gesetzesausführenden") Verwaltung.[429]

Auf Grundlage des oben dargelegten Verständnisses der Begriffe „öffentliche Aufgabe" und „staatliche Aufgabe" sollen hier unter Aufgaben der öffentlichen Verwaltung staatliche Aufgaben verstanden werden, deren Erfüllung innerhalb des Staates dem Bereich der öffentlichen Verwaltung zuzurechnen ist.[430] Dies ist zumindest dann der Fall, wenn die betreffende Aufgabe weder der Gesetzgebung noch der Rechtsprechung (vgl. Artikel 20 Abs. 2 Satz 2 GG, Artikel 2 Abs. 1 Satz 2 NV) vorbehalten ist.[431]

Wenn eine Stiftung des öffentlichen Rechts für die Erfüllung von Aufgaben der öffentlichen Verwaltung zuständig sein muss, lässt sich dies mithin dahingehend konkretisieren, dass sich die Aufgaben der Stiftung als Betätigung des Staates zur Erfüllung einer öffentlichen (hier also auch staatlichen) Aufgabe im Rahmen der öffentlichen Verwaltung darstellen müssen.

---

426 BVerfGE 11, 6 (15), bei juris Rn. 27.

427 Die Artikel 83 bis 86 GG regeln die Ausführung von Bundesgesetzen. Für die Ausführung von Landesgesetzen gilt Artikel 30 GG (BVerfGE 21, 312 [325 f.], bei juris Rn. 41).

428 Vgl. auch BVerfGE 139, 321 (362 ff.), bei juris Rn. 126 f. („Gesetzesvollzug im Einzelfall", „Entscheidungen, die aufgrund eines schlicht subsumierenden Normenvollzugs ergehen").

429 Vgl. BVerfGE 12, 205 (246 ff.), bei juris Rn. 149 ff. m. w. N.

430 Vgl. BVerfGE 12, 205 (244 ff.), bei juris Rn. 141 ff.

431 BVerwG, Urteil vom 3. November 2011 – BVerwG 7 C 4.11 – bei juris Rn. 13 m. w. N. Ob darüber hinaus auch noch innerhalb der vollziehenden Gewalt die Regierungsfunktion auszugrenzen ist (vgl. BVerwG, ebenda, dort im Hinblick auf das Informationsfreiheitsgesetz des Bundes verneinend; anders *H. Wißmann*, in: Hoffmann-Riem/Schmidt-Aßmann/ Voßkuhle (Hrsg.), Grundlagen des Verwaltungsrechts, § 15 Rn. 5, der das Regierungshandeln ausdrücklich ausgrenzt), kann hier offen bleiben. Denn eine Stiftung, die funktional dem Bereich der Regierung, also der Staatsleitung (siehe BVerfGE 138, 102 (113 ff.), bei juris Rn. 38 ff., m. w. N.) bzw. der „politischen Gestaltung" (BVerfGE 139, 321 [362 f.], bei juris Rn. 126) zuzurechnen ist, dürfte kaum denkbar sein.

### (3) Stiftungszweck = Aufgabe der öffentlichen Verwaltung

Die Forderung, eine Stiftung des öffentlichen Rechts müsse Aufgaben der öffentlichen Verwaltung erfüllen, lässt sich nur so verstehen, dass der Stiftungszweck funktional eine Aufgabe der öffentlichen Verwaltung, also letztlich eine staatliche Aufgabe sein muss. Damit wird vorausgesetzt, dass der Staat, wenn er eine Stiftung des öffentlichen Rechts entstehen lässt, den Stiftungszweck zu einer staatlichen Aufgabe erklärt, sich also den Stiftungszweck als Aufgabe „zu eigen" macht.[432]

Dies eröffnet indes einerseits die Möglichkeit, dass der Staat zunächst private Stiftungszwecke zu staatlichen Aufgaben „umwidmet", indem er sie zum Stiftungszweck einer Stiftung des öffentlichen Rechts erklärt.[433]

Andererseits ist hier, ohne der Betrachtung der *rechtlichen Maßstäbe* im Vierten Teil der Untersuchung zu weit vorgreifen zu wollen, aber auch Vorsicht angebracht: Denn zum einen darf der (jeweilige) Staat eine Aufgabe, die er nicht erfüllen darf, auch nicht erfüllen, indem er sie zum Stiftungszweck einer Stiftung des öffentlichen Rechts erklärt; eine staatliche „Pressestiftung" des öffentlichen Rechts wäre z. B. unzulässig.[434] Zum anderen darf der Staat Aufgaben, die er zwingend selbst durch eigene Behörden erfüllen muss, auch nicht dadurch, dass er sie zum Stiftungszweck einer Stiftung des öffentlichen Rechts erklärt, auf die mittelbare Staatsverwaltung verlagern.

---

432 OVG NRW, Urteil vom 23. März 1984 – 15 A 1620/81 – bei juris Rn. 17 ff., daran festgehalten im Urteil desselben Gerichts vom 23. Juni 2004 – 8 A 3587/02 – bei juris Rn. 68 ff.; zustimmend dazu *K. Meyer*, in: Schulte (Hrsg.), Rechtsprechung, S. 62 ff. (75). Vgl. auch BVerfG, Beschluss vom 19. Juli 2016 – 2 BvR 470/08 – bei juris Rn. 29 („Sobald der Staat oder andere Träger hoheitlicher Gewalt eine Aufgabe an sich ziehen, …").

433 So wohl geschehen in dem in der vorstehenden Fn. zitierten Fall des OVG NRW. So heißt es beim OVG NRW, Urteil vom 23. März 1984 – 15 A 1620/81 – bei juris Rn. 17: „Mit der Annahme dieser privatrechtlichen Zuwendung durch die Stadt ist eine dem öffentlichen Recht zugehörige kommunale Stiftung begründet worden. Denn die Stadt hat die Zuwendung entsprechend dem Willen des Stifters zur Erfüllung des in den Aufgabenkreis ihrer öffentlichen Verwaltung übernommenen Stiftungszwecks in das Gemeindevermögen in der Weise eingegliedert, daß die Zweckverfolgung einen organischen Bestandteil der gemeindlichen Verwaltung bildet."

434 Vgl. BVerfGE 20, 162 (174 f.), bei juris Rn. 36 f.

#### (4) Zusammenfassung

Der Stiftungszweck einer Stiftung des öffentlichen Rechts muss in der Erfüllung einer Aufgabe der öffentlichen Verwaltung bestehen (darf dies aber nur, soweit der Staat die betreffende Aufgabe überhaupt und im Wege der mittelbaren Staatsverwaltung erfüllen darf). Durch die Entscheidung, eine Stiftung des öffentlichen Rechts entstehen zu lassen, macht sich der Staat den Stiftungszweck als Aufgabe „zu eigen".

### dd) Zusammenfassung

Die notwendige organisatorische und funktionale Zuordnung einer Stiftung des öffentlichen Rechts innerhalb des staatlichen Gesamtgefüges wird dadurch vorgenommen, dass die Stiftung zum einen der Aufsicht des Bundes oder eines Landes unterstellt und damit der jeweiligen mittelbaren Staatsverwaltung eingegliedert wird und zum anderen der Staat durch die Festlegung des Stiftungszwecks zum Ausdruck bringt, dass er sich diesen als staatliche Aufgabe „zu eigen" macht.

### *d) Fragen der Aufsicht*

Schließlich soll an dieser Stelle erneut ein Blick auf die Aufsicht geworfen werden. Wie dargelegt, unterliegt eine Stiftung wesensnotwendig einer (staatlichen) Stiftungsaufsicht, die die Beachtung des Stiftungszwecks gewährleisten soll. Eine Stiftung des öffentlichen Rechts unterliegt außerdem einer Staatsaufsicht, die mindestens die Beachtung von Gesetz und Recht gewährleisten soll. Bei einer Stiftung des bürgerlichen Rechts wird – wohl zutreffend – angenommen, die Stiftungsaufsicht dürfe wegen der der Stiftung nach Artikel 19 Abs. 3 GG zustehenden Grundrechte nicht über eine solche Rechtsaufsicht hinausgehen.[435] Fraglich ist, ob diese Beschränkung auch für Stiftungen des öffentlichen Rechts gelten muss. Die Antwort ist eindeutig: nein.[436]

---

435 BVerwGE 40, 347 (348 ff.), bei juris Rn. 17 ff.

436 Selbst wenn man annähme, der Staat dürfe sich überhaupt auch Stiftungen des bürgerlichen Rechts bedienen (was verbreitet bestritten wird; siehe etwa dezidiert *K. Muscheler*, S. 68 ff., m. w. N., und S. 111), so dürfte jedenfalls in aller Regel eine Grundrechtsfähigkeit einer derartigen Stiftung nach Artikel 19 Abs. 3 GG ausscheiden (zu etwa denkbaren Ausnahmekonstellationen siehe allerdings *B. Andrick/ J. Suerbaum*, § 5 Rn. 58 ff., m. w. N.), jedenfalls wenn die Stiftung vom Staat beherrscht würde mit der Folge, dass die Stiftung nach Artikel 1 Abs. 3 GG an die Grundrechte *gebunden* wäre.

Denn wenn der Stiftungszweck einer Stiftung des öffentlichen Rechts in der Erfüllung einer staatlichen Aufgabe besteht, muss es dem Staat grundsätzlich erlaubt sein, auch mit den Mitteln der Aufsicht auf die Aufgabenerfüllung einzuwirken, zumal es, wie dargelegt, ohnehin erforderlich ist, dass der Staat die Stiftung insoweit auch funktional beherrscht.

Eine Stiftung des öffentlichen Rechts darf hinsichtlich der Erfüllung ihrer Aufgaben auch einem unmittelbaren Weisungsrecht des Staates unterworfen werden (so etwa § 62 Abs. 2 NHG), und der Staat kann sogar verfassungsrechtlich *verpflichtet* sein, durch die Ausübung seines Weisungsrechts die Aufgabenerfüllung der Stiftung „inhaltlich uneingeschränkt zu steuern“.[437]

Auch an dieser Stelle sei zudem noch einmal an die bereits oben in Bezug genommene frühe Entscheidung des Bundesverfassungsgerichts erinnert, nach der aus der bloßen Unterstellung einer juristischen Person unter staatliche Aufsicht noch nicht auf den öffentlich-rechtlichen Charakter der juristischen Person geschlossen werden kann, sondern es hierfür vielmehr *gesteigerter* Aufsichts- und Einwirkungsbefugnisse bedarf.[438]

Die Stiftungsaufsicht über Stiftungen des bürgerlichen Rechts mag mithin – wohl notwendigerweise – auf eine Rechtsaufsicht beschränkt sein; die Staatsaufsicht über Stiftungen des öffentlichen Rechts ist es aber *nicht zwingend*.[439] Dies lässt allerdings die *Möglichkeit* unberührt, die Aufsicht einfachgesetzlich auf einen solchen Maßstab zu verengen, soweit dies dem Gesetzgeber zweckmäßig erscheint – dies aber wiederum auch nur, soweit es verfassungsrechtlich zulässig ist.

### *e) Zusammenfassung*

Aus dem Merkmal „... des öffentlichen Rechts“ folgt, dass die Stiftung – entsprechend ihrer Eigenschaft als juristische Person des öffentlichen Rechts – der

437 Siehe dazu BVerwGE 135, 286 (Rn. 46 ff.), bei juris Rn. 46 ff.

438 BVerfGE 6, 257 (268 f.), bei juris Rn. 25 f.

439 Dies verkennt *L. Hagebölling*, Stiftung Braunschweigischer Kulturbesitz, S. 170, grundlegend. So sieht denn auch § 9 des Gesetzes über die „Stiftung Braunschweigischer Kulturbesitz“ ausdrücklich die Möglichkeit einer Fachaufsicht hinsichtlich etwaiger der Stiftung übertragener „Aufgaben des Landes“ vor. Vgl. ferner etwa § 28 Abs. 7 BerlAZG, wo die Möglichkeit, eine Stiftung des öffentlichen Rechts durch Rechtsvorschrift einer Fachaufsicht zu unterwerfen, ohne Weiteres vorausgesetzt wird. *B. Weitemeyer* (in: Säcker/Rixecker/Oetker/Limperg [Hrsg.], MüKo BGB, 7. Aufl., § 80 Rn. 235) verweist ebenfalls darauf, dass es „nach allgemeinen verwaltungsrechtlichen Grundsätzen“ zulässig sei, eine Stiftung des öffentlichen Rechts einer Fachaufsicht zu unterstellen.

Sphäre des Staates und innerhalb dessen durch Unterstellung unter eine staatliche Aufsicht der mittelbaren Staatsverwaltung des Bundes oder eines Landes zugeordnet ist und der Stiftungszweck in der Erfüllung einer staatlichen Aufgabe der öffentlichen Verwaltung bestehen muss. Die Aufsicht über eine Stiftung des öffentlichen Rechts muss nicht wie bei einer Stiftung des bürgerlichen Rechts auf eine Rechtsaufsicht beschränkt sein; auch unmittelbare staatliche Weisungsrechte können vorgesehen werden, ohne dass dies mit dem Wesen einer Stiftung des öffentlichen Rechts unvereinbar wäre.

### *4. Zusammenfassung*

Eine Stiftung des öffentlichen Rechts ist wesensmäßig dadurch bestimmt, dass sie eine juristische Person des öffentlichen Rechts ist, die darauf angelegt ist, von einer anderen Person (Stifter) mit einem Vermögen (Stiftungsvermögen) ausgestattet zu werden, das für die Dauer des Bestehens der Stiftung von den Organen der juristischen Person (Stiftungsorganen) nur zu dem vom Stifter festgelegten Zweck (Stiftungszweck) verwendet werden darf, einer staatlichen Stiftungsaufsicht untersteht, die die Aufgabe hat, die Einhaltung des Stiftungszwecks zu gewährleisten, und die nicht in einer Personenvereinigung besteht. Sie ist außerdem der Sphäre des Staates sowie innerhalb dessen durch Unterstellung unter eine Staatsaufsicht der mittelbaren Staatsverwaltung des Bundes oder eines Landes zugeordnet und hat einen Stiftungszweck, der in der Erfüllung einer staatlichen Aufgabe der öffentlichen Verwaltung besteht. Stiftungsaufsicht und Staatsaufsicht haben verschiedene Aufsichtsmaßstäbe und Grenzen. Die Aufsicht über eine Stiftung des öffentlichen Rechts ist jedenfalls nicht wesensnotwendig auf eine Rechtsaufsicht beschränkt (kann dies etwa aufgrund einfachgesetzlicher Regelung aber sein).

## IV. Weitere Merkmale?

### *1. Einleitung*

Fraglich ist, ob die vorstehend dargelegten Merkmale ausreichen, um eine Stiftung des öffentlichen Rechts hinreichend sicher von einer Stiftung des bürgerlichen Rechts abgrenzen zu können. Denn wird eine Stiftung von einer („öffentlichen“) Behörde, einer Kommune oder vom Land (einer Landesbehörde) verwaltet (vgl. § 86 BGB, § 135 Abs. 1 Satz 1 NKomVG, §§ 1, 18 Abs. 2 und § 19 NStiftG), wird man wohl schon deshalb eine organisatorische Eingliederung in die öffentliche Verwaltung annehmen müssen, und auch bei Stiftungen des bürgerlichen Rechts kann der Stiftungszweck in der Erfüllung von öffentlichen

Aufgaben liegen, die auch unmittelbar selbst von der öffentlichen Verwaltung erfüllt werden könnten.[440]

## 2. *Meinungsstand*

Deshalb ist vielfach versucht worden, weitere (materielle) Kriterien zu finden, nach denen eine Stiftung des öffentlichen Rechts von einer solchen des bürgerlichen Rechts abgegrenzt werden kann. Genannt werden (ohne Anspruch auf Vollständigkeit)[441]

- die „praktische Handhabung",[442]
- die Person der Stifterin oder des Stifters,
- der Entstehungsvorgang,[443]
- die bei der Errichtung/Entstehung gewählte Bezeichnung als „Stiftung des öffentlichen Rechts",
- die Herkunft des Stiftungsvermögens,[444]

---

440 Siehe dazu noch einmal *D. Reuter*, in: Hüttemann/Richter/Weitemeyer (Hrsg.), Landesstiftungsrecht, Rn. 4.10, *B. Weitemeyer*, in: Säcker/ Rixecker/Oetker/Limperg (Hrsg.), MüKo BGB, 7. Aufl., § 80 Rn. 229 f., und *J. A. Kämmerer*, in: Walz/Kötz/ Rawert/Schmidt (Hrsg.), Non Profit Law Yearbook 2004, S. 61 (Fn. 12), die, wie bereits erwähnt, darauf hinweisen, dass das Vorliegen der beiden o. g. Voraussetzungen *allein* noch nicht ausreicht, um eine Stiftung des öffentlichen Rechts annehmen zu können. – So dürften die meisten, wenn nicht gar alle der vom Land Niedersachsen errichteten oder verwalteten rechtsfähigen Stiftungen des bürgerlichen Rechts nach § 18 NStiftG, die im Anhang zu Anlage 1 zu dem Beschluss der Landesregierung vom 17. Juli 2012 (Nds. MBl. S. 610) aufgeführt sind, Aufgaben der öffentlichen Verwaltung erfüllen. Vgl. auch § 10 Abs. 2 NStiftG, der voraussetzt, dass es auch Stiftungen des bürgerlichen Rechts geben kann, die nicht „unmittelbar nur private Zwecke verfolgen"; das Gegenteil von „privaten" Zwecken sind „öffentliche" Zwecke.

441 Eine ausführliche Darstellung findet sich z. B. bei *M. Twehues*, S. 47 ff., m. w. N. Vgl. auch BVerfGE 15, 46 (63 ff.), bei juris Rn. 47 ff.

442 BVerfGE 15, 46 (66 f.), bei juris Rn. 57. – Dieses Kriterium kann indes von vornherein nur für historisch gewachsene oder zumindest schon länger bestehende Einrichtungen taugen, nicht aber für neu gegründete Organisationen, für die sich noch keine Praxis entwickelt hat.

443 *A. Freiherr von Campenhausen/C. Stumpf*, in: von Campenhausen/ Richter (Hrsg.), Stiftungsrechts-Handbuch, § 16 Rn. 9; *J. Suerbaum*, in: Stumpf/Suerbaum/Schulte/ Pauli, Stiftungsrecht, Teil C, Abschnitt IX, Rn. 394.

444 So kann nach Auffassung des BayVerfGH (Entscheidung vom 5. Februar 1974 – Vf. 18-VII-71 – VerwRspr. 25, 641 [647 f.] [bei juris nur Kurztext]), wie bereits mehrfach erwähnt, auch eine Person des Privatrechts durch privatrechtliches Rechtsgeschäft

- die Art des Stiftungszwecks,
- die Ermächtigung zur Ausübung hoheitlicher Befugnisse[445] und/oder
- die Ausgestaltung der staatlichen Aufsicht.[446]

Letztlich weisen jedoch alle in der Diskussion genannten Kriterien bei näherem Hinsehen jeweils für sich betrachtet Schwächen auf. Daher wird verbreitet die Schlussfolgerung gezogen, es komme auf eine *wertende Gesamtbetrachtung aller Umstände des Einzelfalles* an.[447]

### 3. *Stellungnahme*

Die Methode einer „wertenden Gesamtbetrachtung im Einzelfall" ist m. E. Zweifeln ausgesetzt.

Zum einen birgt das Abstellen auf materielle Kriterien stets das Risiko des Auseinanderfallens von materiellen Anforderungen und gewählter Form und wirft damit unter Umständen die Frage nach den Folgen einer etwaigen Falschbezeichnung auf: Was soll gelten, wenn eine Einrichtung formal als „Stiftung des öffentlichen Rechts" bezeichnet wird, aber nicht den aufgestellten materiellen Anforderungen an eine solche Einrichtung genügt? Nach Ansicht des Bundesgerichtshofs[448] wäre in diesem Fall eine Stiftung des bürgerlichen Rechts anzunehmen; die Bezeichnung als Stiftung des öffentlichen Rechts wäre demgegenüber unerheblich. Ob diese Auffassung wirklich überzeugt, sei dahingestellt.

---

(Stiftungsgeschäft) die Entstehung einer Stiftung des öffentlichen Rechts bewirken, wenn durch das Stiftungsgeschäft ein (privates) Vermögen der Verfolgung eines öffentlichen Zwecks gewidmet wird, die Verwaltung der Stiftung durch „Organe der öffentlichen Hand" sichergestellt ist und die so errichtete Stiftung durch staatliche Genehmigung die Eigenschaft einer juristischen Person erlangt.

445 Eine solche Ermächtigung kann Stiftungen des öffentlichen Rechts zwar verliehen werden, ist aber in der Regel nicht notwendig, um die Erfüllung des Stiftungszwecks zu gewährleisten. Umgekehrt können auch Stiftungen des bürgerlichen Rechts mit der Befugnis zur Ausübung hoheitsrechtlicher Befugnisse beliehen werden (siehe z. B. die Bekanntmachung der Anerkennung der „Stiftung Zentrale Stelle Verpackungsregister" vom 22. Mai 2017, Nds. MBl. S. 701, wonach der Zweck dieser Stiftung des bürgerlichen Rechts ausdrücklich u. a. darin besteht, „mit … hoheitlichen Aufgaben beliehen zu werden sowie alle Aufgaben zu erfüllen und Befugnisse wahrzunehmen, die der Zentralen Stelle nach dem VerpackG zukommen und auf dessen Grundlage übertragen werden").

446 Vgl. *K. Meyer*, in: Schulte (Hrsg.), Rechtsprechung, S. 78 ff. (85) m. w. N.

447 So auch *M. Twehues*, S. 57; BVerfGE 15, 46 (66 f.), bei juris Rn. 57.

448 Urteil vom 11. Dezember 1974 – IV ZR 135/73 – bei juris Rn. 57.

Zum anderen werden sich auch bei „wertender Gesamtbetrachtung im Einzelfall" regelmäßig keine *rechtssicheren* Ergebnisse erzielen lassen:[449] Warum genau sind z. B. die Kulturstiftung des Bundes[450] und die Kulturstiftung der Länder[451] Stiftungen des *bürgerlichen* Rechts, während die Kulturstiftung des Freistaates Sachsen und die Stiftung Berliner Philharmoniker Stiftungen des *öffentlichen* Rechts sind? Warum genau sind die Stiftung für Hochschulzulassung und die Stiftung zur Akkreditierung von Studiengängen in Deutschland Stiftungen des *öffentlichen* Rechts, während die Zentrale Evaluations- und Akkreditierungsagentur Hannover (ZEvA)[452] eine Stiftung des *bürgerlichen* Rechts ist?

*Phänomenologisch* lassen sich dabei jedenfalls keine signifikanten Unterscheidungsmerkmale aus der Eigenart oder Ausgestaltung der jeweiligen Stiftung herleiten. Die Ergebnisse scheinen vielmehr in der Regel *willkürlich* (insbesondere im Bereich der „Kulturstiftungen").

Doch gerade das dürfte der Schlüssel zur Erkenntnis sein: Eine Organisation, die die oben dargelegten Mindestvoraussetzungen erfüllt, ist eine Stiftung *des öffentlichen Rechts*, wenn sich der Staat gerade dieser Organisationsform mit den daran von der Rechtsordnung geknüpften besonderen Rechten, Pflichten und sonstigen Rechtsfolgen bedienen *will*.[453] Es bedarf mithin einer gewillkürten *Entscheidung* des Staates, die darauf gerichtet ist,

- die Stiftung organisatorisch der öffentlichen Verwaltung einzugliedern (sie sich „einzuverleiben")[454] und
- den Stiftungszweck funktional zu einer Aufgabe der öffentlichen Verwaltung zu machen (sich also die Erfüllung des Stiftungszwecks „zu eigen" zu machen).[455]

---

449 Siehe dazu exemplarisch die oben geschilderte Kontroverse zwischen dem Oberverwaltungsgericht für das Land Nordrhein-Westfalen und dem Bundesfinanzhof.

450 www.kulturstiftung-des-bundes.de/cms/de/stiftung/satzung/.

451 www.kulturstiftung.de/stiftung/satzung/.

452 Siehe Nds. MBl. 2008 S. 1000.

453 Vgl. BayVerfGH, Entscheidung vom 5. Februar 1974 – Vf. 18-VII-71 – VerwRspr. 25, 641 (646 ff.) [bei juris nur Kurztext]; *H. Hof*, in: von Campenhausen/Richter (Hrsg.), Stiftungsrechts-Handbuch, § 4 Rn. 40. Auch *U. Battis* (in: Häberle/Morlok/Skouris [Hrsg.], Festschrift Tsatsos, S. 15, sowie in: Mecking/Schulte [Hrsg.], Grenzen der Instrumentalisierung von Stiftungen, S. 49 f.) konstatiert das Scheitern einer Abgrenzung anhand materieller Kriterien und meint, eine Abgrenzung sei nur formal möglich.

454 Siehe dazu noch einmal die Begründung des Entwurfs eines Gesetzes zur Umwandlung der Kulturstiftung des Landes Schleswig-Holstein in eine Stiftung des öffentlichen Rechts, Landtagsdrucksache 13/2424, S. 7, dort zu § 1.

455 Siehe dazu die obigen Ausführungen.

Aus diesen Kriterien ergeben sich indes gegenüber den bereits erörterten Merkmalen *keine* zusätzlichen Wesensmerkmale einer Stiftung des öffentlichen Rechts. Sie lenken nur den Blick darauf, dass die Eingliederung der Stiftung in die öffentliche Verwaltung und die Qualifizierung des Stiftungszwecks als Erfüllung einer staatlichen Aufgabe der öffentlichen Verwaltung weniger bis gar nicht phänomenologisch, sondern im Kern als gewillkürte Entscheidung zu verstehen sind. Etwas *ist* nicht „Stiftung des öffentlichen Rechts", nur weil es eine bestimmte *Form* hat, sondern vor allem, weil es in dieser Form aufgrund einer rechtlichen Entscheidung *gebildet* wurde, und diese Entscheidung kann jedenfalls letzten Endes nicht von Privaten, sondern muss konstitutiv vom Staat getroffen werden.[456]

### 4. *Zusammenfassung*

Über die Kriterien, die sich aus den in § 89 BGB gesetzlich festgelegten Merkmalen „Juristische Person des öffentlichen Rechts" und „Stiftung des öffentlichen Rechts" ableiten lassen, hinaus bedarf es keiner weiteren Merkmale oder Kriterien, um den Wesensgehalt einer „Stiftung des öffentlichen Rechts" bestimmen zu können.

## V. Zusammenfassung

Das Wesen einer Stiftung des öffentlichen Rechts lässt sich dahingehend beschreiben, dass es sich um eine Organisation handelt, die

- aufgrund ihrer Eigenschaft als „juristische Person des öffentlichen Rechts"
  - über eine eigene Rechtspersönlichkeit verfügt und rechtsfähig ist,
  - (Stiftungs-)Organe hat,

---

456 Daher ist es, wie bereits ausgeführt, unproblematisch, auch eine privatrechtliche Willenserklärung einer natürlichen Person als *Stiftungsakt* im Sinne der *Errichtung* der Stiftung ausreichen zu lassen, wenn und weil diese ihre öffentlich-rechtliche Eigenschaft erst durch die korrespondierende staatliche Entscheidung erhält (s. o.). Möglicherweise missverständlich, im Ergebnis aber wohl ebenso auch *D. Reuter*, in: Hüttemann/Richter/Weitemeyer (Hrsg.), Landesstiftungsrecht, Rn. 4.17, der zwar bei nachkonstitutionellen Stiftungen einen „privatrechtlichen Stiftungsakt" für ausgeschlossen und einen „öffentlichrechtlichen Stiftungsakt" für zwingend hält, dabei jedoch maßgeblich darauf abstellt, dass eine Verwaltungseinheit nur vom Staat durch öffentlich-rechtliche Entscheidung gebildet werden könne. Insofern könnte die Auffassung von *D. Reuter* hier darauf beruhen, dass nicht streng zwischen der *Errichtung* der Stiftung und ihrer *Gründung* (Entstehung) als juristische Person des öffentlichen Rechts und den jeweils zugrunde liegenden, gesondert zu betrachtenden Willenserklärungen differenziert wird.

- organisatorisch vom Staat beherrscht wird,
- zumindest auch staatliche Aufgaben erfüllt,
- insoweit funktional vom Staat beherrscht wird und
- mindestens einer staatlichen Rechtsaufsicht untersteht (Staatsaufsicht)

sowie

- aufgrund ihrer Eigenschaft als „Stiftung des öffentlichen Rechts"
  - eine juristische Person ist, die darauf angelegt ist, von einer anderen Person (Stifter) mit einem Vermögen (Stiftungsvermögen) ausgestattet zu werden, das für die Dauer des Bestehens der Stiftung von den Organen der juristischen Person (Stiftungsorganen) nur zu dem vom Stifter festgelegten Zweck (Stiftungszweck) verwendet werden darf,
  - einer staatlichen Aufsicht untersteht, die die Einhaltung des Stiftungszwecks gewährleistet (Stiftungsaufsicht),
  - nicht in einer Personenvereinigung besteht,
  - durch Unterstellung unter die Aufsicht eines Staates (Bund oder Land) organisatorisch in dessen mittelbare Staatsverwaltung eingliedert ist und
  - als Stiftungszweck (auch) eine „eigene" staatliche Aufgabe der öffentlichen Verwaltung dieses Staates erfüllt.

Insgesamt muss die Bildung einer Stiftung des öffentlichen Rechts auf einer staatlichen Entscheidung beruhen; ihre Entstehung und ihre Ausgestaltung können nicht *allein* vom Willen einer Privatperson abhängen.

*Kein* Wesensmerkmal einer Stiftung des öffentlichen Rechts ist die Ermächtigung zur Ausübung hoheitlicher Befugnisse.

*Kein* Wesensmerkmal einer Stiftung des öffentlichen Rechts ist ferner ihre Autonomie oder eine „Staatsferne". Eine Stiftung des öffentlichen Rechts ist aufgrund ihres Wesens nur insofern „unabhängig" vom Staat, als sie zum einen eine rechtlich selbständige, ihrerseits rechtsfähige juristische Person ist (s. o.) und zum anderen das Stiftungsvermögen nicht zu beliebigen staatlichen Zwecken, sondern nur im Rahmen und zur Erfüllung des festgelegten Stiftungszwecks verwendet werden darf. *Wer* letztlich darüber entscheidet, wie der Stiftungszweck zu erfüllen ist, ist damit aber nicht gesagt.[457] Die Frage, über wie viel Autonomie

457 Das oft angeführte Motiv, die Organisationsform der Stiftung des öffentlichen Rechts biete wegen der „Selbständigkeit" ihrer Organe in besonderer Weise Gewähr für eine „objektive und unabhängige" Tätigkeit (vgl. z. B. Bundestagsdrucksachen 11/2583 [S. 8], 14/6028 [S. 9], 16/1945 [S. 7] und 16/10571 [S. 7]), ist mithin lediglich insoweit richtig, als (nur) die Verwaltung des Stiftungsvermögens an den Stiftungszweck

eine Stiftung des öffentlichen Rechts verfügt, ist im Übrigen eine Frage ihrer Ausgestaltung. Derjenige, der zur Ausgestaltung einer Stiftung befugt ist, *entscheidet* also darüber, wie viel Autonomie der Stiftung *eingeräumt* werden *soll.*[458] Das Ausmaß der ihr zukommenden Autonomie hängt mithin davon ab, inwieweit sie ihr bei der Ausgestaltung eingeräumt wird, lässt sich aber nicht aus dem Wesen der Stiftung des öffentlichen Rechts herleiten.

## VI. Gestaltungsfreiheit im Übrigen

Mit dieser Begriffsbestimmung wird aber – wie eingangs dargestellt: notwendigerweise – lediglich der *begriffliche Wesensgehalt* einer Stiftung des öffentlichen Rechts umschrieben.

Dieses Wesen ist aber zum einen, wie bereits ausgeführt, durch ein inneres *Spannungsverhältnis* geprägt: Denn einerseits ist eine Stiftung des öffentlichen Rechts eine eigenständige juristische Person und schon deswegen ein gegenüber Bund, Land oder Kommune rechtlich selbständiges Rechtssubjekt. Diese Selbständigkeit wird zudem durch den besonderen Charakter einer Stiftung, wonach das Stiftungsvermögen für die Dauer des Bestehens der Stiftung ausschließlich von den Stiftungsorganen zur Erfüllung des Stiftungszwecks verwaltet werden darf, noch deutlich verstärkt: Soweit es um die Verwaltung des Stiftungsvermögens geht, handeln die Stiftungsorgane für die Stiftung in gewisser Weise „autonom", d. h. sie sind insoweit nur der Erfüllung des Stiftungszwecks verpflichtet; andere Zwecke dürfen insoweit keinen Einfluss auf ihr Handeln haben und ihnen daher auch nicht von anderer Seite vorgegeben werden. Andererseits muss die Stiftung einer Aufsicht und einem auch sonst beherrschenden Einfluss des Staates unterliegen, weil nur dann angenommen werden kann, dass die Stiftung organisatorisch in die öffentliche Verwaltung „eingegliedert" und ihr Handeln deswegen dem Staat zuzurechnen ist. Außerdem muss die Stiftung einerseits

---

gebunden und mithin sonstigen Zweckmäßigkeitserwägungen entzogen ist. Im Übrigen ist die Stiftung des öffentlichen Rechts aber gerade nicht „unabhängig" vom Staat, sondern wesensnotwendig zumindest in weiten Teilen seinem beherrschenden Einfluss unterworfen (so auch *U. Battis*, in: Häberle/Morlok/Skouris (Hrsg.), Festschrift Tsatsos, S. 13 f.; *ders.*, in: Mecking/Schulte (Hrsg.), Grenzen der Instrumentalisierung von Stiftungen, S. 47 f.).

458 Insoweit also im Ergebnis zutreffend die oben bereits zitierte Begründung hinsichtlich der Bundeskanzler-Helmut-Schmidt-Stiftung (Bundestagsdrucksache 18/8858, S. 7), wonach durch die Wahl der Rechtsform einer Stiftung des öffentlichen Rechts (nur) die Autonomie „zum Ausdruck kommen" soll, die der Einrichtung *„eingeräumt werden soll"*.

zwar für die Erfüllung von Aufgaben der öffentlichen Verwaltung, also staatlichen Aufgaben zuständig sein. Die Aufgaben der Stiftung müssen mithin Aufgaben *des Staates* sein, die dieser *durch* die Stiftung erfüllt. Dies legt die Vermutung nahe, dass der Staat auch maßgeblichen Einfluss auf die Art und Weise der Aufgabenerfüllung nehmen kann. Andererseits ist jedoch genau das wegen der dargelegten rechtlichen und organisatorischen Selbständigkeit der Stiftung nur begrenzt der Fall. Wie dieses Spannungsverhältnis austariert wird, obliegt letztlich demjenigen, der zur organisatorischen Ausgestaltung der Stiftung befugt ist, also dem Staat.

Außerdem steht mit der vorgenommenen Beschreibung lediglich fest, dass es (irgend)ein Stiftungsvermögen geben muss, das für die Dauer des Bestehens der Stiftung nur zur Erfüllung des Stiftungszwecks verwendet werden darf, und dass der Stiftungszweck in der Erfüllung von (irgendwelchen) Aufgaben der öffentlichen Verwaltung bestehen muss. Nicht notwendigerweise ist damit gesagt, dass der Stiftung neben dem Stiftungsvermögen nicht auch noch *weitere Finanzmittel* zugewiesen werden können (oder sogar müssen, soweit das Stiftungsvermögen nicht ausreicht, um den Stiftungszweck zu erfüllen)[459] und ihr neben dem Stiftungszweck nicht auch noch die Zuständigkeit für die Erfüllung *weiterer Aufgaben der öffentlichen Verwaltung* zugewiesen werden kann, sofern für die Erfüllung dieser Aufgaben das Stiftungsvermögen nicht verwendet werden muss, insbesondere weil hierfür weitere Finanzmittel zur Verfügung gestellt

---

459 Für das Entstehen der Stiftung ist es nicht einmal erforderlich, dass ihr das Stiftungsvermögen (schon) übertragen ist (vgl. BVerwGE 135, 286 [Rn. 37 ff.], bei juris Rn. 37 ff.; für Stiftungen des bürgerlichen Rechts siehe § 82 BGB). Daher sind sogar Stiftungen denkbar, die (zunächst) kein Stiftungsvermögen haben. Jedenfalls ist es aber nicht einmal die Regel, dass Stiftungen des öffentlichen Rechts ihre Aufgaben nur mit oder aus dem Stiftungsvermögen erfüllen. Vielmehr hängt die Fähigkeit der Stiftung zur Erfüllung ihrer Aufgaben regelmäßig von der Zuwendung weiterer Stiftungsmittel (zumeist durch den Staat) ab (vgl. *U. Battis*, in: Häberle/Morlok/Skouris [Hrsg.], Festschrift Tsatsos, S. 14; *ders.*, in: Mecking/Schulte [Hrsg.], Grenzen der Instrumentalisierung von Stiftungen, S. 47 f, jeweils m. w. N.). Das Vorhandensein eines an den Stiftungszweck gebundenen Stiftungsvermögens mag mithin zwar notwendiges Wesensmerkmal einer Stiftung sein (mindestens „hart an der Grenze" insoweit allerdings § 3 des nordrhein-westfälischen Gesetzes zur Errichtung einer Stiftung „Stiftung für Hochschulzulassung" vom 18. November 2008 [GV. NRW. S. 710], der zwar formal von einem „Stiftungsvermögen" spricht, das dann jedoch ausschließlich aus jährlichen Zuschüssen besteht). Ein besonderes Gewicht im Hinblick auf die Ermöglichung der Erfüllung des Stiftungszwecks und/oder anderer Aufgaben der Stiftung muss ihm aber nicht zukommen.

werden.[460] Damit wird deutlich, dass die These des Bundesverfassungsgerichts, „Vermögen und Zweckbindung" stünden bei der Stiftung „im allgemeinen … sehr im Vordergrund"[461], nicht auf einer zwingenden rechtlichen Vorgabe beruht. Vielmehr ist es, solange die Stiftung nur über (irgend) ein an (irgend)einen Stiftungszweck gebundenes Stiftungsvermögen verfügt, ohne weiteres zulässig, ihr die Zuständigkeit für die Erfüllung weiterer Aufgaben der öffentlichen Verwaltung zuzuweisen, wenn die Finanzierung der Erfüllung dieser Aufgaben nur durch weitere Finanzmittel gesichert ist, insoweit also kein Zugriff auf das Stiftungsvermögen erforderlich ist;[462] *stiftungsspezifische* Bindungen bestehen *insoweit* dann nicht.

Daher lässt sich die Organisationsform der Stiftung des öffentlichen Rechts im Ergebnis praktisch beliebig zur Erfüllung von Aufgaben der öffentlichen Verwaltung einsetzen. Die einzige Einschränkung besteht darin, dass ein Stiftungsvermögen vorhanden sein muss, das nur zur Erfüllung derjenigen Aufgabe, die den Stiftungszweck bildet, verwendet werden darf. Ansonsten ist eine Stiftung des öffentlichen Rechts ebenso flexibel einsetzbar wie jede andere Organisationseinheit der öffentlichen Verwaltung.

## F. Zusammenfassung

Zwar gibt es in einigen Ländern sowie im Stiftungsgesetz der DDR einige gesetzliche Bestimmungen des Begriffs der „Stiftung des öffentlichen Rechts". Diese weichen jedoch teilweise erheblich voneinander ab. Einen bundesweit einheitlichen Begriff der „Stiftung des öffentlichen Rechts" gibt es nicht, sondern nur eine Vielzahl unterschiedlicher Organisationsformen, die dieselbe Bezeichnung tragen, ohne dass damit notwendigerweise dieselbe Bedeutung verknüpft wäre. Gleichwohl ist es zumindest wegen des Verwendung des Begriffs im bundesweit geltenden Bundesrecht erforderlich, dem Begriff zumindest einen einheitlichen Wesensgehalt beizulegen. Dieser lässt sich bei genauer Analyse abschließend aus den in § 89 BGB angelegten Begriffsmerkmalen „juristische Person des

460 Vgl. insoweit Artikel 57 Abs. 4 NV, der allerdings (zumindest) nach seinem Wortlaut nur für die Kommunen und sonstige Körperschaften des öffentlichen Rechts gilt.

461 BVerfGE 10, 20 (46), bei juris Rn. 130, auch und gerade (aber nicht nur) im Hinblick auf eine Stiftung des öffentlichen Rechts.

462 Vgl. z. B. § 3 Abs. 1 und 2 und § 9 des Gesetzes über die „Stiftung Braunschweigischer Kulturbesitz" und den insoweit kritischen Jahresbericht des Niedersächsischen Landesrechnungshofs 2016 zur Haushalts- und Wirtschaftsführung, www.lrh.niedersachsen.de/download/107689, S. 105 ff., m. w. N.

öffentlichen Rechts“ und „Stiftung des öffentlichen Rechts“ gewinnen; weiterer Merkmale bedarf es nicht. Allerdings lässt sich auf diesem Wege eben nur der Wesenskern einer Stiftung des öffentlichen Rechts bestimmen. Die insoweit gefundenen Merkmale schließen es nicht aus, der betreffenden juristischen Person darüber hinaus weitere Aufgaben zu übertragen und ihre Organisation und Finanzierung insoweit abweichend zu regeln. Spezifische stiftungsspezifische Beschränkungen bestehen insoweit nicht, sodass eine Stiftung des öffentlichen Rechts als Organisationseinheit der mittelbaren Staatsverwaltung prinzipiell ebenso flexibel einsetzbar ist wie andere juristische Personen des öffentlichen Rechts auch.

# 4. Teil: Maßstäbe für die Beurteilung der Rechtmäßigkeit der Bildung einer Stiftung des öffentlichen Rechts

## A. Einleitung

Nach der Bestimmung des Begriffs der Stiftung des öffentlichen Rechts soll nun untersucht werden, welche rechtlichen Maßstäbe für die Beurteilung der Rechtmäßigkeit der Bildung einer Stiftung des öffentlichen Rechts gelten.

## B. Einheitliches „Stiftungsrecht" oder Analogieschlüsse zum Recht der Stiftungen des bürgerlichen Rechts?

Die Suche nach diesen rechtlichen Maßstäben muss mit der Feststellung beginnen, dass es – ungeachtet des Umstandes, dass manche Landesgesetze Stiftungen des bürgerlichen Rechts und Stiftungen des öffentlichen Rechts gemeinsam in einem „Stiftungsgesetz" regeln, und der weithin üblichen Abhandlung von Stiftungen des öffentlichen Rechts in Lehrbüchern über „das Stiftungsrecht"[463] – ein einheitliches, in sich geschlossenes Stiftungsrecht, das für Stiftungen des bürgerlichen Rechts wie für Stiftungen des öffentlichen Rechts gleichermaßen Geltung beanspruchen könnte, nicht gibt.[464] Vielmehr steht das Recht der Stiftungen des bürgerlichen Rechts grundsätzlich selbständig neben dem Recht der Stiftungen des öffentlichen Rechts. Gewisse Parallelen ergeben sich allenfalls daraus, dass beiden Rechtsfiguren, wie dargelegt, die Strukturelemente einer Stiftung (Stiftungsvermögen, Stiftungszweck, Stiftungsorgane, Stiftungsaufsicht; s. o.) gemeinsam sind.

Fraglich ist, ob es zulässig wäre, dort, wo im Recht der Stiftungen des öffentlichen Rechts ausdrückliche Regelungen fehlen, diese Lücken durch Analogie zum Recht der Stiftungen des bürgerlichen Rechts zu schließen.

---

463 So z. B. die Abhandlungen von *A. Freiherr von Campenhausen/C. Stumpf*, in: von Campenhausen/Richter (Hrsg.), Stiftungsrechts-Handbuch, §§ 15 ff., die Ausführungen von *J. Suerbaum*, in: Stumpf/Suerbaum/Schulte/Pauli, Stiftungsrecht, Teil C, Abschnitt IX, oder der kurze Abriss in Kapitel 1 Rn. 56 bis 58 bei *A. Schlüter/S. Stolte*. Eine „löbliche" Ausnahme bildet hingegen etwa die Abhandlung von *W. Kluth*, in: Wolff/Bachof/Stober/Kluth, Verwaltungsrecht II, 7. Aufl., § 87.

464 So auch *J. Ipsen*, Hochschulen als Stiftungen, S. 242.

Ein Analogieschluss ist nach der Rechtsprechung des Bundesgerichtshofs zulässig, soweit das Gesetz eine planwidrige Regelungslücke aufweist und der zu beurteilende Sachverhalt in rechtlicher Hinsicht mit dem Tatbestand, den der Gesetzgeber geregelt hat, so vergleichbar ist, dass angenommen werden kann, der Gesetzgeber wäre bei einer Interessenabwägung, bei der er sich von den gleichen Grundsätzen hätte leiten lassen wie bei dem Erlass der herangezogenen Gesetzesvorschrift, zu dem gleichen Abwägungsergebnis gekommen.[465] Etwas anders gewendet die Rechtsprechung des Bundesverwaltungsgerichts: Danach setzt die analoge Anwendung der von einer Norm angeordneten Rechtsfolge auf Sachverhalte, die dieser Norm nicht unterfallen, eine planwidrige Regelungslücke voraus. Der Anwendungsbereich der Norm muss wegen eines versehentlichen, mit dem Normzweck unvereinbaren Regelungsversäumnisses des Normgebers unvollständig sein. Eine derartige Lücke darf im Wege der Analogie geschlossen werden, wenn sich aufgrund der gesamten Umstände feststellen lässt, dass der Normgeber die von ihm angeordnete Rechtsfolge auch auf den nicht erfassten Sachverhalt erstreckt hätte, wenn er diesen bedacht hätte.[466]

Erforderlich wären danach, ungeachtet gewisser Unterschiede im Detail, in jedem Fall eine planwidrige Regelungslücke und eine vergleichbare Interessenlage. An beidem fehlt es hier.

Hinsichtlich der erforderlichen planwidrigen Regelungslücke ist darauf hinzuweisen, dass immerhin zwölf Länder ausdrückliche Regelungen über Stiftungen des öffentlichen Rechts in ihren Stiftungsgesetzen oder ihren Landesorganisationsgesetzen getroffen haben, wenn diese auch teilweise erheblich voneinander abweichen (s. o.). Und zumindest in Niedersachsen hat der Gesetzgeber, wie dargelegt, bisher bewusst auf allgemeine gesetzliche Regelungen über Stiftungen des öffentlichen Rechts verzichtet.[467] Schon eine planwidrige Regelungslücke kann daher nicht angenommen werden.

Aber selbst soweit man eine planwidrige Regelungslücke konstatieren wollte, fehlte es in jedem Fall an einer vergleichbaren Interessenlage. Denn zwar gibt es, wie gezeigt, hinsichtlich des Merkmals der „Stiftung“ gewisse begriffliche Schnittmengen zwischen beiden Stiftungsarten. Im Übrigen unterscheiden sie sich jedoch wesentlich:

---

465 BGH, Urteil vom 14. Dezember 2016 – VIII ZR 232/15 – bei juris Rn. 33.

466 BVerwG, Beschluss vom 26. Januar 2016 – BVerwG 2 B 17.15 – bei juris Rn. 8 m. w. N.

467 Landtagsdrucksache 6/200 (S. 9).

- Stiftungen des bürgerlichen Rechts können von jedermann gegründet und auch zur Verfolgung rein privater Zwecke genutzt werden. So dient eine Stiftung des bürgerlichen Rechts, wenn sie von einer Privatperson genutzt wird, in der Regel der Grundrechtsausübung und ist selbst nach Maßgabe des Artikels 19 Abs. 3 GG grundrechtsfähig.[468] Demgegenüber darf zwar möglicherweise auch der Staat Stiftungen des bürgerlichen Rechts nutzen[469] (jedenfalls tut er dies in der Praxis). Dann dient dies jedoch – naturgemäß – nicht der Grundrechtsausübung, sondern der – grundrechtsgebundenen – Erfüllung staatlicher Aufgaben. Dementsprechend kann sich eine Stiftung des öffentlichen Rechts, wie alle juristischen Personen des öffentlichen Rechts, in der Regel auch nicht selbst auf Grundrechte berufen.[470] Deshalb kann eine Privatperson zwar Stifter des Stiftungsvermögens einer Stiftung des öffentlichen Rechts sein. Damit erfüllt der Stifter dann aber nicht selbst eine staatliche Aufgabe, sondern stellt dem Staat lediglich Vermögen zur Erfüllung seiner Aufgaben zur Verfügung.
- Der Staat muss, wenn er sich einer Stiftung des bürgerlichen Rechts bedient, die für jedermann geltenden privatrechtlichen Regelungen, die für diese Rechtsform gelten (insbesondere die §§ 80 bis 88 BGB), beachten. Demgegenüber ist er bei einer Stiftung des öffentlichen Rechts grundsätzlich frei in der Regelung der Organisation, jedenfalls aber nicht an das Privatrecht gebunden.
- Das Recht der Stiftungen des bürgerlichen Rechts gehört grundsätzlich zum Gebiet des *bürgerlichen Rechts* (Artikel 74 Abs. 1 Nr. 1, 1. Fall GG) und damit in den Bereich der konkurrierenden Gesetzgebung (Artikel 72 GG), auch wenn es in Teilen Regelungen sowohl des Bundes als auch der Länder enthält, die dem öffentlichen Recht zuzuordnen sind.[471] Das Recht der Stiftungen des öffentlichen Rechts gehört dagegen insgesamt zum Gebiet des *öffentlichen Rechts*, konkret dem der *Organisation der öffentlichen Verwaltung* und damit für bundesunmittelbare Stiftungen des öffentlichen Rechts in den Bereich der ausschließlichen Gesetzgebung des Bundes (Artikel 87 Abs. 3 Satz 1, Artikel 135 Abs. 4 und Artikel 71 GG) und für landesunmittelbare Stiftungen

468 BVerwGE 40, 347 (348 ff.), bei juris Rn. 17 ff.
469 Dagegen, wie erwähnt, z. B. dezidiert *K. Muscheler*, S. 68 ff., m. w. N., und S. 111.
470 Vgl. BVerfGE 143, 246 (313 ff.), bei juris Rn. 187 ff., m. w. N. Zu etwaigen Ausnahmen vgl. *H. Hof*, in: von Campenhausen/Richter (Hrsg.), Stiftungsrechts-Handbuch, § 4 Rn. 208 ff.
471 Vgl. BVerwGE 106, 177 (179), bei juris Rn. 27 m. w. N.

des öffentlichen Rechts grundsätzlich[472] in den Bereich der ausschließlichen Gesetzgebung des jeweiligen Landes (Artikel 70 Abs. 1 GG).

Eine Stiftung des öffentlichen Rechts ist danach im Verhältnis zu einer Stiftung des bürgerlichen Rechts keine besonders qualifizierte Form einer Stiftung, sondern etwas wesensmäßig anderes, ein rechtliches *aliud*.[473] Diese wesensmäßigen Unterschiede schließen es von vornherein und vollständig aus, irgendwelche Analogieschlüsse aus dem Recht der Stiftungen des bürgerlichen Rechts für das Recht der Stiftungen des öffentlichen Rechts zu ziehen. Vielmehr müssen die einschlägigen rechtlichen Maßstäbe – ungeachtet möglicher Parallelen im Detail – grundsätzlich autonom aus dem für die Organisation der öffentlichen Verwaltung maßgeblichen Recht hergeleitet werden.

## C. Verwaltungsorganisationsrecht

Die Organisation der öffentlichen Verwaltung ist Gegenstand des Verwaltungsorganisationsrechts.

Um im Folgenden die rechtlichen Maßstäbe für das Verwaltungsorganisationsrecht bestimmen zu können, sollte man sich allerdings zunächst vergegenwärtigen, dass „Verwaltungsorganisation" – schon begrifflich – stets in zweierlei Hinsicht zu betrachten ist, nämlich einerseits im Hinblick auf die *Organisation*, also das Phänomen einer „Wirkeinheit", die eine bestimmte Form hat, einem bestimmten Zweck dient und über bestimmte Mittel verfügt („institutionelle Sichtweise"[474]), sowie andererseits im Hinblick darauf, dass die Organisationseinheiten der (öffentlichen) *Verwaltung* „besondere Organe der vollziehenden Gewalt" sind, deren Zweck es ist, „Staatsgewalt auszuüben" (Artikel 20 Abs. 2 Satz 2 GG), also staatliche Aufgaben zu erfüllen und staatliche Befugnisse auszuüben (vgl. Artikel 30 GG),[475] mithin im Hinblick auf die Funktionen der Verwaltung („instrumentelle Sichtweise"[476]).

---

472 Siehe allerdings Artikel 84 Abs. 1 Sätze 1 bis 4 und Artikel 85 Abs. 1 Satz 1 GG.

473 *D. Reuter*, in: Hüttemann/Richter/Weitemeyer (Hrsg.), Landesstiftungsrecht, Rn. 4.10; *B. Weitemeyer*, in: Säcker/Rixecker/Oetker/Limperg (Hrsg.), MüKo BGB, 7. Aufl., § 80 Rn. 229.

474 *M. Burgi*, in: Erichsen/Ehlers (Hrsg.), Allgemeines Verwaltungsrecht, § 6 Rn. 4.

475 Zur Gleichsetzung von „Ausübung von Staatsgewalt" mit „Erfüllung staatlicher Aufgaben und Ausübung staatlicher Befugnisse" durch das Bundesverfassungsgericht vgl. BVerfGE 132, 195 (272), bei juris Rn. 183.

476 *M. Burgi*, in: Erichsen/Ehlers (Hrsg.), Allgemeines Verwaltungsrecht, § 6 Rn. 4.

Die Verbindung beider Sichtweisen macht deutlich, was der Zweck des Staatsorganisationsrechts, zu dem das Verwaltungsorganisationsrecht gehört, im Wesentlichen ist, nämlich die im Ausgangspunkt einheitliche Staatsgewalt zu organisieren. Dies geschieht nach dem Grundgesetz einerseits dadurch, dass die Staatsgewalt zum einen in die gesonderten Staatsfunktionen („Gewalten") Gesetzgebung, vollziehende Gewalt (Regierung und [öffentliche] Verwaltung) und Rechtsprechung („horizontale Gewaltenteilung") sowie zum anderen zwischen Bund und Ländern („vertikale Gewaltenteilung") aufgeteilt wird. Andererseits bilden der Bund und die Länder jeweils gesonderte Staatsorgane und ordnen diesen zur Ausübung und im Rahmen des ihnen jeweils zugeordneten Teils der Staatsgewalt staatliche Aufgaben und Befugnisse zu.

In diesem System ist eine Stiftung des öffentlichen Rechts in staats*funktionaler* Hinsicht ein Teil der (öffentlichen) Verwaltung des Bundes oder eines Landes und in staats*organisatorischer* Hinsicht ein Staatsorgan, das der Bund oder ein Land gebildet hat und dem der Bund oder das jeweilige Land zur Ausübung und im Rahmen des ihm jeweils zuordneten Teils der (öffentlichen) Verwaltung staatliche Aufgaben und Befugnisse übertragen hat.

## D. Unterschiedliche Regelungsgegenstände

Des Weiteren sollte man sich auch vor Augen führen, dass, ungeachtet der einheitlichen Zuordnung zum „Verwaltungsorganisationsrecht", mit der Bildung einer Stiftung des öffentlichen Rechts eine Reihe ganz unterschiedlicher Regelungsgegenstände verbunden ist. Geregelt werden müssen nämlich

1. die *Entstehung* der Stiftung als juristische Person,[477]
2. die *Ausgestaltung* der Stiftung hinsichtlich

   a) ihres Namens,
   b) ihres Sitzes,
   c) ihres Zwecks,
   d) ihres (vorgesehenen) Vermögens,
   e) ihrer Organe und deren Besetzung[478] sowie
   f) ihrer Verfassung im Übrigen,[479]

477 Vgl. § 80 Abs. 1 BGB.
478 Vgl. bis hierher § 81 Abs. 1 Satz 3 BGB.
479 Vgl. die §§ 85 und 86 BGB.

3. die staatliche *Aufsicht*[480] sowie
4. die *Übertragung* von

   a) staatlichen *Aufgaben* (als Stiftungszweck oder als sonstige Aufgaben),[481]
   b) ggf. staatlichen (hoheitsrechtlichen) *Befugnissen*[482] und
   c) *Vermögen* (als Stiftungsvermögen oder als sonstige Finanzmittel).[483]

Alle diese Regelungsgegenstände können zwar (müssen aber nicht) zusammengefasst im Rahmen eines einheitlichen Gesetzes oder sonstigen Rechtsaktes behandelt werden. Dies darf jedoch nicht den Blick dafür verstellen, dass die jeweiligen Rechtsgrundlagen und die jeweils zu stellenden rechtlichen Anforderungen durchaus unterschiedlich sein können.

Im Hinblick auf die Ausstattung einer Stiftung mit einem *Stiftungsvermögen* sei in diesem Zusammenhang zudem darauf hingewiesen, dass zu unterscheiden ist zwischen

- der Regelung, dass ein bestimmtes Vermögen Stiftungsvermögen sein soll (mit der Folge, dass dieses Vermögen für die Dauer des Bestehens der Stiftung nur zur Erfüllung des Stiftungszwecks verwendet werden darf),
- der Verpflichtung des Stifters, Vermögen als Stiftungsvermögen auf die Stiftung zu übertragen, und
- der Übertragung des Vermögens selbst.[484]

Besonders anschaulich wird diese Differenzierung im jüngst beschlossenen Entsorgungsfondsgesetz: § 7 Abs. 1 EntsorgFondsG legt fest, dass die von den Einzahlenden geleisteten Zahlungen das Stiftungsvermögen („Fondsvermögen") bilden. § 10 Abs. 1 EntsorgFonds bestimmt, dass das Stiftungsvermögen nur zur Erfüllung des Stiftungszwecks, der in § 1 Abs. 2 EntsorgFondsG geregelt ist, verwendet werden darf. Dass, von wem und wie diese Zahlungen zu leisten sind, ist

480 Vgl. die §§ 10 und 19 Abs. 2 Sätze 2 und 3 NStiftG.

481 Vgl. Artikel 57 Abs. 4 Sätze 1 und 5 NV, § 5 NVOZustG.

482 Vgl. § 6 NVwVG, § 2 DVO-NVwVG.

483 Vgl. § 82 BGB. Die Festlegung des vorgesehenen Stiftungsvermögens und die Übertragung dieses Vermögens sind verschiedene Rechtsakte.

484 Vgl. bei Stiftungen des bürgerlichen Rechts § 81 Abs. 1 Satz 2 und § 82 BGB; ferner BGH, Urteil vom 17. Dezember 2010 – V ZR 45/10 – bei juris Rn. 31 ff. (zur Übertragung des Eigentums an Sachen auf eine Stiftung des öffentlichen Rechts).

dann an anderer Stelle in § 7 Abs. 2 bis 4 und § 8 geregelt.[485] Die Zahlungen selbst erfolgen dann noch wieder gesondert.[486]

Daraus lässt sich zum einen ersehen, dass die Regelung des (vorgesehenen) Stiftungsvermögens im Rahmen der organisatorischen Ausgestaltung der Stiftung zunächst nur eine „leere Hülle" ist, die erst noch durch die tatsächliche Übertragung des in Aussicht genommenen Vermögens „gefüllt" werden muss. Daher ist die bloße Regelung des (vorgesehenen) Stiftungsvermögens für sich betrachtet zunächst noch rechtlich unproblematisch.

Zum anderen zeigt sich an dem dargestellten Beispiel, dass das Stiftungsvermögen einer Stiftung des öffentlichen Rechts nicht notwendigerweise Vermögen der öffentlichen Hand gewesen sein muss, sondern durchaus auch von Privatpersonen stammen kann. Mithin ist zwar allein der Staat zur Bildung einer Stiftung des öffentlichen Rechts befugt, er muss jedoch nicht auch Stifter des Stiftungsvermögens sein.

## E. Rechtliche Maßstäbe

### I. Einleitung

Ungeachtet der vorstehend dargelegten Differenzierungsnotwendigkeiten soll im Folgenden versucht werden, alle Regelungsgegenstände grundsätzlich einheitlich zu betrachten, zumal, wie noch näher darzulegen sein wird, sich die Ausgestaltung einer juristischen Person des öffentlichen Rechts, ihre Beaufsichtigung durch den Staat sowie die ihr übertragenen staatlichen Aufgaben und Befugnisse nicht gut getrennt voneinander betrachten lassen.

---

485 Interessanterweise beruhen die Zahlungen der Einzahlenden nicht auf ihrem freien Willensentschluss, sondern auf einer gesetzlichen Verpflichtung; es handelt sich hier also gewissermaßen um eine „Zwangsstiftung". Dies macht aber auch noch einmal einen maßgeblichen Unterschied zwischen Stiftungen des bürgerlichen Rechts und Stiftungen des öffentlichen Rechts deutlich: Während die Entstehung und Betätigung einer Stiftung des bürgerlichen Rechts Ausdruck grundrechtsgeschützter Freiheitsausübung ist, ist die Stiftung des öffentlichen Rechts ein Mittel des Staates zur Erfüllung seiner Aufgaben.

486 Vgl. auch z. B. Abschnitt III. des Beschlusses des Niedersächsischen Landesministeriums vom 21. März 1961 (Nds. MBl. S. 409). Der dortige Satz 1 enthält die Widmung bestimmter Vermögensgegenstände zum Stiftungsvermögen der Stiftung „Museumsdorf Cloppenburg", Satz 2 die Verpflichtung, dieses Vermögen vom Land (durch den Landesfürsorgeverband Oldenburg) auf die Stiftung zu übertragen. Die Übertragung selbst ist dann offenbar durch gesonderte Rechtsakte erfolgt.

## II. Rechtsgrundlage: Organisationsgewalt

Die rechtliche Grundlage für die Befugnis, eine Stiftung des öffentlichen Rechts zu bilden, ist dieselbe, aus der sich die Befugnis ergibt, Staatsorgane zu bilden und ihnen staatliche Aufgaben und Befugnisse zuzuweisen. Diese Befugnis lässt sich mit dem überkommenen Begriff der Organisationsgewalt umschreiben. Darunter versteht man nach heute wohl herrschender Meinung „die Kompetenz zur Bildung, Errichtung, Einrichtung, Änderung, Aufhebung von juristischen Personen des öffentlichen Rechts sowie [anderen] Organen und Dienststellen des Staates durch die Bestimmung ihrer Zuständigkeiten, ihrer inneren Ordnung, ihrer persönlichen und sachlichen Ausstattung sowie ihrer Beziehungen zueinander";[487] dies meint im Hinblick auf die öffentliche Verwaltung des Landes Niedersachsen auch Artikel 38 Abs. 1 NV mit der dort geregelten Befugnis, „über die Organisation der öffentlichen Verwaltung" zu beschließen. Diese Befugnis folgt schon aus der Staatlichkeit von Bund und Ländern, genauer: der Befugnis jeden Staates, *sich selbst zu organisieren*, und nicht erst aus der Zuordnung von bestimmten Aufgaben und Befugnissen (deren Wahrnehmung nur noch zu organisieren wäre).[488]

## III. Formelle Maßstäbe: Zuständigkeit und Form

### 1. *Einleitung*

Neben diesen allgemeinen Aussagen ist stets zu bedenken, dass das Verwaltungsorganisationsrecht, soweit es die öffentliche Verwaltung der Länder betrifft, Landesrecht und nur, soweit es die öffentliche Verwaltung des Bundes betrifft, Bundesrecht ist. Daraus folgt, dass sich die rechtlichen Maßstäbe für die Verwaltungsorganisation nur bedingt mit bundesweiter Gültigkeit allgemein

---

487 So *K. Stern*, § 41 IV 10 (S. 793 f.) m. w. N., sowie ihm folgend *J.-M. Weißer*, in: Epping/Butzer/Brosius-Gersdorf/Haltern/Mehde/Waechter (Hrsg.), Hannoverscher Kommentar zur NV, Artikel 38 Rn. 1 (siehe dort aber auch Rn. 5); *L. Hagebölling*, NV, Artikel 38 Erl. 1; *H. Neumann*, Artikel 38 Rn. 4; *J. Ipsen*, NV, Artikel 38 Rn. 10; *T. Elster*, in: Korte/Rebe, Verfassung und Verwaltung des Landes Niedersachsen, S. 317. Zu Begriff und Inhalt der Organisationsgewalt im Bereich der öffentlichen Verwaltung siehe außerdem (mit jeweils leicht abweichenden Definitionen) *W. Kluth*, in: Wolff/Bachof/Stober/Kluth, Verwaltungsrecht II, 7. Aufl., § 81 Rn. 4 ff.; *M. Burgi*, in: Erichsen/Ehlers (Hrsg.), Allgemeines Verwaltungsrecht, § 7 Rn. 1 ff.; *H. Butzer*, (insgesamt); *U. Stelkens* (auch insgesamt), jeweils m. w. N.

488 Vgl. BVerfGE 34, 9 (19 ff.), bei juris Rn. 41 ff.; BVerfGE 137, 108 (165 f.), bei juris Rn. 136 m. w. N.

feststellen lassen. Vielmehr sind grundsätzlich die Besonderheiten des jeweiligen Landes- und des Bundesrechts zu berücksichtigen. Da hier nicht geleistet werden kann, sämtliche Länder und den Bund in den Blick zu nehmen, beschränkt sich die nachfolgende Untersuchung auf die allgemeinen, sowohl für alle Länder als auch für den Bund geltenden Aspekte sowie exemplarisch auf die Rechtslage in Niedersachsen; diese mag in vielen, aber sicher nicht in allen Bereichen mit der Rechtslage im Bund und in den anderen Ländern übereinstimmen.

### 2. *Verbands- und Organzuständigkeit*

Die *Verbandszuständigkeit* für die Ausübung der Organisationsgewalt in Bezug auf die öffentliche Verwaltung liegt für die jeweils eigene Verwaltung nach dem oben Gesagten selbstverständlich jeweils gesondert beim Bund und den einzelnen Ländern (vgl. für den Bund die Artikel 86 ff. GG und für Niedersachsen Artikel 38 Abs. 1 und 3 NV).

Innerhalb des jeweiligen Verbandes ist die *Organzuständigkeit* zumindest im Bund und in Niederachsen zwischen Regierung und Parlament geteilt: Grundsätzlich ist die Regierung zuständig, soweit das Gesetz nichts anderes bestimmt (vgl. Artikel 86 Satz 2 GG, Artikel 38 Abs. 1 NV).[489]

Zuständigkeit und Form hängen also voneinander ab: Soweit ein (förmliches) Gesetz erforderlich ist, ist ausschließlich das Parlament zuständig; es muss dann in Form eines Gesetzes entscheiden, und nur das Parlament kann dies tun. Soweit die Regierung zuständig ist, bedarf es auch nicht der Form eines Gesetzes; die Regierung könnte ein solches auch nicht erlassen.

Da aber schon nach der dargelegten Staatspraxis nicht stets ein Gesetz erlassen wird, um die Verwaltungsorganisation zu regeln – und deshalb ein Gesetz auch nicht durchweg erforderlich zu sein scheint –, bleibt mithin ein Überschneidungsbereich, in dem Regierung und Parlament offenbar um die Zuständigkeit konkurrieren. Dieser Bereich wird nachfolgend betrachtet.

---

489 Nach Artikel 38 Abs. 3 NV kann die Landesregierung ihre Befugnisse zudem auf einzelne ihrer Mitglieder sowie auf Stellen übertragen, die ihr gegenüber weisungsgebunden sind (*J.-M. Weißer*, in: Epping/ Butzer/Brosius-Gersdorf/Haltern/Mehde/Waechter (Hrsg.), Hannoverscher Kommentar zur NV, Artikel 38 Rn. 26; *L. Hagebölling*, NV, Artikel 38 Erl. 2; *H. Neumann*, Artikel 38 Rn. 10).

### 3. *Beschränkung des Artikels 38 Abs. 1 NV auf die unmittelbare Staatsverwaltung?*

Fraglich ist allerdings zunächst, ob Objekt der Organisationsgewalt nach Artikel 38 Abs. 1 NV nur die unmittelbare oder auch die mittelbare Staatsverwaltung ist. Wäre nur ersteres der Fall, fielen Stiftungen des öffentlichen Rechts als Teil der mittelbaren Staatsverwaltung nicht in den Bereich der in Teilen der Landesregierung zugänglichen Organisationsgewalt.

Dass sich Artikel 38 Abs. 1 NV nur auf die unmittelbare, nicht aber auf die mittelbare Staatsverwaltung erstrecke, wird zwar vertreten,[490] ist m. E. aber zumindest in dieser Allgemeinheit unrichtig.

Schon der Umstand, dass der Siebente Abschnitt der Niedersächsischen Verfassung (Artikel 56 ff. NV) mit „Die Verwaltung" überschrieben ist und Artikel 38 Abs. 1 NV allgemein von „der öffentlichen Verwaltung" spricht, dürfte ein nicht unerhebliches Indiz dafür sein, dass sich Artikel 38 Abs. 1 NV nicht nur auf die in Artikel 56 NV geregelte unmittelbare Staatsverwaltung, sondern auch auf die zumindest in Teilen in Artikel 57 NV geregelte mittelbare Staatsverwaltung bezieht.

Aber auch die Entstehungsgeschichte der Norm spricht eindeutig für die Einbeziehung der mittelbaren Staatsverwaltung: So differenziert die Referenten-Begründung zum Entwurf einer Vorläufigen Niedersächsischen Verfassung zu Artikel 27 (dem späteren Artikel 29 VNV, der dem heutigen Artikel 38 NV entspricht) nicht zwischen beiden Verwaltungsformen, sondern bezieht sich allgemein auf „[die] [vollziehende] Gewalt innerhalb des Landes" und betont, die grundsätzlich dem „Staatsministerium" (heute: der Landesregierung) zugewiesene Organisationsgewalt schließe „insbesondere auch die Befugnis zur Errichtung von juristischen Personen des öffentlichen Rechts in ihren verschiedenen Erscheinungsformen" ein.[491]

Richtig ist allerdings (aber auch nur), dass Artikel 57 Abs. 1 NV und Artikel 28 Abs. 2 Sätze 1 und 2 GG hinsichtlich der Organisation der *Kommunen* (und Artikel 57 Abs. 1 NV auch hinsichtlich der sonstigen *Körperschaften des öffentlichen Rechts*), d. h. für Eingriffe in deren eigene Organisationshoheit, einen Gesetzesvorbehalt begründen („im Rahmen der Gesetze"), sodass lediglich *im Ergebnis* und *insoweit* ein Beschluss der Landesregierung nicht ausreicht, um die Organisation zu regeln.[492]

---

490 *J. Ipsen*, NV, Artikel 38 Rn. 12 f.

491 Zu Landtagsdrucksache I/2073, S. 11.

492 *T. Elster*, in: Korte/Rebe, Verfassung und Verwaltung des Landes Niedersachsen, S. 317; im Ergebnis ebenso *J.-M. Weißer*, in: Epping/Butzer/Brosius-Gersdorf/

### 4. „*Kommunale Organisationshoheit*“ *als* „*kommunale Organisationsgewalt*“?

Der zuletzt angeführte Aspekt führt zu der weiteren Frage, ob neben Regierung und Parlament im Bereich des Landes auch den *Kommunen* (und den sonstigen Körperschaften des öffentlichen Rechts) eine eigenständige Organisationsgewalt zukommt, kraft derer sie befugt wären, selbst (ohne Beteiligung von Parlament und Regierung) Stiftungen des öffentlichen Rechts entstehen zu lassen.

Eine solche Befugnis könnte sich möglicherweise aus der „Organisationshoheit“ der Kommunen im Rahmen ihres Selbstverwaltungsrechts nach Artikel 57 Abs. 1 NV[493] und Artikel 28 Abs. 2 Sätze 1 und 2 GG[494] ergeben.

Die kommunale Organisationshoheit wurzelt in dem Recht der Kommunen, „ihre Angelegenheiten im Rahmen der Gesetze in eigener Verantwortung“ zu „verwalten“ (so Artikel 57 Abs. 1 NV). Aus diesem Recht leitet sich u. a. das Recht der Kommunen ab, die *Art und Weise*, in der sie die ihnen zugewiesenen oder übertragenen Aufgaben erfüllen, im Rahmen der Gesetze eigenverantwortlich zu regeln, was wiederum die sog. Organisationshoheit beinhaltet.[495] Denkbar wäre daher anzunehmen, dass sich daraus auch die Befugnis ergibt, eine Aufgabe nicht selbst zu erfüllen, sondern sich stattdessen zur Erfüllung der betreffenden Aufgabe einer Stiftung des öffentlichen Rechts zu bedienen *und* zu diesem Zweck selbst eine entsprechende Stiftung des öffentlichen Rechts zu bilden.

Gegen eine solche Annahme sprechen aber folgende Gründe:

Die kommunale Organisationshoheit bezieht sich im Ausgangspunkt zunächst nur auf die *innere* Organisation der Kommune in ihrer Eigenschaft als Körperschaft des öffentlichen Rechts, d. h. die Körperschaft hat das Recht, sich im Rahmen der Gesetze *selbst* zu organisieren.[496] Dabei können Kommunen zwar „grundsätzlich nach eigenem Ermessen *Behörden, Einrichtungen und Dienststellen* errichten, ändern und aufheben, diese ausstatten, beaufsichtigen

---

Haltern/Mehde/Waechter (Hrsg.), Hannoverscher Kommentar zur NV, Artikel 38 Rn. 13; *L. Hagebölling*, NV, Artikel 38 Erl. 1; vgl. ferner *H. Neumann*, Artikel 38 Rn. 1, wenngleich dort ausdrücklich nur im Hinblick auf die Personalhoheit der Kommunen.

493 Siehe dazu Nds. StGH, Urteil vom 13. März 1996 – StGH 1/94 u. a. – Nds. MBl. S. 524 (528 f.) [bei juris nur Kurztext].

494 Siehe dazu u. a. BVerfGE 119, 331 (361 ff.), bei juris Rn. 145 ff.; BVerfGE 137, 108 (158 ff.), bei juris Rn. 116 ff., jeweils m. w. N.

495 Zu den Einzelheiten siehe Nds. StGH und BVerfG, ebenda (vorstehende Fn.).

496 So auch Nds. StGH, Urteil vom 13. März 1996 – StGH 1/94 u. a. – Nds. MBl. S. 524 (528) [bei juris nur Kurztext].

und die Steuerungsmechanismen festlegen".[497] Eine Stiftung des öffentlichen Rechts ist jedoch, wie dargelegt, keine derartige, rechtlich unselbständige Organisationseinheit einer Kommune, sondern eine selbständige juristische Person, die rechtlich und organisatorisch eigenständig neben der Kommune als Körperschaft steht.

Die kommunale Organisationshoheit umfasst darüber hinaus zwar auch das Recht, sich zur Erfüllung einzelner Aufgaben rechtlich selbständiger Organisationen zu bedienen.[498] Dabei ist die Kommune jedoch auf eine Auswahl unter den ihr *„vom Gesetzgeber zur Verfügung gestellten Organisationsformen"*[499] beschränkt (wie das kommunale Selbstverwaltungsrecht ja ohnehin nach Artikel 57 Abs. 1 NV und Artikel 28 Abs. 2 Satz 1 GG nur „im Rahmen der Gesetze" besteht). Der Gesetzgeber hat den Kommunen auch eine Reihe von Organisationsformen zur Verfügung gestellt. So können sich die Kommunen unter Beachtung der Vorgaben der §§ 136 ff. NKomVG für ihre wirtschaftliche Betätigung aller Organisationsformen des privaten Rechts bedienen (siehe insbesondere § 137 NKomVG). Ferner steht den Kommunen - wie dem Land (siehe § 18 Abs. 1 NStiftG) - grundsätzlich die Stiftung des bürgerlichen Rechts (§§ 80 ff. BGB, §§ 1 ff. NStiftG) offen. Auch Organisationsformen des öffentlichen Rechts stellt der Gesetzgeber den Kommunen zur Verfügung, so die kommunale Anstalt des öffentlichen Rechts (§§ 141 ff. NKomVG), die Sparkasse als Anstalt des öffentlichen Rechts (§§ 1 ff. des Niedersächsischen Sparkassengesetzes), die gemeinsame kommunale Anstalt (§§ 3 ff. NKomZG) und den Zweckverband als Körperschaft des öffentlichen Rechts (§§ 7 ff. NKomZG). Was der Gesetzgeber den Kommunen *nicht* zur Verfügung gestellt hat, sind von ihnen selbst gebildete Stiftungen des öffentlichen Rechts.[500] Vielmehr beschränkt sich das Gesetz insoweit auf Regelungen über die Verwaltung von Stiftungen des öffentlichen Rechts durch eine Kommune, ohne ausdrücklich zu regeln, dass eine Kommune eine solche Stiftung auch selbst bilden kann (vgl. § 135 NKomVG).

---

497 BVerfGE 119, 331 (362), bei juris Rn. 146; Hervorhebungen des Verfassers.

498 *K. Lange*, Kapitel 1 Rn. 74; *C. Brüning*, S. 457).

499 BVerfGE 137, 108 (158), bei juris Rn. 117 mit Verweis auf *E. Schmidt-Jortzig*, in: von Mutius (Hrsg.), Festgabe von Unruh, S. 526 f.

500 Vgl. OVG NRW, Urteil vom 17. Februar 1984 - 15 A 2626/81 - DVBl. 1985, 172 (174) [bei juris nur Kurztext]. Danach sind Regelungen im Rahmen der kommunalen Organisationshoheit ausgeschlossen, wenn der Gesetzgeber den betreffenden Organisationsgegenstand abschließend geregelt hat. Dies dürfte für den Kanon der den Kommunen in Niedersachsen zur Auswahl stehenden Organisationsformen des öffentlichen Rechts anzunehmen sein.

Daran ändert sich auch nichts mit Blick auf § 58 Abs. 1 Nr. 18 NKomVG. Danach beschließt die Vertretung einer Kommune u. a. über „die Errichtung … von Stiftungen".[501] Diese Regelung soll sich nach der Kommentarliteratur auf rechtsfähige und nicht rechtsfähige Stiftungen sowie auf Stiftungen des bürgerlichen Rechts und auf Stiftungen des öffentlichen Rechts erstrecken.[502] Ob und inwieweit dies tatsächlich auch für rechtsfähige Stiftungen des öffentlichen Rechts zutrifft und ob hier ggf. „Errichtung" gleichbedeutend mit „Entstehung" wäre,[503] mag an dieser Stelle offen bleiben. Denn jedenfalls wird durch diese Regelung lediglich die *Organzuständigkeit innerhalb einer Kommune* festgelegt. Eine eigenständige Rechtsgrundlage für die Bildung einer rechtsfähigen Stiftung, zumal einer solchen des öffentlichen Rechts, durch eine Kommune stellt die Vorschrift nicht dar.[504]

Auch unabhängig davon wäre es höchst ungewöhnlich, dass eine juristische Person ohne Mitwirkung des *Staates* (Bund oder Land) entstehen kann. Wie dargelegt, ist eine juristische Person eine *Zweckschöpfung einer Rechtsordnung*, bei der einer Organisation unter bestimmten Voraussetzungen Rechtsfähigkeit zuerkannt wird. Mithin muss die Rechtsordnung entscheiden, welches diese Voraussetzungen sein sollen. Dementsprechend entsteht eine juristische Person

---

501 Entsprechende Regelungen enthalten § 51 Nr. 13 der Hessischen Gemeindeordnung, § 22 Abs. 3 Nr. 9 der Kommunalverfassung für das Land Mecklenburg-Vorpommern und § 28 Nr. 22 der Gemeindeordnung für Schleswig-Holstein. Im Recht der anderen Länder wird die „Errichtung" nicht genannt (vgl. *K. Lange*, Kapitel 4 Rn. 127 m. w. N. in Fn. 248).

502 *P. Blum*, in: Blum u. a., KVR (neu), § 58 NKomVG Rn. 63; *ders.*, in: Blum/Häusler/Meyer (Hrsg.), NKomVG, § 58 Rn. 37; *T. Koch*, in: Ipsen (Hrsg.), NKomVG, § 58 Rn. 56; alle jedoch ohne nähere Begründung.

503 Zu etwaigen Unterschieden vgl. §§ 17 und 18 BWStiftG, ferner § 13 Abs. 2 Satz 1 SächsStiftG sowie § 1 Abs. 1 Sätze 1 und 2 des nordrhein-westfälischen Gesetzes zur Errichtung einer Stiftung „Stiftung für Hochschulzulassung".

504 Dies ergibt sich neben der systematischen Stellung der Vorschrift auch aus ihrer Entstehungsgeschichte: Die Worte „die Errichtung" wurden durch Artikel 1 Nr. 12 des Gesetzes vom 22. April 2005 (Nds. GVBl. S. 110) in § 40 Abs. 1 Nr. 16 der Niedersächsischen Gemeindeordnung eingefügt und dann in § 58 Abs. 1 Nr. 18 NKomVG übernommen. In der Begründung des Gesetzentwurfs heißt es dazu nur, „im Hinblick auf die Möglichkeit einer kommunalen Stiftungsgründung" sei „die Zuständigkeitsregelung um die ‚Errichtung' von Stiftungen zu erweitern" (Landtagsdrucksache 15/1490, S. 25). Danach ging der Gesetzgeber zum einen davon aus, dass es sich um eine bloße Zuständigkeitsvorschrift handelt. Zum anderen setzte er die (anderweitige) Möglichkeit einer kommunalen Stiftungsgründung offenbar voraus, ohne dafür an dieser Stelle eine eigene Rechtsgrundlage schaffen zu wollen.

für gewöhnlich dadurch, dass der Staat zum einen abstrakt durch Gesetz regelt, welche Anforderungen erfüllt sein müssen, damit eine Organisation die Rechtsstellung einer juristischen Person erhält oder erhalten kann, und zum anderen durch einen besonderen Rechtsakt im Einzelfall – Eintragung in ein Register (z. B. § 21 BGB, § 41 Abs. 1 Satz 1 AktG, § 11 Abs. 1 GmbHG), Anerkennung (z. B. § 80 BGB), Genehmigung (z. B. § 2 Abs. 5 Sätze 2 und 3 NKomZG)[505] oder Verleihung der Rechtsfähigkeit (z. B. § 22 BGB) –, der bei Erfüllung der gesetzlichen Voraussetzungen die Entstehung der jeweiligen juristischen Person bewirkt. Auch gibt es Fälle, in denen das bloße Erfüllen der gesetzlichen Anforderungen ausreicht, um eine Organisation als juristische Person entstehen zu lassen;[506] in diesen Fällen ist aber in aller Regel zumindest eine Anzeige gegenüber einer staatlichen Stelle erforderlich (z. B. § 152 Abs. 1 NKomVG, § 2 Abs. 5 Satz 1 NKomZG). Bei einer Stiftung des öffentlichen Rechts bestehen hingegen, wie dargelegt, für den Bereich des Landes Niedersachsen überhaupt keine allgemeinen gesetzlichen Anforderungen, deren Erfüllung geprüft werden und ggf. dazu führen könnte, dass einer bestimmten Organisation die Eigenschaft einer juristischen Person in Form einer Stiftung des öffentlichen Rechts zuerkannt wird. Vor diesem Hintergrund erscheint die Annahme, eine Kommune könne trotz fehlender gesetzlicher Vorgaben allein aufgrund ihrer Organisationshoheit nach ihren Vorstellungen eine Organisation bilden und diese aus eigenem Recht als juristische Person, zumal in der konkreten Form einer Stiftung des öffentlichen Rechts, entstehen lassen, extrem fernliegend.

Aus diesen Gründen ist nicht davon auszugehen, dass auch die Kommunen allein aufgrund ihrer „Organisationshoheit" befugt sind, kraft eigenen Rechts eine Stiftung des öffentlichen Rechts entstehen zu lassen.

### 5. *Zulässigkeit eines Gesetzes?*

Um die Zuständigkeiten von Parlament und Regierung voneinander abzugrenzen, könnte man außerdem die Frage aufwerfen, inwieweit das Parlament überhaupt durch Gesetz auf die Regelung der Verwaltungsorganisation zugreifen darf

505 So auch bei kirchlichen Anstalten und Stiftungen des öffentlichen Rechts im Anwendungsbereich des Loccumer Vertrages (Artikel 11 Abs. 2 des Loccumer Vertrages und Artikel 7 Abs. 1 des Ergänzungsvertrages; s. o.).

506 Ob die gesetzlichen Anforderungen an die Entstehung tatsächlich erfüllt waren, bleibt sodann einer etwaigen gerichtlichen Entscheidung im Streitfall vorbehalten (vgl. z. B. für einen Zweckverband Nds. OVG, Urteil vom 8. Mai 2014 – 1 KN 102/11 – bei juris Rn. 20 ff.).

oder ob es nicht einen Bereich der Verwaltungsorganisation gibt, der zwingend der Regierung vorzubehalten ist und demzufolge nicht vom Parlament durch Gesetz geregelt werden darf.[507] Dieser Frage nachzugehen, führt im Rahmen der vorliegenden Untersuchung indes nicht recht weiter. Denn hier soll vordringlich geprüft werden, ob und inwieweit ein Gesetz *erforderlich* ist, also ein Gesetzesvorbehalt für die Entstehung einer Stiftung des öffentlichen Rechts besteht. Die Frage, ob es auch Fälle geben könnte, in denen eine Stiftung des öffentlichen Rechts gar *nicht* durch Gesetz gebildet werden *darf*, dürfte demgegenüber allenfalls zu praktisch irrelevanten Antworten führen, zumal die entsprechende *Befugnis* des Gesetzgebers dem Grunde nach, soweit ersichtlich, noch nie bestritten wurde.

---

507 Angesprochen wäre damit die Frage, ob der Regierung ein *Kernbereich* von Organisationsbefugnissen verbleiben muss, der dem Zugriff des Gesetzgebers (des Parlaments) verschlossen ist. Die Antwort auf diese Frage ist zwar dem Grunde nach im Allgemeinen (vgl. *W. Kluth*, in: Wolff/Bachof/Stober/Kluth, Verwaltungsrecht II, 7. Aufl., § 82 Rn. 20 ff.; *H. Wißmann*, in: Hoffmann-Riem/Schmidt-Aßmann/ Voßkuhle [Hrsg.], Grundlagen des Verwaltungsrechts, § 15 Rn. 33 ff., jeweils m. w. N.) wie auch im Hinblick auf die besondere Rechtslage in Niedersachsen umstritten (so vertritt *H. Neumann* [Artikel 38 Rn. 5] die Auffassung, wegen der in Artikel 38 NV angelegten grundsätzlichen Kompetenzverteilung zwischen Legislative und Exekutive sei der Landesregierung „noch eine hinreichende Kompetenz zu lassen"; demgegenüber nimmt *K. Waechter* [in: Epping/Butzer/Brosius-Gersdorf/Haltern/ Mehde/Waechter {Hrsg.}, Hannoverscher Kommentar zur NV, Artikel 56 Rn. 25] ein umfassendes Zugriffsrecht der Legislative gegenüber der Exekutive an). Jedoch kann es letztlich wohl keinen ernstlichen Zweifeln unterliegen, dass dem Gesetzgeber jedenfalls die Bildung neuer juristischer Personen des öffentlichen Rechts nicht verwehrt sein kann, er insoweit also zur Regelung durch Gesetz zumindest *befugt* ist (so auch *L. Hageb ölling* [NV, Artikel 38 Erl. 1], dort allerdings mit unklaren Verweisen auf den „Grundsatz vom Vorbehalt des Gesetzes" und die „Wesentlichkeitstheorie", aus denen sich ja ggf. ergäbe, dass der Gesetzgeber u. U. zu einer Regelung *verpflichtet* sein könnte, was *L. Hagebölling* dann an anderer Stelle [NV, Artikel 56 Erl. 3] auch tatsächlich vertritt). Nach der jüngsten Rechtsprechung des Bundesverfassungsgerichts (BVerfGE 137, 108 [144], bei juris Rn. 81 am Ende]) gebietet das Demokratieprinzip (Artikel 20 Abs. 1 und 2 GG, entsprechend Artikel 1 Abs. 2 und Artikel 2 Abs. 1 NV) „eine weitgehende Normierung von Zuständigkeitszuweisungen, Verfahren und Aufsichtsbefugnissen". Auch dies dürfte dafür sprechen, dass die Bildung einer neuen juristischen Person und insbesondere die damit zwangsläufig verbundene Zuständigkeitszuweisung durch den Gesetzgeber jedenfalls *zulässig*, wenn nicht sogar grundsätzlich erforderlich sind.

### 6. *Erforderlichkeit eines Gesetzes*

#### a) *Einleitung*

Wichtiger und letztlich entscheidend ist demgegenüber die Beantwortung der Frage, inwieweit ein Gesetz *erforderlich* und damit ausschließlich das Parlament (und nicht die Regierung) zuständig ist, also inwieweit ein Gesetzesvorbehalt besteht.

Ein solcher Gesetzesvorbehalt kann aus verschiedenen Gründen bestehen. In Betracht kommen

- der allgemeine verfassungsrechtliche Parlamentsvorbehalt,
- spezielle verfassungsrechtliche Gesetzesvorbehalte,
- einfachgesetzliche Gesetzesvorbehalte und
- „mittelbare“ Gesetzesvorbehalte.

#### b) *Allgemeiner verfassungsrechtlicher Parlamentsvorbehalt*

##### aa) Einleitung

Allgemein könnte sich das Erfordernis eines Gesetzes und damit eine ausschließliche Zuständigkeit des Parlaments zunächst aus dem – nach der ständigen Rechtsprechung des Bundesverfassungsgerichts aus dem Rechtsstaatsprinzip (Artikel 20 Abs. 3, Artikel 28 Abs. 1 Satz 1 GG, Artikel 1 Abs. 2 und Artikel 2 Abs. 2 NV) und dem Demokratieprinzip abzuleitenden – *Grundsatz des Parlamentsvorbehalts*[508] ergeben. Dieser besagt, dass der Gesetzgeber verpflichtet ist, „in grundlegenden normativen Bereichen, zumal im Bereich der Grundrechtsausübung, soweit diese staatlicher Regelung zugänglich ist, alle wesentlichen Entscheidungen selbst zu treffen“[509] und nicht der vollziehenden Gewalt zu überlassen (sog. Wesentlichkeitstheorie[510]).

##### bb) Rechtslage und Staatspraxis in Niedersachsen

Bevor versucht wird, diesem Aspekt in allgemeiner Form nachzugehen, soll zur Veranschaulichung ein Blick auf die Rechtslage und die Staatspraxis in Niedersachsen geworfen werden.

Wie bereits ausgeführt, beschließt nach Artikel 38 Abs. 1 NV die Landesregierung „über die Organisation der öffentlichen Verwaltung, soweit nicht Gesetze

508 Zum Begriff BVerfGE 108, 282 (311), bei juris Rn. 67 m. w. N.
509 Grundlegend BVerfGE 49, 89 (126 f.), bei juris Rn. 77 m. w. N.
510 Zu diesem Begriff etwa BVerfGE 84, 212 (226), bei juris Rn. 40 m. w. N.

die Organisation regeln".[511] Durch den letzten Halbsatz („soweit …") wird klargestellt, dass die Organisationsgewalt auch vom Gesetzgeber (also dem Parlament) ausgeübt werden *kann*.[512] Darüber hinaus kann die Ausübung der Organisationsgewalt, je nach dem Gegenstand der jeweiligen Maßnahme, verfassungsrechtlich – sei es durch ausdrückliche Regelung (z. B. Artikel 56 Abs. 2 NV), sei es nach allgemeinen Grundsätzen (dazu näher noch unten) – teilweise sogar dem Gesetzgeber vorbehalten sein; insoweit *muss* ggf. der Gesetzgeber tätig werden, die Befugnis der Landesregierung ist in diesem Fall ausgeschlossen.[513] Soweit

---

511 Die Abgrenzung zwischen der Organisationsbefugnis der *Landesregierung* nach Artikel 38 Abs. 1 NV und der in Artikel 37 Abs. 1 Satz 2 NV geregelten Befugnis jedes *Mitglieds der Landesregierung*, innerhalb der von der Ministerpräsidentin oder dem Ministerpräsidenten bestimmten Richtlinien der Politik (Artikel 37 Abs. 1 Satz 1 NV) seinen Geschäftsbereich selbständig und unter eigener Verantwortung zu „leiten", ist nicht eindeutig: Die Ressort- oder Leitungskompetenz, wie sie in Artikel 37 Abs. 1 Satz 2 NV geregelt ist, beinhaltet zwar einerseits nach allgemeiner Auffassung grundsätzlich auch die Befugnis jedes Regierungsmitglieds, den eigenen Geschäftsbereich zu organisieren (*V. Epping*, in: Epping/Butzer/ Brosius-Gersdorf/ Haltern/Mehde/Waechter [Hrsg.], Hannoverscher Kommentar zur NV, Artikel 37 Rn. 15; *L. Hagebölling*, NV, Artikel 37 Erl. 3; *H. Neumann*, Artikel 37 Rn. 12; unklar insoweit allerdings *J. Ipsen*, NV, Artikel 37 Rn. 14 ff.; für die entsprechende Regelung in Artikel 65 Satz 2 GG siehe nur *A. Uhle/S. Müller-Franken*, in: Schmidt-Bleibtreu/ Hofmann/Henneke (Hrsg.), GG, Artikel 65 Rn. 24 und 27; *M. Oldiges*, in: Sachs (Hrsg.), GG, Artikel 65 Rn. 21, jeweils m. w. N.). Andererseits ist die Organisation der öffentlichen Verwaltung im Sinne des Artikels 38 Abs. 1 NV jedoch nach § 7 Nr. 13 GGO ausnahmslos der Landesregierung als Ganzes vorbehalten (anders noch der Beschluss des Landesministeriums vom 31. März 1953, Nds. MBl. S. 165 [siehe dazu auch den Schriftlichen Bericht zum Entwurf einer Niedersächsischen Verfassung, Landtagsdrucksache 12/5840, S. 25], der aber durch Nummer 5 des Beschlusses der Landesregierung vom 30. November 2004, Nds. MBl. S. 874, aufgehoben wurde; anders wohl auch die §§ 13 bis 15 GGO). Diese Abgrenzungsfrage kann und soll hier indes offen bleiben.

512 Vgl. den Schriftlichen Bericht zum Entwurf einer Niedersächsischen Verfassung, Landtagsdrucksache 12/5840, S. 25. Die Grenze dieses sog. Zugriffsrechts des Parlaments ist umstritten (vgl. *W. Kluth*, in: Wolff/Bachof/Stober/Kluth, Verwaltungsrecht II, 7. Aufl., § 81 Rn. 22 m. w. N.). Letztlich wird wohl auch insoweit die Funktionsfähigkeit und Eigenverantwortung der Regierung (vgl. Artikel 24 Abs. 3 Satz 1, 1. Fallgruppe NV – „Kernbereich exekutiver Eigenverantwortung" –) zu wahren sein (vgl. *W. Kluth*, ebenda).

513 Insoweit etwas präziser Artikel 29 Abs. 1 VNV, der im Übrigen der heutigen Regelung in Artikel 38 Abs. 1 NV entspricht: „…, soweit nicht ein Gesetz erforderlich ist". Ganz genau müsste Artikel 38 Abs. 1 NV daher eigentlich lauten: „…, *soweit nicht Gesetze*

die Landesregierung danach für die Regelung der Organisation der öffentlichen Verwaltung zuständig ist, kann sie diese Befugnis nach Artikel 38 Abs. 3 NV auf einzelne Mitglieder der Landesregierung oder auf andere Stellen übertragen.[514]

Historischer Ausgangspunkt für diese Regelungen war, wie bereits erwähnt, der Entwurf einer Vorläufigen Niedersächsischen Verfassung. Danach sollte deren Artikel 27 Abs. 1 ursprünglich lauten:

> *„Das Staatsministerium beschließt über die Organisation der öffentlichen Verwaltung, soweit gesetzlich nichts anderes bestimmt ist."*[515]

Die dazugehörige Referenten-Begründung führt u. a. aus:

> *„Nach Artikel 27 des Entwurfs soll die Organisationsgewalt, soweit sie nicht kraft ausdrücklicher gesetzlicher Vorschrift dem Parlament zusteht, dem Staatsministerium vorbehalten bleiben. Die Organisationsgewalt erstreckt sich auf den Aufbau und die Verfassung der vollziehenden Gewalt innerhalb des Landes bis zu den Ressorts einschließlich. Sie schließt insbesondere auch die Befugnis zur Errichtung von juristischen Personen des öffentlichen Rechts in ihren verschiedenen Erscheinungsformen in sich, es sei denn, dass die Struktur der juristischen Person Gesetzesform fordernde Besonderheiten aufweist."*

Nach eingehender Erörterung der Vorschrift[516] erhielt sie in Artikel 29 Abs. 1 VNV schließlich folgende Fassung:

> *„Das Landesministerium beschließt über die Organisation der öffentlichen Verwaltung, soweit nicht ein Gesetz erforderlich ist."*

Im Hinblick auf diese Vorschrift regelte das Niedersächsische Landesministerium mit Beschluss vom 31. März 1953[517] Folgendes:

> *„(1) Von den Befugnissen nach Art. 29 Abs. 1 der Vorläufigen Niedersächsischen Verfassung behält sich das Landesministerium vor:*
>
> ...

---

*die Organisation regeln oder ein Gesetz erforderlich ist"*. – Zum Meinungsstand hinsichtlich der Zuordnung der Organisationsgewalt im Allgemeinen siehe *W. Kluth*, in: Wolff/Bachof/Stober/Kluth, Verwaltungsrecht II, 7. Aufl., § 81 Rn. 20 ff.; *H. Butzer* (insgesamt).

514 Von dieser Übertragungsmöglichkeit hat sie aber gegenwärtig, wie dargelegt, keinen Gebrauch gemacht, sondern sich sämtliche Organisationsentscheidungen nach § 7 Nr. 13 GGO vorbehalten (vgl. allerdings die §§ 13 bis 15 GGO).

515 Landtagsdrucksache I/2073.

516 Nachweise zum Beratungsverlauf bei *G. Dronsch*, in: Korte/Rebe, Verfassung und Verwaltung des Landes Niedersachsen, S. 280 f.

517 Nds. MBl. S. 165.

c) *die Errichtung und die Bestimmung des Aufgabenbereichs der Körperschaften, Anstalten und Stiftungen des öffentlichen Rechts unter der Aufsicht des Landes.*

(2) …“

Mit Beschluss vom 21. März 1961[518] errichtete das Landesministerium auf dieser Grundlage die Stiftung „Museumsdorf Cloppenburg“ als rechtsfähige Stiftung des öffentlichen Rechts.[519]

Im Jahr 1968 führte das Landesministerium in der Begründung des von ihm beschlossenen Entwurfs eines Niedersächsischen Stiftungsgesetzes u. a. Folgendes aus:

> „… *Stiftungen des öffentlichen Rechts … sind … ein Teil der mittelbaren Staatsverwaltung und sollten bei einer etwaigen gesetzlichen Regelung in diesem Zusammenhang behandelt werden. Ein besonderes Bedürfnis für allgemeine Bestimmungen über Stiftungen des öffentlichen Rechts besteht im übrigen, soweit es sich um Neugründungen handelt, z. Z. nicht, da derartige Stiftungen … nur durch Gesetz oder nach Art. 29 Abs. 1 Vorl. Nieders. Verfassung durch Beschluß des Landesministeriums errichtet und die für die Verwaltung der Stiftungen erforderlichen Bestimmungen im Errichtungsakt getroffen werden können. Im Hinblick auf bestehende Stiftungen des öffentlichen Rechts ist zwar auch eine Erneuerung des unübersichtlichen überkommenen Rechts wünschenswert, jedoch erst nach Klärung einiger Vorfragen möglich.*“[520]

In der Niedersächsischen Verfassung vom 19. März 1993 wurde die Regelung in Artikel 29 Abs. 1 VNV dem Grunde nach in Artikel 38 Abs. 1 NV übernommen. Sie lautet allerdings, wie schon dargestellt, nunmehr:

---

518 Nds. MBl. S. 409.

519 Bereits vor Inkrafttreten der Vorläufigen Niedersächsischen Verfassung hatte das Niedersächsische Staatsministerium mit Beschluss vom 14. September 1948 (Nds. MBl. S. 295) die Niedersächsische Versorgungskasse errichtet und ihr „die Eigenschaft einer Körperschaft des öffentlichen Rechts“ verliehen. Nach Inkrafttreten der Vorläufigen Niedersächsischen Verfassung hatte ferner das Landesministerium mit Beschluss vom 23. Dezember 1952 (Nds. MBl. 1953 S. 57) der Akademie für Raumforschung und Landesplanung „die Rechte einer juristischen Person des öffentlichen Rechts verliehen“. Nach § 1 Abs. 1 Satz 1 der Satzung der Akademie in der gegenwärtig geltenden Fassung (Bekanntmachung vom 7. Januar 2015, Nds. MBl. S. 49) handelt es sich dabei um eine selbständige rechtsfähige Anstalt des öffentlichen Rechts. Außerdem erkannte das Landesministerium mit Beschluss vom 11. Januar 1966 (Nds. MBl. S. 101), zuletzt geändert durch Beschluss vom 23. November 2004 (Nds. MBl. 2004 S. 878), „zur Vermeidung insoweit etwa bestehender rechtlicher Zweifel“ die Industrie- und Handelskammern „als Körperschaften des öffentlichen Rechts ausdrücklich“ an.

520 Landtagsdrucksache 6/200 (S. 9).

*„Die Landesregierung beschließt über die Organisation der öffentlichen Verwaltung, soweit nicht Gesetze die Organisation regeln."*[521]

Nach dem Willen des Verfassungsgesetzgebers sollte diese Regelung Artikel 29 Abs. 1 VNV entsprechen. Durch die Ersetzung der Worte „soweit nicht ein Gesetz erforderlich ist" durch die Worte „soweit nicht Gesetze die Organisation regeln" sollte lediglich klargestellt werden, dass der Landtag zu einer gesetzlichen Regelung der Verwaltungsorganisation nicht nur in den Fällen befugt ist, in denen die Verfassung eine gesetzliche Regelung verlangt. Im Übrigen war dem Verfassungsgesetzgeber der o. g. Beschluss des Landesministeriums vom 31. März 1953 durchaus bewusst.[522] Anhaltspunkte dafür, dass an der darin niedergelegten Staatspraxis etwas geändert werden sollte, sind nicht ersichtlich.

Durch Beschluss der Landesregierung vom 30. November 2004[523] wurde der Beschluss des Landesministeriums vom 31. März 1953 zwar aufgehoben. Jedoch ist auch insoweit nicht erkennbar, dass damit die soeben beschriebene Staatspraxis grundlegend geändert werden sollte.[524] Jedenfalls beschloss die Landesregierung noch in den Jahren 2005[525] und 2007[526] Änderungen der Stiftung „Museumsdorf Cloppenburg – Niedersächsisches Freilichtmuseum", was darauf hindeutet, dass die Landesregierung auch zu dieser Zeit noch annahm, Änderungen der Stiftung durch bloßen Beschluss bewirken zu können.

Vor diesem Hintergrund erstaunt es, dass die Niedersächsische Landesregierung im Jahr 2001 ausdrücklich die Auffassung vertrat, eine Stiftung des

521 Die Vorschrift erhielt damit also praktisch die nach dem Regierungsentwurf ursprünglich für Artikel 27 Abs. 1 VNV vorgesehene Fassung.

522 Schriftlicher Bericht zum Entwurf einer Niedersächsischen Verfassung, Landtagsdrucksache 12/5840, S. 25.

523 Nds. MBl. S. 874 (dort Nummer 5).

524 Nunmehr sind nach § 7 Nr. 13 GGO sämtliche Beschlüsse über die Organisation der öffentlichen Verwaltung nach Artikel 38 Abs. 1 NV der Landesregierung vorbehalten. Unklar ist allerdings, wie dargelegt, zum einen, welche Bedeutung dies für die Ressort- bzw. Leitungskompetenz der Mitglieder der Landesregierung nach Artikel 37 Abs. 1 Satz 2 NV, die herkömmlich auch die Befugnis zur Organisation des jeweiligen Geschäftsbereichs umfasst, haben soll (s. o.). Zum anderen lässt sich daraus nicht der Rückschluss ziehen, dass die Befugnis zur Organisation der öffentlichen Verwaltung nach Artikel 38 Abs. 1 NV, von wem diese auch immer auszuüben sein soll, künftig nicht mehr die Befugnis zur Errichtung juristischer Personen umfassen sollte.

525 Beschluss vom 8. Februar 2005 (Nds. MBl. S. 640).

526 Beschluss vom 23. Oktober 2007 (Nds. MBl. S. 170).

öffentlichen Rechts könne generell nur durch Gesetz oder aufgrund eines Gesetzes errichtet werden.[527]

Als Zwischenergebnis lässt sich jedenfalls festhalten, dass die Organisation der öffentlichen Verwaltung in Niedersachsen einschließlich der Bildung juristischer Personen des öffentlichen Rechts keineswegs durchgängig einem Gesetzesvorbehalt unterworfen wurde, sondern vielmehr zumindest ursprünglich durchaus durch bloßen Beschluss der Landesregierung erfolgen konnte. Dass, wann und warum sich dieses Verständnis gewandelt haben sollte, ist nicht ersichtlich.

### cc) Allgemeine Erwägungen

Im Allgemeinen werden die Wesentlichkeitstheorie und der daraus abgeleitete Grundsatz des Parlamentsvorbehalts zwar verbreitet herangezogen, um zu behaupten, eine Stiftung des öffentlichen Rechts könne *stets* nur durch Gesetz oder aufgrund eines Gesetzes gegründet werden. So wird im Schrifttum oft angenommen, *jede* Schaffung „rechtlich selbständiger Verwaltungsträger" bedürfe *stets* einer gesetzlichen Grundlage.[528] Angesprochen ist damit dem Grunde nach die Frage nach einem etwaigen *allgemeinen organisatorisch-institutionellen Gesetzesvorbehalt.* Auch insoweit sind die Einzelheiten allerdings nach wie vor stark umstritten und ungeklärt.[529]

Zur Verifizierung der fraglichen These ist ein näherer Blick auf die zur ihrer Begründung hauptsächlich angeführten Argumente angebracht:

Als Grundlage für einen allgemeinen organisatorisch-institutionellen Gesetzesvorbehalt wird zumeist die sog. *Wesentlichkeitstheorie* des Bundesverfassungsgerichts genannt.[530] Außerdem wird die These vertreten, auch jenseits

---

527 Landtagsdrucksache 14/2541, S. 92.

528 *K.-P. Sommermann*, in: von Mangoldt/Klein/Starck, GG, Artikel 20 Abs. 3 Rn. 283; ebenso *L. Hagebölling*, NV, Artikel 56 Erl. 3 (trotz tendenziell anderslautender Ausführungen zu Artikel 38 NV, dort Erl. 1, wonach der Gesetzgeber insoweit die Entscheidung – nur – „an sich ziehen" *könne*); ferner u. a. auch *H. Maurer/C. Waldhoff*, § 21 Rn. 66.

529 Ausführlich etwa *G. C. Burmeister* und *C. Ohler* (jeweils insgesamt) sowie auch *M. Twehues*, S. 126 ff.; siehe im Übrigen statt vieler nur *H. Wißmann*, in: Hoffmann-Riem/Schmidt-Aßmann/Voßkuhle (Hrsg.), Grundlagen des Verwaltungsrechts, § 15 Rn. 35 ff.; *W. Kluth*, in: Wolff/Bachof/Stober/Kluth, Verwaltungsrecht II, 7. Aufl., § 82 Rn. 22 ff.; *W. Krebs*, in: Isensee/Kirchhof (Hrsg.), Handbuch des Staatsrechts, Band V, § 108 Rn. 70, jeweils m. w. N. zum Streitstand.

530 So z. B. speziell im Hinblick auf die Bildung einer Stiftung des öffentlichen Rechts *A. Freiherr von Campenhausen/C. Stumpf*, in: von Campenhausen/Richter (Hrsg.), Stiftungsrechts-Handbuch, § 18 Rn. 7 m. w. N., allgemein *L. Hagebölling* (ebenda).

der Wesentlichkeitstheorie bedürften wesentliche Abweichungen von der verfassungsrechtlich vorgegebenen *Verwaltungsorganisation* einer gesetzlichen Grundlage.[531] Bei Lichte betrachtet wird also stets auf die, wie auch immer konkret zu verstehende, „Wesentlichkeit" des Organisationsaktes abgestellt. Folglich käme man hier nur dann zu einer schlüssigen Begründung für die Annahme eines *durchgängigen* Gesetzesvorbehalts für die Entstehung einer Stiftung des öffentlichen Rechts, wenn man annähme, die Bildung einer solchen Stiftung sei *stets* von „wesentlicher" Bedeutung in diesem Sinne.[532] Das ist aber sehr fragwürdig.

Zweifel ergeben sich nämlich, wenn man die in Anspruch genommene Wesentlichkeitstheorie des Bundesverfassungsgerichts und die postulierten verfassungsrechtlichen Vorgaben für die Verwaltungsorganisation näher betrachtet:

Nach der Rechtsprechung des Bundesverfassungsgerichts zu der von ihm entwickelten Wesentlichkeitstheorie bedarf staatliches Handeln insbesondere aufgrund des Rechtsstaatsprinzips (Artikel 20 Abs. 3 GG) „in bestimmten grundlegenden Bereichen" der Legitimation durch ein förmliches Gesetz.[533] Der Gesetzgeber ist danach verpflichtet, „alle wesentlichen Entscheidungen" selbst zu treffen, und darf sie nicht anderen Normgebern[534] oder dem Handeln und der Entscheidungsmacht der Exekutive[535] überlassen. Was in diesem Sinne „wesentlich" ist, kann „nur mit Blick auf den jeweiligen Sachbereich und die Eigenart des betroffenen Regelungsgegenstandes" beurteilt werden. „Die verfassungsrechtlichen Wertungskriterien sind dabei den tragenden Prinzipien des Grundgesetzes, insbesondere den darin verbürgten Grundrechten, zu entnehmen". „Wesentlich" bedeutet danach „im grundrechtsrelevanten Bereich in der Regel ‚wesentlich für die Verwirklichung der Grundrechte'".[536] Daraus *kann* sich ergeben, dass Organisation und Verfahren der öffentlichen Verwaltung einer gesetzlichen Grundlage bedürfen, dies aber *nur*, soweit sie wesentlich für die Verwirklichung der

531 Zur Beleihung vgl. BVerwG, Urteil vom 26. August 2010 – BVerwG 3 C 35.09 – bei juris Rn. 23 ff.

532 So aber wohl *H. Maurer/C. Waldhoff*, § 21 Rn. 66, die meinen, „Ausgliederungen aus der (engeren) staatlichen Verwaltungsorganisation" seien stets „grundlegende Organisationsentscheidungen".

533 BVerfGE 40, 237 (248 ff.), bei juris Rn. 34.

534 BVerfGE 98, 218 (251 f.), bei juris Rn. 131 f.

535 BVerfGE 83, 130 (142 und 152), bei juris Rn. 39 und 74.

536 BVerfGE 98, 218 (251 f.), bei juris Rn. 132 m. w. N.

Grundrechte oder in anderer Weise von grundlegender Bedeutung sind.[537] Ein umfassender Parlamentsvorbehalt besteht hingegen, insbesondere mit Blick auf den Grundsatz der Gewaltentrennung (Artikel 20 Abs. 2 Satz 2 GG), nach Auffassung des Bundesverfassungsgerichts nicht.[538]

Die verfassungsrechtlichen Vorgaben für die Verwaltungsorganisation ergeben sich im Übrigen vor allem aus dem *Demokratieprinzip*. Nach der Rechtsprechung des Bundesverfassungsgerichts garantiert dieses Prinzip gemäß Artikel 20 Abs. 2 i. V. m. Artikel 79 Abs. 3 GG[539], dass sich die Erfüllung staatlicher Aufgaben und die Ausübung staatlicher Befugnisse auf das Staatsvolk zurückführen lassen und diesem gegenüber verantwortet werden. Demokratischer Legitimation bedarf danach jedes amtliche Verhalten mit Entscheidungscharakter, unabhängig davon, ob es unmittelbar außenwirksam ist oder nicht (*Legitimationsobjekt*). Es muss sich auf den Willen des – jeweiligen – Volkes als der Gesamtheit der Bürgerinnen und Bürger zurückführen lassen und, sofern nicht das Volk selbst entscheidet, ihm gegenüber verantwortet werden, wobei demokratische Legitimation in einem föderal verfassten Staat grundsätzlich nur durch das Bundes- oder Landesvolk für seinen jeweiligen Bereich vermittelt werden kann (*Legitimationssubjekt*). Demokratische Legitimation erfordert dabei einen effektiven Einfluss des Staatsvolkes auf das staatliche Verhalten. Der notwendige Zurechnungszusammenhang zwischen Volk und staatlicher Herrschaft wird in sachlich-inhaltlicher Hinsicht vor allem durch die vom Parlament beschlossenen Gesetze als Maßstab der vollziehenden (und rechtsprechenden) Gewalt (gesetzliche Steuerung), den parlamentarischen Einfluss auf die Politik der Regierung, die staatliche Aufsicht über die Verwaltung sowie die grundsätzliche Weisungsgebundenheit der Verwaltung gegenüber der Regierung hergestellt. In personeller Hinsicht wird demokratische Legitimation zunächst durch die Wahl des Parlaments vermittelt. Im Übrigen ist ein Amtsträger personell demokratisch legitimiert, wenn seine Bestellung in einer ununterbrochenen Legitimationskette auf das Volk zurückgeführt werden kann. (*Legitimationsformen*). Je intensiver eine in Rede stehende Maßnahme Grundrechte berührt oder von

537 Siehe insbesondere BVerfGE 40, 237 (248 ff.), bei juris Rn. 34 f.; BVerfGE 83, 130 (152), bei juris Rn. 74. – Zu kurz insoweit *J. Ipsen*, NV, Artikel 56 Rn. 10, der meint, Verwaltungsorganisation habe praktisch nie „wesentliche" Auswirkungen auf die Grundrechtsverwirklichung und die „Wesentlichkeitstheorie" erstrecke sich nur auf den Grundrechtsbereich.

538 BVerfGE 68, 1 (86 f.), bei juris Rn. 137; BVerfGE 98, 218 (251 f.), bei juris Rn. 132. So auch BVerwG, Urteil vom 22. Januar 2004 – BVerwG 4 A 32.02 – bei juris Rn. 26 ff.; BayVGH, Urteil vom 15. Mai 2014 – 4 B 14.453 – bei juris Rn. 37), jeweils m. w. N.

539 Für Niedersachsen Artikel 1 Abs. 2 und Artikel 2 Abs. 1 i. V. m. Artikel 46 Abs. 2 NV.

grundlegender Bedeutung für die Allgemeinheit ist, desto höher muss auch das demokratische *Legitimationsniveau* ausfallen. Entscheidend ist insoweit nicht die Form der Legitimation, sondern die Effektivität, mit der die Entscheidungsprozesse demokratisch gesteuert werden. Dabei kommt es auf das Zusammenwirken der verschiedenen Legitimationsformen an. Eine verminderte Legitimation über den einen Legitimationsstrang kann durch eine verstärkte Legitimation über andere Stränge ausgeglichen werden. In jedem Fall müssen aber auch im Bereich der sog. mittelbaren Staatsverwaltung die Möglichkeiten parlamentarischer Beobachtung und Kontrolle der Aufgabenwahrnehmung unbeeinträchtigt bleiben.[540]

Mithin ergibt sich zum einen eine deutlich erkennbare Parallele zur Wesentlichkeitstheorie: Das zu erreichende Legitimationsniveau hängt, ebenso wie die Erforderlichkeit eines förmlichen Gesetzes nach der Wesentlichkeitstheorie, maßgeblich davon ab, inwieweit die betreffende Maßnahme grundrechtsrelevant oder von grundlegender Bedeutung für die Allgemeinheit ist. Zum anderen setzt demokratische Verantwortlichkeit nach der Rechtsprechung des Bundesverfassungsgerichts „eine hinreichend klare Zuordnung voraus. Der wahlberechtigte Bürger muss wissen können, wen er wofür – nicht zuletzt durch Vergabe oder Entzug seiner Stimme – verantwortlich machen kann. Daran fehlt es, wenn die Aufgaben durch Organe oder Amtswalter unter Bedingungen wahrgenommen werden, die eine solche Verantwortungszuordnung nicht ermöglichen …. Das Demokratieprinzip … gebietet deshalb … eine weitgehende Normierung von Zuständigkeitszuweisungen, Verfahren und Aufsichtsrechtsverhältnissen ….“[541]

Dem formellen Gesetz kommt mithin im Hinblick auf das Demokratieprinzip eine zweifache Bedeutung zu: Zum einen bindet es die vollziehende Gewalt (Artikel 20 Abs. 3 GG, Artikel 2 Abs. 2 NV) und bewirkt dadurch als parlamentarische Vorgabe eine sachlich-inhaltliche Legitimation des Verwaltungshandelns.

540 Ständige Rechtsprechung, zuletzt etwa BVerfG, Beschluss vom 12. Juli 2017 – 1 BvR 2222/12 u. a. – bei juris Rn. 113 f.; siehe im Übrigen z. B. BVerfGE 119, 331 (366), bei juris Rn. 158; BVerfGE 130, 76 (123 ff.), bei juris Rn. 165 ff.; BVerfGE 135, 317 (428 f.), bei juris Rn. 234 f., jeweils m. w. N. Soweit das Bundesverfassungsgericht für den Bereich der sog. funktionalen Selbstverwaltung Modifikationen der dargestellten Anforderungen für zulässig hält (siehe dazu etwa BVerfG, Beschluss vom 12. Juli 2017 – 1 BvR 2222/12 u. a. – bei juris Rn. 114 m. w. N.), ist hierauf an dieser Stelle nicht weiter einzugehen, weil Stiftungen des öffentlichen Rechts kein Selbstverwaltungsrecht im Sinne dieser Rechtsprechung haben (s. o.; *J. Ipsen*, Hochschulen als Stiftungen, S. 242).

541 BVerfGE 137, 108 (144), bei juris Rn. 81; siehe auch BVerfGE 119, 331 (366), bei juris Rn. 158 („Grundsatz der Verantwortungsklarheit“).

Zum anderen kann durch eine *gesetzliche* Normierung von Zuständigkeitszuweisungen, Verfahren und Aufsichtsrechtsverhältnissen eine hinreichend klare Verantwortungszuordnung ermöglicht werden. Das formelle Gesetz kann also die demokratische Legitimation des Verwaltungshandelns in mehrfacher Hinsicht *stärken. Inwieweit* dies verfassungsrechtlich *erforderlich* ist, hängt allerdings sowohl vom Gewicht der zu legitimierenden Maßnahme als auch vom Maß der demokratischen Legitimation im Übrigen ab. Ein Gesetz ist danach umso eher erforderlich, je intensiver die betreffende Maßnahme Grundrechte berührt oder von grundlegender Bedeutung für die Allgemeinheit ist und je geringer die demokratische Legitimation im Übrigen ist. Letztlich gilt aber auch insoweit: Nicht *jede* Maßnahme, die die Organisation oder das Handeln der öffentlichen Verwaltung betrifft, bedarf eines Gesetzes, sondern nur eine solche, die, gemessen am Gewicht der betreffenden Maßnahme, von wesentlicher Bedeutung für die demokratische Legitimation des Verwaltungshandelns ist.

Folglich ist ein *in jedem Fall* geltender allgemeiner organisatorisch-institutioneller Gesetzesvorbehalt für die Entstehung einer Stiftung des öffentlichen Rechts nicht anzunehmen. Vielmehr ist stets eine wertende Betrachtung aller Umstände des Einzelfalles erforderlich. Dies entspricht auch dem dargelegten Willen des Verfassungsgesetzgebers in Niedersachsen, der, wie gezeigt, davon ausging, dass eine Stiftung des öffentlichen Rechts unter der Aufsicht des Landes grundsätzlich durch Beschluss der Landesregierung nach Artikel 29 Abs. 1 VNV bzw. Artikel 38 Abs. 1 NV gebildet werden kann, sofern nicht im Einzelfall ausnahmsweise die Besonderheiten der betreffenden Stiftung ein Gesetz erforderlich machen.

Ungeachtet der Erforderlichkeit einer Einzelfallbetrachtung soll hier aber im Übrigen zumindest auf drei bei der Wertung zu berücksichtigende Aspekte hingewiesen werden:

Sowohl die unmittelbare Staatsverwaltung als auch die kommunale Selbstverwaltung als Teil der mittelbaren Staatsverwaltung verfügen aufgrund ihrer ausdrücklichen verfassungsrechtlichen Normierung in organisatorisch-institutioneller Hinsicht über eine besondere verfassungsunmittelbare Legitimation. Die Legitimation dieser Verwaltungsformen speist sich zudem jeweils daraus, dass das Volk unmittelbar in den jeweiligen Körperschaften eine Vertretung hat (Artikel 38 ff., Artikel 28 Abs. 1 Sätze 2 bis 4 GG, Artikel 7 ff. und Artikel 57 Abs. 2 NV). Bei der Verlagerung von Aufgaben und Befugnissen aus diesem Bereich auf eine Stiftung des öffentlichen Rechts wird das *Maß der demokratischen Legitimation* in jedem Fall *vermindert*. Denn zum einen handelt es sich bei einer solchen Stiftung stets um eine selbständige juristische Person, die zwar vom Staat beherrscht sein muss, bei ihrem Handeln jedoch im Übrigen mehr oder weniger selbständig ist. Zum anderen hat das Volk in der Stiftung keine Vertretung, und die Stiftung hat, anders als eine Körperschaft des öffentlichen Rechts, auch keine Mitglieder, die anstelle des Volkes oder wenigstens ergänzend dazu demokratische Legitimation vermitteln könnten.

Außerdem ist zu berücksichtigen, dass die Verfassung selbst der *Ausübung hoheitsrechtlicher Befugnisse* ein *besonders hohes Gewicht* beimisst. Denn die Ausübung solcher Befugnisse „ist als ständige Aufgabe in der Regel Angehörigen des öffentlichen Dienstes zu übertragen, die in einem öffentlich-rechtlichen Dienst- und Treueverhältnis stehen" (Artikel 33 Abs. 4 GG, Artikel 60 Satz 1 NV). Jedenfalls die Übertragung solcher Befugnisse auf *Private* im Wege der *Beleihung* stellt eine wesentliche Ausnahme von der Regel dar; sie bedarf stets einer gesetzlichen Grundlage.[542] Damit ist zwar noch nicht gesagt, dass auch die Ermächtigung einer Stiftung des öffentlichen Rechts zur Ausübung hoheitsrechtlicher Befugnisse zwingend und in jedem Fall einer gesetzlichen Grundlage bedürfte, zumal eine solche Stiftung, wie gezeigt, staatlich beherrscht sein muss, die Befugnisse mithin im staatlichen Bereich verbleiben, und die Stiftung durchaus selbst Dienstherr von Angehörigen des öffentlichen Dienstes im Sinne von Artikel 33 Abs. 4 GG und Artikel 60 Satz 1 NV sein kann. Gleichwohl dürfte der Ermächtigung einer Stiftung zur Ausübung hoheitsrechtlicher Befugnisse zumindest tendenziell ein relativ hohes Gewicht zukommen.[543]

Schließlich lässt sich allgemein sagen, dass ein Gesetzesvorbehalt jedenfalls bestehen dürfte, soweit beabsichtigt sein sollte, die *parlamentarische Kontrolle einzuschränken oder auszuschließen*, beispielsweise indem es dem zuständigen Mitglied der Landesregierung durch Beschränkung oder Ausschluss von ministeriellen Aufsichts- oder Weisungsrechten erschwert oder unmöglich gemacht würde, seine parlamentarische Verantwortung gegenüber dem Landtag

542 BVerfGE 130, 76 (127 f.), bei juris Rn. 176 m. w. N.

543 Vgl. § 23 SHLVwG. Danach dürfen einer Stiftung des öffentlichen Rechts Aufgaben der öffentlichen Verwaltung zwar grundsätzlich nur durch Gesetz oder aufgrund eines Gesetzes übertragen werden (Satz 1). Dieser Gesetzesvorbehalt gilt aber nicht für Aufgaben, die in Handlungsformen des privaten Rechts (also ohne Inanspruchnahme hoheitsrechtlicher Befugnisse) durchgeführt werden (Satz 2). – Gleiches wird man demgegenüber hinsichtlich der *Aufgaben* der Stiftung nicht derart verallgemeinernd sagen können. Denn die Aufgaben einer Stiftung des öffentlichen Rechts können durchaus so beschaffen sein, dass sie ohne Weiteres auch von Privaten in Handlungsformen des Privatrechts erfüllt werden könnten. In einem solchen Fall erschlösse sich die Notwendigkeit eines Gesetzes für die Aufgabenzuweisung nicht.

wahrzunehmen,[544] insbesondere wenn eine gänzliche Freistellung von einer ministeriellen Aufsicht geregelt werden sollte. Denn abgesehen davon, dass eine solche Organisationsstruktur nach der Rechtsprechung des Bundesverfassungsgerichts ohnehin nur zulässig wäre, soweit es nicht um Aufgaben von besonderer „politischer Tragweite“ geht,[545] wiche eine solche Entscheidung so wesentlich von den in der Verfassung angelegten Entscheidungs- und Verantwortungsstrukturen ab, dass sie, soweit überhaupt zulässig, nicht der vollziehenden Gewalt überlassen werden dürfte, sondern vom Parlament zu treffen wäre.[546] Andernfalls würde man der Exekutive die Befugnis zubilligen, sich selbst von parlamentarischer Kontrolle freizustellen. Dass dies nicht zulässig sein kann, liegt auf der Hand.

### dd) Zusammenfassung

Zusammenfassend ist danach davon auszugehen, dass es zwar einen allgemeinen organisatorisch-institutionellen Gesetzesvorbehalt gibt, dieser für die Entstehung einer Stiftung des öffentlichen Rechts jedoch nur insoweit gilt, als die konkrete Ausgestaltung der Stiftung, insbesondere die ihr zugewiesenen Aufgaben und Befugnisse, wesentlich für die Grundrechtsverwirklichung oder von grundlegender Bedeutung für die Allgemeinheit sind und deshalb den Erlass eines formellen Gesetzes erfordern. Wann dies der Fall ist, entzieht sich einer abstrakt-generellen Bestimmung, sondern bedarf einer wertenden Betrachtung im konkreten Einzelfall. Wertungskriterien sind insbesondere das Gewicht der von der Stiftung wahrzunehmenden Aufgaben und Befugnisse im Hinblick auf die Grundrechtsverwirklichung oder (andere) grundlegende Belange der

---

544 Derartige Organisationsstrukturen werden weithin unter der Bezeichnung „ministerialfreier Raum“ diskutiert (vgl. z. B. BVerfGE 9, 268 [282], bei juris Rn. 64; BVerfGE 83, 130 [150], bei juris Rn. 64; *W. Kluth*, in: Wolff/Bachof/Stober/Kluth, Verwaltungsrecht II, 7. Aufl., § 81 Rn. 27; *M. Sachs*, in: Sachs (Hrsg.), GG, Artikel 20 Rn. 21 und Artikel 86 Rn. 41, jeweils m. w. N.). Dabei dürfte es aber nicht nur um die Beschränkung oder den Ausschluss *ministerieller* Aufsichts- oder Weisungsrechte gehen. Vielmehr kommt es letztlich wohl darauf an, ob die betreffende Entscheidung der – wie auch immer ausgestalteten – *parlamentarischen Kontrolle* entzogen wird, unabhängig davon, ob diese über die parlamentarische Verantwortung der Regierung und ihrer Mitglieder oder auf andere Weise gewährleistet wird (so *W. Krebs*, in: Isensee/Kirchhof (Hrsg.), Handbuch des Staatsrechts, Band V, § 108 Rn. 95 ff., m. w. N.).

545 BVerfG, jeweils ebenda.

546 Herrschende Meinung, so z. B. *W. Kluth*, in: Wolff/Bachof/Stober/Kluth, Verwaltungsrecht II, 7. Aufl., § 81 Rn. 27 m. w. N.

Allgemeinheit einerseits und das Maß der anderweitigen demokratischen Legitimation des Handelns der Stiftung andererseits. Dabei ist zum einen zu berücksichtigen, dass tendenziell das Maß der demokratischen Legitimation in der Organisationsform der Stiftung des öffentlichen Rechts im Vergleich zur unmittelbaren Staatsverwaltung und zur kommunalen Selbstverwaltung geringer ist und zum anderen der Ermächtigung zur Ausübung hoheitsrechtlicher Befugnisse ggf. ein relativ großes Gewicht zukommt. Eine „eigenmächtige" Freistellung der Exekutive von parlamentarischer Kontrolle wäre unzulässig und bedürfte eines vom Parlament erlassenen Gesetzes.

Danach ist nach meiner Auffassung die bloße Bildung einer Stiftung des öffentlichen Rechts für sich betrachtet noch keineswegs „wesentlich", weil es sich bei der Stiftung zunächst nur um eine „leere Hülle" handelt, deren Handeln nicht zwingend von „wesentlicher" Bedeutung für einzelne Grundrechtsträger oder die Allgemeinheit sein muss.

Auch der Umstand, dass der Stiftung u. U. staatliches Vermögen zu übertragen ist, macht den Vorgang aus meiner Sicht noch nicht per se „wesentlich", sondern allenfalls dann, wenn es sich um erhebliche Vermögenswerte des Staates handeln sollte, über die die Regierung auch sonst nicht ohne Beteiligung des Parlaments verfügen dürfte, abgesehen davon, dass im Zusammenhang mit der Bildung der Stiftung allenfalls eine Verpflichtung zur Vermögensübertragung begründet wird, die ggf. noch gesondert zu vollziehen wäre.

Der Punkt, der m. E. am ehesten zu einem Eingreifen der Wesentlichkeitstheorie führen kann, ist ein anderer, nämlich die Übertragung von staatlichen Aufgaben und/oder Befugnissen auf die Stiftung. Sind diese Aufgaben und/oder Befugnisse von erheblichem Gewicht, insbesondere grundrechtsrelevant, *und* ist die Stiftung so organisiert, dass die Wahrnehmung der Aufgaben und/oder Befugnisse im Ergebnis wesentlich von den in der Verfassung vorgezeichneten Entscheidungs- und Verantwortungsstrukturen abweicht, so stellt die Übertragung in Verbindung mit der Organisation der Stiftung eine „wesentliche" Entscheidung dar, die vom Parlament durch Gesetz zu treffen ist. Handelt es sich um weniger bedeutende, nicht grundrechtsrelevante Aufgaben oder werden keine oder allenfalls geringfügige hoheitsrechtliche Befugnisse auf die Stiftung übertragen (wie es z. B. bei einer rein fiskalisch tätigen Stiftung der Fall sein könnte, die prinzipiell ebenso gut in einer privatrechtlichen Rechtsform geführt werden könnte), sehe ich nicht, warum für die Bildung der Stiftung zwingend der Gesetzgeber handeln müsste; maßgeblich kommt es vielmehr auf die diesbezüglichen Entscheidungs- und Verantwortungsstrukturen an. Gleiches gilt für den umgekehrten Fall, dass die übertragenen Aufgaben und/ oder Befugnisse zwar von erheblichem Gewicht sind, die Entscheidungs- und Verantwortungsstrukturen im Hinblick auf ihre Wahrnehmung durch die Stiftung aber so gestaltet sind, dass sie sich nicht wesentlich von denen in der unmittelbaren Staatsverwaltung unterscheiden, oder auf andere Weise trotz der rechtlichen Verselbständigung der Stiftung eine hinreichende demokratische Legitimation ihres Handelns gesichert ist.[547]

### *c) Spezielle verfassungsrechtliche Gesetzesvorbehalte*

#### aa) Einleitung

Ein spezieller verfassungsrechtlicher Gesetzesvorbehalt besteht auf Bundesebene, wie dargelegt, nach Artikel 87 Abs. 3 Satz 1 GG. Spezielle verfassungsrechtliche Gesetzesvorbehalte könnten sich *in Niedersachsen* aus Artikel 56 Abs. 2 und Artikel 57 Abs. 4 Satz 5 NV ergeben.

#### bb) Artikel 87 Abs. 3 Satz 1 GG

Wie oben dargelegt, unterfallen bundesunmittelbare Stiftungen des öffentlichen Rechts nach allgemeiner Auffassung dem Gesetzesvorbehalt in Artikel 87 Abs. 3 Satz 1 GG. Danach können neue bundesunmittelbare Stiftungen des öffentlichen Rechtes nur für Angelegenheiten, für die dem Bund die Gesetzgebung zusteht, und nur durch Bundesgesetz errichtet werden.

#### cc) Artikel 56 Abs. 2 NV

Nach Artikel 56 Abs. 2 NV bedürfen „der allgemeine Aufbau und die räumliche Gliederung der allgemeinen Landesverwaltung" eines Gesetzes. Damit wird zwar in Abweichung vom Grundsatz des Artikels 38 Abs. 1 NV in gewissem Umfang ein Gesetzesvorbehalt für die Verwaltungsorganisation begründet, dessen Reichweite nach wie vor nicht abschließend geklärt ist.[548] Jedoch ist die Regelung

---

547 Auch *D. Reuter* (in: Hüttemann/Richter/Weitemeyer [Hrsg.], Landesstiftungsrecht, Rn. 4.13) und *B. Weitemeyer* (in: Säcker/Rixecker/Oetker/Limperg [Hrsg.], MüKo BGB, 7. Aufl., § 80 Rn. 230) stellen für das Eingreifen eines Gesetzesvorbehalts aufgrund der Wesentlichkeitstheorie darauf ab, ob die Stiftung „wesentliche, insbesondere grundrechtsrelevante Staatsaufgaben" wahrnimmt. Das ist m. E. zwar im Ansatz richtig, jedoch nicht hinreichend. Denn auch bei der Wahrnehmung derartiger Aufgaben dürfte kein Gesetzesvorbehalt bestehen, wenn eine hinreichende demokratische Legitimation anderweitig gesichert ist.

548 Vgl. BVerwG, Urteil vom 22. Januar 2004 – BVerwG 4 A 32.02 – bei juris Rn. 28; *T. Elster*, in: Korte/ Rebe, Verfassung und Verwaltung des Landes Niedersachsen, S. 319 ff. (zu der entsprechenden Regelung in Artikel 43 Abs. 2 VNV); *K. Waechter*,

hier im Ergebnis keinesfalls einschlägig. Denn die Vorschrift gilt nur für die „allgemeine Landesverwaltung", und auch hinsichtlich dieser nur für deren „allgemeinen Aufbau" und „räumliche Gliederung". Diese Aspekte werden durch die Bildung einer einzelnen Stiftung des öffentlichen Rechts nicht berührt. Artikel 56 Abs. 2 NV beinhaltet mithin keinen Gesetzesvorbehalt für die Entstehung einer Stiftung des öffentlichen Rechts unter der Aufsicht des Landes Niedersachsen.

dd) Artikel 57 Abs. 4 Satz 5 NV

Nach Artikel 57 Abs. 4 Satz 1 NV können „Gemeinden, Landkreisen oder sonstigen kommunalen Körperschaften" (nur) durch Gesetz oder durch Verordnung aufgrund eines Gesetzes „Pflichtaufgaben zur Erfüllung in eigener Verantwortung zugewiesen werden und staatliche Aufgaben zur Erfüllung nach Weisung übertragen werden". Dies gilt nach Artikel 57 Abs. 4 Satz 5 NV entsprechend, soweit „sonstigen öffentlich-rechtlichen Körperschaften" (die nach Artikel 57 Abs. 5 NV der Aufsicht des Landes Niedersachsen unterstehen) Aufgaben zugewiesen oder übertragen werden. Die Aufgabenzuweisung oder -übertragung steht hier also unter Gesetzesvorbehalt. Fraglich ist, ob dies auch in Bezug auf Stiftungen des öffentlichen Rechts unter der Aufsicht des Landes gilt. Dazu müssten solche Stiftungen unter den Begriff der „sonstigen öffentlich-rechtlichen Körperschaften" im Sinne von Artikel 57 Abs. 5 Satz 4 NV fallen. Diese Annahme scheint zwar angesichts der gängigen Differenzierung zwischen Körperschaften, Anstalten und Stiftungen des öffentlichen Rechts (s. nur § 89 BGB, § 1 Abs. 1 NVwVfG), die sich auch in der Niedersächsischen Verfassung findet (Artikel 55 Abs. 3 Satz 2 NV), auf den ersten Blick eher fernliegend. Gleichwohl besteht insoweit durchaus keine Einigkeit im Schrifttum über die Auslegung des Begriffs der „Körperschaft".[549] Als Begründung für die Auffassung, „Körperschaften" seien auch „Stiftungen", finden sich indes bei näherer Betrachtung nur zum einen

in: Epping/Butzer/Brosius-Gersdorf/Haltern/ Mehde/Waechter (Hrsg.), Hannoverscher Kommentar zur NV, Artikel 56 Rn. 21 ff.; *L. Hagebölling*, NV, Artikel 56 Erl. 3; *J. Ipsen*, NV, Artikel 56 Rn. 10 f.; *H. Neumann*, Artikel 56 Rn. 8 ff., jeweils m. w. N.

549 Vgl. *B. Nedden*, in: Faber/Schneider (Hrsg.), Niedersächsisches Staats- und Verwaltungsrecht, S. 122; *T. Elster*, in: Korte/Rebe, Verfassung und Verwaltung des Landes Niedersachsen, S. 505 ff. (beide zu der Artikel 57 NV im Wesentlichen entsprechenden Regelung in Artikel 44 VNV; *T. Elster* mit zahlreichen Nachweisen zum Streitstand und zur Entstehungsgeschichte der Regelung); *K. Waechter*, in: Epping/Butzer/Brosius-Gersdorf/Haltern/Mehde/Waechter (Hrsg.), Hannoverscher Kommentar zur NV, Artikel 57 Rn. 19; *L. Hagebölling*, NV, Artikel 57 Erl. 2.2 (dort noch unentschieden) und Erl. 7 (wo *L. Hagebölling* die Auffassung vertritt, zumindest

die nicht näher nachgewiesene (und sehr zweifelhafte) Behauptung, der Begriff der „Körperschaften" werde „seit je" auch auf „Anstalten" und „Stiftungen" erstreckt,[550] zum anderen ein Hinweis auf einen kurzen, danach aber nicht weiter verfolgten Redebeitrag während der Gesetzesberatungen zu Artikel 44 VNV.[551]

Gegen diese Auffassung lässt sich aber auch im Übrigen bereits die erwähnte, bei der Schaffung des Artikels 44 VNV schon etablierte und allgemein übliche begriffliche Differenzierung zwischen Körperschaften, Anstalten und Stiftungen des öffentlichen Rechts anführen (siehe insbesondere § 89 BGB).

Darüber hinaus sind die in Artikel 57 Abs. 4 NV (entsprechend Artikel 44 Abs. 4 VNV) genannten Begriffe im Zusammenhang mit und im Gegensatz zu dem Begriff „ihre Angelegenheiten" in Artikel 57 Abs. 1 NV (Artikel 44 Abs. 1 VNV) zu sehen. Diese Angelegenheiten werden der originären Selbstverwaltung der Körperschaften zugeordnet. Eine derartige Selbstverwaltung eigener Angelegenheiten stellt im Hinblick auf das Demokratieprinzip (Artikel 20 Abs. 1 und 2 GG, Artikel 1 Abs. 2 und Artikel 2 Abs. 1 NV) eine „besondere Form der Beteiligung von Betroffenen bei der Wahrnehmung öffentlicher Aufgaben" bzw. eine „organisierte Beteiligung der sachnahen Betroffenen an den sie berührenden Entscheidungen" dar.[552] Eine solche Konstellation kann aber lediglich bei den typischerweise *mitgliedschaftlich* organisierten Körperschaften angenommen werden. Denn nur hier sind bestimmte *Personen* als Mitglieder in der Körperschaft organisiert und können in diesem Rahmen ihre (also die sie betreffenden) Angelegenheiten selbst verwalten.[553] Stiftungen sind demgegenüber aber gerade nicht mitgliedschaftlich als Personenverband organisiert und haben insoweit keine originär „eigenen" Angelegenheiten etwaiger Mitglieder, sondern verwalten ein ihnen vom Stifter übertragenes Vermögen zur Erfüllung eines vom Stifter (fremd-)bestimmten Zweckes. Stiftungen verwalten sich also zwar gewissermaßen selbst, haben aber keine „eigenen" Angelegenheiten, die Gegenstand einer „Selbstverwaltung" sein könnten.[554]

---

Artikel 57 Abs. 5 NV gelte für „alle juristischen Personen des öffentlichen Rechts in der mittelbaren Landesverwaltung"); *H. Neumann*, Artikel 57 Rn. 1, jeweils m. w. N.

550 *B. Nedden*, in: Faber/Schneider (Hrsg.), Niedersächsisches Staats- und Verwaltungsrecht, S. 122, Fn. 67 (ebenso in der dort nachfolgenden Fn. 68).

551 Nachweise bei *T. Elster*, in: Korte/Rebe, Verfassung und Verwaltung des Landes Niedersachsen, S. 505 ff.; Nds. StGH, Urteil vom 3. Juni 1980 – StGH 2/79 – bei juris Rn. 69.

552 BVerfGE 107, 59 (92 f.), bei juris Rn. 144.

553 Vgl. *T. Elster*, in: Korte/Rebe, Verfassung und Verwaltung des Landes Niedersachsen, S. 506 f.

554 *J. Ipsen*, Hochschulen als Stiftungen, S. 242.

Ihnen fehlt das für eine Einbettung einer „Selbstverwaltung" in das Demokratieprinzip erforderliche „personelle Substrat".

Schließlich wäre ein umfassender Gesetzesvorbehalt für eine Aufgabenübertragung auf eine Stiftung des öffentlichen Rechts kaum mit der dargelegten Entstehungsgeschichte des Artikels 29 Abs. 1 VNV bzw. des Artikels 38 Abs. 1 NV und der Handhabung dieser Vorschriften in der Staatspraxis (s. o.) vereinbar.[555]

Mithin ist davon auszugehen, dass Stiftungen des öffentlichen Rechts nicht unter den Begriff der „sonstigen öffentlich-rechtlichen Körperschaften" im Sinne von Artikel 57 Abs. 4 Satz 5 NV fallen, sodass sich daraus kein spezieller Gesetzesvorbehalt für die Festlegung der Aufgaben einer Stiftung des öffentlichen Rechts ergibt.

#### ee) Zusammenfassung

Spezielle verfassungsrechtliche Gesetzesvorbehalte für die Bildung einer Stiftung des öffentlichen Rechts bestehen auf Bundesebene nach Artikel 87 Abs. 3 Satz 1 GG, auf Ebene des Landes *Niedersachsen* aber nicht, insbesondere auch nicht für die Entstehung einer solchen Stiftung oder die Übertragung von Aufgaben auf diese.

### *d) Einfachgesetzliche Gesetzesvorbehalte*

Ein einfachgesetzlicher Gesetzesvorbehalt bestünde, wenn ein einfaches Gesetz regeln würde, dass eine Stiftung des öffentlichen Rechts nur durch Gesetz oder aufgrund eines Gesetzes entstehen könnte (oder einzelne Aspekte der Bildung einer Stiftung des öffentlichen Rechts nur durch Gesetz oder aufgrund eines Gesetzes geregelt werden dürfen). Dies ist, wie dargelegt, zwar in einigen Ländern der Fall, in allgemeiner Form jedoch nicht in Niedersachsen.

Für den Bereich dieses Landes bestehen ausdrückliche allgemeine Regelungen über die Entstehung einer Stiftung des öffentlichen Rechts nicht. Zwar regelt § 55 Abs. 1 Satz 1 NHG, dass eine Stiftung des öffentlichen Rechts, die Trägerin einer Hochschule in staatlicher Verantwortung sein soll, – nur – durch Verordnung der Landesregierung errichtet werden (und damit zugleich entstehen) kann. Diese Regelung gilt aber nur für einen speziellen Fall und lässt sich nicht verallgemeinern.

Das Niedersächsische Stiftungsgesetz gilt nur für Stiftungen des bürgerlichen Rechts (§ 1 NStiftG), und nur für Stiftungen des öffentlichen Rechts, die von

---

555 *T. Elster*, in: Korte/Rebe, Verfassung und Verwaltung des Landes Niedersachsen, S. 506 f.

einer Kommune verwaltet werden, gelten einige seiner Vorschriften (§§ 6 bis 8 und 19 Abs. 2 NStiftG) entsprechend (§ 135 Abs. 1 Satz 3 NKomVG).[556]

Alle diese Vorschriften regeln aber nicht die Entstehung einer Stiftung des öffentlichen Rechts für den Bereich des Landes Niedersachsen, und eine einheitliche, gefestigte Staatspraxis lässt sich insoweit, wie gezeigt, ebenfalls nicht feststellen.

### *e) „Mittelbare" Gesetzesvorbehalte*

#### aa) Einleitung

„Mittelbare" Gesetzesvorbehalte können sich ergeben, soweit einer Stiftung Aufgaben, Befugnisse oder Vermögensgegenstände übertragen werden sollen, die durch Gesetz bereits *ausschließlich* anderen Rechtssubjekten zugewiesen worden sind, sodass die betreffenden Aufgaben, Befugnisse oder Vermögensgegenstände *vor* der Übertragung auf die Stiftung zunächst den anderen Rechtssubjekten *entzogen* werden müssen. Ein Gesetzesvorbehalt bestünde insoweit ggf. mithin weniger hinsichtlich der *Übertragung* auf die Stiftung als vielmehr hinsichtlich des *Entzuges* bei dem anderen Rechtssubjekt.

In diesem Zusammenhang sollen hier die Regelungen in Artikel 57 Abs. 3 NV und § 2 Abs. 2 NKomVG, Artikel 28 Abs. 2 Sätze 1 und 2 GG sowie Artikel 5 Abs. 3, Artikel 57 Abs. 1 und Artikel 72 Abs. 2 NV näher betrachtet werden.

#### bb) Artikel 57 Abs. 3 NV und § 2 Abs. 2 NKomVG

Nach Artikel 57 Abs. 3 NV sind die Gemeinden „in ihrem Gebiet die ausschließlichen Träger der gesamten öffentlichen Aufgaben, soweit die Gesetze nicht ausdrücklich etwas anderes bestimmen". Diese Regelung wird in § 2 Abs. 2 NKomVG (deklaratorisch) wiederholt, wobei lediglich an die Stelle der Worte „die Gesetze" das – hier gleichbedeutende – Wort „Rechtsvorschriften" tritt.

Der Wortlaut der Vorschriften deutet auf den ersten Blick darauf hin, dass die Zuständigkeit für die Erfüllung *aller* öffentlichen Aufgaben unmittelbar durch

---

556 Weitere Regelungen über Stiftungen enthält das Niedersächsische Kommunalverfassungsgesetz außerdem in § 58 Abs. 1 Nr. 18, § 85 Abs. 2 Satz 2 Nr. 2, § 128 Abs. 4 Satz 1 Nr. 1, § 130 Abs. 1 Nr. 2 und Abs. 2, § 131 Abs. 1, 2 und 4, § 135 und § 155 Abs. 2 Nr. 3, wobei aber jeweils nicht ausdrücklich zwischen Stiftungen des bürgerlichen und des öffentlichen Rechts unterschieden wird. Auch die Niedersächsische Verfassung erkennt das Bestehen von Stiftungen des öffentlichen Rechts unter der Aufsicht des Landes an, indem Artikel 55 Abs. 3 Satz 2 NV bestimmt, dass die Mitglieder des Staatsgerichtshofs beruflich u. a. nicht im Dienst einer Stiftung des öffentlichen Rechts unter der Aufsicht des Landes stehen dürfen.

Gesetz den Gemeinden zugewiesen wird. Nähme man dies tatsächlich wörtlich, so dürfte *keine* öffentliche Aufgabe auf eine andere Stelle übertragen werden, ohne dass es „die Gesetze ausdrücklich bestimmen". Mithin bedürfte dann – wegen des erforderlichen vorherigen *Entzugs* der betreffenden Aufgabe zu Lasten einer Gemeinde – auch *jede* Zuweisung der Zuständigkeit für die Erfüllung einer öffentlichen Aufgabe an eine Stiftung des öffentlichen Rechts einer gesetzlichen Grundlage und könnte jedenfalls nicht durch bloßen Beschluss der Landesregierung nach Artikel 38 Abs. 1 NV erfolgen, weil einem solchen Beschluss die vorrangige gesetzliche Zuständigkeitszuweisung in Artikel 57 Abs. 3 NV und § 2 Abs. 2 NKomVG entgegenstünde.

In diesem Zusammenhang ist indes zunächst zu berücksichtigen, dass der Begriff „öffentliche Aufgaben" hier schon nicht in dem oben dargelegten weiten Sinne dahingehend verstanden werden kann, dass sämtliche Aufgaben, deren Erfüllung dem Gemeinwohl dient, erfasst werden. Denn andernfalls wäre auch Privaten die Erfüllung solcher Aufgaben ohne gesetzliche Grundlage von vornherein verwehrt. Das kann nicht gemeint sein. Richtigerweise muss der Begriff hier vielmehr zumindest dahingehend eingeschränkt verstanden werden, dass allenfalls (staatliche) „Aufgaben der öffentlichen Verwaltung" (s. o.) erfasst werden. Klarer ist insoweit z. B. Artikel 137 Abs. 1 Satz 1 der Verfassung des Landes Hessen. Danach sind die Gemeinden „in ihrem Gebiet unter eigener Verantwortung die ausschließlichen Träger der gesamten örtlichen öffentlichen Verwaltung".

Allerdings würde auch eine solche Auslegung immer noch zu dem Ergebnis führen, dass innerhalb des vom Grundgesetz dem Land zugewiesenen oder überlassenen Bereiches der öffentlichen Verwaltung (Artikel 30 und 83 bis 85 GG) auch das Land im Gebiet einer Gemeinde (also praktisch im Gebiet des gesamten Landes, mit Ausnahme nur der gemeindefreien Gebiete) keine Aufgaben der öffentlichen Verwaltung erfüllen dürfte, soweit es nicht „die Gesetze ausdrücklich bestimmen".

Insoweit wäre schon die Vereinbarkeit mit der niedersächsischen Staatspraxis zumindest sehr zweifelhaft.[557]

Hinzu kommt, dass bei einer derart am Wortlaut hängenden Auslegung des Artikels 57 NV dessen Absätze 3 und 4 in einem offensichtlichen, historisch begründeten und nicht ohne Weiteres auflösbaren Widerspruch zueinander stünden: Während Artikel 57 Abs. 3 NV und die Vorläuferregelung in Artikel 44

557 Vgl. GBD, Vorlage 72 zum Entwurf einer Niedersächsischen Verfassung, S. 6 (abgedruckt in dem von der Landtagsverwaltung herausgegebenen Materialienband einer Niedersächsischen Verfassung, Band II, S. 1462).

Abs. 3 VNV entsprechend dem sog. Weinheimer Entwurf aus dem Jahr 1948 in Abkehr von dem überkommenen Dualismus zwischen Aufgaben des eigenen und des übertragenen Wirkungskreises von einem monistischen Aufgabenbegriff ausgehen und beide Aufgabenbereiche in dem einheitlichen Begriff „öffentliche Aufgaben“ zusammenführen, gehen Artikel 57 Abs. 4 NV und die vorherige Regelung in Artikel 44 Abs. 4 VNV weiterhin von der Unterscheidung zwischen Aufgaben des eigenen und des übertragenen Wirkungskreises aus, indem „staatliche Aufgaben“ (= Aufgaben des übertragenen Wirkungskreises) nicht schon von vornherein den Gemeinden zugewiesen werden, sondern erst noch der Übertragung bedürfen.[558]

Darüber hinaus blieben bei der streng am Wortlaut verhafteten Sichtweise die oben dargelegte Entstehungsgeschichte des Artikels 38 Abs. 1 NV (Artikel 29 Abs. 1 VNV) und die diesbezügliche Staatspraxis außer Betracht. Danach sollte es, wie dargelegt, nach den Vorstellungen des jeweiligen Verfassungsgesetzgebers, die auch in der Staatspraxis ihren Niederschlag gefunden haben, zur grundsätzlichen Kompetenz der Landesregierung gehören, durch Beschluss juristische Personen (= Körperschaften, Anstalten und Stiftungen) des öffentlichen Rechts zu errichten (= entstehen zu lassen) und ihre Aufgaben festzulegen, soweit nicht „die Struktur der juristischen Person Gesetzesform fordernde Besonderheiten aufweist“.[559] Ausgehend davon, dass es sich bei den Aufgaben einer juristischen Person des öffentlichen Rechts stets um „öffentliche“ Aufgaben handelt, ließe sich auch insoweit grundsätzlich ein Widerspruch zu Artikel 57 Abs. 3 NV (Artikel 44 Abs. 3 VNV) feststellen: Es kann nicht gut einerseits angenommen werden, jede Übertragung einer „öffentlichen Aufgabe“ auf eine Stelle, die nicht Gemeinde ist, bedürfe eines Gesetzes, und andererseits zugleich, die Landesregierung sei (grundsätzlich) befugt, den von ihr durch Beschluss errichteten juristischen Personen des öffentlichen Rechts durch (bloßen) Beschluss (öffentliche) Aufgaben zu übertragen. Diese beiden Annahmen ließen sich nur dann miteinander vereinbaren, wenn man im Übrigen annähme, Artikel 38 Abs. 1 NV sei hinsichtlich

558 Siehe dazu insgesamt die Referenten-Begründung zum Entwurf der Vorläufigen Niedersächsischen Verfassung (Landtagsdrucksache I/2073), S. 13 (zu Artikel 43 des Entwurfs, dort im zweiten Absatz einerseits und im Widerspruch dazu der dritte Absatz andererseits); GBD (a. a. O., vorstehende Fn.); *K. Lange*, Kapitel 11 Rn. 7 ff.; *H. Faber*, in: Faber/Schneider (Hrsg.), Niedersächsisches Staats- und Verwaltungsrecht, S. 241 f.; *W. Göke*, in: Blum u. a., KVR (alt), § 2 NGO Rn. 1 ff.; *J. Ipsen*, Kommunalrecht, § 1 Rn. 24 ff.

559 Referenten-Begründung zum Entwurf der VNV, S. 11 (zu Artikel 27 des Entwurfs); s. o.

der Festlegung der Aufgaben einer juristischen Person des öffentlichen Rechts von vornherein auf Aufgaben beschränkt, die schon anderweitig – auf gesetzlicher Grundlage – in den Zuständigkeitsbereich *des Landes* fielen, sodass es nur noch um eine „sekundäre Umverteilung“ *vom Land auf eine andere juristische Person des öffentlichen Rechts* ginge. Für eine solche Sichtweise lassen sich aber keine Anhaltspunkte im Wortlaut oder in der Entstehungsgeschichte der betreffenden Normen finden.[560]

Der Lösungsansatz des Niedersächsischen Staatsgerichtshofs liegt darin, Artikel 57 Abs. 3 und 4 NV so auszulegen, dass Artikel 57 Abs. 3 NV zwar grundsätzlich sowohl die Aufgaben des eigenen als auch die des übertragenen Wirkungskreises umfasst, letztere aber „nicht schon von vornherein bei den Gemeinden angesiedelt, sondern erst noch auf sie zu übertragen sind“. Nach Artikel 57 Abs. 3 NV soll danach für die Gemeinden „grundsätzlich ein Anspruch auf Transfer der Aufgaben des übertragenen Wirkungskreises“ bestehen, den das Land nach Maßgabe des Artikels 57 Abs. 4 NV „zu erfüllen hat“.[561]

---

560 Allerdings findet sich in der Begründung des Gesetzentwurfs der Landesregierung zu § 5 NVOZustG der Hinweis, die neue Verordnungsermächtigung in dieser Vorschrift lasse die Befugnis der Landesregierung, durch Beschluss nach Artikel 38 Abs. 1 NV Zuständigkeiten *der Landesbehörden* zu regeln, unberührt (Landtagsdrucksache 17/1468, S. 9 und 10). Insoweit wird Artikel 38 Abs. 1 NV aber zunächst nur auf die interne Zuständigkeitsverteilung innerhalb des Landes, genauer: der *unmittelbaren* Landesverwaltung (Landesregierung und die ihr nachgeordneten Behörden, Artikel 56 Abs. 1 NV) bezogen (wohl auch nur dazu BVerwG, Urteil vom 22. Januar 2004 – BVerwG 4 A 32.02 – bei juris Rn. 28). Zu der Frage, inwieweit die Landesregierung möglicherweise befugt sein könnte, durch Beschluss nach Artikel 38 Abs. 1 NV die Zuständigkeit für die Erfüllung einer bestimmten öffentlichen Aufgabe auf eine Stiftung des öffentlichen Rechts als Teil der *mittelbaren* Landesverwaltung zu übertragen, verhält sich dies nicht.

561 Nds. StGH, Urteil vom 6. Dezember 2007 – StGH 1/06 – bei juris Rn. 56. Ob dies überzeugt, mag hier offen bleiben. Fraglich ist aber immerhin, ob es wirklich richtig sein kann, den Gemeinden einen grundsätzlichen Anspruch auf Übertragung auch von Aufgaben, die keinen originär örtlichen Bezug haben, zuzuerkennen mit der Folge, dass sich das Land auch dann verfassungsrechtlich rechtfertigen müsste, wenn es solche Aufgaben nicht auf die Gemeinden überträgt, abgesehen davon, dass unklar ist, nach welchen Maßstäben sich in einem solchen Fall die Zulässigkeit der *Nicht*übertragung bemessen soll. Das Bundesverfassungsgericht hat jedenfalls bereits früh *trotz vergleichbarerer Rechtslage in der hessischen Verfassung und Gemeindeordnung* (Artikel 137 Abs. 1 und 4 der Verfassung des Landes Hessen, § 2 Satz 1 der Hessischen Gemeindeordnung) festgestellt, dass die „Allzuständigkeit“ der Gemeinde begrenzt sei; die Gemeinde sei nämlich „als hoheitlich handelnde

Auch in der Staatspraxis werden Artikel 57 Abs. 3 NV und § 2 Abs. 2 NKomVG nicht als unmittelbare gesetzliche Zuständigkeitszuweisungen gehandhabt, sondern als Normen mit „Programmsatzcharakter" verstanden, die lediglich eine „inhaltliche Leitlinie" für die Anwendung von anderweitigen Regelungen über mögliche Zuständigkeitszuweisungen bieten, um den „Anspruch auf Transfer von Aufgaben" zu gewährleisten.[562] Dem entspricht letztlich auch die konkrete Regelung der Aufgaben der Kommunen in den §§ 4 bis 6 NKomVG.

Nach alledem lässt sich jedenfalls feststellen, dass Artikel 57 Abs. 3 NV und § 2 Abs. 2 NKomVG keine unmittelbare und abschließende gesetzliche Zuständigkeitszuweisung darstellen, die gegenüber einem etwaigen Beschluss der Landesregierung nach Artikel 38 Abs. 1 NV, durch den einer Stiftung des öffentlichen Rechts die Zuständigkeit für die Erfüllung von Aufgaben der öffentlichen Verwaltung zugewiesen würden, vorrangig wäre.[563]

---

Gebietskörperschaft, soweit ihr nicht Auftragsangelegenheiten vom Staat zugewiesen worden sind, von Rechts wegen darauf beschränkt, sich mit Angelegenheiten des *örtlichen* Wirkungskreises zu befassen" (BVerfGE 8, 122 [133 f.], bei juris Rn. 16).

562 Landtagsdrucksachen 16/2510 (S. 102), 16/3147 (S. 1 f.) und 17/1468 (S. 9 und 14).

563 Unklar bleibt zwar, was genau „öffentliche Aufgaben" im Sinne von Artikel 57 Abs. 3 NV von „staatlichen Aufgaben" im Sinne von Artikel 57 Abs. 4 NV unterscheidet. Möglicherweise ist gemeint, dass „staatliche Aufgaben" im Sinne von Artikel 57 Abs. 4 NV solche öffentlichen Aufgaben sind, die vom Staat (Land) durch die *unmittelbare* Staatsverwaltung erfüllt werden müssen oder dürfen, während „öffentliche Aufgaben" im Sinne von Artikel 57 Abs. 3 NV öffentliche Aufgaben sind, die den Gemeinden als Teil der *mittelbaren* Staatsverwaltung im Rahmen ihrer Selbstverwaltung zugeordnet sind (vgl. *U. Di Fabio*, S. 587). Aber auch ein dahingehender Ansatz würde letztlich nicht die Frage beantworten, nach welchen Kriterien sich entscheidet, unter welchen Voraussetzungen eine Aufgabe eine „staatliche" oder („nur") eine „öffentliche" Aufgabe ist. Wahrscheinlich liegt die Antwort darin, dass der Gesetzgeber entscheiden muss, wie weit der staatliche Einfluss auf die Aufgabenerfüllung reichen soll. Sollen (und dürfen) eine Fachaufsicht und ein Weisungsrecht des Landes bestehen, so handelt es sich um eine „staatliche" Aufgabe, soll lediglich eine Rechtsaufsicht bestehen, handelt es sich („nur") um eine „öffentliche" Aufgabe. Der Aufsichtsmaßstab (Artikel 57 Abs. 5 NV) folgt mithin wohl nicht der Aufgabenkategorie, sondern die Aufgabenkategorie dem festgelegten Aufsichtsmaßstab. Letztlich muss und kann dieses Problem hier jedoch ungelöst bleiben. Entscheidend ist an dieser Stelle nur, dass Artikel 57 Abs. 3 NV keine unmittelbare und abschließende gesetzliche Zuständigkeitszuweisung an die Gemeinden enthält.

### cc) Artikel 28 Abs. 2 Sätze 1 und 2 GG und Artikel 57 Abs. 1 NV

Nach Artikel 28 Abs. 2 Satz 1 GG muss den Gemeinden das Recht gewährleistet sein, alle Angelegenheiten der örtlichen Gemeinschaft *im Rahmen der Gesetze* in eigener Verantwortung zu regeln. Angelegenheiten der örtlichen Gemeinschaft in diesem Sinne sind nach der Rechtsprechung des Bundesverfassungsgerichts „diejenigen Bedürfnisse und Interessen, die in der örtlichen Gemeinschaft wurzeln oder auf sie einen spezifischen Bezug haben, die also den Gemeindeeinwohnern gerade als solchen gemeinsam sind, indem sie das Zusammenleben und -wohnen der Menschen in der Gemeinde betreffen".[564] Auch die Gemeindeverbände haben nach Artikel 28 Abs. 2 Satz 2 GG *im Rahmen ihres gesetzlichen Aufgabenbereiches* nach Maßgabe der Gesetze das Recht der Selbstverwaltung. Nach Artikel 57 Abs. 1 NV verwalten Gemeinden und Landkreise[565] ihre Angelegenheiten *im Rahmen der Gesetze* in eigener Verantwortung.

Aus diesen Regelungen ergibt sich, dass Aufgaben, die zu den Angelegenheiten der örtlichen Gemeinschaft, zum gesetzlichen, dem Selbstverwaltungsrecht unterfallenden Aufgabenbereich der Gemeindeverbände[566] oder zu den „eigenen" Angelegenheiten der Gemeinden und Landkreise gehören, grundsätzlich den Kommunen zugewiesen sind, ihrem Selbstverwaltungsrecht unterfallen und ihnen nur durch Gesetz oder aufgrund eines Gesetzes durch sonstige Rechtsvorschrift, insbesondere Verordnung[567] entzogen werden dürfen. Dies gilt zum einen für Aufgaben, die den Kommunen durch Gesetz als Pflichtaufgaben zugewiesen worden sind. Insoweit ist allerdings schon wegen der Zuständigkeitszuweisung durch Gesetz auch für den Aufgabenentzug wiederum ein Gesetz erforderlich (s. o.). Zum anderen gilt der Gesetzesvorbehalt aber auch, soweit den *Gemeinden* Aufgaben entzogen werden sollen, die sie zwar aktuell nicht wahrnehmen (die noch „unbesetzt" sind), die jedoch zu den Angelegenheiten der örtlichen Gemeinschaft gehören und auf die die Gemeinden daher wegen

564 BVerfGE 79, 127 (151 f. sowie Leitsatz 4), bei juris Rn. 59 m. w. N.

565 Erfasst werden von dieser Vorschrift auch „die sonstigen öffentlich-rechtlichen Körperschaften" (zu dem Begriff s. o. im Zusammenhang mit Artikel 57 Abs. 4 Satz 5 NV). Diese werden hier zunächst ausgeklammert und später gesondert betrachtet.

566 Zum Selbstverwaltungsrecht der Landkreise vgl. insoweit BVerfGE 119, 331 (352 ff.), bei juris Rn. 116 f., aber auch § 5 Abs. 1 Nr. 3 NKomVG (der insoweit wohl keine verfassungsrechtliche Fundierung hat).

567 BVerfGE 76, 107 (114), bei juris Rn. 19 m. w. N.

ihres „Aufgabenzugriffsrechts" (ihrer „Allzuständigkeit") nach Artikel 28 Abs. 2 Satz 1 GG zugreifen dürften.[568]

Danach gilt ein Gesetzesvorbehalt, soweit einer Stiftung des öffentlichen Rechts eine Aufgabe zugewiesen werden soll, die nach Artikel 28 Abs. 2 Sätze 1 und 2 GG und Artikel 57 Abs. 1 NV grundsätzlich in den Bereich des kommunalen Selbstverwaltungsrechts fällt, und zwar nicht für die Zuweisung an sich, sondern in erster Linie für den *Entzug* dieser Aufgabe.[569]

---

568 Siehe BVerfGE 79, 127 (147 und 155), bei juris Rn. 49 und 69; BVerfGE 83, 363 (384 f.), bei juris Rn. 75.

569 Eine andere Frage ist noch, ob *eine Kommune* berechtigt wäre, eine Aufgabe, die in den Bereich ihres Selbstverwaltungsrechts fällt, auf eine Stiftung des öffentlichen Rechts zu übertragen, vorausgesetzt, ihr stünde die Möglichkeit, sich im Rahmen ihrer Organisationshoheit zur Erfüllung ihrer Aufgaben einer solchen Stiftung zu bedienen (s. o.), überhaupt offen. In diesem Zusammenhang wäre die Rechtsprechung des Bundesverwaltungsgerichts zu berücksichtigen, nach der eine „grundsätzliche Pflicht" der Gemeinden zur „Wahrung und Sicherung ihres eigenen Aufgabenbestandes" besteht (BVerwG, Urteil vom 27. Mai 2009 - BVerwG 8 C 10.08 - juris, dort Rn. 27 ff.). Das Bundesverwaltungsgericht leitet dabei aus dem vom Bundesverfassungsgericht postulierten Grundsatz der eigenverantwortlichen Aufgabenwahrnehmung (BVerfGE 119, 331 [361 ff.], bei juris Rn. 145 ff.) ab, eine Gemeinde dürfe die ihr zur eigenverantwortlichen Führung der Geschäfte zugewiesenen Aufgaben im Rahmen ihrer Organisationshoheit ohne gesetzliche Grundlage jedenfalls nicht auf Private übertragen (BVerwGE 140, 245 [Rn. 14], bei juris Rn. 14). Ob und inwieweit diese Rechtsprechung, aus der ja ggf. praktisch eine *Pflicht* zur Selbstverwaltung für alle auch nur *potentiellen* Selbstverwaltungsaufgaben folgen würde, zu überzeugen vermag, ist zweifelhaft. Einerseits könnte zwar dafür sprechen, dass Artikel 28 Abs. 2 Satz 1 GG gerade auch den Sinn hat, das Volk an der öffentlichen Verwaltung auf der Ebene der Gemeinde zu beteiligen (BVerfGE 79, 127 [147 ff. {151 f.}], bei juris Rn. 51 ff. [59]), was einer Auslagerung von Zuständigkeiten aus dem Bereich der Gemeinde, in der das Volk eine Vertretung haben muss (Artikel 28 Abs. 1 Sätze 2 bis 4 GG, Artikel 57 Abs. 2 NV), Grenzen setzt. Andererseits jedoch wird man wohl kaum vertreten können, dass eine Gemeinde Aufgaben, zu deren Erfüllung sie nicht verpflichtet, sondern nur berechtigt ist, nicht auch Dritten überlassen dürfte (so z. B. bei freiwillig betriebenen öffentlichen Einrichtungen; siehe insgesamt auch *K. Lange*, Kapitel 1 Rn. 53 und Kapitel 11 Rn. 78, jeweils m. w. N. zum Streitstand in den Fn.). Aber auch dieses Problem muss und kann an dieser Stelle auf sich beruhen. Entscheidend ist hier nur, dass die Zuweisung einer Aufgabe an eine Stiftung des öffentlichen Rechts, die für eine Kommune mit einem *Entzug* einer Selbstverwaltungsaufgabe verbunden wäre, jedenfalls nicht durch bloßen Beschluss der *Landesregierung* erfolgen dürfte.

### dd) Artikel 5 Abs. 3 und Artikel 57 Abs. 1 NV

Ebenso besteht ein Gesetzesvorbehalt, soweit einer Stiftung des öffentlichen Rechts eine Aufgabe zugewiesen werden soll, die nach Artikel 5 Abs. 3 NV und, soweit es sich um Körperschaften des öffentlichen Rechts handelt (siehe § 15 Satz 1 NHG), nach Artikel 57 Abs. 1 NV in das Selbstverwaltungsrecht der Hochschulen fällt,[570] und zwar wiederum für den der Zuweisung vorgelagerten *Entzug* dieser Aufgabe.[571]

### ee) Artikel 57 Abs. 1 NV im Übrigen (sonstige öffentlich-rechtliche Körperschaften)

Ob und inwieweit Gleiches auch hinsichtlich sonstiger öffentlich-rechtlicher Körperschaften im Sinne von Artikel 57 Abs. 1 NV (z. B. der berufsständischen Kammern)[572] gilt, hängt davon ab, inwieweit diese „eigene" Angelegenheiten haben (können). Soweit sich solche Angelegenheiten ermitteln lassen sollten, dürfte auch hier gelten, dass der *Entzug* einer Aufgabe, die in den Bereich der körperschaftlichen Selbstverwaltung fällt, unter Gesetzesvorbehalt steht.

### ff) Artikel 72 Abs. 2 NV

Nach Artikel 72 Abs. 2 NV sind die „überkommenen heimatgebundenen Einrichtungen" der ehemaligen Länder Hannover, Oldenburg, Braunschweig und Schaumburg-Lippe „weiterhin dem heimatlichen Interesse dienstbar zu machen und zu erhalten, soweit ihre Änderung oder Aufhebung nicht in Verfolg organisatorischer Maßnahmen, die sich auf das gesamte Land Niedersachsen erstrecken, notwendig wird".[573] Nach der Rechtsprechung des Niedersächsischen

---

570 Zu den Aufgaben, die in diesen Bereich fallen, siehe Nds. StGH, Urteil vom 22. Oktober 2010 – StGH 6/09 – bei juris Rn. 27 ff.; vgl. ferner im Hinblick auf das Grundrecht der Wissenschaftsfreiheit nach Artikel 5 Abs. 3 Satz 1 GG BVerfG, Beschluss vom 24. Juni 2014 – 1 BvR 3217/07 – bei juris Rn. 55 ff., m. w. N.

571 Vgl. auch § 55 Abs. 5 NHG, wonach eine Stiftung, die Trägerin einer Hochschule ist, bei der Erfüllung ihrer Aufgaben die Selbstverwaltung der Hochschule zu wahren hat.

572 Zur Reichweite des Begriffs vgl. Nds. StGH, Urteil vom 3. Juni 1980 – StGH 2/79 – bei juris Rn. 65 ff.; *T. Elster*, in: Korte/Rebe, Verfassung und Verwaltung des Landes Niedersachsen, S. 503; *K. Waechter*, in: Epping/Butzer/Brosius-Gersdorf/Haltern/Mehde/Waechter (Hrsg.), Hannoverscher Kommentar zur NV, Artikel 57 Rn. 20 ff.

573 Zu Artikel 72 NV siehe insbesondere die ausführliche Kommentierung von *H. Butzer*, in: Epping/Butzer/ Brosius-Gersdorf/Haltern/Mehde/ Waechter (Hrsg.), Hannoverscher Kommentar zur NV, Artikel 72 Rn. 1 ff. (zu Absatz 2 Rn. 33 ff.); ferner *E. Schmidt-*

Staatsgerichtshofs zu der entsprechenden Vorläuferregelung in Artikel 56 Abs. 2 VNV muss es sich um Einrichtungen handeln, die

- „in besonders augenfälliger Weise bestimmte Schwerpunkte kultureller, wissenschaftlicher oder ökonomischer Art verkörpern, die im Verlauf der historischen Entwicklung [der genannten] Länder eine eigenständige Ausprägung erfahren haben",
- „eine entsprechende Verankerung im Bewusstsein des für diese Fragen aufgeschlossenen Teiles der eingesessenen Bevölkerung" haben und
- „eine gewisse Außenwirkung entfalten".[574]

Liegen diese Voraussetzungen vor, genießen diese Einrichtungen einschließlich ihrer Aufgaben und Befugnisse nach alleiniger Maßgabe der *tatsächlichen* Verhältnisse im Zeitpunkt des Inkrafttretens der Vorläufigen Niedersächsischen Verfassung am 1. Mai 1951 verfassungsrechtlichen Bestandsschutz.[575]

Die Verfassung garantiert zwar dadurch „nicht in jedem Fall den unveränderten Fortbestand der geschützten Einrichtungen, sondern lässt es durchaus zu, das geschichtlich Gewordene weiterzuentwickeln und den Zeiterfordernissen anzupassen, sofern hierdurch nicht die überkommene Erscheinungsform und damit die den Charakter der Heimatgebundenheit ausmachende öffentliche Wirksamkeit der betreffenden Einrichtung in einer den Zielen der verfassungsrechtlichen Bestandssicherung zuwiderlaufenden Weise geschmälert wird".[576] Insoweit sind organisatorische Veränderungen nach den allgemein geltenden Grundsätzen zulässig. Jenseits dessen sind Eingriffe in den Bestand jedoch einem *verfassungsändernden* Gesetz vorbehalten.[577]

Mithin lässt sich feststellen, dass Änderungen einer „überkommenen heimatgebundenen Einrichtung" im Sinne von Artikel 72 Abs. 2 NV, die „die überkommene Erscheinungsform und damit die den Charakter der Heimatgebundenheit ausmachende öffentliche Wirksamkeit der betreffenden Einrichtung in einer den

*Jortzig*, in: Martinek/Rawert/Weitemeyer (Hrsg.), Festschrift Reuter, S. 1339 ff., jeweils m. w. N.

574 Nds. StGH, Urteil vom 13. Juli 1972 – StGH 1/71 – bei juris Rn. 53 (zum AHK und dessen Verwaltung durch die Klosterkammer als Behörde der unmittelbaren Staatsverwaltung des Landes Niedersachsen.)

575 Nds. StGH, Urteil vom 13. Juli 1972 – StGH 1/71 – bei juris Rn. 57.

576 *H. Butzer*, in: Epping/Butzer/Brosius-Gersdorf/Haltern/Mehde/Waechter (Hrsg.), Hannoverscher Kommentar zur NV, Artikel 72 Rn. 48 f., bezeichnet dies als „Ertüchtigungsvorbehalt".

577 Nds. StGH, Urteil vom 13. Juli 1972 – StGH 1/71 – bei juris Rn. 67.

Zielen der verfassungsrechtlichen Bestandssicherung zuwiderlaufenden Weise [schmälern]", eines *verfassungsändernden* Gesetzes bedürfen. Dies gilt auch für den *Entzug* von Aufgaben, Befugnissen oder Vermögen usw., um diese dann ggf. einer (anderen) Stiftung des öffentlichen Rechts übertragen zu können.

#### gg) Sonstige Regelungen durch einfaches Gesetz?

Fraglich ist, ob ein „mittelbarer" Gesetzesvorbehalt auch besteht, soweit einschlägige Gegenstände (insbesondere Aufgaben, Befugnisse oder Vermögen) durch einfaches Gesetz anderen Rechtssubjekten zugewiesen sind. Insoweit ist zu differenzieren:

Handelt es sich um ein Gesetz desselben Gesetzgebers, so kann dieser auch ohne ausdrückliche Aufhebung oder Änderung dieses Gesetzes – durch (Änderungs-)Gesetz – durch ein neues Gesetz Abweichendes regeln. Soweit die beiden Gesetze voneinander abweichen, ist die Frage, welches Gesetz vorrangig gilt, nach den Kollisionsregeln *lex posterior derogat legi priori* und *lex specialis derogat legi generali* (s. o.) zu entscheiden. Dies gilt einerseits für Bundesgesetze sowie andererseits für Gesetze desselben Landes jeweils im Verhältnis zueinander.

Demgegenüber kann ein Land nicht durch Landesgesetz von einem Bundesgesetz abweichen. Insoweit gilt die Kollisionsregel des Artikel 31 GG: Bundesrecht bricht Landesrecht. Ebenso kann ein Land denselben Sachverhalt durch ein eigenes Gesetz nicht abweichend von einem Gesetz eines anderen Landes regeln. Dies folgt schon aus dem räumlichen Geltungsbereich eines Landesgesetzes; außerdem dürfte es kaum denkbar sein, dass im Rahmen der bundesstaatlichen Kompetenzordnung mehrere Länder nebeneinander befugt sind, denselben Sachverhalt durch Gesetz zu regeln.

#### hh) Zusammenfassung

„Mittelbare" Gesetzesvorbehalte bestehen, soweit Aufgaben, Befugnisse oder Vermögensgegenstände bereits durch Verfassungs- oder einfaches Gesetz ausschließlich einem anderen Rechtssubjekt zugewiesen sind und diesem entzogen werden sollen. Falls die Zuweisung durch Verfassungsgesetz erfolgt ist, die Verfassung aber selbst einen Gesetzesvorbehalt eröffnet, genügt ein einfaches Gesetz. Dies gilt insbesondere, soweit die Verfassung ein Selbstverwaltungsrecht „im Rahmen der Gesetze" garantiert (z. B. Artikel 28 Abs. 2 Satz 1 GG, Artikel 5 Abs. 3 und Artikel 57 Abs. 1 NV). Falls die Verfassung selbst keinen Gesetzesvorbehalt eröffnet, bedarf es ggf. eines verfassungsändernden Gesetzes (so z. B. bei Artikel 72 Abs. 2 NV). Falls die Zuweisung durch einfaches Gesetz erfolgt ist, kann von dieser Zuweisung zwar grundsätzlich durch neues Gesetz abgewichen werden, dies aber nur, wenn die Zuweisung durch ein Gesetz desselben Gesetzgebers erfolgt; Abweichungen eines Landesgesetzgebers von einem Bundesgesetz oder von einem Gesetz eines anderen Landes sind unzulässig.

#### *f) Zusammenfassung*

Für die Bildung einer Stiftung des öffentlichen Rechts besteht nicht ausnahmslos ein Gesetzesvorbehalt. Ein solcher kann sich aber aus dem allgemeinen verfassungsrechtlichen Parlamentsvorbehalt ergeben, wenn einerseits die von der Stiftung wahrzunehmenden Aufgaben und/oder Befugnisse von erheblichem Gewicht, insbesondere grundrechtsrelevant sind und ihre Wahrnehmung andererseits nicht durch andere Faktoren hinreichend demokratisch legitimiert ist; eine Freistellung von parlamentarischer Kontrolle bedarf stets eines Gesetzes. Darüber hinaus können spezielle verfassungsrechtliche Gesetzesvorbehalte bestehen. Einen solchen gibt es auf Bundesebene mit Artikel 87 Abs. 3 Satz 1 GG; auf der Ebene des Landes Niedersachsen existieren keine derartigen Vorbehalte. Einfachgesetzliche Gesetzesvorbehalte bestehen in den Ländern, in denen geregelt ist, dass eine Stiftung des öffentlichen Rechts nur durch Gesetz oder aufgrund eines Gesetzes gebildet werden kann; in solchen Fällen bedürfte jedenfalls eine Abweichung von dieser Regelung wiederum eines Gesetzes. Einen derartigen Gesetzesvorbehalt gibt es in Niedersachsen nicht. Hier besteht nur die Sonderregelung in § 55 Abs. 1 Satz 1 NHG, nach der eine Stiftung des öffentlichen Rechts, die Trägerin einer Hochschule in staatlicher Verantwortung sein soll, nur durch Verordnung gebildet werden kann; diese Regelung ist aber nicht verallgemeinerungsfähig. Schließlich können sich „mittelbare" Gesetzesvorbehalte ergeben, wenn einer Stiftung des öffentlichen Rechts Aufgaben, Befugnisse und/oder Vermögensgegenstände übertragen werden sollen, die bereits durch Verfassungs- oder einfaches Gesetz ausschließlich einem anderen Rechtssubjekt zugewiesen sind, diesem also zunächst entzogen werden müssen. Ob, inwieweit und in welcher Form in einem solchen Fall durch Gesetz eine abweichende Regelung getroffen werden kann, hängt davon ab, in welcher Art und Weise die anderweitige Zuweisung im Einzelfall erfolgt ist.

### *7. Zusammenfassung*

Stiftungen des öffentlichen gehören zur öffentlichen Verwaltung (mittelbaren Staatsverwaltung) des Bundes oder eines Landes. Dementsprechend ist entweder der Bund oder das jeweilige Land für die Bildung der Stiftung zuständig (Verbandszuständigkeit). Die Frage, welches Organ innerhalb des jeweiligen Verbandes zuständig ist (Organzuständigkeit), konkret: ob das Parlament durch

Gesetz tätig werden muss oder (auch) die Regierung in anderer Form, etwa durch Beschluss, tätig werden kann, ist nicht allgemeingültig in der einen oder anderen Weise zu beantworten. Keinesfalls aber haben die Kommunen *allein* aufgrund ihrer Selbstverwaltungsgarantie (Organisationshoheit) die Befugnis, selbst eine Stiftung des öffentlichen Rechts zu bilden; ihnen kann eine solche Befugnis aber durch Gesetz eingeräumt werden. Im Übrigen *kann* stets eine Regelung durch Gesetz erfolgen. Erforderlich ist ein Gesetz aber nicht stets, sondern nur, soweit ein Gesetzesvorbehalt besteht. Ein solcher *kann* sich aus dem allgemeinen verfassungsrechtlichen Parlamentsvorbehalt, speziellen verfassungsrechtlichen oder einfachgesetzlichen Gesetzesvorbehalten oder „mittelbaren" Gesetzesvorbehalten ergeben. Insoweit ist aber stets auf die Umstände des jeweiligen Einzelfalls abzustellen. Soweit kein Gesetzesvorbehalt besteht, kann auch die Regierung tätig werden.

## IV. Materielle Maßstäbe

### *1. Einleitung*

Nachdem die Verbands- und die Organzuständigkeit und mit letzterer auch die erforderliche Form für die Bildung einer Stiftung des öffentlichen Rechs geklärt sind, wird im Folgenden der Frage nachgegangen, welche materiellen Maßstäbe hierfür gelten.

Dabei erscheint es zweckmäßig, die zu betrachtenden Regelungsgegenstände (s. o.) in drei Gruppen aufzuteilen, nämlich

- die Entstehung,
- die Ausgestaltung, die Aufsicht sowie die Übertragung von Aufgaben und Befugnissen und
- die Übertragung von Vermögen.

### *2. Entstehung*

Für die Entstehung einer juristischen Person des öffentlichen Rechts (die Bildung dem Grunde nach) gibt es keine spezifischen materiellen rechtlichen Maßstäbe. Die Befugnis, eine juristische Person des öffentlichen Rechts entstehen zu lassen, beruht, wie dargelegt, auf der originären, nicht besonders regelungsbedürftigen Rechtsmacht jedes Staates, sich selbst zu organisieren. Die rechtlichen Bindungen, denen er dabei unterliegt, beziehen sich auf die Aufgaben und Befugnisse, die der juristischen Person übertragen werden können, die Ausgestaltung der juristischen Person, die über sie zu führende Aufsicht des Staates sowie das zu übertragende Vermögen. Diesen Aspekten wird im Folgenden nachgegangen.

### 3. *Ausgestaltung, Aufsicht, Aufgaben und Befugnisse*

#### a) *Einleitung*

Die Ausgestaltung der Stiftung, ihre Beaufsichtigung durch den Staat sowie die auf die Stiftung zu übertragenden Aufgaben und Befugnisse bilden insofern eine gewisse Einheit, als diese Punkte insgesamt die Art und Weise der Ausübung von Staatsgewalt betreffen: Der Staat will seine Staatsgewalt nicht unmittelbar selbst ausüben, sondern eine von ihm gebildete, rechtlich selbständige und von ihm „nur" beaufsichtigte juristische Person des öffentlichen Rechts einschalten. Damit weicht der Staat im Bereich seiner öffentlichen Verwaltung von den in der Verfassung selbst geregelten Organisations-, Entscheidungs- und Verantwortungsstrukturen ab, nach denen der Staat im Bereich der Verwaltung seine Aufgaben und Befugnisse grundsätzlich durch eigene, der Regierung durch unmittelbare Weisungsrechte hierarchisch nachgeordnete Behörden wahrnimmt. Eine solche Abweichung ist dem Staat zwar grundsätzlich erlaubt. Er ist dabei jedoch an Gesetz und Recht, insbesondere die Verfassung gebunden (Artikel 20 Abs. 3 GG, Artikel 2 Abs. 2 NV).

Fraglich ist, worin diese rechtlichen Bindungen im Einzelnen bestehen. Bei der Untersuchung dieser Frage wird nachfolgend nach den in Betracht kommenden Rechtsquellen (Völker-, Unions-, Verfassungs- und sonstiges Recht) differenziert.

#### b) *Völkerrecht*

Aus dem Völkerrecht lassen sich allerdings von vornherein keine Maßstäbe ableiten. Denn das Völkerrecht lässt die Organisation der Staatsgewalt in den einzelnen Staaten unberührt (vgl. insbesondere Artikel 2 Abs. 4 und 7 der Charta der Vereinten Nationen).

#### c) *Unionsrecht*

Auch das Unionsrecht lässt die Organisation der Staatsgewalt in den Mitgliedstaaten grundsätzlich unberührt (vgl. Artikel 4 Abs. 2 EUV).

Allerdings kann es hiervon Ausnahmen geben. So sind die Mitgliedstaaten nach den Artikeln 51 ff. der Verordnung (EU) 2016/679 (Datenschutz-Grundverordnung) verpflichtet, „Aufsichtsbehörden" zu errichten, die die Anwendung der Datenschutz-Grundverordnung überwachen. Diese Regelungen erlangen auch im vorliegenden Zusammenhang Bedeutung, weil Deutschland dadurch verpflichtet wird, die Aufsicht über Stiftungen des öffentlichen Rechts hinsichtlich der Anwendung der Datenschutz-Grundverordnung durch solche Stiftungen nach Maßgabe der Verordnung zu organisieren (vgl. § 1 Abs. 1 Satz 1, § 2 Abs. 1 und 2 sowie die §§ 8 ff. BDSG).

Außerdem können im Zusammenhang mit der Übertragung von Vermögen auf eine Stiftung des öffentlichen Rechts und die Verwaltung dieses Vermögens durch die Stiftung die unionsrechtlichen Vorschriften über staatliche Beihilfen (Artikel 107 bis 109 AEUV) zum Tragen kommen. Dies betrifft aber nur die Vermögensübertragung (siehe dazu unter 4.), nicht die Organisation.

Ferner können sich aus dem Unionsrecht Pflichten für die *Betätigung* von Stiftungen des öffentlichen Rechts, etwa, wie gezeigt, bei der Vergabe von Aufträgen ergeben. Dies betrifft aber nicht die – hier nur untersuchte – *Bildung* von Stiftungen des öffentlichen Rechts.

Letztlich ergeben sich damit aus dem Unionsrecht allenfalls punktuell materielle Maßstäbe für die Beurteilung der Rechtmäßigkeit der Ausgestaltung einer Stiftung des öffentlichen Rechts, ihrer Beaufsichtigung durch den Staat sowie der auf die Stiftung zu übertragenden Aufgaben und Befugnisse. Eine Ausnahme gilt für die Aufsicht über die Stiftungen, soweit diese die Datenschutz-Grundverordnung anwenden; insoweit muss die Aufsicht gemäß den Artikeln 51 ff. der Datenschutz-Grundverordnung geregelt werden.

#### *d) Verfassungsrecht*

##### aa) Einleitung

Wichtiger sind aber die Maßstäbe, die sich aus dem (nationalen Bundes- und Landes-) Verfassungsrecht ergeben. Dieses begrenzt zunächst schon in gewissem Umfang die Möglichkeit des Staates, überhaupt Aufgaben auf Stiftungen des öffentlichen Rechts zu übertragen. Im Übrigen sind die grundlegenden Verfassungsstrukturprinzipien Rechtsstaat, Demokratie und Bundesstaat (Artikel 20 Abs. 1 bis 3, Artikel 28 Abs. 1 Satz 1 und Artikel 79 Abs. 3 GG, Artikel 1 Abs. 2, Artikel 2 und Artikel 6 Abs. 2 NV) sowie die daraus insgesamt abzuleitenden Grundsätze der staatlichen Kompetenzordnung zu beachten. Maßstäbe liefern zudem der Gewaltenteilungsgrundsatz (Artikel 20 Abs. 2 Satz 2 GG, Artikel 2 Abs. 1 Satz 2 NV) und die sog. Finanzverfassung (Artikel 104 a ff. GG).

##### bb) Grenzen staatlicher Aufgabenwahrnehmung

##### (1) Einleitung

Aus dem Verfassungsrecht ergibt sich, dass der Staat bestimmte Aufgaben nicht auf Stiftungen des öffentlichen Rechts übertragen darf, nämlich solche, die der Staat überhaupt nicht erfüllen darf, solche, die innerhalb des Staates anderen

Stellen vorbehalten sind, und solche, die der Staat ggf. durch die eigene Verwaltung (die unmittelbare Staatsverwaltung) erfüllen muss.

### (2) Aufgaben, die der Staat nicht erfüllen darf

Es ist anerkannt, dass es bestimmte Aufgaben gibt, deren Erfüllung zwar im öffentlichen Interesse liegt und die deswegen auch staatlicher *Regelung* zugänglich sind, die jedoch gleichwohl nicht vom Staat *erfüllt* werden dürfen, weil sie zwingend dem gesellschaftlichen Bereich überlassen bleiben müssen.[578] Dies gilt etwa für die Presse[579] und die Parteien.[580] Diese spielen eine wesentliche Rolle im Prozess der freien und offenen Meinungs- und Willensbildung des Volkes. Dieser Prozess muss nach dem Demokratieprinzip grundsätzlich „staatsfrei" bleiben, um zu gewährleisten, dass die Staatsgewalt tatsächlich vom Volk in Richtung der Staatsorgane „ausgeht" (Artikel 20 Abs. 2 Satz 1 GG) und nicht umgekehrt.[581] Außerhalb dessen dürfte es aber kaum öffentliche Aufgaben geben, deren Erfüllung dem Staat prinzipiell verwehrt wäre.

### (3) Aufgaben, die innerhalb des Staates anderen Stellen vorbehalten sind

Innerhalb der Staatsorganisation gibt es eine Reihe von Körperschaften des öffentlichen Rechts, die nach der Verfassung ein Selbstverwaltungsrecht haben, also das Recht, ihre Angelegenheiten im Rahmen der Gesetze in eigener Verantwortung zu verwalten. Dazu gehören insbesondere die Kommunen (Artikel 28 Abs. 2 GG, Artikel 57 Abs. 1 NV), aber auch andere Körperschaften des öffentlichen Rechts (Artikel 5 Abs. 3, Artikel 57 Abs. 1 NV). Dieses Recht darf nicht dadurch entleert werden, dass Aufgaben von substantiellem Gewicht, die grundsätzlich dem Selbstverwaltungsrecht unterfallen, einer Körperschaft entzogen und auf eine Stiftung übertragen werden. Aber auch der Umfang dieser Aufgaben dürfte

---

578 Hierunter fallen nicht die Beschränkungen staatlicher Tätigkeit, die sich aus den *Grundrechten* ergeben, weil die Ausübung von Grundrechten von vornherein keine „öffentliche Aufgabe" ist und die Aufgaben einer Stiftung des öffentlichen Rechts, wie gezeigt, stets (öffentliche) Aufgaben der öffentlichen Verwaltung sein müssen (s. o.).

579 BVerfGE 20, 162 (174 f.), bei juris Rn. 36 f.; vgl. § 3 NPresseG.

580 BVerfG, Beschluss vom 6. Dezember 2013 – 2 BvQ 55/13 – bei juris Rn. 5 f.; vgl. § 1 Abs. 1 Satz 2 des Parteiengesetzes.

581 BVerfGE 20, 56 (99), bei juris Rn. 117.

eher gering sein und sich auf einen Kernbereich von Selbstverwaltungsaufgaben beschränken.[582]

### (4) Aufgaben, die der Staat zwingend durch die eigene Verwaltung erfüllen muss

Außerdem soll es öffentliche Aufgaben geben, die, wenn sie erfüllt werden sollen, ggf. nur vom Staat durch eigene Behörden (die unmittelbare Staatsverwaltung) erfüllt werden können, weil und soweit die Verfassung die für die Aufgabenerfüllung zwingend erforderlichen Befugnisse ausschließlich dem Staat vorbehält.[583] Derartige Aufgaben meint das Bundesverfassungsgericht, wenn es ausführt, es gebe öffentliche Aufgaben, „die der Staat selbst durch seine eigenen Behörden als Staatsaufgaben im engeren Sinne wahrnehmen muss".[584] Dabei bleibt allerdings offen, welche Aufgaben dies sein sollen, was umso zweifelhafter erscheint, wenn man bedenkt, dass das Bundesverfassungsgericht etwa den Maßregelvollzug zwar zum „Kernbereich hoheitlicher Staatsaufgaben" zählt,[585] insoweit jedoch in weiten Teilen die Übertragung der Aufgabenerfüllung auf Private im Wege der Beleihung für zulässig hält.[586] Letztlich dürfte daher auch dieser Bereich nur einen eher kleinen Kreis von Aufgaben betreffen.

### (5) Zusammenfassung

Es gibt zwar verfassungsrechtliche Grenzen für die Erfüllung öffentlicher Aufgaben durch den Staat, die auch die Möglichkeit einer Übertragung staatlicher Aufgaben auf eine Stiftung des öffentlichen Rechts begrenzen. Dies sind Aufgaben, die der Staat überhaupt nicht erfüllen darf, weil ihre Erfüllung dem gesellschaftlichen Bereich vorbehalten ist (z. B. auf dem Gebiet der Presse oder der Parteien), oder die der Staat ggf. nur durch bestimmte Stellen erfüllen darf, etwa durch die Kommunen oder eigene Behörden der unmittelbaren Staatsverwaltung. Letztere beschränken sich allerdings auf einen Kernbereich von Selbstverwaltungs- bzw. Staatsaufgaben im engeren Sinne. Im Übrigen setzt die Verfassung der Erfüllung öffentlicher Aufgaben durch den Staat und der

582 Zur kommunalen Selbstverwaltung siehe etwa BVerfGE 138, 1 (21 f.), bei juris Rn. 59 m. w. N.

583 Vgl. *S. Korioth*, in: Maunz/Dürig (Begr.), GG, Artikel 30 Rn. 12 m. w. N.

584 BVerfGE 107, 59 (93), bei juris Rn. 146 m. w. N.

585 BVerfGE 130, 76 (118 f.), bei juris Rn. 153 ff. (157).

586 BVerfG, ebenda.

Möglichkeit, solche Aufgaben auf Stiftungen des öffentlichen Rechts zu übertragen, aber keine prinzipiellen Grenzen.

#### cc) Staatsstrukturprinzipien

##### (1) Einleitung

Bedeutsamer sind demgegenüber die in Artikel 20 Abs. 1, Artikel 28 Abs. 1 GG, Artikel 1 Abs. 2 und Artikel 2 NV geregelten, nach Artikel 79 Abs. 3 GG und Artikel 46 Abs. 2 NV sogar vor einer Verfassungsänderung geschützten Staatsstrukturprinzipien. Von diesen fünf Prinzipien sind hier das republikanische Prinzip und das Sozialstaatsprinzip irrelevant. Erhebliche Bedeutung haben hingegen das Rechtsstaats-, das Demokratie- und das Bundesstaatsprinzip.

##### (2) Rechtsstaatsprinzip

Den Ausgangspunkt bildet das Rechtsstaatsprinzip (Artikel 20 Abs. 3 und Artikel 28 Abs. 1 Satz 1 GG, Artikel 1 Abs. 2 und Artikel 2 Abs. 2 NV). Ungeachtet der Frage, welchen Zweck dieses Prinzip hat und inwieweit man aus ihm selbst schon inhaltliche Elemente ableiten kann,[587] beinhaltet es jedenfalls die Bindung des Staates an das Recht. Als Strukturvorgabe für die Verwaltungsorganisation ergeben sich daraus zwei Anforderungen:

Zum einen muss, damit die Bindung des Staates an das Recht überhaupt Wirksamkeit entfalten kann, angenommen werden, dass der Staat, soweit er selbst Recht setzt, dabei seinerseits an höherrangiges Recht, das er nicht selbst gesetzt hat, gebunden ist. Dieses Recht ist (insbesondere) die Verfassung. Folglich muss alles vom Staat gesetzte Recht (auch) *mit der Verfassung vereinbar* sein (siehe dazu auch schon oben hinsichtlich der verfassungsrechtlichen Aufgabenübertragungsverbote).

Zum anderen kann das Recht eine Bindung nur wirksam entfalten, wenn es *hinreichend bestimmt* ist, also möglichst widerspruchsfrei, klar und wahr zum Ausdruck bringt, was gelten soll (Bestimmtheitsgrundsatz bzw. Grundsätze der Normenklarheit, der Widerspruchsfreiheit und der Normenwahrheit).

---

587 Vgl. BVerfG, Urteil vom 17. Januar 2017 – 2 BvB 1/13 – bei juris Rn. 547; C. *Trentmann*, S. 979 ff., jeweils m. w. N.

### (3) Demokratieprinzip

Nach der Rechtsprechung des Bundesverfassungsgerichts[588] garantiert das Demokratieprinzip (Artikel 20 Abs. 1 und 2 und Artikel 28 Abs. 1 Satz 1 GG, Artikel 1 Abs. 2 und Artikel 2 Abs. 1 NV), „dass sich die Wahrnehmung staatlicher Aufgaben und die Ausübung staatlicher Befugnisse auf das Staatsvolk zurückführen lassen". Neben diesem „Ausgehen" der Staatsgewalt vom Staatsvolk (Artikel 20 Abs. 2 Satz 1 GG, Artikel 2 Abs. 1 Satz 1 NV) muss ihre Ausübung, also die Erfüllung staatlicher Aufgaben und die Ausübung staatlicher Befugnisse, durch die staatlichen Organe (Artikel 20 Abs. 2 Satz 2 GG, Artikel 2 Abs. 1 Satz 2 NV) – grundsätzlich – auch gegenüber dem Staatsvolk *verantwortet* werden.

Einer solchen demokratischen Legitimation bedarf jedes amtliche Verhalten mit Entscheidungscharakter (*Legitimationsobjekt*). Dies gilt auch, soweit die betreffenden Entscheidungen keine unmittelbare Außenwirkung gegenüber dem Bürger erzeugen, sondern lediglich intern die Voraussetzungen für die Wahrnehmung der „amtlichen" Aufgaben nach außen schaffen. Der Umstand, dass sich die Auswirkungen einer Entscheidung auf den internen Bereich der Verwaltung beschränken, kann ggf. vielmehr nur dazu führen, dass eine Mitbestimmung betroffener, insoweit aber nicht (unmittelbar) demokratisch legitimierter Personen in verstärktem Maße zulässig ist.

Demokratische Legitimation kann in einem föderal verfassten Staat zudem grundsätzlich nur durch das Bundes- oder Landesvolk für seinen jeweiligen Bereich vermittelt werden (*Legitimationssubjekt*).

Demokratische Legitimation setzt im Übrigen einen effektiven Einfluss des jeweiligen Staatsvolkes auf das hoheitliche Handeln voraus. Dabei wird üblicherweise zwischen personeller und sachlich-inhaltlicher Legitimation unterschieden (*Legitimationsform*).

In *personeller* Hinsicht ist ein Amtsträger demokratisch legitimiert, wenn seine Bestellung in einer ununterbrochenen Legitimationskette auf das Volk zurückgeführt werden kann. Eine uneingeschränkte personelle Legitimation erhält ein Amtsträger danach, wenn er sein Amt im Wege einer Wahl durch das Volk oder das Parlament oder durch einen seinerseits personell legitimierten Amtsträger oder mit dessen Zustimmung erhalten hat.

---

588 So die ständige Rechtsprechung des Bundesverfassungsgerichts, u. a. BVerfGE 135, 317 (428 ff.), bei juris Rn. 234 ff.; BVerfGE 139, 194 (224 ff.), bei juris Rn. 105 ff., jeweils mit zahlreichen weiteren Nachweisen. Siehe ferner – speziell (auch) zu Stiftungen des öffentlichen Rechts – HessStGH, Urteil vom 30. April 1986 – P.St. 1023 – bei juris Rn. 169; Urteil vom 4. Mai 2004 – P. St. 1714 – bei juris Rn. 174.

*Sachlich-inhaltliche* Legitimation erfährt die Ausübung von Staatsgewalt insbesondere durch

- die rechtliche Bindung der vollziehenden Gewalt und der Rechtsprechung an das vom Parlament beschlossene Gesetz sowie sonstige parlamentarische Vorgaben für das Regierungs- und Verwaltungshandeln,
- die Aufsicht der Regierung über die Verwaltung sowie die grundsätzliche Weisungsgebundenheit der Verwaltung gegenüber der Regierung und
- die politische Verantwortung der Regierung gegenüber dem Parlament einschließlich der parlamentarischen Kontrolle von Regierung und Verwaltung.

Entscheidend ist aber nicht die jeweilige Form der Legitimation für sich, sondern die Effektivität, mit der die Entscheidungsprozesse demokratisch gesteuert werden; erforderlich ist, dass ein bestimmtes *Legitimationsniveau* erreicht wird. Die Anforderungen sind umso höher, je intensiver die betreffende Maßnahme Grundrechte berührt oder von grundlegender Bedeutung für die Allgemeinheit ist. Dabei kommt es auf das Zusammenwirken der verschiedenen Legitimationsformen an. Eine verminderte Legitimation über einen Legitimationsstrang kann durch eine verstärkte Legitimation über andere Stränge ausgeglichen werden.

### (4) Bundesstaatsprinzip

Nach dem Bundesstaatsprinzip (Artikel 20 Abs. 1, Artikel 28 Abs. 1 Satz 1 und Artikel 79 Abs. 3 GG) sind sowohl der Bund als auch die Länder Staaten mit jeweils eigener Staatsgewalt, eigenem Staatsgebiet und eigenem Staatsvolk. Dies bedingt, dass Bund und Ländern im Bereich aller drei Staatsfunktionen (Gesetzgebung, vollziehende Gewalt und Rechtsprechung) Aufgaben von substantiellem Gewicht „unentziehbar" verbleiben müssen.[589] Außerdem kann im Hinblick auf das Demokratieprinzip die jeweilige Staatsgewalt nur durch das jeweilige Staatsvolk demokratisch legitimiert werden.

### (5) Zusammenfassung

Aus dem Rechtsstaatsprinzip ergeben sich zum einen die Bindung aller staatlichen Gewalt an das Recht und innerhalb dessen auch die Bindung des Gesetzgebers an die Verfassung sowie zum anderen die Grundsätze der Normenklarheit, der Widerspruchsfreiheit und der Normenwahrheit. Nach dem Demokratieprinzip müssen die Erfüllung staatlicher Aufgaben und die Ausübung staatlicher Befugnisse,

589 Dem Grunde nach unstreitig; siehe daher nur BVerfGE 34, 9 (19 f.), bei juris Rn. 41, und BVerfGE 137, 108 (144), bei juris Rn. 83.

auch wenn sie jeweils von einer Stiftung des öffentlichen Rechts wahrgenommen werden, sich auf das Staatsvolk zurückführen und grundsätzlich ihm gegenüber verantwortet werden. Nach dem Bundesstaatsprinzip sind Bund und Länder jeweils Staaten. Die von ihnen jeweils ausgeübte Staatsgewalt kann nur durch ihr jeweiliges Staatsvolk demokratisch legitimiert werden.

### dd) Grundsätze der staatlichen Kompetenzordnung

#### (1) Einleitung

Aus den drei vorgenannten Staatsstrukturprinzipien hat das Bundesverfassungsgericht wiederum drei Grundsätze für die staatliche Kompetenzordnung abgeleitet. Diese finden sich zusammengefasst in seinem Urteil vom 20. Dezember 2007 – 2 BvR 2433/04 und 2 BvR 2434/04 – (BVerfGE 119, 331, bei juris).[590]

#### (2) Grundsatz der Unverfügbarkeit der Kompetenz

Nach dieser Rechtsprechung sind die Verwaltung des Bundes und die Verwaltung der Länder, zu denen auch die Kommunen gehören, organisatorisch und funktionell im Sinne von in sich geschlossenen Einheiten prinzipiell voneinander getrennt. Die Verwaltungszuständigkeiten von Bund und Ländern sind im Grundgesetz (in den Artikeln 83 ff. GG) erschöpfend geregelt und grundsätzlich nicht abdingbares Recht. Bund und Länder dürfen von der in diesen Bestimmungen vorgeschriebenen „Verwaltungsordnung" nicht abweichen. Es gilt der allgemeine Verfassungssatz, dass weder der Bund noch die Länder über ihre im Grundgesetz festgelegten Kompetenzen verfügen können; Kompetenzverschiebungen zwischen Bund und Ländern sind selbst mit Zustimmung der Beteiligten nicht zulässig. Der Spielraum bei der organisatorischen Ausgestaltung der Verwaltung findet in den Kompetenz- und Organisationsnormen des Grundgesetzes seine Grenzen. Daraus folgt auch, dass Mitplanungs-, Mitverwaltungs- und Mitentscheidungsbefugnisse des Bundes gleich welcher Art im Aufgabenbereich der Länder (einschließlich der Kommunen), wenn die Verfassung dem Bund entsprechende Sachkompetenzen nicht übertragen hat, durch das Grundgesetz ausgeschlossen sind. Das Grundgesetz schließt, von begrenzten Ausnahmen abgesehen, auch eine sogenannte Mischverwaltung aus. Nur innerhalb des durch

590 Nach der weiteren Rechtsprechung des Bundesverfassungsgerichts werden diese Grundsätze zwar durch Artikel 91 e GG teilweise durchbrochen; dies ist nach Auffassung des Gerichts aber als eng begrenzte Ausnahme zu sehen, die an der Gültigkeit der Grundsätze im Übrigen nichts ändert (BVerfGE 137, 108 [143 ff.], bei juris Rn. 80 ff., m. w. N.).

das Grundgesetz gezogenen Rahmens ist eine zwischen Bund und Ländern aufgeteilte Verwaltung zulässig.[591]

### (3) Grundsatz der Verantwortungsklarheit

Diese grundsätzliche Trennung der Verwaltungsräume von Bund und Ländern gewährleistet durch eine klare und auf Vollständigkeit angelegte Zuordnung von Kompetenzen auch die Verantwortlichkeit der handelnden Staatsorgane. Vor diesem Hintergrund hat der Gesetzgeber auch bei der Bestimmung von Verwaltungszuständigkeiten die rechtsstaatlichen Grundsätze der Normenklarheit und Widerspruchsfreiheit zu beachten. Denn aus Sicht des Bürgers bedeutet rechtsstaatliche Verwaltungsorganisation zuallererst Klarheit der Kompetenzordnung; denn nur so wird die Verwaltung in ihren Zuständigkeiten und Verantwortlichkeiten für den einzelnen „greifbar". Eine hinreichend klare Zuordnung von Verwaltungszuständigkeiten ist aber vor allem auch im Hinblick auf das Demokratieprinzip erforderlich, das eine ununterbrochene Legitimationskette vom Volk zu den mit staatlichen Aufgaben betrauten Organen und Amtswaltern fordert und auf diese Weise demokratische Verantwortlichkeit ermöglicht. Demokratische Legitimation kann in einem föderal verfassten Staat grundsätzlich nur durch das Bundes- oder Landesvolk für seinen jeweiligen Bereich vermittelt werden. Aus verfassungsrechtlicher Sicht ist zwar nicht die Form der demokratischen Legitimation staatlichen Handelns entscheidend, sondern deren Effektivität; notwendig ist ein bestimmtes Legitimationsniveau. Daran fehlt es aber, wenn die Aufgaben durch Organe oder Amtsträger unter Bedingungen wahrgenommen werden, die eine klare Verantwortungszuordnung nicht ermöglichen. Der Bürger muss wissen können, wen er wofür – auch durch Vergabe oder Entzug seiner Wählerstimme – verantwortlich machen kann.[592]

### (4) Grundsatz der eigenverantwortlichen Aufgabenwahrnehmung

Der Verwaltungsträger, dem durch eine Kompetenznorm des Grundgesetzes Verwaltungsaufgaben zugewiesen worden sind, hat diese Aufgaben grundsätzlich durch eigene Verwaltungseinrichtungen, also mit eigenem Personal, eigenen Sachmitteln und eigener Organisation wahrzunehmen. Der Grundsatz

591 BVerfGE 119, 331 (364 f.), bei juris Rn. 152 f., m. w. N. Dies kann man als „Grundsatz der Unverfügbarkeit der Kompetenz" bezeichnen; so z. B. VerfGH Berlin, Beschluss vom 19. Dezember 2006 – 45/06 – bei juris Rn. 35 m. w. N.

592 BVerfGE 119, 331 (365 f.), bei juris Rn. 155 ff., m. w. N.; zum Begriff „Grundsatz der Verantwortungsklarheit" ebenda, Rn. 191.

eigenverantwortlicher Aufgabenwahrnehmung schließt zwar die Inanspruchnahme der „Hilfe“ – auch soweit sie sich nicht auf eine bloße Amtshilfe im Einzelfall beschränkt – nicht zuständiger Verwaltungsträger durch den zuständigen Verwaltungsträger nicht schlechthin aus, setzt ihr aber Grenzen: Von dem Gebot, die Aufgaben eigenverantwortlich wahrzunehmen, darf nur wegen eines besonderen sachlichen Grundes abgewichen werden. Dem Grundgedanken einer Kompetenznorm (wie auch der finanziellen Lastenaufteilung zwischen Bund und Ländern) widerspräche es, wenn in weitem Umfang Einrichtungen der Landesverwaltung für Zwecke der Bundesverwaltung herangezogen würden (und umgekehrt). Daher kann die Heranziehung an sich unzuständiger Verwaltungseinrichtungen nur hinsichtlich einer eng umgrenzten Verwaltungsmaterie in Betracht kommen und ist an besondere Voraussetzungen gebunden.[593] Eigenverantwortliche Aufgabenwahrnehmung setzt im Übrigen voraus, dass der jeweils zuständige Verwaltungsträger auf den Aufgabenvollzug hinreichend nach seinen eigenen Vorstellungen einwirken kann. Daran fehlt es in der Regel, wenn Entscheidungen über Organisation, Personal und Aufgabenerfüllung nur in Abstimmung mit einem anderen Träger getroffen werden können. Besteht keine Letztentscheidungsmöglichkeit im Rahmen der Aufgabenwahrnehmung, kann keiner der beteiligten Verwaltungsträger seinen eigenen Aufgabenbereich eigenverantwortlich wahrnehmen.[594]

#### (5) Zusammenfassung

Die Rechtsprechung des Bundesverfassungsgerichts, die grundsätzlich überzeugt, lässt sich danach so zusammenfassen, dass sich aus dem Rechtsstaats-, dem Bundesstaats- und dem Demokratieprinzip ableiten lässt, dass eine vom Grundgesetz vorgenommene Verteilung der Zuständigkeit für die Wahrnehmung einer Aufgabe der öffentlichen Verwaltung vom Bund und den Ländern (einschließlich der Kommunen) weder verschoben noch vermischt werden darf, dass Regelungen über die Zuständigkeit für die Wahrnehmung von Aufgaben der öffentlichen Verwaltung so klar sein müssen, dass eine klare Zuordnung von Verantwortlichkeiten möglich ist, und dass die zugewiesenen Aufgaben der öffentlichen Verwaltung von der zuständigen Stelle auch tatsächlich eigenverantwortlich wahrgenommen werden müssen.

---

593 BVerfGE 119, 331 (367), bei juris Rn. 159 f., m. w. N.

594 BVerfGE 119, 331 (375), bei juris Rn. 183.

### ee) Gewaltenteilungsgrundsatz

#### (1) Einleitung

Ferner ist der Gewaltenteilungsgrundsatz zu beachten. Dieser ergibt sich aus Artikel 20 Abs. 2 Satz 2 GG und Artikel 2 Abs. 1 Satz 2 NV, indem dort geregelt ist, dass die Staatsgewalt von „besonderen", d. h. voneinander getrennten Organen der Gesetzgebung, der vollziehenden Gewalt und der Rechtsprechung ausgeübt wird. Nach der Rechtsprechung des Bundesverfassungsgerichts ist die damit normierte Teilung der Gewalten ein tragendes Organisations- und Funktionsprinzip des Grundgesetzes. Sie bezweckt vor allem eine politische Machtverteilung, das Ineinandergreifen der drei Gewalten und die daraus resultierende gegenseitige Kontrolle und Begrenzung mit der Folge der Mäßigung der Staatsgewalt. Darüber hinaus will sie sicherstellen, dass staatliche Entscheidungen von den Organen getroffen werden, die nach ihrer Organisation, Zusammensetzung, Funktion und Verfahrensweise über die besten Voraussetzungen für eine möglichst sachgerechte Entscheidung verfügen. Der Gewaltenteilungsgrundsatz zielt zwar nicht auf eine strikte Trennung der Staatsfunktionen ab. Gleichwohl muss die in der Verfassung vorgenommene Gewichtsverteilung zwischen den drei Gewalten gewahrt werden, damit keine Gewalt ein von der Verfassung nicht vorgesehenes Übergewicht über eine andere erhält. Ebenso wenig darf eine Gewalt der für die Erfüllung ihrer verfassungsgemäßen Aufgaben erforderlichen Zuständigkeiten beraubt werden. Der Kernbereich ihrer Entscheidungsbefugnisse ist unantastbar. Damit ist ausgeschlossen, dass eine der Gewalten die ihr von der Verfassung zugeschriebenen typischen Aufgaben verliert.[595] Der Gewaltenteilungsgrundsatz dient also (auch) der gegenseitigen Kontrolle der Staatsorgane und damit der Mäßigung der Staatsherrschaft. Erforderlich ist zwar keine absolute Trennung, wohl aber eine gegenseitige Kontrolle, Hemmung und Mäßigung der Gewalten.[596]

#### (2) Wechselseitige Kontrolle der Staatsorgane

Dass es mit diesem Prinzip vereinbar wäre, wenn dieselbe Person sowohl ein Amt in einer Behörde als auch ein Mandat in einer Vertretungskörperschaft, die diese Behörde kontrolliert, hätte, wäre jedenfalls nicht von vornherein selbstverständlich.[597] Vor diesem Hintergrund könnte es verfassungsrechtlich problematisch sein, wenn einzelne Personen sowohl Mitglied in einem Stiftungsorgan

595 BVerfGE 139, 321 (361 f.), bei juris Rn. 125 m. w. N.

596 BVerfG, Beschluss vom 8. März 2006 – 2 BvR 486/05 – bei juris Rn. 73 m. w. N.

597 Vgl. BVerfGE 48, 64 (82 f.), bei juris Rn. 59 (zu Artikel 137 Abs. 1 GG).

oder gar als Stiftungsorgan tätig als auch Mitglied der Vertretungskörperschaft wären, die für die Kontrolle der Stiftung zuständig ist. Denn die Gefahr von Entscheidungskonflikten, die sich daraus ergeben könnten, dass sich durch „Personalunion" Parlamentarier als Kontrolleure selbst kontrollieren,[598] liegt auf der Hand.

Konkret auf Niedersachsen bezogen dürfte die Mitgliedschaft im Landtag, der gemäß Artikel 7 Satz 2 NV die Aufgabe hat, die vollziehende Gewalt des Landes und damit auch die der Aufsicht des Landes unterstehenden Stiftungen des öffentlichen Rechts nach Maßgabe der Niedersächsischen Verfassung zu überwachen, tendenziell eher unverträglich mit einer Tätigkeit in einem oder als Stiftungsorgan sein. Jedenfalls wäre es einem Mitglied des Landtages verwehrt, sein Mandat auszuüben und zugleich als Beamter mit Dienstbezügen oder Angestellter für eine Stiftung des öffentlichen Rechts tätig zu werden. Denn insoweit wären Amt und Mandat nach § 5 des Niedersächsischen Abgeordnetengesetzes, der auf Artikel 137 Abs. 1 GG beruht[599], miteinander unvereinbar. Auch dürfen Mitglieder des Niedersächsischen Staatsgerichtshofes nach Artikel 55 Abs. 3 Satz 2 NV „beruflich weder im Dienst des Landes noch einer … Stiftung des öffentlichen Rechts unter der Aufsicht des Landes stehen".

Fraglich ist indes, ob diese Erwägungen *durchweg* zwingend zu einer *strikten* Unvereinbarkeit eines Mandats im Landtag mit einem Amt in einer Stiftung des öffentlichen Rechts unter der Aufsicht des Landes führen müssen. Dafür dürfte einerseits sprechen, dass insoweit die Gefahr von Entscheidungskonflikten bestünde, die sich daraus ergäben, dass sich durch „Personalunion" die Parlamentarier als Kontrolleure selbst kontrollieren müssten, also eine Situation entstünde, die zu verhindern Artikel 137 Abs. 1 GG ermöglicht.[600] Andererseits ist es nach Artikel 137 Abs. 1 GG Sache des jeweils zuständigen Gesetzgebers zu beurteilen, in welchen Fällen die Gefahr eines Interessen- und Entscheidungskonflikts der genannten Art so wahrscheinlich und so gewichtig ist, dass die Schaffung einer gesetzlichen Unvereinbarkeitsregelung erforderlich ist.[601] Daher dürfte der Gewaltenteilungsgrundsatz ohne gesetzliche Konkretisierung unmittelbar keine Unvereinbarkeit von Landtagsmandat und Stiftungsamt begründen. Hinzu kommt in Niedersachsen – wie im Bund und den meisten anderen Ländern –, dass es der Verfassungsgesetzgeber sogar für zulässig hält, dass Mitglieder des Landtages

598 BVerfGE 98, 145 (160), bei juris Rn. 54.
599 Siehe dazu BVerfGE 98, 145 (156, 159 f. und 160 ff.), bei juris Rn. 39, 50, 52 ff., m. w. N.
600 BVerfGE 98, 145 (160), bei juris Rn. 54.
601 BVerfGE 98, 145 (161), bei juris Rn. 56.

zugleich Mitglieder der Landesregierung sind (vgl. Artikel 28 Abs. 3 NV).[602] Auch dies spricht eher dafür, dass es – außerhalb der gesetzlich festgelegten Grenzen – erst recht grundsätzlich zulässig ist, dass Mitglieder des Landtages neben ihrem Mandat zugleich ein Amt in einer Stiftung des öffentlichen Rechts unter der Aufsicht des Landes haben. Außerdem ist es gängige Staatspraxis, dass Parlamente einzelne ihrer Mitglieder in Gremien von Stiftungen entsenden, die unter der parlamentarischen Kontrolle eben dieser Volksvertretung stehen.[603]

Im Übrigen hat auch das Bundesverfassungsgericht entschieden, dass nicht jede Einflussnahme des Parlaments auf die Verwaltung gegen das Gewaltenteilungsprinzip verstößt; dies ist danach erst dann der Fall, wenn „zugunsten des Parlaments ein Einbruch in den Kernbereich der Exekutive" erfolgt, sodass grundsätzlich keine Bedenken gegen die Besetzung eines Gremiums sowohl mit Mitgliedern des Parlaments als auch mit Amtsträgern der Verwaltung bestehen, solange das Gremium noch Teil der vollziehenden Gewalt bleibt.[604] Bei dieser Bewertung dürfte es zum einen darauf ankommen, dass die Verantwortungsbereiche beider Gewalten (Exekutive einerseits und Legislative andererseits), wie auch nach dem Demokratieprinzip erforderlich (s. o.), hinreichend klar voneinander getrennt und zugeordnet werden können.[605] Zum anderen dürfte hier der Zweck des Gewaltenteilungsgrundsatzes, nämlich eine gegenseitige Kontrolle und Begrenzung und damit eine Mäßigung der Gewalten zu bewirken (s. o.), zu berücksichtigen sein: Dieser Zweck würde verfehlt, wenn eine *effektive* Kontrolle der vollziehenden Gewalt dadurch wesentlich beeinträchtigt würde, dass Mitglieder des Landtages gleichzeitig sowohl für die Ausübung der Kontrolle der vollziehenden Gewalt als auch für die Ausübung der kontrollierten vollziehenden Gewalt verantwortlich wären.

Danach bestehen zwar grundsätzlich keine durchgreifenden verfassungsrechtlichen Bedenken dagegen, dass Mitglieder des Parlaments auch Mitglied in

---

602 Kritisch dazu *V. Epping*, in: Epping/Butzer/Brosius-Gersdorf/Haltern/Mehde/Waechter (Hrsg.), Hannoverscher Kommentar zur NV, Artikel 28 Rn. 33 ff. m. w. N.

603 Siehe z. B. § 6 Abs. 1 Satz 1 Nr. 2 des Gesetzes über die „Stiftung niedersächsischer Gedenkstätten", § 7 Abs. 1 Nr. 1 des Gesetzes zur Errichtung einer „Bundesstiftung Baukultur", § 6 Abs. 2 Satz 1 Nr. 1 des Gesetzes zur Errichtung einer Stiftung „Deutsches Historisches Museum" sowie *H. Steiger*, in: Schneider/Zeh (Hrsg.), Parlamentsrecht und Parlamentspraxis, § 26 Rn. 47 ff. m. w. N. (dort [Rn. 47] allerdings auch zweifelnd hinsichtlich der generellen verfassungsrechtlichen Zulässigkeit).

604 BVerfGE 9, 268 (279 ff.), bei juris Rn. 56 ff.

605 Vgl. auch Vorlage 13 zu Landtagsdrucksache 17/2161, S. 50 f. („Prinzip der Verantwortungszurechenbarkeit").

einem Stiftungsorgan sind. Die Grenze des Zulässigen ist jedoch überschritten, wenn die Entscheidungen der Stiftung maßgeblich von Mitgliedern des Parlaments bestimmt würden. Denn dann wäre insoweit die Grenze zwischen Legislative und Exekutive aufgehoben.

### (3) Funktionsgerechte Aufgabenzuordnung

Wie eingangs dargelegt, soll die Gewaltenteilung ferner sicherstellen, dass staatliche Entscheidungen von den Organen getroffen werden, die nach ihrer Organisation, Zusammensetzung, Funktion und Verfahrensweise über die besten Voraussetzungen für eine möglichst sachgerechte Entscheidung verfügen.[606] Dieser Aspekt bezieht sich in der zitierten Rechtsprechung des Bundesverfassungsgerichts zwar in erster Linie auf die Grenzen zwischen Gesetzgebung, vollziehender Gewalt und Rechtsprechung. Der Gedanke lässt sich jedoch allgemein fruchtbar machen, indem man ihm einen „Grundsatz funktionsgerechter Aufgabenzuordnung" entnimmt, der dahin geht, dass auch innerhalb der einzelnen Gewalten und dabei insbesondere innerhalb der hier zu betrachtenden vollziehenden Gewalt die Aufgabenerfüllung sowohl in organisatorischer als auch in funktionaler Hinsicht so zu verteilen ist, dass eine möglichst sachgerechte Entscheidung gewährleistet werden kann. Ob sich dies in einem „handfesten", ggf. auch justitiablen Rechtssatz manifestiert, mag indes zweifelhaft sein.

### (4) Zusammenfassung

Aus dem Gewaltenteilungsgrundsatz folgt zum einen, dass die vollziehende Gewalt, zu der die öffentliche Verwaltung einschließlich der Stiftungen des öffentlichen Rechts gehört, prinzipiell organisatorisch und funktional von den anderen Staatsgewalten (Gesetzgebung und Rechtsprechung) getrennt und eine wechselseitige Mäßigung und Kontrolle der einzelnen Staatsgewalten gewährleistet sein müssen. Zum anderen lässt sich dem Gewaltenteilungsgrundsatz wohl auch ein „Grundsatz der funktionsgerechten Aufgabenzuordnung" entnehmen, nach dem es geboten ist, staatliche Aufgaben möglichst so zu verteilen, dass sie von dem Organ wahrgenommen werden, das nach seiner Organisation, Zusammensetzung, Funktion und Verfahrensweise über die besten Voraussetzungen für eine möglichst sachgerechte Entscheidung verfügt.

606 BVerfGE 139, 321 (361 f.), bei juris Rn. 125 m. w. N.

#### ff) Finanzverfassung

Zwar können sich auch aus den Regelungen über das Finanzwesen in den Artikeln 104 a ff. GG (der „Finanzverfassung") materielle Maßstäbe ergeben. Diese beziehen sich jedoch nur auf die Vermögensübertragung (siehe deshalb näher unter 4.).

#### gg) Zusammenfassung

Aus dem Verfassungsrecht lässt sich eine Reihe materieller Maßstäbe für die Beurteilung der Rechtmäßigkeit der Ausgestaltung einer Stiftung des öffentlichen Rechts, ihrer Beaufsichtigung durch den Staat sowie der auf die Stiftung zu übertragenden Aufgaben und Befugnisse ableiten. Relevant sind zunächst die verfassungsrechtlichen Grenzen für die Erfüllung öffentlicher Aufgaben durch den Staat. Daraus ergeben sich allerdings nur in geringem Umfang Beschränkungen. Bedeutsamer sind das Rechtsstaats-, das Demokratie- und das Bundesstaatsprinzip und die daraus abgeleiteten Grundsätze der staatlichen Kompetenzordnung sowie der Gewaltenteilungsgrundsatz. Diese Prinzipien und Grundsätze machen es letztlich insgesamt erforderlich, die Wahrnehmung staatlicher Aufgaben und Befugnisse durch eine Stiftung des öffentlichen Rechts sowohl hinsichtlich der organisatorischen Ausgestaltung der Stiftung als auch hinsichtlich der über sie zu führenden Aufsicht so zu gestalten, dass die Betätigung der Stiftung durch hinreichend klare Regelungen eindeutig auf das Volk des Bundes oder des jeweiligen Landes zurückgeführt und gegenüber dem jeweiligen Volk verantwortet werden kann.

### *e) Sonstiges Recht*

Materielle Maßstäbe können sich schließlich in vielfältiger Weise aus dem sonstigen Recht – Gewohnheitsrecht, einfachem Gesetzesrecht oder sonstigen Rechtsvorschriften (z. B. Verordnungen) – ergeben. Zum einen muss sich aber auch dieses Recht im Rahmen der vorstehend dargelegten Maßstäbe des Unions- und Verfassungsrechts bewegen. Zum anderen können die in Betracht zu ziehenden Regelungen hier nicht auch nur ansatzweise vollständig aufgeführt und im Einzelnen betrachtet werden. Beispielhaft sei daher nur auf die oben dargestellten Landesgesetze über die Organisation von Stiftungen des öffentlichen Rechts oder die speziellen Regelungen in den §§ 55 ff. NHG verwiesen. Im Übrigen bleibt an dieser Stelle nur der Hinweis darauf, dass es Regelungen der vorgenannten Art geben kann, die ggf. gemäß Artikel 20 Abs. 3 GG (Artikel 2 Abs. 2 NV) zu beachten sind.

### f) Zusammenfassung

Materielle Maßstäbe für die Beurteilung der Rechtmäßigkeit der Ausgestaltung einer Stiftung des öffentlichen Rechts, ihrer Beaufsichtigung durch den Staat sowie der auf die Stiftung zu übertragenden Aufgaben und Befugnisse lassen sich nicht aus dem Völkerrecht, wohl aber aus dem Unions-, dem Verfassungs- und dem sonstigen (nationalen) Recht ableiten. Das Unionsrecht enthält insoweit allerdings kaum Vorgaben. Der Schwerpunkt liegt auf dem Verfassungsrecht und darin auf dem Rechtstaats-, dem Demokratie- und dem Bundesstaatsprinzip. Im Übrigen können sich zu beachtende Maßstäbe auch aus dem sonstigen (nationalen) Recht ergeben, etwa aus denjenigen Landesgesetzen, die die Organisation von Stiftungen des öffentlichen Rechts allgemein oder für bestimmte Fälle regeln.

## 4. Vermögen

### a) Einleitung

Gesondert zu betrachten ist der Aspekt der Übertragung von Vermögen auf eine Stiftung des öffentlichen Rechts.

Grundsätzlich ist hier, wie bereits erwähnt, zwischen

- der – rechtlich noch unproblematischen – Festlegung des *vorgesehenen* Stiftungsvermögens im Rahmen der Ausgestaltung der Stiftung,
- einer etwaigen Verpflichtung zu einer entsprechenden Vermögensübertragung und
- der Vermögensübertragung selbst

zu unterscheiden.

Zwar kann auch die Begründung einer Verpflichtung zur Vermögensübertragung besondere Rechtsprobleme aufwerfen, wie sich an dem oben aufgeführten Beispiel der Zahlungspflichten nach den §§ 7 und 8 EntsorgFondsG zeigt. Dahingehende Fragen ergeben sich jedoch nicht in besonderer Weise aus dem Umstand, dass Zahlungsempfänger eine Stiftung des öffentlichen Rechts ist. Ihnen wird daher im Rahmen dieser Untersuchung nicht weiter nachgegangen.

Im Folgenden wird vielmehr nur der zuletzt genannte Aspekt in den Blick genommen, nämlich die Übertragung von Vermögen auf die Stiftung. Dabei wird die Untersuchung in eine Betrachtung des Unionsrechts, der Regelungen der „Finanzverfassung" des Grundgesetzes und sonstiger nationaler Rechtsvorschriften gegliedert; das Völkerrecht spielt insoweit keine Rolle.

### b) Unionsrecht

Im Zusammenhang mit der Übertragung von Vermögen auf eine Stiftung des öffentlichen Rechts können, wie bereits erwähnt, die unionsrechtlichen Vorschriften über staatliche *Beihilfen* (Artikel 107 bis 109 AEUV) zum Tragen kommen.[607] Beihilfen im Sinne dieser Vorschriften sind „staatliche oder aus staatlichen Mitteln gewährte Beihilfen gleich welcher Art, die durch die Begünstigung bestimmter Unternehmen oder Produktionszweige den Wettbewerb verfälschen oder zu verfälschen drohen" (Artikel 107 Abs. 1 AEUV). Eine Vermögensübertragung auf eine Stiftung des öffentlichen Rechts kann unter diesen Beihilfebegriff fallen, sei es, weil die Stiftung selbst ein „Unternehmen" im Sinne des Beihilferechts ist und durch die Vermögensübertragung unmittelbar begünstigt wird, sei es, weil Unternehmen oder Produktionszweige in anderer Weise begünstigt werden, wenn und weil sie Vermögen auf die Stiftung übertragen.[608] Liegt eine Beihilfe vor, so ist eine Beteiligung der Europäischen Kommission (zunächst im Wege der sog. Notifizierung) erforderlich. Sieht die Europäische Kommission die Beihilfe nach Maßgabe des Artikels 107 AEUV als unzulässig an, kann sie verlangen, dass die Beihilfe unterbleibt, rückgängig gemacht oder umgestaltet wird (Artikel 108 AEUV; siehe dort auch zu den weiteren Verfahrensmöglichkeiten auf Unionsebene).

### c) Verfassungsrecht (Finanzverfassung)

Nach Artikel 104 a Abs. 1 GG tragen der Bund und die Länder gesondert die Ausgaben, die sich aus der Wahrnehmung ihrer Aufgaben ergeben, soweit dieses Grundgesetz nichts anderes bestimmt. Dies schließt auf der Seite der Länder die Aufgaben und Ausgaben der Kommunen ein.[609] Danach ist es dem Bund grundsätzlich verboten, die Erfüllung von Aufgaben, für die die Länder einschließlich der Kommunen zuständig sind, zu finanzieren.[610]

---

607 Vgl. Artikel 10 Halbsatz 1 des Gesetzes zur Neuordnung der Verantwortung in der kerntechnischen Entsorgung vom 27. Januar 2017 (BGBl. I S. 114), wonach das Gesetz – einschließlich des in Artikel 1 enthaltenen Entsorgungsfondsgesetzes – erst an dem Tag in Kraft tritt, an dem die Europäische Kommission die beihilferechtliche Genehmigung erteilt oder verbindlich mitteilt, dass eine solche Genehmigung nicht erforderlich ist. (Die nach Artikel 10 Halbsatz 2 des Gesetzes erforderliche Bekanntmachung des Tages des Inkrafttretens ist mit Datum vom 16. Juni 2017 [BGBl. I S. 1676] erfolgt.)

608 Vgl. Bundestagsdrucksache 18/10353, S. 38 (Entwurfsbegründung zur Nachschusspflicht nach § 8 Abs. 2 EntsorgFondsG).

609 BVerfGE 86, 148 (215 f.), bei juris Rn. 264 m. w. N.

610 Vgl. *H. Siekmann*, in: Sachs (Hrsg.), GG, Artikel 104 a Rn. 12 f.

Hintergrund dieses grundsätzlichen Verbots ist das Bundesstaatsprinzip: Mittel aus dem Bundeshaushalt an die Länder für Landesaufgaben bringen die Länder in Abhängigkeit vom Bund und rühren damit an der Eigenständigkeit der Länder, denen das Grundgesetz die volle Sach- und Finanzverantwortung für die ihnen obliegenden Aufgaben eingeräumt hat. Eine bundesstaatliche Ordnung muss deshalb prinzipiell sicherstellen, dass Finanzhilfen aus dem Bundeshaushalt an die Länder die Ausnahme bleiben und ihre Gewährung rechtlich so geregelt wird, dass sie nicht zum Mittel der Einflussnahme auf die Entscheidungsfreiheit der Länder bei der Erfüllung der ihnen obliegenden Aufgaben werden. Eine Einflussnahme des Bundes auf die Freiheit der Länder, ihre staatlichen Aufgaben selbständig und weisungsfrei zu erfüllen, widerspräche dem föderativen Aufbau der Bundesrepublik und dem damit verbundenen Recht der Länder zur Eigengestaltung ihres Aufgabenbereichs. Eine dahingehende Gefahr bestünde vor allem, wenn der Bund allein das „Ob" und „Wie" seiner Finanzhilfe bestimmt, die Länder auf die Bundesmittel angewiesen sind und die Entscheidung darüber zugleich wesentliche Teile der Haushaltsmittel der Länder festlegt, weil von ihrer finanziellen Beteiligung die Gewährung der Finanzhilfe des Bundes abhängt.[611]

Dieses grundsätzliche Finanzierungsverbot darf auch nicht dadurch unterlaufen werden, dass Aufgaben der Länder oder der Kommunen auf eine Stiftung des öffentlichen Rechts übertragen werden und dann die Stiftung vom Bund gefördert wird. Denn die Aufgaben, die ein Land auf eine Stiftung des öffentlichen Rechts überträgt, sind originär Aufgaben des Landes oder einer Kommune dieses Landes, für deren Erfüllung letztlich das Land oder die Kommune die Verantwortung trägt. Aus dem grundsätzlichen Verbot der Aufgabenvermischung (s. o.) folgt hier ein grundsätzliches Verbot der „Aufgabenfinanzierungsvermischung". Auch diese Anforderung leitet sich damit letztlich aus dem Rechtsstaats-, dem Demokratie- und dem Bundesstaatsprinzip ab: Nur klare Abgrenzungen gewährleisten eine klare und effektive Verantwortlichkeit der Handelnden gegenüber dem Staatsvolk des Bundes oder des jeweiligen Landes.

### *d) Sonstige nationale Rechtsvorschriften*

Im Übrigen ist zu berücksichtigen, dass auch dann, wenn ein staatlicher Hoheitsträger Stifter (also ursprünglicher Inhaber des betreffenden Vermögenswertes) ist und die Stiftung, auf die das Vermögen übertragen werden soll, von ihm beherrscht wird, Stifter und Stiftung zwei verschiedene Rechtssubjekte sind, sodass

611 BVerfGE 39, 96 (107 ff.), bei juris Rn. 29 ff., m. w. N.

sich die endgültige Übertragung des Stiftungsvermögens auf die Stiftung aus Sicht des Stifters jedenfalls als *Veräußerung* (und die Widmung zum Stiftungsvermögen wohl als „*Belastung*") von Vermögen darstellt. Daher sind zumindest hinsichtlich der endgültigen Übertragung des Stiftungsvermögens auf die Stiftung die auch sonst für die Veräußerung entsprechender Vermögenswerte geltenden rechtlichen Vorgaben zu beachten.

Derartige Vorgaben können sich aus der Eigenart des zu stiftenden Vermögens ergeben.

So sind z. B. bei der Übertragung des Eigentums an *Grundstücken* grundsätzlich die Anforderungen der §§ 873 und 925 BGB (Auflassung und notarielle Beurkundung) zu beachten. Ob die in der Praxis zuweilen anzutreffende Übertragung von Grundstückseigentum durch Gesetz[612] außerhalb des Verhältnisses zwischen Land und Kommunen rechtlich zulässig ist, ist wegen Artikel 126 EGBGB umstritten und zweifelhaft, von der Rechtsprechung bisher aber nicht entschieden worden.[613]

Handelt es sich bei dem betreffenden Vermögen bereits um *Stiftungsvermögen*, will also eine Stiftung Teile ihres Stiftungsvermögens auf eine andere Stiftung übertragen, so ist fraglich, inwieweit dieses Stiftungsvermögen einer Erhaltungspflicht unterliegt. Soweit das Stiftungsvermögen in seinem *Bestand* zu erhalten ist[614], dürfte die betreffende Stiftung grundsätzlich gehindert sein, ihr Stiftungsvermögen in eine andere Stiftung einzubringen. Anders dürfte es sich verhalten, soweit das Stiftungsvermögen lediglich in seinem *Wert* zu erhalten ist.[615]

Andere Verfügungsbeschränkungen bestehen z. B., soweit *Landesvermögen* an eine Stiftung veräußert werden soll. Denn hierfür ist nach Artikel 63 Abs. 1 Satz 2 NV die *Zustimmung des Landtages* erforderlich. Einzelheiten der Veräußerung von Grundstücken und sonstigen Vermögenswerten sind ferner in den §§ 63 und 64 Nds. LHO geregelt. Danach ist die Veräußerung von Vermögensgegenständen grundsätzlich nur zulässig, *wenn sie zur Erfüllung der Aufgaben des Landes in*

---

612 Siehe z. B. § 3 Abs. 1 Satz 1 des Gesetzes über die „Stiftung niedersächsische Gedenkstätten". Vgl. ferner § 55 Abs. 1 Sätze 4 und 5 NHG (Übergang des Eigentums an in einer Verordnung bestimmten Grundstücken kraft Gesetzes).

613 Vgl. VG Lüneburg, Urteil vom 25. August 2004 – 1 A 97/03 – bei juris Rn. 38 ff.; Nds. OVG, Urteil vom 5. Dezember 2007 – 5 LB 343/07 – bei juris Rn. 37, jeweils m. w. N.; BVerwGE 135, 286 (Rn. 37 ff.), bei juris Rn. 37 ff.

614 So z. B. § 3 Abs. 2 des Gesetztes über die „Stiftung niedersächsischer Gedenkstätten" und § 2 Abs. 3 Satz 1 des Gesetzes über die „Stiftung Braunschweigischer Kulturbesitz".

615 So z. B. § 3 Abs. 2 Satz 2 des Gesetzes über die „Stiftung Zukunft der Altenpflegeausbildung". – Zu denkbaren Differenzierungen vgl. § 56 Abs. 2 NHG.

*absehbarer Zeit nicht benötigt werden* (§ 63 Abs. 3 Nds. LHO; s. auch § 64 Abs. 2 Satz 3 Nds. LHO). Außerdem dürfen Vermögensgegenstände grundsätzlich nur zu ihrem vollen Wert veräußert werden (§ 63 Abs. 4 Satz 1 Nds. LHO; zu Ausnahmen siehe jeweils § 63 Abs. 5 Nds. LHO).[616]

Vergleichbare Beschränkungen bestehen nach § 125 Abs. 1 bis 3 NKomVG auch für die *Kommunen* hinsichtlich der Veräußerung ihres Vermögens: Auch eine Kommune darf Vermögensgegenstände nur veräußern, wenn diese in absehbarer Zeit zur Erfüllung der Aufgaben der Kommune nicht benötigt werden, und auch hier ist die Veräußerung von Vermögensgegenständen „in der Regel nur zu ihrem vollen Wert" zulässig (§ 125 Abs. 1 NKomVG); eine Ausnahme regelt § 125 Abs. 3 Satz 1 Nr. 1 NKomVG, wonach auch eine unentgeltliche Veräußerung von Vermögensgegenständen zulässig sein kann. Allerdings ist insoweit keine Zustimmung, Genehmigung o. ä. vorgesehen (sondern lediglich eine Dokumentationspflicht, § 125 Abs. 3 Satz 1 letzter Halbsatz und Satz 2 NKomVG).

Zusätzlich enthalten in den allermeisten Ländern die Kommunalverfassungsgesetze spezielle Regelungen über die Übertragung von Gemeindevermögen auf Stiftungen. So regeln § 101 Abs. 4 der Gemeindeordnung für Baden-Württemberg, Artikel 75 Abs. 4 der Gemeindeordnung für den Freistaat Bayern, § 120 Abs. 3 der Hessischen Gemeindeordnung, § 100 Abs. 3 der Gemeindeordnung für das Land Nordrhein-Westfalen[617], § 84 Abs. 2 der rheinland-pfälzischen Gemeindeordnung, § 107 Abs. 4 des saarländischen Kommunalselbstverwaltungsgesetzes, § 94 Abs. 4 der Gemeindeordnung für den Freistaat Sachsen und § 67 Abs. 5 der Thüringer Gemeinde- und Landkreisordnung jeweils wörtlich übereinstimmend, dass „Gemeindevermögen ... nur im Rahmen der Aufgabenerfüllung der Gemeinde und nur dann in Stiftungsvermögen eingebracht werden [darf], wenn der mit der Stiftung verfolgte Zweck auf andere Weise nicht erreicht werden kann". Auch in § 135 Abs. 4 Satz 1 NKomVG heißt es seit dem 1. November 2016, dass „kommunales Vermögen ... nur im Rahmen der Erfüllung der Aufgaben der Kommune und nur dann in Stiftungsvermögen eingebracht werden [darf], wenn der mit der Stiftung verfolgte Zweck ohne die Einbringung nicht erreicht werden kann." § 127 Abs. 1 des Kommunalverfassungsgesetzes des

616 Für den Bund siehe die §§ 63 und 64 BHO.

617 Siehe dazu, wenn auch in dem entschiedenen Fall bezüglich einer Stiftung des bürgerlichen Rechts, OVG NRW, Urteil vom 19. Dezember 2012 - 16 A 1451/10 - bei juris Rn. 43 ff., dort insbesondere auch mit Hinweis auf den Zweck der Regelung, der darin liege, „die dauerhafte Verselbständigung vormals kommunaler Mittel in Gestalt einer von der jeweiligen Kommune nicht mehr demokratisch gesteuerten eigenen Rechtspersönlichkeit im Regelfall zu verhindern" (bei juris Rn. 86).

Landes Sachsen-Anhalt enthält dieselben Voraussetzungen, knüpft die Zulässigkeit der Vermögensübertragung aber darüber hinaus noch an die *Genehmigung der Kommunalaufsichtsbehörde* sowie den Nachweis weiterer Zuwendungen an die Stiftung. Nach § 56 Abs. 3 der Kommunalverfassung für das Land Mecklenburg-Vorpommern darf „die Gemeinde … Gemeindevermögen nur dann in Stiftungsvermögen einbringen, wenn ein wichtiges Interesse der Gemeinde daran vorliegt und der von der Gemeinde damit angestrebte Zweck nicht ebenso gut auf andere Weise erfüllt werden kann." § 89 Abs. 3 der Gemeindeordnung für Schleswig-Holstein enthält dieselben Voraussetzungen und sieht darüber hinaus wiederum das Erfordernis einer *Genehmigung der Kommunalaufsichtsbehörde* sowie eines ausgeglichenen Haushalts vor. Lediglich für die drei Stadtstaaten sowie für Brandenburg bestehen, soweit ersichtlich, keine vergleichbaren Regelungen.

Die Frage, ob solche Regelungen notwendig oder auch nur sinnvoll sind, ist rechtpolitischer Natur. Allerdings sollten diese Regelungen nicht den Blick dafür versperren, dass die Einbringung kommunalen Vermögens in eine selbständige Stiftung aus Sicht der Kommune stets eine *Veräußerung* von Vermögen ist, weil das Vermögen von einer juristischen Person auf eine andere übergeht.[618] Die Stiftung ist eine von der Kommune gesonderte, zwar möglicherweise von ihr (und/oder anderen staatlichen Hoheitsträgern) beherrschte, rechtlich aber doch selbständige juristische Person, die hinsichtlich ihres Stiftungsvermögens allein darauf verpflichtet ist, dieses zur Erfüllung des Stiftungszwecks zu verwalten. Dieser mag sich zwar im Rahmen des Aufgabenkreises der (stiftenden) Kommune bewegen. Für die Zeit nach Entstehen der Stiftung und Übertragung des Stiftungsvermögens ist das Stiftungsvermögen jedoch der Verfügungsgewalt der (stiftenden) Kommune endgültig entzogen, mag sie auch als Organ der Stiftung tätig werden oder die Organe der Stiftung anderweitig beherrschen. Daher ist die den genannten Vorschriften scheinbar zugrunde liegende Vorstellung, die Tätigkeit der Stiftung stelle eine Erfüllung von Aufgaben der Kommune „mit anderen Mitteln" dar, nicht recht schlüssig. Vielmehr ist das Stiftungsvermögen mit Übertragung auf die Stiftung der unmittelbaren Verfügungsgewalt der Kommune entzogen, sodass es auch plausibel wäre, die Einbringung von Vermögen der Kommune in eine Stiftung nicht anderen, jedenfalls aber keinen strengeren

618 Vgl. auch Drucksache des Niedersächsischen Landtages 17/5423, S. 49. Die Anfügung des Satzes 2 in § 135 Abs. 4 NKomVG, wonach § 125 Abs. 3 NKomVG „entsprechend" gilt, dürfte daher entbehrlich gewesen sein (vgl. dazu aber den Schriftlichen Bericht in der Landtagsdrucksache 17/6747, S. 6).

Voraussetzungen zu unterwerfen als jede andere Veräußerung kommunalen Vermögens.[619]

### e) *Zusammenfassung*

Materielle Maßstäbe für die Beurteilung der Rechtmäßigkeit der Übertragung von Vermögen auf eine Stiftung des öffentlichen Rechts ergeben sich aus dem unionsrechtlichen Beihilferecht. Danach sind wettbewerbsverzerrende Beihilfen sowohl zugunsten der Stiftung als auch zugunsten von Unternehmen, die Vermögen auf die Stiftung übertragen, grundsätzlich unzulässig. Nach der grundgesetzlichen Finanzverfassung müssen Bund und Länder die Ausgaben, die sich aus der Wahrnehmung ihrer jeweiligen Aufgaben ergeben, jeweils selbst tragen. Das daraus folgende Finanzierungsverbot darf nicht dadurch umgangen werden, dass staatliche Aufgaben vom Bund oder von einem Land auf eine Stiftung des öffentlichen Rechts übertragen werden und dann die Stiftung von den ursprünglichen Aufgabenträgern finanziert wird. Schließlich sind die allgemein für die Veräußerung von Vermögensgegenständen geltenden Vorschriften zu beachten. Dazu gehören insbesondere auch die haushaltsrechtlichen Vorschriften über die Veräußerung von Vermögen durch die öffentliche Hand. Nach diesen Vorschriften ist bei Bund, Ländern und Kommunen u. a. in der Regel eine Zustimmung der Volksvertretung erforderlich.

## 5. *Zusammenfassung*

Materielle Maßstäbe für die Beurteilung der Rechtmäßigkeit der Bildung einer Stiftung des öffentlichen Rechts bestehen nicht hinsichtlich der Entstehung der Stiftung als juristische Person, wohl aber hinsichtlich ihrer Ausgestaltung, ihrer Beaufsichtigung durch den Staat sowie der ihr zu übertragenden staatlichen Aufgaben und Befugnisse wie auch hinsichtlich des ihr zu übertragenden Vermögens. Quelle dieser Maßstäbe ist zwar teilweise auch das Unionsrecht, dies jedoch nur in relativ geringem Umfang. Vor allem ist insoweit das unionsrechtliche Beihilferecht zu beachten. Wesentliche Grundlage der einschlägigen Maßstäbe ist das Verfassungsrecht. Insoweit lassen sich nahezu alle Maßstäbe letztlich auf das Rechtsstaats-, das Demokratie- und das Bundesstaatsprinzip

619 Vgl. OVG NRW, Urteil vom 19. Dezember 2012, – 16 A 1451/10 – bei juris Rn. 86 m. w. N., wo das Gericht in Betracht zieht, die spezielle stiftungsspezifische Regelung in § 100 Abs. 3 der Gemeindeordnung für das Land Nordrhein-Westfalen als Unterfall der allgemeinen Vorschriften über die Veräußerung von Vermögensgegenständen durch eine Gemeinde zu sehen.

zurückführen. Dies gilt auch für die Konkretisierung dieser Staatsstrukturprinzipien durch die Regelungen der Finanzverfassung. Im Übrigen ist zu beachten, dass jede Vermögensübertragung auf eine Stiftung aus Sicht des Stifters eine Veräußerung ist, sodass die für Vermögensveräußerungen auch sonst geltenden Vorschriften zu beachten sind.

### V. Zusammenfassung

Rechtsgrundlage für die Bildung einer Stiftung des öffentlichen Rechts ist die staatliche Organisationsgewalt, also die jedem Staat zustehende Befugnis, sich selbst zu organisieren. Demzufolge ist entweder der Bund oder ein Land originär zuständig für die Bildung einer Stiftung des öffentlichen Rechts (Verbandszuständigkeit). Innerhalb des jeweiligen Verbandes ist die Organzuständigkeit zwischen Parlament und Regierung aufgeteilt. Das Parlament *kann* stets eine Regelung durch Gesetz treffen, *muss* es aber nicht in jedem Fall, sondern nur, soweit ein Gesetzesvorbehalt besteht. Im Übrigen kann auch die Regierung in anderer Form, z. B. durch Beschluss die erforderlichen Regelungen treffen. Materielle Maßstäbe für die zu treffenden Regelungen ergeben sich in geringem Umfang aus dem Unionsrecht, hauptsächlich aber aus dem Verfassungsrecht und sonstigen nationalen Rechtsvorschriften. Besondere Bedeutung haben dabei das Rechtsstaats-, das Demokratie- und das Bundesstaatsprinzip.

## F. Zusammenfassung

Auch soweit ausdrückliche Regelungen über die Bildung von Stiftungen des öffentlichen Rechts fehlen, wie es etwa in Niedersachsen weitestgehend der Fall ist, lassen sich rechtliche Maßstäbe für die Beurteilung der Rechtmäßigkeit der Bildung einer Stiftung des öffentlichen Rechts ermitteln. Keine Grundlage dafür bieten allerdings ein allgemeingültiges „Stiftungsrecht“ oder Analogieschlüsse zum Recht der Stiftungen des bürgerlichen Rechts, insbesondere zu den §§ 80 bis 88 BGB und den jeweiligen Landesstiftungsgesetzen. Denn Stiftungen des bürgerlichen Rechts und Stiftungen des öffentlichen Rechts sind, ungeachtet einer (nur) teilweise gleichlautenden Bezeichnung („Stiftung“) und teilweise gleichen Strukturelementen (Stiftungsvermögen, Stiftungszweck, Stiftungsorgane), wesensmäßig so verschieden, dass sich Analogieschlüsse verbieten, zumal etwa in Niedersachsen der Gesetzgeber nicht „planwidrig“, sondern ganz bewusst davon abgesehen hat, allgemeine gesetzliche Regelungen über die Bildung von Stiftungen des öffentlichen Rechts zu schaffen. Die rechtlichen Maßstäbe müssen vielmehr autonom dem Verwaltungsorganisationsrecht entnommen werden. Dieses ist allerdings seinerseits nicht einheitlich, sondern umfasst hinsichtlich der Bildung einer Stiftung des öffentlichen Rechts eine ganze Reihe unterschiedlicher Regelungsgegenstände. Für diese lassen sich jedoch jeweils spezifische Maßstäbe ermitteln. Dabei sind die Ausgestaltung der Stiftung, ihre Beaufsichtigung durch den Staat sowie die Übertragung von staatlichen Aufgaben und Befugnissen zusammen zu betrachten, weil sie in einem wechselseitigen Zusammenhang miteinander stehen; die Erfüllung staatlicher Aufgaben und (ggf.) die Ausübung staatlicher Befugnisse durch ein rechtlich verselbständigtes Staatsorgan weichen insoweit von der in der Verfassung unmittelbar geregelten Struktur der öffentlichen Verwaltung ab. In jeder Hinsicht hervorragende Bedeutung als rechtlicher Maßstab haben das Rechtsstaats-, das Demokratie- und das Bundesstaatsprinzip. Diese fordern einen Zurechnungs- und Verantwortungszusammenhang zwischen der Betätigung einer Stiftung des öffentlichen Rechts und dem Staatsvolk entweder des Bundes oder eines Landes. Diesem Erfordernis muss bei der Bildung einer Stiftung des öffentlichen Rechts Rechnung getragen werden. Für die Übertragung des Stiftungsvermögens auf die Stiftung sind zudem aus Sicht des Stifters die auch sonst für eine Vermögensveräußerung geltenden Vorschriften zu beachten.

# 5. Teil: Praxistest

## A. Einleitung

Nach Ermittlung der rechtlichen Maßstäbe soll anhand einiger ausgewählter Beispiele überprüft werden, ob die Praxis diesen Maßstäben genügt. Dazu werden vier Stiftungen betrachtet. Diese sollen aber jeweils nicht vollständig rechtlich durchleuchtet werden. Vielmehr soll es darum gehen, jeweils exemplarisch einzelne rechtliche Fragestellungen zu untersuchen.

## B. Stiftung Preußische Schlösser und Gärten Berlin-Brandenburg

### I. Einleitung

Zu Beginn soll die Stiftung Preußische Schlösser und Gärten Berlin-Brandenburg betrachtet werden. Diese Stiftung verwaltet mit etwa 550 Angestellten rund 30 Museumsschlösser und andere Museen, 800 Hektar denkmalgeschützte Parkanlagen, 100.000 Einzelkunstwerke, 150 Denkmäler und 300 bauliche Anlagen.[620] Sie beruht, wie oben dargelegt, auf dem zwischen den Ländern Berlin und Brandenburg geschlossenen Staatsvertrag über die Errichtung einer „Stiftung Preußische Schlösser und Gärten Berlin-Brandenburg" und hat nach Artikel 2 Abs. 1 Satz 1 dieses Staatsvertrages „die Aufgabe, die ihr übergebenen Kulturgüter zu bewahren, unter Berücksichtigung historischer, kunst- und gartenhistorischer und denkmalpflegerischer Belange zu pflegen, ihr Inventar zu ergänzen, der Öffentlichkeit zugänglich zu machen und die Auswertung dieses Kulturbesitzes für die Interessen der Allgemeinheit insbesondere in Wissenschaft und Bildung zu ermöglichen". Artikel 3 Satz 3 des Staatsvertrages sieht vor, dass das Nähere zur Finanzierung in einem Finanzierungsabkommen geregelt wird. Zur Ausführung dieser Regelung haben die beiden Länder und der Bund zum einen zeitgleich mit dem Staatsvertrag ein Abkommen zur gemeinsamen Finanzierung der „Stiftung Preußische Schlösser und Gärten Berlin-Brandenburg" sowie zum anderen im Jahr 2009 ein Abkommen zur gemeinsamen Finanzierung eines

620 Informationen bei Wikipedia, abgerufen am 4. Juni 2017.

Sonderinvestitionsprogramms der „Stiftung Preußische Schlösser und Gärten Berlin-Brandenburg" abgeschlossen.[621]

Die von der Stiftung zu verwaltenden Schlösser, Gärten und sonstigen Kulturgüter liegen teilweise auf dem Gebiet des Landes Brandenburg und teilweise auf dem Gebiet des Landes Berlin (Artikel 2 Abs. 2 bis 4 des Staatsvertrages).

Zur Erfüllung ihrer Aufgaben ist die Stiftung zum einen befugt, nach Maßgabe der für sie geltenden besonderen Vorschriften ihr zustehende zivilrechtliche Ansprüche geltend zu machen.[622]

Zum anderen ist die Stiftung sowohl nach § 16 Abs. 2 BbgDSchutzG als auch nach § 6 Abs. 4 DSchG Bln in Bezug auf die zu ihrem Stiftungsvermögen gehörenden Kulturgüter untere Denkmalschutzbehörde im Sinne des jeweiligen Gesetzes mit den entsprechenden Aufgaben und Befugnissen.

Zudem hat das Land Brandenburg der Stiftung in § 27 BbgDSchG eine besondere Verordnungsermächtigung eingeräumt. Diese lautet:

*„§ 27*
*Verordnungsermächtigung für die Stiftung Preußische Schlösser und Gärten Berlin-Brandenburg*

*(1) Die Stiftung Preußische Schlösser und Gärten Berlin-Brandenburg wird ermächtigt, zur Abwehr von Gefahren für die in ihrem Vermögen befindlichen baulichen und gärtnerischen Anlagen eine ordnungsbehördliche Verordnung zu erlassen. Ordnungswidrigkeiten nach dieser Verordnung können mit einer Geldbuße bis zu 10 000 Euro geahndet werden. Die Stiftung Preußische Schlösser und Gärten Berlin-Brandenburg vollstreckt die Geldbuße nach den Vorschriften des Verwaltungsvollstreckungsgesetzes für das Land Brandenburg. Die Stiftung kann mit der Landeshauptstadt Potsdam oder den Landkreisen durch eine öffentlich-rechtliche Vereinbarung regeln, dass Vollstreckungsaufgaben durch diese wahrgenommen werden.*

*(2) Zuständig für den Erlass der ordnungsbehördlichen Verordnung ist der Generaldirektor.*

*(3) Die ordnungsbehördliche Verordnung ist im Amtsblatt für Brandenburg zu verkünden."*

621 Der Staatsvertrag und das zuerst genannte Finanzierungsabkommen sind u. a. als Anlage zum Zustimmungsgesetz des brandenburgischen Landtages im brandenburgischen GVBl. 1995 S. 2 und 82 veröffentlicht. Das zuletzt genannte Finanzierungsabkommen ist u. a. im brandenburgischen GVBl. I 2009 S. 382 veröffentlicht.

622 BGH, Urteil vom 17. Dezember 2010 – V ZR 45/10 – bei juris Rn. 19 ff., m. w. N.

Von dieser Ermächtigung hat die Stiftung durch Erlass der ordnungsbehördlichen Verordnung vom 21. September 2006 auch Gebrauch gemacht.[623] Räumlich erstreckt sich der Geltungsbereich der Verordnung allerdings nur auf Teile der Gebiete der Städte Potsdam, Königs Wusterhausen und Rheinsberg, die jeweils auf dem Gebiet des Landes Brandenburg liegen (§ 1 der Verordnung).[624]

Die Stiftung hat nach Artikel 1 Abs. 2 des Staatsvertrages ihren Sitz in Potsdam. Nach Artikel 5 des Staatsvertrages sind Organe der Stiftung der Stiftungsrat und der Generaldirektor. Der Stiftungsrat erlässt die Satzung der Stiftung, überwacht die Geschäftsführung und kann dem Generaldirektor Weisungen erteilen und entscheidet in bestimmten Fällen selbst; andere Entscheidungen bedürfen seiner Zustimmung (Artikel 6 des Staatsvertrages). Der Stiftungsrat besteht aus neun stimmberechtigten Mitgliedern, von denen jeweils drei von den beiden Ländern und dem Bund entsandt und abberufen werden. Der Stiftungsrat beschließt grundsätzlich mit der einfachen Mehrheit der abgegebenen Stimmen; in bestimmten Fällen ist eine qualifizierte Mehrheit erforderlich (Artikel 8 Abs. 4 Satz 2 und Abs. 5 des Staatsvertrages). Der Generaldirektor führt die Geschäfte der laufenden Verwaltung, vertritt die Stiftung nach außen und führt die Beschlüsse des Stiftungsrates aus. Er wird vom Stiftungsrat mit einer Mehrheit von mindestens zwei Dritteln der Stimmen seiner Mitglieder gewählt, wobei eine Entscheidung gegen die Stimmen eines der beiden Länder nicht möglich ist (Artikel 9 Abs. 1 und 2 des Staatsvertrages). Nach Artikel 4 Abs. 1 Satz 1 des Staatsvertrages ist die für kulturelle Angelegenheiten zuständige oberste Landesbehörde des Landes Brandenburg Aufsichtsbehörde. Diese übt nach den Rechtsvorschriften des Landes Brandenburg eine Rechtsaufsicht über die Stiftung aus; außerdem bedürfen die Übernahme weiterer Aufgaben durch die Stiftung der Genehmigung und die Satzung sowie Satzungsänderungen der Zustimmung der Aufsichtsbehörde. Diese entscheidet dabei jeweils im Einvernehmen mit der für kulturelle Angelegenheiten zuständigen obersten Landesbehörde des Landes Berlin (Artikel 2 Abs. 3, Artikel 4 und Artikel 6 Abs. 1 des Staatsvertrages).

623 Amtsblatt für Brandenburg 2006 S. 691.

624 U. a. haben nach § 3 Abs. 2 Satz 2 der Verordnung Hundehalter und -führer im Geltungsbereich der Verordnung den Kot ihrer Hunde unverzüglich zu beseitigen. Vorsätzliche oder fahrlässige Verletzungen dieser Pflicht stellen nach § 5 Abs. 2 der Verordnung eine Ordnungswidrigkeit dar, die nach § 5 Abs. 4 der Verordnung mit einer Geldbuße bis zu 10 000 Euro geahndet werden kann.

## II. Die Stiftung als gemeinsame Einrichtung

Die Stiftung übt, wie nicht zuletzt die Regelung in § 27 Abs. 1 BbgDSchG zeigt, (auch) „öffentliche Gewalt" aus, sodass nach Artikel 19 Abs. 4 Satz 1 GG jedem, der durch die Stiftung in seinen Rechten verletzt wird, der Rechtsweg offen steht. Für die Frage, welcher Rechtsweg dies im Einzelfall ist, kann es darauf ankommen, welchem Hoheitsträger die betreffende Ausübung „öffentlicher Gewalt" zuzurechnen ist, hier konkret: dem Land Brandenburg, dem Land Berlin oder möglicherweise (auch) dem Bund oder allen oder mehreren gemeinsam.

Diese Frage ist wegen der dargestellten organisatorischen Verflechtungen nicht einfach zu beantworten. So ist es auch schon nicht selbstverständlich, dass die Länder Brandenburg und Berlin der Stiftung jeweils den Status einer unteren Denkmalschutzbehörde einräumen, obwohl das jeweils andere Land und der Bund an den von der Stiftung auch insoweit zu treffenden Entscheidungen organisatorisch mitwirken.

Mit der aufgeworfenen Frage hat sich der Verfassungsgerichtshof des Landes Berlin anlässlich eines ähnlich gelagerten Falles befasst, in dem es ebenfalls um Entscheidungen gemeinsamer, von den Ländern Berlin und Brandenburg durch Staatsvertrag errichteter Einrichtungen ging.[625] Nach dieser – überzeugenden – Entscheidung ist von folgenden Grundsätzen auszugehen:

Welchem Hoheitsträger die Ausübung öffentlicher, d. h. hoheitlicher Gewalt zuzuordnen ist, richtet sich im Bundesstaat grundsätzlich nach dem handelnden Organ. Landesbehörden und -gerichte üben daher – mit Ausnahmen etwa im Falle der Organleihe – Landesstaatsgewalt, Bundesbehörden und -gerichte grundsätzlich Bundesstaatsgewalt aus.[626] Schwierigkeiten bei der Zuordnung des handelnden Organs zu einem bestimmten Hoheitsträger können entstehen, wenn es sich um das Tätigwerden länderübergreifender gemeinsamer Institutionen, Behörden oder Gerichte handelt. Grundsätzlich gibt es verschiedene Möglichkeiten, in welcher Weise eine solche Gemeinschaftseinrichtung strukturiert ist und Hoheitsbefugnisse im Verhältnis zu Dritten und damit öffentliche Gewalt wahrnimmt. Dies kann etwa dadurch geschehen, dass ein Land (in der Regel das „Sitzland" der Einrichtung) die Aufgaben für alle Länder wahrnimmt und im Außenverhältnis allein verantwortlich ist (sog. *institutionelle Beteiligungsverwaltung*). Andere Möglichkeiten sind die *Mehrländereinrichtung* (ein Nebeneinander von mehreren Landeseinrichtungen, das nur dadurch eine gewisse faktische

---

625 VerfGH Berlin, Beschluss vom 19. Dezember 2006 – 45/06 – bei juris Rn. 23 ff., mit zahlreichen weiteren Nachweisen.

626 Vgl. auch BVerfGE 81, 310 (331), bei juris Rn. 84.

Einheit erlangt, dass es sich auf ein und denselben Bestand von sächlichen und persönlichen Mitteln bezieht; anwendbares Recht und Aufsicht bestimmen sich danach, für welches Land die Behörde handelt, und ihre Akte sind dem jeweiligen Land zuzurechnen) oder die *echte Gemeinschaftseinrichtung*, deren nach außen wirkende Hoheitsakte nicht die eines bestimmten Landes sind, sondern unmittelbar der – in der Regel rechtsfähigen – Einrichtung zugerechnet werden. Für die Frage, welches Landesrecht, insbesondere welches Landesverfassungsrecht für das Handeln einer solchen echten Gemeinschaftseinrichtung maßgeblich oder ergänzend heranzuziehen ist, sind in erster Linie die ihrer Errichtung zugrunde liegenden Rechtsakte von Bedeutung. Fehlt eine Regelung, wird häufig wiederum auf das Sitzprinzip zurückgegriffen (Maßgeblichkeit des Rechts und der Verfassung des Sitzlands der Einrichtung). Andere gehen davon aus, dass nach Errichtung echter Gemeinschaftseinrichtungen jedes daran beteiligte Land nur noch eingeschränkt, nämlich nur im Verbund mit den übrigen Trägern der Gemeinschaftseinrichtung die Verfügungsgewalt ausüben und entsprechende Hoheitsakte setzen kann. In diesem Zusammenhang wird teilweise von einer Gesamthandsgemeinschaft der beteiligten Länder gesprochen. Die „auf dritter Ebene" geschaffenen Rechtsgebilde und hoheitlich handelnden Gemeinschaftseinrichtungen könnten nicht dem Recht eines einzelnen Landes zugeordnet werden.

Das Gericht folgt – mit überzeugenden Gründen – aber nicht der zuletzt dargestellten Ansicht, es könne Gemeinschaftseinrichtungen „zur gesamten Hand" geben, und Hoheitsbefugnisse könnten nur gemeinsam durch alle beteiligten Länder wahrgenommen werden. Dies hätte nämlich, so das Gericht zutreffend, die Konsequenz, dass die gemeinsamen Einrichtungen nicht Teil der öffentlichen Gewalt zumindest eines der beteiligten Länder wären, sondern ein „tertium" darstellten. Die gemeinsamen Einrichtungen wären, folgte man dieser Auffassung, ohne entsprechende Transformationsnorm im Staatsvertrag an keine der Landesverfassungen der beteiligten Länder gebunden; als Handlungsmaßstab (insbesondere im Hinblick auf die Grundrechte) bliebe für die gemeinsamen Einrichtungen nur das Grundgesetz. Gegen die Annahme einer derartigen gesamthänderischen Trägerschaft aller beteiligten Länder und die Konstruktion eines von allen Landesverfassungen abgekoppelten „tertiums" sprechen, wie das Gericht weiter zutreffend ausführt, zudem bereits die verfassungsrechtlichen Bedenken, die auch sonst gegen eine „dritte Ebene" neben Bund und (Einzel-) Land vorgebracht werden, etwa ein möglicher Verstoß gegen das Demokratieprinzip. Artikel 30 GG weist die Erfüllung der staatlichen Aufgaben dem Bund und den Ländern zu und meint hierbei die einzelnen Länder. Das Grundgesetz begründet die verfassungsunmittelbare

Verantwortung für die Erfüllung der in ihrem Gebiet entstehenden staatlichen Aufgaben, wovon sich Bund und Land nicht freizeichnen können. Zwar sind verschiedene Formen der Zusammenarbeit zwischen den Ländern verfassungsrechtlich möglich, wozu – in bestimmten Grenzen – auch die Wahrnehmungsübertragung von Hoheitsrechten auf Gemeinschaftseinrichtungen gehört. Allerdings muss stets eine konkrete Zurechenbarkeit der staatlichen Aufgabenwahrnehmung auf den Verfassungskreis des Bundes oder eines einzelnen Landes möglich sein. Auch dann, wenn die Gemeinschaftseinrichtung mit eigener Rechtspersönlichkeit ausgestattet ist, muss klar sein, in welchem Rechts- und Verfassungskreis sie agiert. Eine generelle Freistellung der Wahrnehmungszuständigkeiten der gemeinschaftlichen Einrichtungen von den verschiedenen Landesverfassungen würde dagegen bedeuten, so das Gericht, „dass die Maßgeblichkeiten der Verfassungskreise der Vertragspartner und damit ihre Trägerzuständigkeiten in bedenklicher Weise verneint werden müssten".

In dem seinerzeit zu entscheidenden Fall, der die Errichtung gemeinsamer Obergerichte der Länder Berlin und Brandenburg betraf, kam der Berliner Verfassungsgerichtshof letztlich zu dem Ergebnis, dass ein gemeinsames Obergericht der beiden Länder entweder öffentliche Gewalt der Landes Berlin oder öffentliche Gewalt des Landes Brandenburg ausübe. Wann das eine und wann das andere gegeben sei, richte sich danach, ob der jeweils zu entscheidende Fall in erster Instanz in Berlin oder in Brandenburg entschieden worden sei.

Diese Erwägungen lassen sich indes nicht ohne Weiteres auf die hier aufgeworfene Frage übertragen. Denn hier geht es ja gerade um die Frage nach der Zurechnung in den Fällen, in denen die gemeinsame Einrichtung erstmalig eine Entscheidung trifft.

Im vorliegenden Fall dürfte angesichts der in dem Staatsvertrag angelegten Verflechtungen von berliner und brandenburgischem Recht jedenfalls davon auszugehen sein, dass keine institutionalisierte Beteiligungsverwaltung und auch keine bloße Mehrländereinrichtung vorliegen. Vielmehr wurde die Stiftung als rechtsfähige Einrichtung offenbar gerade deshalb gewählt, um ihr die von ihr erlassenen Hoheitsakte selbst zurechnen zu können. Daher ist von einer echten Gemeinschaftseinrichtung auszugehen. Die Frage, wessen Staatsgewalt dann im Einzelfall ausgeübt wird, ist damit aber, wie aufgezeigt, noch nicht beantwortet. Nach der überzeugenden Argumentation des Berliner Verfassungsgerichtshofs wird man jedenfalls nicht annehmen können, dass hier ein „tertium" vorliegt, das außerhalb des Verfassungskreises beider Länder agiert.

Als Lösung bietet es sich an, in jedem Einzelfall darauf abzustellen, auf dem Gebiet welchen Landes das jeweils betroffene Kulturgut liegt. Dieser Gedanke liegt Zuständigkeits- und Zurechnungsregeln im Recht ja auch sonst verbreitet zugrunde,[627] und auch der Berliner Verfassungsgerichtshof nimmt diesen Gedanken auf, wenn er auf die Verantwortung der Länder „für die Erfüllung der in ihrem Gebiet entstehenden staatlichen Aufgaben" verweist.[628]

Demnach könnte man annehmen, dass die Stiftung Staatsgewalt des Landes Berlin ausübt, soweit sich ihre Tätigkeit auf ein Kulturgut auf dem Gebiet des Landes Berlin bezieht, und Staatsgewalt des Landes Brandenburg, soweit sich ihre Tätigkeit auf ein Kulturgut auf dem Gebiet des Landes Brandenburg bezieht.

Diese Lösung wäre allerdings unvollständig, weil sich die Tätigkeit der Stiftung nicht nur auf unbewegliches Vermögen oder ortsgebundene Rechte bezieht, sondern auch auf bewegliches Vermögen, wie etwa Gemälde. Insoweit könnte man indes daran denken, (alternativ oder kumulativ?) das Sitz(land)prinzip zu aktivieren, wonach dann jeweils brandenburgisches Recht (einschließlich des Verfassungsrechts) gelten würde und die Stiftung Staatsgewalt des Landes Brandenburg ausüben würde. Für eine solche Geltung des Sitz(land)prinzips könnte auch der Wortlaut des Staatsvertrages sprechen, der an verschiedenen Stellen ausdrücklich auf das „Sitzland" abstellt (Artikel 4 Abs. 1 Sätze 1 und 3, Artikel 10 Abs. 3 Halbsatz 1, Abs. 5 Halbsatz 1 und Abs. 6 und Artikel 11 Abs. 1; siehe ferner Artikel 5 des ersten Finanzierungsabkommens, wonach auch das Haushaltsrecht des „Sitzlandes" gilt). Man müsste sich dann insoweit allerdings darüber im Klaren sein, dass die Anwendung des Sitz(land)prinzips eine „Übertragung von Hoheitsrechten" im Sinne einer Öffnung der Rechtsordnung des einen Landes zugunsten der Geltung und Anwendbarkeit von Rechtsakten, die der Rechtsordnung des Sitzlandes entstammen, bedeutet.[629]

## III. Vereinbarkeit mit der Kompetenzordnung?

Lässt sich danach möglicherweise noch bestimmen, wessen Staatsgewalt im Einzelfall ausgeübt wird, so stellt sich aber gleichwohl noch die Frage, ob die hier gewählte rechtliche Konstruktion mit den oben dargelegten, aus dem Rechtsstaats-, dem Demokratie- und dem Bundesstaatsprinzip abzuleitenden Grundsätzen der staatlichen Kompetenzordnung zu vereinbaren ist.

---

627 Vgl. § 3 Abs. 1 Nr. 1 VwVfG, § 52 Nr. 1 VwGO.

628 VerfGH Berlin, Beschluss vom 19. Dezember 2006 – 45/06 – bei juris Rn. 34.

629 Zu diesem Verständnis des Begriffs „Übertragung von Hoheitsrechten" im Sinne von Artikel 24 Abs. 1 GG siehe grundlegend BVerfGE 37, 271 (279 f.), bei juris Rn. 25. Diese Rechtsprechung dürfte nach der Einfügung des Absatzes 1 a in Artikel 24 GG auch für die „Übertragung von Hoheitsrechten" der Länder gelten.

Dabei soll hier dahingestellt bleiben, ob die Bildung einer echten Gemeinschaftseinrichtung der vorliegenden Art mit dem *Grundsatz der Unverfügbarkeit der Kompetenz* vereinbar ist.

Zweifel ergeben sich aber zum einen jedenfalls im Hinblick auf den *Grundsatz der Verantwortungsklarheit*. Dieser gebietet es, wie dargelegt, Verwaltungszuständigkeiten rechtlich so klar zu regeln, dass die Verantwortlichkeit für die Ausübung von Staatsgewalt stets auf das Staatsvolk des Bundes oder das Staatsvolk *eines* Landes zurückgeführt werden kann, sodass der Bürger wissen kann, wen er für eine staatliche Entscheidung verantwortlich machen kann. Der Grundsatz der Verantwortungsklarheit wird verletzt, wenn staatliche Aufgaben durch Organe oder Amtsträger unter Bedingungen wahrgenommen werden, die eine hinreichend klare Verantwortungszuordnung nicht ermöglichen.

In diesem Sinne hat auch das Bundesverfassungsgericht in seiner Entscheidung zum Vertrag von Lissabon auf Folgendes hingewiesen:

> *„Föderalisierung nach innen und Supranationalisierung nach außen können neue bürgerschaftliche Mitwirkungsmöglichkeiten eröffnen. Aus ihnen wachsen ein gesteigerter Zusammenhalt kleinerer oder größerer Einheiten und bessere Chancen zum friedlichen Interessenausgleich zwischen Regionen und Staaten. Föderale oder supranationale Verflechtungen schaffen Handlungsmöglichkeiten, die sonst auf praktische oder territoriale Grenzen stießen, und erleichtern den friedlichen Interessenausgleich. Sie erschweren aber zugleich die Bildung eines durchsetzungsfähigen Mehrheitswillens, der unmittelbar auf das Volk zurückgeht (Art. 20 Abs. 2 Satz 1 GG). Die Zuordnung von Entscheidungen zu bestimmten verantwortlich Handelnden verliert an Transparenz mit der Folge, dass die Bürger sich bei ihrem Votum kaum an greifbaren Verantwortungszusammenhängen orientieren können. Das Demokratieprinzip setzt deshalb der Übertragung von Hoheitsrechten inhaltliche Grenzen, die nicht bereits aus der Unverfügbarkeit der verfassungsgebenden Gewalt und der staatlichen Souveränität folgen.“*[630]

Zum anderen ist auch zweifelhaft, ob der *Grundsatz der eigenverantwortlichen Aufgabenwahrnehmung* gewahrt ist. Dieser schließt zwar, wie dargelegt, das Zusammenwirken in gemeinsamen Einrichtungen nicht von vornherein aus, erfordert aber, dass der jeweils zuständige Verwaltungsträger auf den Aufgabenvollzug hinreichend nach seinen eigenen Vorstellungen einwirken kann. Daran fehlt es in der Regel, wenn Entscheidungen über Organisation, Personal und Aufgabenerfüllung nur in Abstimmung (im Einvernehmen) mit einem anderen Träger getroffen werden können. Besteht keine Letztentscheidungsmöglichkeit

630 BVerfGE 123, 267 (356 f.), bei juris Rn. 247.

im Rahmen der Aufgabenwahrnehmung, kann keiner der beteiligten Verwaltungsträger seinen eigenen Aufgabenbereich eigenverantwortlich wahrnehmen.

Im Hinblick auf diese beiden Grundsätze ist es verfassungsrechtlich bedenklich, dass durch die Stiftung zwar Staatsgewalt der beteiligten Länder ausgeübt wird, innerhalb der Stiftung jedoch zwei Länder und der Bund in einer Weise zusammenwirken, die weder eine klare Verantwortungszurechnung noch eine eigenverantwortliche Aufgabenwahrnehmung durch das Land, dessen Staatsgewalt im Einzelfall ausgeübt wird, ermöglicht. Denn die Entscheidungen der Stiftungen werden entweder vom Generaldirektor getroffen, der seinerseits von den Mitgliedern des Stiftungsrates gewählt wird und von diesem mit einfacher Mehrheit angewiesen werden kann, eine bestimmte Entscheidung zu treffen, oder der Stiftungsrat entscheidet selbst, und zwar grundsätzlich mit einfacher Mehrheit. Da im Stiftungsrat kein Land die Mehrheit hat, ist es erforderlich, sich bei jeder Entscheidung mit dem jeweils anderen Land und/oder dem Bund zu einigen. Dies verwischt einerseits die Verantwortlichkeit für eine Entscheidung. Andererseits ist es auf diese Weise auch für keines der beteiligten Länder möglich, eigenverantwortlich eine bestimmte Entscheidung herbeizuführen. Außerdem kann kein Land verhindern, dass Entscheidungen auch gegen seinen Willen getroffen werden. Wenn beispielsweise die Vertreter des Bundes und des Landes Berlin im Stiftungsrat mit ihrer Mehrheit beschließen sollten, den Generaldirektor anzuweisen, für die Stiftung in ihrer Eigenschaft als untere Denkmalschutzbehörde des Landes Brandenburg eine bestimmte Entscheidung zu treffen, mit der das Land Brandenburg nicht einverstanden ist, so könnte es diese Entscheidung weder bei der Abstimmung im Stiftungsrat noch im Wege der Rechtsaufsicht nach Artikel 4 Abs. 1 des Staatsvertrages verhindern, wenn das Land Berlin insoweit sein Einvernehmen zu einer entsprechenden Aufsichtsmaßnahme verweigern sollte.

## IV. Zusammenfassung

Die Stiftung Preußische Schlösser und Gärten Berlin-Brandenburg ist eine gemeinsame Einrichtung der Länder Berlin und Brandenburg in Form einer sog. echten Gemeinschaftseinrichtung. Die von ihr ausgeübte Staatsgewalt ist entweder die des Landes Berlin oder die des Landes Brandenburg. Nach welchen Kriterien zu beurteilen ist, ob das eine oder das andere der Fall ist, ist nicht ganz klar. Jedenfalls aber dürften die für die Stiftung geregelten Entscheidungsstrukturen mit dem Grundsatz der Verantwortungsklarheit und dem Grundsatz der eigenverantwortlichen Aufgabenwahrnehmung unvereinbar sein.

## C. Allgemeiner Hannoverscher Klosterfonds[631]

### I. Einleitung

Durch das Landesherrliche Patent des Prinzregenten Georg vom 8. Mai 1818 über die Errichtung der Allgemeinen Kloster-Cammer zu Hannover[632] wurden der AHK und die Klosterkammer Hannover[633] (im Folgenden kurz: Klosterkammer) errichtet. Danach ist der AHK eine gesonderte Vermögensmasse, die sich aus verschiedenen ehemaligen Kirchenvermögen zusammensetzt und dazu gewidmet ist, zu bestimmten gemeinnützigen, mildtätigen und kirchlichen Zwecken verwendet und durch die Klosterkammer als eine „eigene, unter unmittelbarer Aufsicht" eines staatlichen Ministeriums stehende Behörde verwaltet zu werden. Diese Regelungen wurden u. a. in § 79 Abs. 1 bis 4 HannLVerfG 1840), das insoweit bis heute als niedersächsisches Landesrecht fortgilt,[634] aufgegriffen. Nach § 79 Abs. 2 HannLVerfG 1840 „gebührt" „die Verwaltung dieses Vermögens" (gemeint ist das Vermögen des AHK) „allein der vom Könige dazu bestellten Behörde". Heute ist die Klosterkammer eine der Dienstaufsicht des zuständigen Ministeriums des Landes unterstehende Sonderbehörde der unmittelbaren Landesverwaltung des Landes Niedersachsen[635] im Geschäftsbereich des MWK.[636]

Die Klosterkammer ist für die Verwaltung der Vermögen des AHK sowie des Stifts Ilfeld (Thüringen), des Hospitalfonds St. Benedikti in Lüneburg und des Domstrukturfonds Verden zuständig.[637] Diese Einrichtungen sind nach heute

631 Die nachfolgenden Ausführungen zur Klosterkammer Hannover und den vier von ihr verwalteten Stiftungen beruhen in größeren Teilen auf meiner Befassung mit dem Thema als ständiger juristischer Referent im GBD. Siehe dazu etwa die Vorlage 2 zu Landtagsdrucksache 16/3919 sowie insbesondere Vorlage 1 zu Landtagsdrucksache 17/5795.

632 Wiedergegeben z. B. im Urteil des Nds. StGH vom 13. Juli 1972 - StGH 1/71 - bei juris Rn. 4.

633 Ihre heutige Behördenbezeichnung erhielt die Klosterkammer Hannover durch Beschluss des Landesministeriums vom 11. März 1980 (Nds. MBl. S. 469).

634 Nds. GVBl. Sb. III S. 5; wiedergegeben auch in Nds. StGH, Urteil vom 13. Juli 1972 - StGH 1/71 - bei juris Rn. 8 bis 11.

635 Nds. StGH, Urteil vom 13. Juli 1972 - StGH 1/71 - bei juris Rn. 1 und 55.

636 Die Zuständigkeit ist nach Nummer 2 Buchst. a des Beschlusses des Landesministeriums vom 30. August 1977 (Nds. MBl. S. 1209) am 1. September 1977 vom Kultusministerium auf das MWK übergegangen.

637 Siehe u. a. Landtagsdrucksache 16/2640, S. 1. - Die Klosterkammer verwaltet das Stift Ilfeld - mit zeitlichen Unterbrechungen (vgl. *A. Freiherr von Campenhausen*,

einhelliger Auffassung und Staatspraxis jeweils selbständige (rechtsfähige) Stiftungen des öffentlichen Rechts, die der Aufsicht des Landes Niedersachsen unterstehen.[638] Die Klosterkammer ist für die vier von ihr verwalteten Stiftungen jeweils das einzige Stiftungsorgan,[639] also sowohl staatliche Behörde der unmittelbaren Landesverwaltung als auch jeweils Stiftungsorgan der vier Stiftungen.

Das von der Klosterkammer mit ihren etwa 135 Beschäftigten betreute Stiftungsvermögen besteht heute hauptsächlich aus rund 40 000 Hektar Grundbesitz mit Landwirtschafts- und Forstflächen, Kiesgruben sowie Naturschutz- und Freizeitflächen. Zu drei Vierteln finanziert sich die Klosterkammer aus den Erträgen von annähernd 16 000 Erbbaurechtsgrundstücken. Darüber hinaus gehören zur Kammer etwa 800, zumeist unter Denkmalschutz stehende Gebäude, darunter die Calenberger Frauenklöster Barsinghausen, Mariensee, Marienwerder, Wennigsen und Wülfinghausen. Auch etwa 10 000 Kunstwerke gehören

---

S. 108) - seit 1823, den Hospitalfonds St. Benedikti in Lüneburg seit 1850 und den Domstrukturfonds Verden seit 1893 (*H.-C. Biallas*, S. 68; siehe auch *A. Stalmann*, S. 16).

638 So die Auffassung des Landtages (u. a. Landtagsdrucksachen 16/5387 und 16/2640, S. 1), der Landesregierung (u. a. Landtagsdrucksache 16/3036, S. 2), der Klosterkammer (u. a. Vorlage 1 zu Landtagsdrucksache 16/3919, dort S. 1 ff. der Stellungnahme vom 6. Januar 2012) und der profund.GmbH (Gutachten „Vergabe und Gestaltung von Erbbaurechten durch die Klosterkammer Hannover" vom 7. Februar 2011 [Veröffentlichung nicht bekannt], S. 2). Siehe ferner die Darstellung in *BDS*, Verzeichnis, S. 156, 721 f., 1532 und 2646 f. Speziell zum AHK siehe außerdem Landesrechnungshof (Landtagsdrucksache 14/1590, S. 76), *A. Stalmann*, S. 13; *A. Freiherr von Campenhausen*, S. 37; *E. Sperling*, S. 727; *A. Franitza*, S. 90; *W. Weber*, Rechtsgutachten, S. 1. In der Rechtsprechung ist die Frage nach der Rechtsnatur des AHK allerdings bislang (jeweils mangels Entscheidungserheblichkeit) offen gelassen worden (Nds. StGH, Urteil vom 13. Juli 1972 - StGH 1/71 - bei juris Rn. 57; ebenso Nds. OVG, Urteil vom 14. September 1993 - 1 L 334/91 - bei juris Rn. 23). Das Preußische Oberverwaltungsgericht hatte aber mit Urteil vom 27. Mai 1910 - VIII. C. 165/09 - (PrOVGE 57, 226) ausdrücklich festgestellt, dass der AHK „eine mit selbständiger juristischer Persönlichkeit versehene milde Stiftung [bildet], deren rechtliche Vertretung von der Klosterkammer in Hannover geführt wird" (a. a. O. [227 - letzter Leitsatz - und 234 ff.]). Speziell zur Stiftungseigenschaft des Hospitalfonds St. Benedikti in Lüneburg *A. Freiherr von Campenhausen/C. Stumpf*, in: von Campenhausen/Richter (Hrsg.), Stiftungsrechts-Handbuch, § 1 Rn. 1 m. w. N.

639 *BDS*, Verzeichnis, ebenda; Klosterkammer in Vorlage 1 zu Landtagsdrucksache 16/3919, dort S. 1 ff. der Stellungnahme vom 6. Januar 2012; speziell für den AHK *A. Stalmann*, S. 14.

zum Besitz.[640] Nach Auskunft des MWK betragen die Einnahmen und Ausgaben der Klosterkammer laut Wirtschaftsplan 26 Millionen Euro. In dieser Summe nicht enthalten sind allerdings die Umsätze der der Klosterkammer zugeordneten Landesbetriebe. Diese hinzugerechnet ergibt sich ein Gesamtumsatz von 44,3 Millionen Euro zum Abschluss des Jahres 2014. Rechnet man außerdem die Einnahmen aus Verpachtungen hinzu, so ergibt sich ein Gesamtumsatz von 55 Millionen Euro als sog. Konzernabschluss für das Jahr 2015.[641]

Die Organisationsstruktur der Klosterkammer war bei ihrer Gründung im Jahr 1818 kollegial[642] und ist seit 1938 monokratisch,[643] d. h. sie wird allein von einer Präsidentin oder einem Präsidenten geleitet. Das MWK hat allerdings durch Erlass vom 3. Dezember 2012 mit Wirkung vom 1. Januar 2013 bei der Klosterkammer ein „Kuratorium" eingerichtet, das aber (bisher) nur beratende und unterstützende Aufgaben und keine Entscheidungs- oder Weisungsbefugnisse hat.[644]

Die Präsidentin oder der Präsident der Klosterkammer und seine Stellvertreterin oder sein Stellvertreter – die Kammerdirektorin oder der Kammerdirektor – sind jeweils Beamtinnen oder Beamte des Landes.[645] Auch für das übrige Personal der Klosterkammer ist Dienstherr bzw. Arbeitgeber das Land Niedersachsen. Die vier Stiftungen haben praktisch kein eigenes Personal.[646]

---

640 Informationen aus Wikipedia, abgerufen am 5. Juni 2017.

641 Unterrichtung der Landesregierung in der 62. Sitzung des Ausschusses für Wissenschaft und Kultur des Niedersächsischen Landtages am 8. August 2016 (Niederschrift, S. 19).

642 *A. Freiherr von Campenhausen*, S. 27.

643 Landesrechnungshof (Landtagsdrucksache 14/1590, S. 77).

644 Bekanntmachung des MWK vom 3. Dezember 2012 (Nds. MBl. S. 1250). – Der aktuelle Organisationsplan der Klosterkammer ist im Internet unter www.klosterkammer.de/ueber-die-klosterkammer/service/organisationsplan/?L=0 veröffentlicht.

645 Siehe Besoldungsgruppen B 2 und B 5 in Anlage 2 zum Niedersächsischen Besoldungsgesetz.

646 Ausgenommen wohl der AHK, der nach Angaben des MWK selbst Arbeitgeber von 15 Personen ist (Unterrichtung der Landesregierung in der 62. Sitzung des Ausschusses für Wissenschaft und Kultur des Niedersächsischen Landtages am 8. August 2016, Niederschrift, S. 19).

Das MWK führt die *Dienstaufsicht* über die Klosterkammer[647] und eine *Stiftungsaufsicht* im Sinne einer *Rechts*aufsicht[648] über den AHK[649] und die anderen drei von der Klosterkammer verwalteten Stiftungen. Ferner führt das ML die *Fachaufsicht* über die Klosterkammer hinsichtlich der Verwaltung des landwirtschaftlich genutzten Grundbesitzes des AHK[650] und den der Klosterkammer als Dienststelle nachgeordneten Klosterkammerforstbetrieb.[651] Die Fachaufsicht erstreckt sich auf die *Recht- und Zweckmäßigkeit* des betreffenden Handelns.[652] Des Weiteren werden die vier Stiftungen *vom Landesrechnungshof geprüft.*[653]

---

647 Vgl. Nds. StGH, Urteil vom 13. Juli 1972 - StGH 1/71 - bei juris Rn. 1. Zum Begriff der Dienstaufsicht vgl. im Übrigen § 9 des Niedersächsischen Justizgesetzes. Danach erstreckt sich die Dienstaufsicht, „soweit durch Rechtsvorschrift nichts anderes bestimmt ist, auf die Einrichtung, die innere Ordnung, die allgemeine Geschäftsführung und die Personalangelegenheiten der ... Behörden" (ähnlich § 15 Abs. 1 des schleswig-holsteinischen Landesverwaltungsgesetzes und § 12 Abs. 1 des nordrhein-westfälischen Landesorganisationsgesetzes).

648 Vgl. die Antwort des MWK auf eine parlamentarische Anfrage auf S. 8054 f. des Stenografischen Berichts über die 81. Plenarsitzung des Landtages der 14. Wahlperiode am 15. Juni 2001 (Anlage 27); zur Stiftungsaufsicht über Stiftungen des bürgerlichen Rechts vgl. § 10 Abs. 1 Satz 1 NStiftG.

649 Zur Rechtsstellung der Klosterkammer siehe insoweit auch Nds. OVG, Urteil vom 14. September 1993 - 1 L 334/91 - bei juris Rn. 22 f., m. w. N.).

650 Gemeinsamer Runderlass des ML und des MWK vom 7. August 2001 (Nds. MBl. S. 711).

651 Gemeinsamer Runderlass des ML und des MWK vom 3. April 1998 (Nds. MBl. S. 880), zuletzt geändert durch Verwaltungsvorschrift vom 20. Oktober 2004 (Nds. MBl. S. 33, dort Nummer 2).

652 Vgl. § 170 Abs. 1 Satz 2, 2. Alt. NKomVG. Zur Fachaufsicht im Übrigen kritisch *A. Freiherr von Campenhausen*, S. 44 („trotz rechtlicher Bedenken"), aber ohne nähere Begründung.

653 § 111 Abs. 1 Satz 1 Nds. LHO. Speziell zum AHK siehe Landtagsdrucksache 14/1590, S. 76 ff. Siehe auch Landtagsdrucksache I/1995, dort Nummer 1, und den diesbezüglichen Beschluss des Niedersächsischen Landtages vom 4. April 1950 (Stenographischer Bericht über die 89. Sitzung des Niedersächsischen Landtages der Ersten Wahlperiode am 4. April 1950, Spalte 4987 f.). Vgl. auch *W. Kluth*, in: Wolff/ Bachof/ Stober/Kluth, Verwaltungsrecht II, 7. Aufl., § 87 Rn. 42, der insoweit von einer „*Finanzaufsicht*" spricht. – Schon diese vielfältigen Aufsichtsformen zeigen, dass die von *L. Hagebölling* im Hinblick auf die Stiftung Braunschweigischer Kulturbesitz (die auch eine Stiftung des öffentlichen Rechts ist) behauptete *verfassungsrechtliche Notwendigkeit* einer Beschränkung der staatlichen Aufsicht auf eine Rechtsaufsicht (Stiftung Braunschweigischer Kulturbesitz, S. 170) fragwürdig ist. Bei näherem Hinsehen erweist sich denn auch, dass die von *L. Hagebölling* (ebenda, Fn. 73) in Anspruch genommene Entscheidung des Bundesverwaltungsgerichts (BVerwGE

## II. Rechtspolitische Diskussion: Beherrschung durch den Staat oder Autonomie der Stiftung?

Angesichts der dargestellten Verflechtungen stellt sich unmittelbar die Frage, inwieweit die vier von der Klosterkammer verwalteten Stiftungen in ihrer Eigenschaft als Stiftungen des öffentlichen Rechts über eine „Autonomie“ verfügen, wie sie Stiftungen des bürgerlichen Rechts eigen ist,[654] oder vom Land Niedersachsen beherrscht werden (sollen).[655]

In diesem Zusammenhang hat der Niedersächsische Landesrechnungshof nach seiner Prüfung des AHK im Jahr 2000 u. a. Folgendes festgestellt:

„*Entscheidungsstrukturen bei der Förderpraxis und fehlende Überwachung*

*Da der AHK allein durch die Klosterkammer verwaltet und vertreten wird, mangelt es hier an einem sonst bei Stiftungen üblichen aus mehreren Personen bestehenden Stiftungsvorstand. Die Klosterkammer, die bis 1938 noch nach dem Kollegialprinzip geführt wurde, ist wiederum monokratisch organisiert. Daher trifft letztlich allein die Präsidentin oder der Präsident auch die Entscheidungen, in welcher Höhe Mittel für stiftungsmäßige Zwecke eingesetzt und für welche einzelnen Maßnahmen diese Mittel verwendet werden. Die Präsidentin oder der Präsident wird auch nicht – wie bei anderen Stiftungen üblich – durch einen Stiftungsrat, ein Kuratorium oder einen Beirat beraten oder kontrolliert.*

*Das Ministerium für Wissenschaft und Kultur als Stiftungsaufsichtsbehörde nahm zwar die für juristische Personen des öffentlichen Rechts haushaltsrechtlich vorgesehenen Funktionen wie die Genehmigung der Haushaltspläne einschließlich der über- und außerplanmäßigen Ausgaben und die Prüfung der Jahresabschlüsse wahr, ließ sich im Rahmen der Stiftungsaufsicht jedoch lediglich sporadisch eine Liste der Zuwendungsempfänger vorlegen. Einen jährlichen Bericht über die Erfüllung des Stiftungszwecks hat es nicht angefordert. Dies wäre aber geboten gewesen; denn nicht nur bei privatrechtlichen Stiftungen wird ein jährlicher Bericht über die Erfüllung des*

---

40, 347) zu einer Stiftung des bürgerlichen Rechts ergangen ist, bei der das Gericht die Beschränkung auf eine staatliche Rechtsaufsicht aus den einer solchen Stiftung nach Artikel 19 Abs. 3 GG zustehenden Grundrechten hergeleitet hat. Diese Argumentation trägt indes offenkundig nicht für eine Stiftung des öffentlichen Rechts, die ja eben gerade (grundsätzlich) nicht grundrechtsfähig ist.

654 Zum Begriff der „Stiftungsautonomie“ siehe insbesondere die Ausführungen von *K. Muscheler*.

655 Vgl. allgemein zum Problem der Aufsicht bei Behörden als Stiftungsorganen *H. Hof*, in: von Campenhausen/Richter (Hrsg.), Stiftungsrechts-Handbuch, § 8 Rn. 18 (zu Stiftungen des bürgerlichen Rechts) sowie *A. Freiherr von Campenhausen/C. Stumpf*, in: von Campenhausen/ Richter (Hrsg.), Stiftungsrechts-Handbuch, § 21 Rn. 2 f. (zu Stiftungen des öffentlichen Rechts).

*Stiftungszwecks gefordert, sondern eine regelmäßige Unterrichtungspflicht ergibt sich auch aus dem weiterhin anzuwendenden § 79 Abs. 3 des Landesverfassungsgesetzes für das Königreich Hannover vom 6.8.1840. Nach dieser Vorschrift soll den ‚allgemeinen Ständen ... im Anfange eines jeden Landtages eine Übersicht der daraus (d. h. aus dem Vermögen) Statt gehabten Verwendungen ... zur Nachricht mitgeteilt werden'.*

*Die Klosterkammer als Organ des AHK war damit über viele Jahre weitgehend ohne Kontrolle bei der Verwendung der Mittel für stiftungsmäßige Zwecke. Bei einer Stiftung von der Größenordnung des AHK und insbesondere bei der gegebenen monokratischen Entscheidungsstruktur, die zudem nicht über eigene Kontroll- und/oder Beratungsorgane verfügte, hätte sich eine in verstärktem Umfang wahrzunehmende Stiftungsaufsicht geradezu aufgedrängt. Dem Ministerium für Wissenschaft und Kultur sind daher die nachfolgend dargestellte mangelnde Ausschöpfung der Fördermöglichkeiten und die Fehlentwicklungen bei der Förderung verborgen geblieben, oder es hat darauf nicht angemessen reagiert.*"[656]

Gleichwohl erklärte das MWK rund ein Jahr später gegenüber dem Niedersächsischen Landtag:

*„Der Allgemeine Hannoversche Klosterfonds (AHK) ist eine Stiftung des öffentlichen Rechts, deren Vermögen allein von der hierzu bestellten Klosterkammer Hannover verwaltet wird (§ 79 Abs. 1 und 2 des Landesverfassungsgesetzes für das Königreich Hannover vom 6. August 1840). Das Ministerium für Wissenschaft und Kultur (MWK) übt über die Klosterkammer als Stiftungsverwaltung eine Rechtsaufsicht aus; deshalb besteht zum Einschreiten durch Weisung nur Anlass und Möglichkeit, wenn Verstöße gegen die Rechtsordnung oder gegen die Grundsätze der Wirtschaftlichkeit oder Ordnungsmäßigkeit der Verwaltung bekannt werden. Die Stiftung hat ihren Grundbesitz innerhalb der gesetzlich bestimmten Grenzen ausschließlich nach eigenen Interessengesichtspunkten zu bewirtschaften und hat dabei zur Wahrung der nachhaltigen Ertragskraft für die zweckmäßige Erhaltung der Vermögenssubstanz zu sorgen. Hierauf hatte der Niedersächsische Staatsgerichtshof im Urteil vom 13. Juli 1972 (Nds. MBl. S. 1101 ff) ausdrücklich hingewiesen. Soweit gesetzliche Bestimmungen nicht verletzt werden, können Maßnahmen der Stiftungsverwaltung nicht beanstandet werden. Vielmehr sind Stiftungsverwaltung und Stiftungsaufsicht aufgerufen, primär das Stiftungsvermögen zu erhalten und so einzusetzen, dass ein möglichst hoher Ertrag nachhaltig erzielt werden kann. Eine andere Auffassung würde Aufgaben, Umfang und Grenzen der Stiftungsaufsicht verkennen.*"[657]

Diese Aussagen stammen zwar aus dem Jahr 2001. Es ist jedoch nicht ersichtlich, dass sich an der Auffassung des MWK insoweit etwas geändert haben könnte.

656 Landtagsdrucksache 14/1590, S. 77 ff. (78).

657 Antwort des MWK auf eine parlamentarische Anfrage auf S. 8054 f. des Stenografischen Berichts über die 81. Plenarsitzung des Landtages der 14. Wahlperiode am 15. Juni 2001 (Anlage 27).

In Folge der vom Landesrechnungshof angestoßenen Diskussion gab es dann mehrere parlamentarische Initiativen zur Änderung der Organisation der Klosterkammer.[658] Eine davon mündete darin, dass, wie bereits erwähnt, das MWK durch Erlass vom 3. Dezember 2012 mit Wirkung vom 1. Januar 2013 bei der Klosterkammer ein „Kuratorium" eingerichtet hat, das aber (bisher) nur beratende und unterstützende Aufgaben und keine Entscheidungs- oder Weisungsbefugnisse hat (s. o.).

Im Niedersächsischen Landtag der 17. Wahlperiode wurde nunmehr ein (weiterer) Anlauf unternommen, um die Organisation der Klosterkammer zu verändern. Dazu haben die Fraktion der SPD und die Fraktion Bündnis 90/Die Grünen einen Entschließungsantrag unter der Überschrift „Modernisierung der Klosterkammer" beim Landtag eingebracht.[659] Bei der Einbringung des Antrages im Plenum des Landtages erläuterte die Abgeordnete *Lesemann* (SPD) den Antrag u. a. wie folgt:

> *„Meine Damen, meine Herren, die Klosterkammer untersteht der Dienst- und Rechtsaufsicht des Ministeriums für Wissenschaft und Kultur. Aber ist eine Rechtsaufsicht ausreichend, und wer kontrolliert, ob die Sondervermögen dem ‚heimatlichen Interesse dienstbar' gemacht werden, wie es Artikel 72 unserer Landesverfassung erfordert? Wer stellt fest, dass die Verantwortung für das historische Gütererbe des Landes wahrgenommen wird, wie es der Staatsgerichtshof 1972 festgestellt hat?*
>
> *Nur der Rechtsaufsicht unterworfen und ohne jegliche Eigenkontrolle durch innere Organe wirkte sie ungestört. Was die Klosterkammer tut, mag gut und legal sein. Immerhin erwirtschaftet und verwaltet die Klosterkammer Erträge von 40 Millionen Euro jährlich.*
>
> *In der Verwaltung des AHK ist die Machtfülle des Präsidenten überbordend. Das mag der historischen Genese im Absolutismus geschuldet sein. Den Erfordernissen unserer Zeit hingegen entspricht ein System von checks and balances, das in der Demokratie ebenso grundlegend geworden ist wie in der Wirtschaft und eben auch bei Stiftungen. Dies fehlt dieser Stiftungsverwaltung. Es bedarf eines Systems interner gegenseitiger Kontrolle, einer Aufteilung der Entscheidungskompetenzen für das operative Geschäft und für die strategische Ausrichtung. Mit einem einfachen Beratungsgremium kommt man da nicht nach vorn."*[660]

658 Versuche, die Organisation der Klosterkammer zu „modernisieren", gab es allerdings auch schon sehr viel früher. Siehe dazu etwa noch einmal die Landtagsdrucksache I/1995, dort Nummer 1, und den diesbezüglichen Beschluss des Niedersächsischen Landtages vom 4. April 1950 (Stenographischer Bericht über die 89. Sitzung des Niedersächsischen Landtages der Ersten Wahlperiode am 4. April 1950, Spalte 4987 f.).

659 Landtagsdrucksache 17/5795.

660 Stenografischer Bericht über die 101. Sitzung des Niedersächsischen Landtages der 17. Wahlperiode am 10. Juni 2016, S. 10222 ff. (10223).

## III. Rechtliche Stellungnahme

### *1. Einleitung*

An der Diskussion zeigt sich, wie begrenzt die Steuerungsfunktion des Rechts ist, wenn es nicht geschrieben ist. Denn deswegen besteht offensichtlich weitgehende Unklarheit über den rechtlichen Rahmen, in dem sich Entscheidungen über die Organisation der Klosterkammer zu bewegen haben. Dazu sollen und können aber auch hier nur einige kurze Anmerkungen gemacht werden.

### *2. Rechtsstellung der Klosterkammer und der vier Stiftungen*

Wie bereits dargelegt, ist immerhin dem Grunde nach allgemein anerkannt, dass die vier von der Klosterkammer verwalteten Vermögen selbständige und rechtsfähige Stiftungen des öffentlichen Rechts und die Klosterkammer eine Behörde der unmittelbaren Landesverwaltung sowie zugleich jeweils einziges Stiftungsorgan der vier Stiftungen sind. Da dies auch mit der ständigen Staatspraxis übereinstimmt, kann man insoweit zumindest dem Grunde nach von Gewohnheitsrecht sprechen,[661] ohne dass damit allerdings abschließend geklärt wäre, welchen konkreten Inhalt dieses Gewohnheitsrecht hat.

### *3. Rechtsgrundlage für Änderungen der Organisationsstruktur der Klosterkammer*

Da die Klosterkammer sowohl in ihrer Eigenschaft als der Landesregierung nachgeordnete Behörde (Artikel 56 Abs. 1 NV) als auch in ihrer Eigenschaft als jeweiliges Stiftungsorgan von vier Stiftungen des öffentlichen Rechts begriffsnotwendig in die öffentliche Verwaltung eingegliedert ist, unterliegt sie der diesbezüglichen *Organisationsgewalt.*[662]

---

661 Dementsprechend betreffen die Bestrebungen, die Organisation der Klosterkammer zu ändern, zwar sowohl den organisatorischen Aufbau einer Landesbehörde als auch die jeweilige Stiftungsverfassung. Die Schaffung weiterer Organe oder Gremien innerhalb der Klosterkammer würde jedoch nicht dazu führen, dass eine neue „Behörde" entsteht. Vgl. zum Begriff der Behörde gerade in Bezug auf eine Stiftung des öffentlichen Rechts BVerfGE 10, 20 (48), bei juris Rn. 134. Danach ist es nicht als Einrichtung verschiedener Behörden anzusehen, wenn innerhalb einer Stiftungsorganisation mehrere Organisationseinheiten mit selbständig wahrzunehmenden Entscheidungszuständigkeiten gebildet werden.

662 Vgl. BVerfGE 15, 46 (70), bei juris Rn. 68.

### 4. *Zuständigkeit für die Ausübung der Organisationsgewalt*

Zuständig für die Ausübung der Organisationsgewalt in Bezug auf die öffentliche Verwaltung des Landes, zu der sowohl die Klosterkammer (in ihrer Eigenschaft als Landesbehörde und damit als Teil der sog. unmittelbaren Staatsverwaltung[663]) als auch die vier von der Klosterkammer verwalteten Stiftungen des öffentlichen Rechts (jeweils als Teil der sog. mittelbaren Staatsverwaltung, einschließlich der Klosterkammer in ihrer Eigenschaft als jeweiliges Stiftungsorgan) gehören, ist, wie oben bereits näher dargestellt, das Land Niedersachsen (Verbandszuständigkeit) und innerhalb des Landes nach Artikel 38 Abs. 1 NV grundsätzlich die *Landesregierung*, die danach „über die Organisation der öffentlichen Verwaltung [beschließt], soweit nicht Gesetze die Organisation regeln" (Organzuständigkeit). Darüber hinaus kann die Ausübung der Organisationsgewalt, je nach dem Gegenstand der jeweiligen Maßnahme, verfassungsrechtlich teilweise sogar dem Gesetzgeber vorbehalten sein; insoweit *muss* ggf. der Gesetzgeber tätig werden, die Befugnis der Landesregierung ist in diesem Fall ausgeschlossen.[664] Soweit die Landesregierung danach für die Regelung der Organisation der öffentlichen Verwaltung zuständig ist, kann sie diese Befugnis nach Artikel 38 Abs. 3 NV auf einzelne Mitglieder der Landesregierung oder auf andere Stellen übertragen.[665]

### 5. *Rechtliche Bindungen bei der Ausübung der Organisationsgewalt*

#### a) *Einleitung*

Da die Ausübung der Organisationsgewalt ihrerseits „Ausübung von Staatsgewalt" im verfassungsrechtlichen Sinne ist, unterliegt sie rechtlichen Bindungen (Artikel 20 Abs. 3 GG, Artikel 2 Abs. 2 NV). Diese sind oben ausführlich behandelt und dargestellt worden. An dieser Stelle wird nur noch einmal auf einige im vorliegenden Zusammenhang besonders relevante Punkte eingegangen.

---

663 Nds. StGH, Urteil vom 13. Juli 1972 – StGH 1/71 – bei juris Rn. 1.

664 Insoweit etwas präziser Artikel 29 Abs. 1 VNV, der im Übrigen der heutigen Regelung in Artikel 38 Abs. 1 NV entspricht: „…, soweit nicht ein Gesetz erforderlich ist". Ganz genau müsste Artikel 38 Abs. 1 NV daher eigentlich lauten: „…, soweit nicht Gesetze die Organisation regeln oder ein Gesetz erforderlich ist". – Zum Meinungsstand hinsichtlich der Zuordnung der Organisationsgewalt im Allgemeinen siehe *W. Kluth*, in: Wolff/Bachof/Stober/Kluth, Verwaltungsrecht II, 7. Aufl., § 81 Rn. 20 ff.

665 Von dieser Übertragungsmöglichkeit hat sie aber gegenwärtig, wie dargelegt, keinen Gebrauch gemacht, sondern sich sämtliche Organisationsentscheidungen nach § 7 Nr. 13 GGO vorbehalten (vgl. allerdings die §§ 13 bis 15 GGO).

### b) *Keine Beschränkungen aus der Rechtsstellung der Klosterkammer als Stiftungsorgan*

Wichtig ist an dieser Stelle zu betonen, dass sich die Antwort auf die Frage, welche rechtlichen Anforderungen an Änderungen der Organisation der Klosterkammer zu stellen sind, keinesfalls aus dem Umstand ableiten lässt, dass die Klosterkammer Stiftungsorgan der vier von ihr verwalteten Stiftungen ist. Denn es gehört, wie dargelegt, ja gerade zum Wesen einer Stiftung *des öffentlichen Rechts*, dass sie organisatorisch in die öffentliche Verwaltung eingegliedert ist und dementsprechend auch hinsichtlich ihrer inneren Organisation der staatlichen Organisationsgewalt unterworfen ist. Der Einfluss des Stifters ist mithin *insoweit* begrenzt; er erstreckt sich im Wesentlichen auf die Festlegung des Zwecks, zu dem das Stiftungsvermögen nur verwendet werden darf.

Auch ergeben sich *keine* rechtlichen Anforderungen aus dem immer wieder vorgebrachten Argument, eine Stiftung sei wesensmäßig autonom oder unabhängig vom Staat oder genieße ein Selbstverwaltungsrecht. Wie bereits dargelegt, ist dies nämlich keineswegs wesensprägend für eine Stiftung *des öffentlichen Rechts*. Wie viel Autonomie oder Unabhängigkeit einer solchen Stiftung eingeräumt werden *soll*, ist grundsätzlich eine *rechtspolitische* Entscheidung desjenigen, der über die Organisation der Stiftung entscheidet, und richtet sich vor allem nach *Zweckmäßigkeits*erwägungen. Tendenziell besteht in rechtlicher Hinsicht aber sogar ein umso größerer Rechtfertigungsbedarf, je *mehr* Autonomie oder Unabhängigkeit der Stiftung eingeräumt werden soll. Denn die Beherrschung durch den Staat ist der Grundsatz, die Autonomie (Unabhängigkeit) gegenüber dem Staat die Ausnahme.

### c) *Beschränkungen aus § 79 Abs. 1 bis 4 HannLVerfG1840 und Artikel 72 Abs. 2 NV*

Rechtliche Beschränkungen für die Ausübung der Organisationsgewalt ergeben sich mithin hier nicht aus „dem Stiftungsrecht“, wohl aber zunächst aus § 79 Abs. 1 bis 4 HannLVerfG1840 und Artikel 72 Abs. 2 NV:

Nach § 79 Abs. 2 HannLVerfG1840 (s. o.) darf für die Verwaltung des Vermögens des AHK „allein“ eine „vom *Könige*“ (d. h. heute: von der Landesregierung) „dazu bestellte Behörde“ zuständig sein. Das bedeutet, dass für die Verwaltung des Vermögens des AHK nur *eine* Behörde zuständig sein darf und diese eine Behörde der *Organisationsgewalt der Landesregierung* unterliegen muss. Organisatorische Regelungen, die damit nicht vereinbar wären, bedürften schon deshalb einer Änderung des § 79 Abs. 2 HannLVerfG1840 durch formelles (Änderungs-) Gesetz.

Allerdings geht die rechtliche Bedeutung des § 79 Abs. 1 bis 4 HannLVerfG1840 über die einer bloßen einfachgesetzlichen Regelung hinaus. Denn nach der Rechtsprechung des Niedersächsischen Staatsgerichtshofs bringen die darin enthaltenen Bestimmungen zugleich den verfassungsrechtlich durch Artikel 56 Abs. 2 VNV (jetzt Artikel 72 Abs. 2 NV) geschützten Bestand des AHK zum Ausdruck. Daraus folgt, dass eine Änderung des § 79 Abs. 1 bis 4 HannLVerfG1840 durch „einfaches" Änderungsgesetz nur zulässig wäre, soweit Artikel 72 Abs. 2 NV eine Änderung des Bestandes des AHK zulässt; im Übrigen bedürfte es neben der bloßen Änderung des § 79 Abs. 1 bis 4 HannLVerfG1840 auch einer Änderung des Artikels 72 Abs. 2 NV durch verfassungsänderndes Gesetz (Artikel 46 NV).[666]

Im Übrigen hat der Niedersächsische Staatsgerichtshof zum Schutzbereich des Artikels 56 Abs. 2 VNV (jetzt Artikel 72 Abs. 2 NV) im Kern Folgendes ausgeführt:

> *„Der überkommene, dem heimatlichen Interesse dienende Aufgabenbereich des [AHK] erschöpft sich nicht darin, laufend möglichst hohe Überschüsse zu erwirtschaften und diese für die in § 79 Abs. 1 [HannLVerfG] 1840 genannten Zwecke zur Verfügung zu stellen. Daneben steht die Pflicht, zur Wahrung der nachhaltigen Ertragskraft für die zweckmäßige Erhaltung der Vermögenssubstanz zu sorgen, sowie die Verantwortung für das geschichtliche Gütererbe des früheren Landes Hannover, das in den von ihm betreuten Bau- und Kulturdenkmälern verkörpert wird (…). Diese überlieferte Aufgabenstellung bedingt es, [dass] der [AHK] von einer allein auf die speziellen Belange des [AHK] ausgerichteten Sonderbehörde verwaltet wird und [dass] die Verwaltung seines Vermögens unter Trennung von dem Bewirtschaftungserfolg der Landesforsten ausschließlich nach eigenen Interessengesichtspunkten erfolgt."*[667]

Diese Strukturmerkmale des AHK genießen mithin verfassungsrechtlichen Bestandsschutz, können also ohne Verfassungsänderung nicht geändert werden.

Darüber hinaus wird durch den vorstehend dargelegten verfassungsrechtlichen Bestandsschutz des AHK grundsätzlich nicht festgelegt, wie und durch wen *innerhalb* der für seine Verwaltung zuständigen Behörde, also der Klosterkammer, Entscheidungen getroffen werden müssen. Es dürfte vielmehr ausreichend, aber auch erforderlich sein, dass *das Land* einen maßgeblichen Einfluss auf die Entscheidungen behält.

---

666 Nds. StGH, Urteil vom 13. Juli 1972 – StGH 1/71 – bei juris Rn. 67.

667 Nds. StGH, Urteil vom 13. Juli 1972 – StGH 1/71 – bei juris Rn. 64 am Ende.

### *d) Beschränkungen aus allgemeinen Grundsätzen des Verwaltungsorganisationsrechts*

Die Organisation der Klosterkammer unterliegt außerdem den oben bereits ausführlich dargestellten allgemeinen Grundsätzen des Verwaltungsorganisationsrechts. Insbesondere zu beachten sind

- das *Demokratieprinzip*,
- der *Grundsatz der Verantwortungsklarheit*,
- der *Gewaltenteilungsgrundsatz* sowie
- der *allgemeine verfassungsrechtliche Parlamentsvorbehalt*.

Wegen der Einzelheiten wird jeweils auf die obige Darstellung verwiesen.

Aus diesen Grundsätzen lassen sich hier folgende Anforderungen ableiten:

- Die erforderliche *demokratische Legitimation* der von der Klosterkammer als Stiftungsorgan für die einzelnen Stiftungen getroffenen Entscheidungen kann in *personeller* Hinsicht z. B. dadurch erreicht werden, dass die Mitglieder von Gremien oder andere Amtsträger innerhalb der Klosterkammer (zumindest mehrheitlich) von der zuständigen Ministerin oder dem zuständigen Minister berufen und ggf. abberufen werden.[668]
- In *sachlich-inhaltlicher* Hinsicht dürften die schon bestehenden *Aufsichtsrechte* (s. o.) – jedenfalls bei wirksamer Ausübung[669] – ggf. in Verbindung mit einer personellen Legitimation der einzelnen Amtsträger (s. o.) ausreichen, um eine hinreichende demokratische Legitimation zu vermitteln.
- Der *Gewaltenteilungsgrundsatz* verbietet es, die Entscheidungsstrukturen innerhalb der Klosterkammer so zu gestalten, dass sie einem maßgeblichen Einfluss von Mitgliedern des Niedersächsischen Landtages unterworfen werden mit der Folge, dass die Klosterkammer nicht mehr als Organ der vollziehenden Gewalt angesehen werden könnte. Danach dürfte es verfassungswidrig

---

668 Vgl. Nummer 2.3 Satz 1 der Bekanntmachung des MWK vom 3. Dezember 2012 (Nds. MBl. S. 1250).

669 Vgl. BVerwGE 135, 286 (Rn. 43 ff.), bei juris Rn. 43 ff. Dort leitet das Gericht das Erfordernis einer wirkungsvollen (Rechts-)Aufsicht für den zu entscheidenden Fall zwar ausdrücklich aus Artikel 5 Abs. 3 Satz 1 GG ab. Letztlich ist jedoch allgemein anzunehmen, dass der Staat eine Verantwortung für die Tätigkeit der seiner Aufsicht unterstehenden juristischen Personen des öffentlichen Rechts hat, der er durch eine wirksame Ausübung der Aufsicht auch nachkommen muss.

sein, einem Gremium innerhalb der Klosterkammer wesentliche Entscheidungsbefugnisse einzuräumen, wenn die Mitglieder dieses Gremiums mehrheitlich auch Mitglieder des Landtages wären.

- Nach dem *allgemeinen verfassungsrechtlichen Parlamentsvorbehalt* dürfte ein Gesetz erforderlich sein, soweit die *parlamentarische Kontrolle* der Klosterkammer *eingeschränkt oder ausgeschlossen* werden sollte, beispielsweise indem es dem für die Klosterkammer und die vier von ihr verwalteten Stiftungen zuständigen Mitglied der Landesregierung durch Beschränkung oder Ausschluss von ministeriellen Aufsichts- oder Weisungsrechten erschwert oder unmöglich gemacht würde, seine parlamentarische Verantwortung gegenüber dem Landtag wahrzunehmen.[670] Dies wäre etwa der Fall, soweit die Klosterkammer oder ein bei ihr eingerichtetes Gremium *von einer ministeriellen Aufsicht freigestellt* würde.[671] Denn abgesehen davon, dass eine solche Organisationsstruktur nach der Rechtsprechung des Bundesverfassungsgerichts ohnehin nur zulässig wäre, soweit es nicht um Aufgaben von besonderer „politischer Tragweite" geht,[672] wiche eine solche Entscheidung jedenfalls so wesentlich von den in der Verfassung angelegten Entscheidungs- und Verantwortungsstrukturen ab, dass sie, soweit überhaupt zulässig, nicht der

670 Bemerkenswert ist in diesem Zusammenhang, dass es bisher eine „besondere gesetzliche Vorschrift" im Sinne von § 35 Satz 3 BeamtStG, die den Präsidenten der Klosterkammer oder andere bei der Klosterkammer beschäftigte Beamtinnen und Beamte des Landes von ihrer Weisungsgebundenheit nach § 35 Satz 2 BeamtStG entbinden würde, nicht gibt. Allerdings ist fraglich, woraus sich überhaupt ergeben sollte, dass es einen Vorgesetzten des Präsidenten der Klosterkammer, also jemanden, der dafür zuständig ist, ihm für seine dienstliche Tätigkeit Weisungen zu erteilen (§ 3 Abs. 3 NBG), gibt.

671 Derartige Organisationsstrukturen werden weithin unter der Bezeichnung „ministerialfreier Raum" diskutiert (vgl. z. B. BVerfGE 9, 268 [282], bei juris Rn. 64; BVerfGE 83, 130 [150], bei juris Rn. 64; *W. Kluth*, in: Wolff/Bachof/Stober/Kluth, Verwaltungsrecht II, 7. Aufl., § 81 Rn. 27; *M. Sachs*, in: Sachs [Hrsg.], GG, Artikel 20 Rn. 21 und Artikel 86 Rn. 41, jeweils m. w. N.). Dabei dürfte es aber nicht nur um die Beschränkung oder den Ausschluss *ministerieller* Aufsichts- oder Weisungsrechte gehen. Vielmehr kommt es letztlich wohl darauf an, ob die betreffende Entscheidung der – wie auch immer ausgestalteten – *parlamentarischen Kontrolle* entzogen wird, unabhängig davon, ob diese über die parlamentarische Verantwortung der Regierung und ihrer Mitglieder oder auf andere Weise gewährleistet wird (so *W. Krebs*, in: Isensee/Kirchhof (Hrsg.), Handbuch des Staatsrechts, Band V, § 108 Rn. 95 ff., m. w. N.).

672 BVerfG, jeweils ebenda.

vollziehenden Gewalt überlassen werden dürfte, sondern vom Parlament zu treffen wäre.[673]

### *e) Zusammenfassung*

Rechtliche Beschränkungen für die Ausübung der Organisationsgewalt in Bezug auf die Klosterkammer ergeben sich nicht schon allgemein deshalb, weil die Klosterkammer Stiftungsorgan von Stiftungen des öffentlichen Rechts ist, sondern zum einen aus spezifischem Verfassungsrecht (Artikel 72 Abs. 2 NV i. V. m. § 79 Abs. 1 bis 4 HannLVerfG1840) sowie zum anderen aus allgemeinen Grundsätzen des Verwaltungsorganisationsrechts. Danach ist es erforderlich, die Klosterkammer in ihrer Eigenschaft als für die Verwaltung des AHK allein zuständige Behörde zu erhalten. Außerdem muss (weiterhin) eine hinreichende demokratische Legitimation der von der Klosterkammer als Stiftungsorgan der vier von ihr verwalteten Stiftungen zu treffenden Entscheidungen gewährleistet werden. Ferner müssen die Verantwortlichkeiten insbesondere zwischen Landesregierung und Landtag klar verteilt und der Gewaltenteilungsgrundsatz beachtet werden. Schließlich wäre eine wesentliche Beschneidung der bestehenden Aufsichtsrechte allenfalls durch Gesetz zulässig.

### *6. Zusammenfassung*

Es zeigt sich einmal mehr, dass das Recht, wenn es nicht geschrieben ist, seine ihm zugedachte Steuerungsfunktion nur begrenzt erfüllen kann. Gleichwohl lässt sich der rechtliche Rahmen, in dem sich organisatorische Entscheidungen in Bezug auf die Klosterkammer und die vier von ihr verwalteten Stiftungen bewegen müssen, anhand allgemeiner Regelungen einigermaßen sicher abstecken.

## IV. Zusammenfassung

Im Übrigen bleibt es dabei: Wie viel Beherrschung der Stiftung durch den Staat respektive wie viel Autonomie der Stiftung gegenüber dem Staat sein *soll*, ist, bei Beachtung eines äußeren rechtlichen Rahmens, im Wesentlichen eine Frage der Zweckmäßigkeit, nicht des Rechts.

---

673 Herrschende Meinung, so z. B. *W. Kluth*, in: Wolff/Bachof/Stober/Kluth, Verwaltungsrecht II, 7. Aufl., § 81 Rn. 27 m. w. N.

# D. Stiftung Technische Informationsbibliothek (TIB)[674]

## I. Einleitung

Die Technische Informationsbibliothek (TIB) in Hannover ist heute die weltweit größte Spezialbibliothek für Technik und Naturwissenschaften. Ihr Bestand umfasste zum Ende des Jahres 2015 rund 9 Millionen sog. Medieneinheiten.[675] Die TIB wurde im Jahr 1959 als nicht rechtsfähige Anstalt des Landes Niedersachsen an der Universität Hannover gegründet und seit 2003 als rechtlich unselbständiger Landesbetrieb nach § 26 Nds. LHO geführt. Sie ist Mitglied der WGL. Als solches wurde sie mehrfach von der WGL evaluiert. Die WGL empfahl danach wiederholt, die TIB in eine selbständige und rechtsfähige Stiftung des öffentlichen Rechts unter der Aufsicht des Landes Niedersachsen umzuwandeln. Dieser Empfehlung kam das Land nach und überführte die TIB durch das Gesetz über die Stiftung „Technische Informationsbibliothek (TIB)" vom 14. Juli 2015 (TIB-G)[676] in die Rechtsform einer Stiftung des öffentlichen Rechts.[677]

Die TIB finanziert die Erfüllung ihrer Aufgaben nach § 5 Abs. 1 Nr. 1 und Abs. 3 Sätze 1 und 2 TIB-G zu einem erheblichen Teil aus Zuwendungen des Bundes und der Länder im Rahmen der gemeinsamen Förderung von Wissenschaft, Forschung und Lehre nach Artikel 91 b Abs. 1 Satz 1 GG.

§ 7 Abs. 1, 2 und 4 TIB-G lautet:

*„§ 7*
*Stiftungsrat*

*(1) [1]Der Stiftungsrat besteht aus sieben stimmberechtigten Mitgliedern, von denen mindestens drei Frauen sein sollen. [2]Mitglieder sind*

*1. eine Vertreterin oder ein Vertreter des Fachministeriums als Vorsitzende oder Vorsitzender,*

674 Die nachfolgendenden Ausführungen zur TIB beruhen in größeren Teilen auf meiner Befassung mit dem Thema als ständiger juristischer Referent im Gesetzgebungs- und Beratungsdienst beim Niedersächsischen Landtag. Siehe dazu die Vorlage 3 zu Landtagsdrucksache 17/3304.

675 Information nach Wikipedia, abgerufen am 5. Juni 2017. Siehe außerdem die Beschreibung bei der Leibniz-Gemeinschaft im Internet unter www.leibniz-gemeinschaft.de/institute-museen/einrichtungen/tib/

676 Nds. GVBl. S. 151, zuletzt geändert durch Artikel 13 des Gesetzes vom 20. Dezember 2016 (Nds. GVBl. S. 308).

677 Vgl. insgesamt auch den Gesetzentwurf in der Landtagsdrucksache 17/3304 und die dortige Begründung (S. 8 ff.).

*2. eine Vertreterin oder ein Vertreter des für Forschung zuständigen Bundesministeriums,*
*3. eine Vertreterin oder ein Vertreter der Universität Hannover und*
*4. vier weitere Personen.*

*[3]Die Mitglieder nach Satz 2 Nr. 4 bestellt das Fachministerium im Einvernehmen mit dem für Forschung zuständigen Bundesministerium für die Dauer von vier Jahren; Wiederberufung ist zulässig. [4]Das Fachministerium kann Mitglieder nach Satz 2 Nr. 4 im Einvernehmen mit dem für Forschung zuständigen Bundesministerium aus wichtigem Grund abberufen.*

*(2) (...)*

*(3) [1]Der Stiftungsrat beschließt über Angelegenheiten von grundsätzlicher Bedeutung, insbesondere über den Erlass und die Änderung der Satzung sowie den Erlass, die Änderung und die Aufhebung von Ordnungen der Stiftung. [2]Der Stiftungsrat überwacht die Tätigkeit der Direktorin oder des Direktors. [3]Das Nähere regelt die Satzung.*

*(4) [1]Der Stiftungsrat beschließt mit der Mehrheit der Stimmen seiner Mitglieder, soweit nicht durch dieses Gesetz oder die Satzung etwas anderes bestimmt ist. [2]Beschlüsse des Stiftungsrates zum Erlass der Satzung und zu ihrer Änderung bedürfen der Mehrheit von zwei Dritteln der Stimmen der Mitglieder des Stiftungsrates. [3]Beschlüsse über Angelegenheiten von forschungs- und wissenschaftspolitischer Bedeutung und Beschlüsse über Angelegenheiten mit erheblichen finanziellen Auswirkungen können nur mit den Stimmen der Mitglieder nach Absatz 1 Satz 2 Nrn. 1 und 2 gefasst werden. [4]Beschlüsse in Bezug auf das Leitungspersonal der Stiftung können nur mit den Stimmen der Mitglieder nach Absatz 1 Satz 2 Nrn. 1 bis 3 gefasst werden. [5]Beschlüsse in Bezug auf den Aufgabenbereich nach § 2 Abs. 3 können nur mit den Stimmen der Mitglieder nach Absatz 1 Satz 2 Nrn. 1 und 3 gefasst werden."*

Danach hat der Stiftungsrat einerseits erhebliche Entscheidungskompetenzen innerhalb der Stiftung (Absatz 3). Andererseits führt aber zum einen das Erfordernis des Einvernehmens mit dem Bund nach Absatz 1 Sätze 2 und 3 dazu, dass zusammen mit dem vom Bund direkt entsandten Mitglied nach Absatz 1 Satz 2 insgesamt fünf der sieben stimmberechtigten Mitglieder (mithin mehr als zwei Drittel der Mitglieder) des Stiftungsrates von einer Zustimmung des Bundes abhängig sind. Dadurch erhält der Bund nicht nur ein ganz wesentliches Mitentscheidungsrecht bei der personellen Besetzung des Stiftungsrates. Vielmehr hat er zumindest mittelbar auch einen wesentlichen Einfluss auf die Abstimmungen im Stiftungsrat und damit auf Sachentscheidungen der Stiftung. Zum anderen hat der Bund nach Absatz 4 Sätze 3 und 4 bei grundlegenden Entscheidungen der Stiftung sogar ein Vetorecht.

## II. Einfluss des Bundes auf die Betätigung von Einrichtungen der Länder?

Fraglich ist, ob derart starke Mitentscheidungsrechte des Bundes in einer Einrichtung des Landes verfassungsrechtlich zulässig sind.

### *1. Zuweisung der Kompetenz*

Die Kompetenz zum Erlass des TIB-G und die Kompetenz zu seiner verwaltungsmäßigen Ausführung liegen nach den Artikeln 30 und 70 Abs. 1 GG ausschließlich beim Land. Dementsprechend war die TIB bisher auch eine ausschließlich dem Land zuzurechnende Einrichtung (eine unselbständige Anstalt des Landes bei der Universität Hannover und ein Landesbetrieb nach § 26 Nds. LHO). Die rechtliche Verselbständigung der TIB in Form einer Stiftung des öffentlichen Rechts unter der Aufsicht des Landes ändert an der kompetenzrechtlichen Einordnung nichts. Die TIB wird lediglich aus der unmittelbaren in die mittelbare Landesverwaltung überführt.

### *2. Grundsätze der Kompetenzordnung*

Ist das Land nach der Kompetenzordnung des Grundgesetzes aber für die Erfüllung einer staatlichen Aufgabe zuständig, so sind die oben ausführlich dargelegten, aus dem Rechtsstaats-, dem Demokratie- und dem Bundesstaatsprinzip abzuleitenden Grundsätze der Kompetenzordnung (Grundsatz der Unverfügbarkeit der Kompetenz, Grundsatz der Verantwortungsklarheit und Grundsatz der eigenverantwortlichen Aufgabenwahrnehmung) zu beachten. Wegen der Einzelheiten wird hier auf die obigen Ausführungen verwiesen. Zusammengefasst ergibt sich aus diesen Grundsätzen, dass Bund und Land nicht über die ihnen jeweils zugewiesenen Kompetenzen verfügen dürfen, dass die betreffenden Verwaltungszuständigkeiten so geordnet sein müssen, dass klar erkennbar ist, wer für welche Entscheidungen verantwortlich ist, und dass das Land seine Kompetenz eigenverantwortlich so wahrnehmen muss, dass es hinreichend nach eigenen Vorstellungen auf die Aufgabenerfüllung einwirken kann. Das Zusammenwirken von Bund und Land in einer Einrichtung in Form einer sog. Mischverwaltung verstößt, wie dargelegt, regelmäßig gegen diese Grundsätze, sofern ein solches Zusammenwirken nicht ausnahmsweise – wie z. B. in Artikel 91 e GG – ausdrücklich verfassungsrechtlich vorgesehen sein sollte.

Entsprechende Ausnahmen für das Zusammenwirken von Bund und Ländern in Einrichtungen der Forschung oder der wissenschaftlichen Infrastruktur – wie der TIB – bestehen aber nicht. Vielmehr ist die Ermächtigung zum

Zusammenwirken von Bund und Ländern nach Artikel 91 b GG auf die *Förderung* von Wissenschaft, Forschung und Lehre beschränkt. Diese Ermächtigung beinhaltet aber keine Befugnis des Bundes, unmittelbar selbst auf die Entscheidungen der zu fördernden Einrichtungen Einfluss zu nehmen oder sich sogar an solchen Einrichtungen im Kompetenzbereich der Länder zu beteiligen. Eine Verwaltungskompetenz des Bundes ergibt sich außerdem auch nicht aus Artikel 87 Abs. 3 GG, wonach dem Bund Verwaltungskompetenzen zustehen können, soweit er eine entsprechende Gesetzgebungskompetenz hat, weil die Gesetzgebungskompetenz des Bundes nach Artikel 74 Abs. 1 Nr. 13, 2. Fall GG wiederum nur die *Förderung* der wissenschaftlichen Forschung (nicht aber ihre Durchführung) umfasst.[678]

### *3. Ausnahmen?*

Danach könnte man zu einer verfassungsrechtlichen Zulässigkeit der vorgesehenen Mitentscheidungsrechte des Bundes nur gelangen, wenn hier eine in der Rechtsprechung des Bundesverfassungsgerichts anerkannte Ausnahme vom Grundsatz der eigenverantwortlichen Aufgabenwahrnehmung anzunehmen wäre. Nach dieser Rechtsprechung kann, wie dargelegt, auch ohne ausdrückliche verfassungsrechtliche Ermächtigung vom Grundsatz der eigenverantwortlichen Aufgabenwahrnehmung abgewichen werden, wenn (1.) eine „eng umgrenzte Verwaltungsmaterie" betroffen ist und (2.) ein besonderer sachlicher Grund für die Abweichung besteht.[679] Die erste Voraussetzung mag hier zu bejahen sein. Das Vorliegen der zweiten Voraussetzung muss allerdings schon deshalb verneint werden, weil die TIB bisher als alleinige Einrichtung des Landes ohne Mitentscheidungsrechte des Bundes betrieben wurde und kein sachlicher Grund für die Einräumung von Mitentscheidungsrechten des Bundes erkennbar ist (abgesehen von einem Bedürfnis des Bundes, in den maßgeblich auch von ihm finanziell geförderten Einrichtungen Einfluss auszuüben).

Daher verbleibt es hier bei dem vom Bundesverfassungsgericht aufgestellten Grundsatz: „Eigenverantwortliche Aufgabenwahrnehmung setzt voraus, dass der jeweils zuständige Verwaltungsträger auf den Aufgabenvollzug hinreichend nach seinen eigenen Vorstellungen einwirken kann. Daran fehlt es in der Regel, wenn Entscheidungen über Organisation, Personal und Aufgabenerfüllung nur in Abstimmung mit einem anderen Träger getroffen werden können. Besteht …

678 Vgl. zu den Verwaltungskompetenzen des Bundes bei der Gewährung von Finanzhilfen auch BVerfGE 127, 165 (192 ff.), bei juris Rn. 82 ff.

679 BVerfGE 119, 331 (367), bei juris Rn. 159 f., m. w. N.

keine Letztentscheidungsmöglichkeit im Rahmen der Aufgabenwahrnehmung, kann keiner der beteiligten Verwaltungsträger seinen eigenen Aufgabenbereich eigenverantwortlich wahrnehmen."[680] Hiergegen verstoßen die Mitentscheidungsbefugnisse des Bundes innerhalb der TIB nach meiner Auffassung, zumal kein Konfliktlösungsmechanismus für den Fall einer etwaigen Blockade in Form eines Letztentscheidungsrechts des Landes vorgesehen ist.

Fraglich ist, ob sich an dieser Einschätzung etwas durch die Regelung in § 4 Abs. 2 AV-WGL ändern könnte. Diese Regelung lautet:

> *„(2) [1]Die GWK geht davon aus, dass in den Aufsichtsgremien der geförderten Einrichtungen das Sitzland vertreten ist und dem Bund das Recht eingeräumt wird, in diesen Aufsichtsgremien vertreten zu sein. [2]Wenn der Bund dieses Recht wahrnimmt, so steht ihm die gleiche Anzahl von Vertretern oder Stimmen wie dem Sitzland zu. [3]In begründeten Fällen, insbesondere bei Einrichtungen, die in erheblichem Umfange wissenschaftliche Infrastrukturaufgaben wahrnehmen, kann der Ausschuss die Entsendung weiterer Vertreter des Bundes und/oder der Länder in Aufsichtsgremien der geförderten Einrichtungen empfehlen. [4]Der Bund und das Sitzland werden darauf hinwirken, dass Beschlüsse in den Aufsichtsgremien der Einrichtungen zu Fragen von forschungs- und wissenschaftspolitischer Bedeutung, mit erheblichen finanziellen Auswirkungen oder in Bezug auf das Leitungspersonal der Einrichtungen nicht gegen die Stimme des Landes- oder des Bundesvertreters gefasst werden können."*

Es ist aber schon zweifelhaft, inwieweit eine solche „Ausführungsvereinbarung" überhaupt geeignet sein kann, die dargelegten, verfassungsrechtlich begründeten Grundsätze der Kompetenzordnung außer Kraft zu setzen.

Dies gilt umso mehr, wenn man sich ihre Grundlagen ansieht: Ausgangspunkt ist Artikel 91 b Abs. 1 Satz 1 GG. Danach können Bund und Länder „auf Grund von Vereinbarungen in Fällen überregionaler Bedeutung bei der Förderung von Wissenschaft, Forschung und Lehre zusammenwirken". Wie bereits dargelegt, ermächtigt dies nur dazu, bei der *Förderung* von Wissenschaft, Forschung und Lehre, nicht aber auch bei der *inhaltlichen Gestaltung* von Wissenschaft, Forschung und Lehre in entsprechenden Einrichtungen zusammenzuwirken. Der Bund darf sich also nicht über die Förderung von Einrichtungen Einfluss auf die Tätigkeit der geförderten Einrichtungen verschaffen. Denn überträgt die Verfassung, wie hier, dem Bund über die Befugnis zur Gewährung von Finanzhilfen an die Länder hinaus keine weitergehenden Kompetenzen oder Ingerenzen, so erschöpft sich die Zuständigkeit des Bundes in der Gewährung der Finanzhilfen;

680 BVerfGE 119, 331 (375), bei juris Rn. 183.

die Sachzuständigkeit und -verantwortung der Länder, von denen diese auch im Falle von Bundeszuschüssen nicht entbunden sind, bleiben dann unberührt.[681]

Auch die unmittelbare Grundlage der AV-WGL in Artikel 3 Abs. 2 des nach Artikel 91 b GG abgeschlossenen Verwaltungsabkommens zwischen Bund und Ländern über die Errichtung einer Gemeinsamen Wissenschaftskonferenz (GWK-Abkommen)[682] sieht die Ermöglichung eines solchen *inhaltlichen* Einflusses nicht vor, sondern lautet lediglich:

> *„Einzelheiten der gemeinsamen Förderung, die Voraussetzungen und Folgen des Ausscheidens aus der gemeinsamen Förderung sowie die Anteile des Bundes und der Länder an der gemeinsamen Finanzierung werden in Ausführungsvereinbarungen von der Gemeinsamen Wissenschaftskonferenz geregelt."*

Und schließlich würde der Wortlaut des § 4 Abs. 2 AV-WGL selbst, seine Wirksamkeit unterstellt, nicht die in § 7 Abs. 1, 3 und 4 TIB-G geregelten starken Mitwirkungsrechte des Bundes gebieten, jedenfalls nicht hinsichtlich der Besetzung des Stiftungsrates (§ 7 Abs. 1 TIB-G).

Damit lässt sich m. E. auch aus § 4 Abs. 2 AV-WGL kein sachlicher Grund für ein Abweichen vom Grundsatz der eigenverantwortlichen Aufgabenwahrnehmung herleiten.

### 4. *Zusammenfassung*

Die Ausgestaltung der inneren Organisation der TIB muss den Grundsätzen der Kompetenzordnung genügen. Dazu gehört insbesondere der Grundsatz der eigenverantwortlichen Aufgabenwahrnehmung. Dieser wird verletzt, weil dem Bund in einem Ausmaß Mitentscheidungsrechte eingeräumt werden, die eine eigenverantwortliche Aufgabenwahrnehmung durch das Land verhindern und hierfür kein sachlicher Grund vorliegt, der eine Ausnahme von dem Grundsatz rechtfertigen könnte.

## III. Zusammenfassung

Dem Bund werden in einem verfassungsrechtlich unzulässigen Umfang Mitentscheidungsbefugnisse innerhalb der TIB eingeräumt. Dies mag politisch verständlich sein, weil der Bund die TIB in erheblichem Umfang finanziert, sodass er auch ein erhebliches Interesse daran haben dürfte, die Verwendung seiner Fördermittel mitzubestimmen. Das darin liegende Zusammenwirken innerhalb

---

681 BVerfGE 39, 96 (107 ff.), bei juris Rn. 29 ff., m. w. N.

682 www.gwk-bonn.de/fileadmin/Papers/gwk-abkommen.pdf

der geförderten Einrichtung überschreitet jedoch das Maß des verfassungsrechtlich Erlaubten, weil es die Verantwortlichkeiten für die von der TIB zu treffenden Entscheidungen zu sehr verwischt.

## E. Stiftung Zukunftsfonds Asse[683]

### I. Einleitung

Im Landkreis Wolfenbüttel in Niedersachsen liegt die sog. Schachtanlage Asse II. In diesem ehemaligen Salzbergwerk wurden große Mengen radioaktiver Abfälle eingelagert. Die Anlage wird noch betrieben, ist aber nach Maßgabe des § 57 b des Atomgesetzes stillzulegen. Die Einlagerung radioaktiver Abfälle in der Schachtanlage Asse II sowie der Weiterbetrieb bis zur Stilllegung und die damit im Zusammenhang stehenden Maßnahmen führen zu erheblichen Belastungen für die umliegenden Kommunen und ihre Einwohnerinnen und Einwohner.

Um diese Belastungen zumindest teilweise finanziell auszugleichen, sagte der Bund Zahlungen in Höhe von 1 Million Euro im Jahr 2014 und in Höhe von jeweils 3 Millionen in den nächsten 30 Jahren zu.[684] Zur Entgegennahme und Verteilung dieser Mittel gründete der Landkreis Wolfenbüttel zunächst die „Zukunftsfonds Asse gGmbH". Diese gemeinnützige GmbH sollte aber von Anfang an nur Vorläufer für eine vom Land Niedersachsen zu errichtende Stiftung sein.[685]

Dementsprechend errichtete das Land Niedersachsen durch das Gesetz über die „Stiftung Zukunftsfonds Asse" (AsseStG) vom 12. November 2015[686] eine Stiftung des öffentlichen Rechts unter der Aufsicht des Landes. § 2 Abs. 1 und 3, § 5 und § 6 Abs. 1 AsseStG lauten:

*„§ 2*

*Stiftungszweck, Fördergebiet und Verbot der Förderung kommunaler Pflichtaufgaben*

*(1)* *[1]Zweck der Stiftung ist es, die regionale Landesentwicklung in den am 1. Januar 2015 zum Landkreis Wolfenbüttel gehörenden Gebieten (Fördergebiet) insbesondere im Gebiet um die Schachtanlage Asse II zu fördern, um dazu beizutragen, Belastungen durch die Einlagerung radioaktiver Abfälle in der Schachtanlage Asse II sowie den Weiterbetrieb bis zur Stilllegung einschließlich*

683 Auch mit dem dieser Stiftung zugrunde liegenden Gesetz war ich als ständiger juristischer Referent im Gesetzgebungs- und Beratungsdienst beim Niedersächsischen Landtag befasst. Siehe dazu die Vorlage 1 zu Landtagsdrucksache 17/4350.

684 So die Angaben in Landtagsdrucksache 17/4350, S. 4 f.

685 www.bmub.bund.de/pressemitteilung/hendricks-macht-millionen-euro-fuer-die-region-asse-locker/

686 Nds. GVBl. S. 314.

*einer Rückholung radioaktiver Abfälle und der hiermit im Zusammenhang stehenden Maßnahmen auszugleichen. [2]Die Förderung erfolgt insbesondere in den Bereichen*

1. *Wohnen, Infrastruktur und Siedlungsentwicklung,*
2. *Arbeit und Wirtschaft,*
3. *Bildung, Kinder- und Jugendarbeit, Soziales und Gesundheit,*
4. *Erneuerbare Energien, Umwelt und Klimaschutz,*
5. *Mobilität, Freizeit und Tourismus,*
6. *Kultur, Sport und Engagementförderung sowie*
7. *Wissenschaft und Forschung.*

*(2) (…)*
*(3) Die unmittelbare Förderung von Aufgaben, die den Kommunen im Fördergebiet aufgrund von Artikel 57 Abs. 4 der Niedersächsischen Verfassung durch Rechtsvorschrift als Pflichtaufgaben zur Erfüllung in eigener Verantwortung zugewiesen oder als staatliche Aufgaben zur Erfüllung nach Weisung übertragen sind, ist unzulässig.*

*(…)*
*§ 5*
*Zuwendungen*

*[1]Die Stiftung erhält Zuwendungen des Bundes nach Maßgabe des Bundeshaushalts. [2]Die Stiftung kann auch Zuwendungen Dritter annehmen.*

*§ 6*
*Finanzierung und Mittelverwendung*

*(1) Die Stiftung finanziert die Erfüllung ihrer Aufgaben aus*

1. *den Zuwendungen des Bundes (§ 5 Satz 1),*
2. *Zuwendungen Dritter (§ 5 Satz 2), soweit diese nicht ausdrücklich dem Stiftungsvermögen zugeführt werden sollen, und*
3. *den Erträgen des Stiftungsvermögens.“*

Als Grund für die Wahl der Rechtsform einer Stiftung des öffentlichen Rechts wird im Gesetzentwurf Folgendes angegeben:

*„Der Bund trägt die Verantwortung für die nukleare Entsorgung und ihre Folgen. … Um mit [den vom Bund deswegen bereitgestellten und zugsagten] Mitteln einen dauerhaften Mehrwert zu erzielen, sollen sie vor Ort in die regionale Landesentwicklung investiert werden. Für die langfristige Verzahnung von Geldgeber (Bund), Zuständigem für die regionale Landesentwicklung (Land) und den kommunalen Akteuren mit ihren besonderen Kenntnissen ist eine Stiftung des öffentlichen Rechts die am besten geeignete Rechtsform. In ihr können die Beteiligten unter Einbeziehung der Zivilgesellschaft in entsprechend besetzten Gremien zusammenwirken. Die Stiftungsform ist flexibel und hat breitere Fördermöglichkeiten als eine gemeinnützige Gesellschaft.*

*Aus der Verwaltungskompetenz des Landes für die regionale Landesentwicklung folgt seine Gesetzgebungskompetenz zur Errichtung einer diesbezüglichen Stiftung des öffentlichen Rechts (…).*"[687]

## II. Förderung von Aufgaben des Landes und der Kommunen durch den Bund?

Die Frage, warum eine Stiftung des öffentlichen Rechts zur Erreichung der in Aussicht genommenen Ziele besser geeignet sein soll als eine privatrechtliche gemeinnützige GmbH, soll hier unbeantwortet bleiben.

Ungeachtet dessen ist aber fraglich, ob die Förderung durch den Bund hier verfassungsrechtlich zulässig ist, so vorteilhaft sie für das Land und die Region auch erscheinen mag.

Zweifel könnten sich insoweit mit Blick auf die Finanzverfassung ergeben: Nach Artikel 104 a Abs. 1 GG tragen der Bund und die Länder „gesondert die Ausgaben, die sich aus der Wahrnehmung ihrer Aufgaben ergeben, soweit dieses Grundgesetz nichts anderes bestimmt". Damit ist, wie bereits dargelegt, ein grundsätzliches Verbot der Finanzierung von Landes- oder Kommunalaufgaben durch den Bund verbunden. Hintergrund ist zum einen, dass im Hinblick auf das Bundesstaatsprinzip eine Einflussnahme des Bundes auf die Aufgabenwahrnehmung durch die Länder und Kommunen verhindert werden soll, um die Eigenstaatlichkeit der Länder nicht zu gefährden. Zum anderen ist es ein Gebot der Verantwortungsklarheit, auch die Finanzierungszuständigkeiten rechtlich so voneinander abzugrenzen, dass eine klare Verantwortungszurechnung ermöglicht wird (s. o.).

Dass der Bund hier mit seinen Zuwendungen an die Stiftung die Erfüllung von Aufgaben des Landes und der Kommunen finanziert, liegt auf der Hand: Die Aufgabe der regionalen Landesentwicklung, wie sie in § 2 Abs. 1 AsseStG umschrieben wird, ist unzweifelhaft eine Aufgabe des Landes; so geht es auch eindeutig aus der Begründung des Gesetzentwurfs hervor. Und aus § 2 Abs. 3 AsseStG ergibt sich zumindest im Umkehrschluss, dass Aufgaben der Kommunen, die *nicht* zu den nach Artikel 57 Abs. 4 NV als Pflichtaufgaben zugewiesenen oder als staatliche Aufgaben übertragenen Aufgaben, die also zu den sog. freiwilligen Selbstverwaltungsaufgaben gehören, durch die Stiftung „unmittelbar gefördert" werden dürfen.

Daher stellt sich nur die Frage, ob diese Abweichung von Artikel 104 a Abs. 1 GG hier ausnahmsweise zulässig ist.

---

687 Landtagsdrucksache 17/4350, S. 4 f.

Betrachtet man allein den Gesichtspunkt, dass wegen des Bundesstaatsprinzips eine Einflussnahme des Bundes auf die Aufgabenerfüllung der Länder und der Kommunen verhindert werden soll, um die eigenverantwortliche Aufgabenwahrnehmung durch Land und Kommunen nicht zu gefährden, so könnte man hier möglicherweise zu dem Ergebnis gelangen, dass die Aufgabenfinanzierung durch den Bund ausnahmsweise zulässig ist, weil über die konkrete Mittelverwendung innerhalb der Stiftung durch ein pluralistisch besetztes Gremium entschieden wird, in dem der Bund zwar vertreten ist, jedoch rechtlich keinen maßgeblichen Einfluss ausüben kann. Außerdem sind die vom Bund bereit gestellten Mittel zwar nicht unbeträchtlich, ihre Gewährung dürfte jedoch keine grundsätzliche Abhängigkeit des Landes oder der Kommunen vom Bund begründen.

Nimmt man indes den Gesichtspunkt der Verantwortungsklarheit hinzu, so wird die Antwort schon schwieriger. Denn wenn eine Aufgabe dem Grunde nach oder zumindest in einer bestimmten Art und Weise nur erfüllt werden kann, wenn der Bund auch die Mittel dafür zur Verfügung stellt, stellt sich schon die Frage, ob derjenige, der die Aufgabe letztlich erfüllt, dafür allein verantwortlich ist.

Außerdem mag der Bund zwar rechtlich keinen maßgeblichen Einfluss auf die Entscheidung über die Mittelverwendung ausüben können. Informelle Einflussnahmen sind jedoch keineswegs ausgeschlossen und dürften sogar zu erwarten sein.

Schließlich ist zu berücksichtigen, dass Artikel 104 a Abs. 1 GG durchaus streng formuliert ist. Ausnahmen sind danach nur zulässig, „soweit dieses Grundgesetz nichts anderes bestimmt". Dies steht in auffälligem Gegensatz zu der Formulierung des Artikels 30 GG („soweit dieses Grundgesetz keine andere Regelung trifft oder zulässt"). Auch gibt es ja durchaus Regelungen im Grundgesetz, die ein Zusammenwirken von Bund und Ländern zumindest in einigen der in § 2 Abs. 1 AsseStG aufgeführten Bereiche zulassen, so etwa in Artikel 91 a Abs. 1 Nr. 1 GG („Verbesserung der regionalen Wirtschaftsstruktur") oder Artikel 91 b Abs. 1 Satz 1 GG („Förderung von Wissenschaft, Forschung und Lehre"). Nur liegen die dort jeweils geregelten Voraussetzungen des Zusammenwirkens hier gerade nicht vor, weil die hier vorgesehene Förderung weder „für die Gesamtheit bedeutsam" ist (Artikel 91 a Abs. 1 GG) noch „überregionale Bedeutung" hat (Artikel 91 b Abs. 1 Satz 1 GG).

Mithin spricht nach meiner Auffassung im Ergebnis Überwiegendes dafür, dass es sich hier um eine unzulässige Förderung von Landes- und Kommunalaufgaben durch den Bund handelt. Diese wird auch nicht dadurch zulässig, dass die Mittel des Bundes nicht unmittelbar an das Land oder die Kommunen, sondern an eine

Stiftung fließen, die dann mit diesen Mitteln Aufgaben des Landes und der Kommunen erfüllt.

### III. Zusammenfassung

Die Gewährung von Zuwendungen des Bundes an die Stiftung Zukunftsfonds Asse ist an den Maßstäben der Finanzverfassung zu messen. Danach ist die Zuwendungsgewährung unzulässig, weil der Bund damit entgegen Artikel 104 a Abs. 1 GG Aufgaben des Landes Niedersachsen und von Kommunen finanziert, ohne dass das Grundgesetz dies ausdrücklich zulässt.

## F. Zusammenfassung

Der durchgeführte Praxistest hat gezeigt, dass in den ausgewählten Fällen die oben entwickelten rechtlichen Anforderungen an die Ausgestaltung einer Stiftung des öffentlichen Rechts nicht vollständig eingehalten werden. Über die Gründe hierfür lässt sich letztlich nur spekulieren. Mir drängt sich jedoch der Verdacht auf, dass die Rechtsform einer Stiftung des öffentlichen Rechts zumeist gewählt wurde, um zu versuchen, verfassungsrechtliche Anforderungen zu umgehen oder zu relativieren oder dies zumindest zu kaschieren. Hierfür scheint die Wahl der Rechtsform einer Stiftung des öffentlichen Rechts auch besonders geeignet. Denn zum einen hat diese, wie eingangs gezeigt, durchaus ein positiv besetztes Image, was kritische Nachfragen eher verhindern dürfte. Zum anderen führt die Verlagerung von Aufgaben und Befugnissen auf eine rechtlich selbständige Organisation stets zu einer gewissen Abschottung der dortigen internen Vorgänge, sodass auch deswegen einem gewissen Maß an Intransparenz Vorschub geleistet wird.

# 6. Teil: Zusammenfassung, Schlussfolgerungen, Ausblick

„Stiftungen des öffentlichen Rechts" gibt es im deutschen Recht zwar seit über 100 Jahren, sie haben jedoch nach wie vor eine „unbewältigte Vergangenheit" (*D. Reuter*). Die Idee, die ursprünglich für das bürgerliche Recht entwickelte Rechtsfigur der juristischen Person auf den Staat und die von ihm gebildeten und beherrschten Organisationen zu übertragen, war zwar bestechend, um den Staat von der Person des Monarchen zu lösen und allein dem Recht, insbesondere der Verfassung zu unterstellen. Sie wurde von den Verfassern des Bürgerlichen Gesetzbuchs aber nicht wirklich zu Ende geführt, und konnte es wohl auch nicht. Denn anders als mit dem zum 1. Januar 1900 reichseinheitlich im Bürgerlichen Gesetzbuch kodifizierten bürgerlichen Recht, für das heute dem Bund die Gesetzgebungskompetenz nach Artikel 74 Abs. 1 Nr. 1 GG zusteht, bestand und besteht keine rechtliche Grundlage im öffentlichen Recht, die diesem zugeordneten juristischen Personen reichs- bzw. bundesweit einheitlich zu regeln. Denn die Befugnis zur Bildung juristischer Personen des öffentlichen Rechts wurzelt originär in der jeweiligen, im Bundesstaatsprinzip angelegten Eigenstaatlichkeit des Reichs bzw. des Bundes und der einzelnen Länder und ist Teil ihrer jeweiligen Organisationsgewalt, die zu ihrem verfassungsrechtlichen „Hausgut" gehört und ihnen unentziehbar verbleiben muss. Daraus folgt zum einen, dass sich das bürgerliche Recht nicht auf einen in Reich bzw. Bund und Ländern vollständig einheitlichen Kanon juristischer Personen des öffentlichen Rechts beziehen kann, sondern sich, wie in § 89 BGB geschehen, geradezu zwangsläufig darauf beschränken muss, jede durch das jeweilige öffentliche Recht des Reichs bzw. des Bundes und der einzelnen Länder gebildete juristische Person in ihrer jeweiligen Form als solche anzuerkennen. Dies bedingt zum anderen aber auch, dass es auch innerhalb des öffentlichen Rechts keine bundesweit einheitlichen Regelungen, ja nicht einmal ein bundesweit übereinstimmendes Begriffsverständnis geben kann und muss. Vielmehr sind der Bund und die einzelnen Länder im Ansatz jeweils für sich befugt, Begriff und Inhalt der einzelnen Formen juristischer Personen des öffentlichen Rechts in ihrem jeweils eigenen öffentlichen Recht autonom zu regeln (so spricht denn auch bezeichnenderweise etwa der Bund in § 1 Abs. 1 VwVfG in Nummer 1 nur im Hinblick auf ihn selbst von „bundesunmittelbaren Körperschaften, Anstalten und Stiftungen des öffentlichen Rechts", während in Nummer 2 im Hinblick auf die Länder nur unspezifisch von den

„der Aufsicht des Landes unterstehenden juristischen Personen des öffentlichen Rechts" die Rede ist).

Die Vielfalt der Begriffe und Ausgestaltungen, die sich dann auch in den einschlägigen Organisationsgesetzen der Länder widerspiegelt, ist mithin einerseits verfassungsrechtlich mehr oder weniger zwangsläufig und Ausdruck bundesstaatlicher Pluralität.

Andererseits ist aber auch ein gewisses Maß an Vereinheitlichung mindestens faktisch notwendig, weil es jedenfalls aus Sicht des Bundesrechts notwendig ist, zu wissen, was ein Land mit einer „Stiftung des öffentlichen Rechts" bezeichnet, um daran ggf. bestimmte Rechtsfolgen knüpfen zu können. Bei einer näheren Betrachtung des Bundesrechts ist allerdings festzustellen, dass dieses nur in wenigen Fällen spezifische Regelungen gerade für *Stiftungen* des öffentlichen Rechts trifft, sondern die betreffenden Regelungen zumeist gleichermaßen für Körperschaften und Anstalten des öffentlichen Rechts oder gar gleich nur allgemein für „juristische Personen des öffentlichen Rechts" gelten. Eine Ausnahme bildet insoweit vor allem das Steuerrecht. Im Übrigen minimiert das weitgehende Fehlen spezifischer Regelungen des Bundesrechts für „Stiftungen des öffentlichen Rechts" zum einen das Erfordernis einer exakten Ausdifferenzierung verschiedener Formen von juristischen Personen des öffentlichen Rechts. Zum anderen entzieht diese Erkenntnis der Frage nach einem etwaigen Formenmissbrauch des Staates bei der Wahl der Organisationsform einer „Stiftung des öffentlichen Rechts" in gewissem Maße die Grundlage: Soweit mit einer Form keine spezifischen Rechtsfolgen verbunden sind, kann die Wahl dieser Form auch kaum einen Missbrauch darstellen.

Die Ausdifferenzierung juristischer Personen des öffentlichen Rechts in „Körperschaften, Anstalten und Stiftungen des öffentlichen Rechts" ist indes in der Rechtspraxis ausgeprägt, sodass es nahe liegt, dass mit diesen unterschiedlichen Begriffen zumindest unterschiedliche Wesensmerkmale der einzelnen Organisationsformen verbunden sein sollen, die über das allen gemeinsame Merkmal „juristische Person des öffentlichen Rechts" hinaus eine Unterscheidung ermöglichen.

Geht man dieser Frage nach, so kann man feststellen, dass sich zunächst aus dem übergeordneten Merkmal „juristische Person des öffentlichen Rechts" ableiten lässt, dass eine bestimmte Organisation nur dann begrifflich eine „Stiftung des öffentlichen Rechts" sein kann, wenn sie über eine eigene Rechtspersönlichkeit verfügt und rechtsfähig ist, Organe hat, durch die sie rechtlich handeln kann, jedenfalls organisatorisch vom Staat beherrscht wird, zumindest *auch* staatliche Aufgaben erfüllt, *insoweit* funktional vom Staat beherrscht wird und einer Staatsaufsicht untersteht, die mindestens Rechtsaufsicht ist, also die Bindung der juristischen Person an Gesetz und Recht (Artikel 20 Abs. 3 GG) gewährleistet. Über diese allen „juristischen Personen des öffentlichen Rechts“ gemeinsamen Wesensmerkmale hinaus kann die betreffende Organisation nur dann „*Stiftung* des öffentlichen Rechts“ sein, wenn sie darauf angelegt ist, von einer anderen Person (Stifter) mit einem Vermögen (Stiftungsvermögen) ausgestattet zu werden, das für die Dauer des Bestehens der Stiftung von den Organen der juristischen Person (Stiftungsorganen) nur zu dem vom Stifter festgelegten Zweck (Stiftungszweck) verwendet werden darf, einer staatlichen Aufsicht untersteht, die die Einhaltung des Stiftungszwecks gewährleistet (Stiftungsaufsicht), nicht in einer Personenvereinigung besteht, durch Unterstellung unter die Aufsicht eines Staates (Bund oder Land) organisatorisch in dessen mittelbare Staatsverwaltung eingliedert ist und als Stiftungszweck eine „eigene“ staatliche Aufgabe der öffentlichen Verwaltung dieses Staates erfüllt. Bei alledem ist allerdings stets im Blick zu behalten, dass mit dem Begriff „Stiftung des öffentlichen Rechts“ nichts in der Natur Vorgefundenes, sondern nur eine vom Recht selbst geschaffene Rechtsfigur beschrieben wird. Das Recht schafft mithin ein bestimmtes organisatorisches Gebilde, und nur dann, wenn dieses Gebilde die vorstehend beschriebenen Merkmale aufweist, gelten hierfür die Rechtsnormen für „Stiftungen des öffentlichen Rechts“.

Legt man die vorstehend beschriebenen Merkmale zugrunde, so stellt man fest, dass Stiftungen des bürgerlichen Rechts im Sinne der §§ 80 bis 88 BGB und Stiftungen des öffentlichen Rechts im Sinne des § 89 BGB außer der Bezeichnung „Stiftung“ und gewissen Strukturmerkmalen (Stifter, Stiftungsvermögen, Stiftungszweck und Stiftungsorgane, Stiftungsaufsicht, kein Personenverband) wenig bis nichts gemeinsam haben und es sich im Verhältnis zueinander jeweils um ein rechtliches *aliud*, also etwas wesensmäßig Verschiedenes handelt. Bildung und Betätigung einer Stiftung des bürgerlichen Rechts sind – in den Worten des Bundesverfassungsgerichts – „Ausdruck der freien Entfaltung der privaten, natürlichen Personen“; im Gegensatz dazu sind Bildung und Betätigung einer Stiftung des öffentlichen Rechts Ausdruck der an Gesetz und Recht, insbesondere die Verfassung gebundenen Entfaltung des Staates. Stiftungen des öffentlichen Rechts sind in jedem Fall der Sphäre des Staates und nicht der Sphäre der Gesellschaft zuzuordnen; allein der Staat ist zu ihrer Bildung befugt; für ihre Bildung und ihre Betätigung, soweit sie in der Erfüllung staatlicher Aufgaben besteht, ist nur der Staat verantwortlich. Etwaige Einflussmöglichkeiten natürlicher oder juristischer Personen des Privatrechts auf Bildung und Betätigung einer Stiftung des öffentlichen Rechts mögen zwar zweckmäßig erscheinen, dürfen jedoch die erforderliche klare Abgrenzung von Verantwortlichkeiten nicht verdecken.

Aus der wesensmäßigen Verschiedenheit von Stiftungen des bürgerlichen Rechts einerseits und Stiftungen des öffentlichen Rechts andererseits folgt aber noch etwas anderes: Das in der Praxis auch Stiftungen des öffentlichen Rechts zugeschriebene *Image* einer wesensmäßig „autonomen“, „staatsfernen“ Organisation ist aus rechtlicher Sicht nicht notwendigerweise richtig. Zwar besteht das Wesen einer Stiftung insbesondere darin, dass ihr Stiftungsvermögen von den Stiftungsorganen ausschließlich zu dem vom Stifter festgelegten Stiftungszweck verwendet werden darf. Dies bedeutet jedoch zunächst nur eine *Abschirmung* des Stiftungsvermögens und des Stiftungszwecks gegenüber anderen staatlichen Vermögen und Zwecken; dies mag man als „Unabhängigkeit“ bezeichnen. Die *„Stiftungsautonomie“* von Stiftungen des bürgerlichen Rechts gründet aber auf der Grundrechtsfähigkeit sowohl des Stifters als auch der Stiftung selbst und wirkt sich als ein Recht auf Freiheit von unverhältnismäßigen staatlichen Eingriffen aus. Eine *derart begründete* „Stiftungsautonomie“ kann Stiftungen des öffentlichen Rechts schon im Ansatz nicht zustehen. Denn sie sind organisatorisch und funktional Teil der öffentlichen Verwaltung, also *des Staates* selbst und deswegen ihrerseits grundrechts*verpflichtet*. Eine grundrechtlich begründete „Freiheit des Staates vor dem Staat“ kommt grundsätzlich nicht in Betracht.

Dieser Befund schließt es aber zum einen nicht aus, (auch) Stiftungen des öffentlichen Rechts eine gewisse Unabhängigkeit und Autonomie *einzuräumen* (soweit dies innerhalb der staatlichen Verwaltung auch sonst zulässig wäre). Der Grund für die Unabhängigkeit und Autonomie der Stiftung liegt dann aber nicht in ihrer Grundrechtsfähigkeit, sondern darin, dass der Staat der Stiftung im Rahmen seiner Organisationsgewalt aus Zweckmäßigkeitsgründen eine solche gewährt hat; eine Rechtspflicht dazu trifft den Staat jedenfalls in aller Regel nicht.

Zum anderen mag es Fälle geben, in den auch eine Stiftung des öffentlichen Rechts „unmittelbar einem durch bestimmte Grundrechte geschützten Lebensbereich zugeordnet [ist] oder ihm kraft ihrer Eigenart von vornherein [zugehört]“, wie es das Bundesverfassungsgericht etwa für die öffentlich-rechtlichen Rundfunkanstalten, die als Körperschaften des öffentlichen Rechts organisierten Universitäten und deren Fakultäten oder die Kirchen oder andere öffentlich-rechtliche Weltanschauungsgemeinschaften annimmt. Aber auch in solchen Fällen würden sich eine etwaige Grundrechtsfähigkeit der Stiftung des öffentlichen Rechts und eine daraus folgende „Autonomie“ gegenüber dem Staat (im Übrigen) nicht aus ihrer besonderen Eigenschaft als *Stiftung* des öffentlichen Rechts, sondern aus der jeweiligen besonderen Eigenart ihrer Aufgaben und der Ausgestaltung ihrer Erfüllung ergeben.

Schließlich kann es Stiftungen des öffentlichen Rechts geben, die aus anderen verfassungsrechtlichen Gründen eine gewisse Autonomie oder Unabhängigkeit gegenüber dem Staat haben müssen. Dies gilt etwa für den AHK aufgrund seiner Eigenschaft als überkommene heimatgebundene Einrichtung im Sinne des Artikel 72 Abs. 2 NV. Indes folgt auch insoweit die Notwendigkeit der Unabhängigkeit der Einrichtung nicht aus ihrer Eigenschaft als Stiftung des öffentlichen Rechts. So hat denn der Niedersächsische Staatsgerichtshof in seinem einschlägigen Urteil aus dem Jahr 1972 bezeichnenderweise die Frage, ob der AHK eine Stiftung des öffentlichen Rechts sei, auch ausdrücklich offen gelassen, weil es hierauf für seine Entscheidung nicht ankam. Maßgeblich war vielmehr nur, ob die Unabhängigkeit der Einrichtung historisch überkommen ist und damit an dem durch Artikel 72 Abs. 2 NV (Artikel 56 Abs. 2 VNV) begründeten verfassungsrechtlichen Bestandsschutz teilhat. Einer Verfassungsänderung, die diesen Bestandsschutz beseitigen würde, stünde jedenfalls nicht die Eigenschaft des AHK als Stiftung des öffentlichen Rechts entgegen.

Bei der Suche nach den Maßstäben für die Beurteilung der Rechtmäßigkeit der Bildung einer Stiftung des öffentlichen Rechts ist wiederum vorrangig das einschlägige öffentliche Recht des Bundes oder des Landes heranzuziehen, in dessen öffentliche Verwaltung die jeweilige Stiftung eingegliedert ist oder werden soll. Ein einheitliches, auch für Stiftungen des öffentlichen Rechts – gar bundesweit – geltendes „Stiftungsrecht" gibt es nicht. Soweit keine ausdrücklichen Regelungen vorhanden sind, verbieten sich aufgrund der wesensmäßigen Verschiedenartigkeit von Stiftungen des öffentlichen Rechts gegenüber Stiftungen des bürgerlichen Rechts etwaige Analogieschlüsse von vornherein. Vielmehr ist allein auf das Verwaltungsorganisationsrecht abzustellen (auch soweit es im Rahmen eines Landesstiftungsgesetzes geregelt sein sollte).

Da die Rechtsgrundlage für die Bildung einer Stiftung des öffentlichen Rechts die staatliche Organisationsgewalt ist, steht die Verbandszuständigkeit für die Bildung entweder dem Bund oder einem Land zu; zuständig ist der Verband, in dessen Verwaltung die Stiftung eingegliedert werden soll. Innerhalb dieses Verbandes ist die Organzuständigkeit grundsätzlich zwischen Parlament und Regierung geteilt: Grundsätzlich entscheidet die Regierung, es sei denn, das Parlament entscheidet durch Gesetz. Ein solches Gesetz kann stets, muss aber, vorbehaltlich besonderer verfassungsrechtlicher Regelung (wie etwa in Artikel 87 Abs. 3 Satz 1 GG), nicht in jedem Fall erlassen werden. Soweit kein besonderer Gesetzesvorbehalt besteht, kann sich ein solcher aus dem allgemeinen verfassungsrechtlichen Parlamentsvorbehalt ergeben. Heranzuziehen sind insoweit die Kriterien der vom Bundesverfassungsgericht entwickelten sog. Wesentlichkeitstheorie. Maßgeblich ist insoweit vor allem, welche staatlichen Aufgaben und Befugnisse auf die Stiftung übertragen werden sollen. Sind diese von erheblichem Gewicht, insbesondere grundrechtsrelevant, *und* ist die Stiftung so organisiert, dass die Wahrnehmung der Aufgaben und/oder Befugnisse im Ergebnis wesentlich von den in der Verfassung vorgezeichneten Entscheidungs- und Verantwortungsstrukturen abweicht, so stellt die Übertragung in Verbindung mit der Organisation der Stiftung eine „wesentliche" Entscheidung dar, die vom Parlament durch Gesetz zu treffen ist. Handelt es sich um weniger bedeutende, nicht grundrechtsrelevante Aufgaben und/ oder werden keine oder allenfalls geringfügige hoheitsrechtliche Befugnisse auf die Stiftung übertragen, wird in der Regel keine „Wesentlichkeit" gegeben sein, die einer Regelung durch förmliches Gesetz bedürfte. Gleiches gilt für den umgekehrten Fall, dass die übertragenen Aufgaben und/oder Befugnisse zwar von erheblichem Gewicht sind, die Entscheidungs- und Verantwortungsstrukturen im Hinblick auf ihre Wahrnehmung durch die Stiftung aber so gestaltet sind, dass sie sich nicht wesentlich von denen in der unmittelbaren Staatsverwaltung unterscheiden, oder auf andere Weise trotz der rechtlichen Verselbständigung der Stiftung eine hinreichende demokratische Legitimation ihres Handelns gesichert ist. Eine „eigenmächtige" Freistellung von parlamentarischer Kontrolle durch die Regierung ohne gesetzliche Regelung ist hingegen stets unzulässig.

Materielle rechtliche Maßstäbe bestehen nicht hinsichtlich der Entstehung der Stiftung als solche, wohl aber hinsichtlich ihrer Ausgestaltung und ihrer Beaufsichtigung durch den Staat in Abhängigkeit von den ihr zu übertragenden Aufgaben und Befugnisse wie auch hinsichtlich des ihr zu übertragenden Vermögens. Dahingehende Maßstäbe können sich aus dem Unionsrecht, dem Verfassungsrecht und sonstigem Recht ergeben. Hervorragende Bedeutung haben in jedem Fall das Rechtsstaats-, das Demokratie- und das Bundesstaatsprinzip. Diese verlangen, dass die Erfüllung staatlicher Aufgaben und die Ausübung staatlicher Befugnisse durch die Stiftung rechtlich so ausgestaltet sind, dass sie jeweils auf das Staatsvolk des Bundes oder eines Landes zurückgeführt und grundsätzlich gegenüber diesem Staatsvolk verantwortet werden können, und zwar so, dass für die Bürgerinnen und Bürger klar erkennbar ist, wer wofür verantwortlich ist.

Aus diesen Maßstäben lassen sich aber letztlich kaum spezifische Vorteile der Rechtsform „Stiftung des öffentlichen Rechts" für die Erfüllung bestimmter staatlicher Aufgaben ableiten. Letztlich lässt sich nur feststellen, dass das Merkmal der „Stiftung" dazu taugt, bestimmte Vermögenswerte aus dem allgemeinen staatlichen Vermögen auszusondern und ihre Verwaltung an einen bestimmten, von anderen staatlichen Aufgaben gesonderten Zweck zu binden. Dadurch und durch die Übertragung von Vermögen und Aufgabe auf eine rechtlich verselbständigte juristische Person werden beide in gewissem Umfang gegenüber dem sonstigen staatlichen Bereich „abgeschirmt". Dementsprechend dienen Stiftungen des öffentlichen Rechts typischerweise der dauerhaft zweckgebundenen Verwaltung eines gesonderten Vermögens.

Dagegen scheint sich die – mit steuerrechtlichen Anreizen unterfütterte – Erwartung des Staates, durch die Gründung von Stiftungen des öffentlichen Rechts werde verstärkt privates Vermögen zur Erfüllung staatlicher Aufgaben akquiriert, in der Praxis nicht zu erfüllen. So stellte der Niedersächsische Landesrechnungshof in seinem Jahresbericht 2016 zur Haushalts- und Wirtschaftsführung – Bemerkungen und Denkschrift zur Haushaltsrechnung des Landes Niedersachsen für das Haushaltsjahr 2014 –[688] auf S. 88 ff. fest, dass es den Hochschulen in staatlicher Verantwortung in Trägerschaft von rechtsfähigen Stiftungen des öffentlichen Rechts in Niedersachsen im Zeitraum von 2003 bis 2013 nicht gelungen war, in nennenswertem Umfang Drittmittel als Stiftungsvermögen einzuwerben. Ob sich die von der niedersächsischen Landesregierung diesbezüglich geäußerte Hoffnung, mit Fortentwicklung einer „Stiftungskultur" im Bereich der niedersächsischen Hochschulen werde sich die Lage insoweit verbessern (a. a. O., S. 95), erfüllen wird, darf bezweifelt werden.

Denn wer sich vergegenwärtigt, dass eine Stiftung des öffentlichen Rechts, wie gezeigt, keineswegs in gleicher Weise wie eine Stiftung des bürgerlichen Rechts wesensmäßig vom Staat unabhängig und autonom ist, wird sich wohl doch eher scheuen, in das Stiftungsvermögen einer solchen Stiftung zu „investieren" (sondern sein Geld besser gleich unmittelbar in konkreten Drittmittelprojekten „anlegen").

Hinzu kommt insoweit noch ein weiterer Punkt: Die den Stiftungen des öffentlichen Rechts als Trägerinnen von Hochschulen in staatlicher Verantwortung vom Land Niedersachsen tatsächlich eingeräumte Autonomie, die vor allem in der Reduzierung der vorherigen umfassenden Aufsicht auf eine bloße Rechtsaufsicht zum Ausdruck gekommen ist, hat nach den Feststellungen des Niedersächsischen Landesrechnungshofs (a. a. O., S. 92 ff.) offenbar dazu geführt, dass seitens der Stiftungen vermehrt gegen Rechtsvorschriften verstoßen wurde. Freiheit von Aufsicht wurde also nach den Feststellungen des Landesrechnungshofs offenbar als Freiheit von rechtlichen Bindungen missverstanden. Bereits im Jahr 2009 hatte das Bundesverwaltungsgericht betont, es sei erforderlich, die Rechtsaufsicht über die Hochschulen wirkungsvoll wahrzunehmen; zu

688 www.lrh.niedersachsen.de/download/107689

diesem Zweck müsse das Fachministerium von seinem Fachaufsichts- und Weisungsrecht gegenüber dem Stiftungsrat Gebrauch machen und dadurch dessen Ausübung der Rechtsaufsicht über die Hochschule „inhaltlich uneingeschränkt steuern".[689] Allein dies zeigt, wie „autonom" eine Stiftung des öffentlichen Rechts gegenüber dem Staat ist.

Im Übrigen ist auch nicht ersichtlich, warum die Rechtsform einer Stiftung des öffentlichen Rechts in besonderer Weise geeignet sein sollte, Privatpersonen an staatlichen Entscheidungsprozessen zu beteiligen. Das Wesen einer Stiftung, zumal einer solchen des öffentlichen Rechts, besteht geradezu in ihrer Unabhängigkeit von bestimmten Personen. Natürliche Personen werden allenfalls als Organwalter benötigt oder um in anderer Weise rechtlich für die oder im Auftrag der Stiftung zu handeln. Ansonsten fehlt einer Stiftung typischerweise ein „personelles Substrat", sodass ihnen auch kein „Selbstverwaltungsrecht" im herkömmlichen Sinne zustehen *kann*. Daher eignen sich für eine Beteiligung „Betroffener" viel eher mitgliedschaftlich geprägte Organisationsformen, insbesondere die Körperschaft des öffentlichen Rechts.

Außerdem würde eine Mitwirkung „Betroffener" im Rahmen der Stiftung die Frage nach einer etwaigen Befangenheit aufwerfen: „Betroffen" von Entscheidungen einer Stiftung sind vor allem ihre Destinatäre, also die Personen, die Leistungen von der Stiftung erhalten. Das Recht sieht aber regelmäßig vor, dass Personen, denen eine Entscheidung einen unmittelbaren Vorteil oder Nachteil bringen kann, nicht beratend oder entscheidend an der Entscheidung mitwirken dürfen (so etwa § 20 VwVfG oder § 41 Abs. 1 NKomVG). Warum dies für Entscheidungen einer Stiftung des öffentlichen Rechts nicht gelten sollte, ist nicht erkennbar.

Danach lässt sich feststellen, dass Stiftungen des öffentlichen Rechts, sofern es nicht um eine bestimmte Form der Vermögensverwaltung gehen soll, keine bessere oder schlechtere Eignung für die Erfüllung bestimmter öffentlicher Aufgaben aufweisen als andere juristische Personen des öffentlichen Rechts.

Gleichwohl erfreut sich die Rechtsform der Stiftung des öffentlichen Rechts in der Praxis nach wie vor großer Beliebtheit. Dabei genügt die Praxis den aufgezeigten materiellen Maßstäben aber oft gar nicht. Es besteht der Verdacht, dass die Rechtsform einer Stiftung des öffentlichen Rechts zumeist gewählt wird, um unter Ausnutzung des Images, dass Stiftungen allgemein und damit auch Stiftungen des öffentlichen Rechts anhaftet, zu versuchen, verfassungsrechtliche Anforderungen zu umgehen oder zu relativieren oder dies zumindest zu kaschieren.

---

689 BVerwGE 135, 286 (Rn. 43 ff. [47]), bei juris Rn. 43 ff. (47).

Die mit der Wahl der Rechtsform einer Stiftung des öffentlichen Rechts verbundene Abschirmung der Betätigung der Stiftung nach außen ist hierfür durchaus geeignet: Zum einen bewirkt jede Verselbständigung einer Organisation vom Staat eine gewisse Verdeckung staatlicher Betätigung. Einem kritischen Verlangen nach Offenlegung interner Vorgänge und Strukturen wirkt zum anderen das positive Stiftungsimage entgegen.

Als Fazit bleibt festzustellen, dass Stiftungen des öffentlichen Rechts durchaus ihren guten Sinn als Instrumente der staatlichen Vermögensverwaltung haben, indem sie die Möglichkeit bieten, bestimmte Vermögenswerte bestimmten Zwecken zu unterstellen und insoweit Vermögen und Aufgaben gegenüber dem allgemeinen Staatsvermögen und anderen staatlichen Aufgaben abzuschirmen. Die damit verbundene Abgrenzung führt aber nicht dazu, einer Stiftung des öffentlichen Rechts schon von ihrem Wesen her eine „Stiftungsautonomie" oder „Staatsferne" zuzuschreiben. Abgesehen von der Bindung des Stiftungsvermögens an den Stiftungszweck ist eine Stiftung des öffentlichen Rechts ihrem Wesen nach nicht unabhängiger vom Staat als andere juristische Personen des öffentlichen Rechts. Ihre Bildung und Betätigung sind Ausdruck der Entfaltung des Staates, der auch insoweit an Gesetz und Recht, insbesondere die Verfassung gebunden ist. Insbesondere das Rechtsstaats-, das Demokratie- und das Bundesstaatsprinzip setzen der Bildung und Betätigung von Stiftungen des öffentlichen Rechts Grenzen, die mit ihrem Image und der Staatspraxis nur bedingt übereinstimmen.

# 7. Teil: Thesen

1. Stiftungen im Allgemeinen haben eine uralte Tradition, „Stiftungen des öffentlichen Rechts“ gibt es erst seit dem 1. Januar 1900.
2. Der „Geburtsfehler“, keine eindeutige Abgrenzung zwischen den Stiftungen des bürgerlichen Rechts im Sinne der §§ 80 bis 88 BGB und den Stiftungen des öffentlichen Rechts im Sinne des § 89 BGB geregelt zu haben, haftet den Stiftungen des öffentlichen Rechts bis heute an. *H. Ebersbachs* Feststellung aus dem Jahr 1972 gilt immer noch:

   *„Das Erscheinungsbild, das die öffentlich-rechtlichen Stiftungen im Rechtsleben bieten, ist so mannigfaltig, und die Vorstellungen, die sich damit verbinden, weichen so stark voneinander ab, dass es bisher nicht gelungen ist, einen allseitig anerkannten Begriff der Stiftung des öffentlichen Rechts zu prägen.“*

3. Ungeachtet dessen kann von einem „aussterbenden Rechtsphänomen“ keine Rede sein: Stiftungen des öffentlichen Rechts bestehen in großer Zahl, und es werden viele weitere gebildet.
4. Die bestehenden allgemeinen Landesgesetze über die Organisation von Stiftungen des öffentlichen Rechts bieten ein sehr uneinheitliches Bild: Einige Länder nähern die ihrer Regelungskompetenz unterfallenden Stiftungen des öffentlichen Rechts in organisatorischer Hinsicht eher den Stiftungen des bürgerlichen Rechts an, andere eher den Körperschaften und Anstalten des öffentlichen Rechts; Niedersachsen und die Stadtstaaten haben insoweit überhaupt keine allgemeinen Regelungen getroffen.
5. Die bestehenden Stiftungen des öffentlichen Rechts haben sehr unterschiedliche Zwecke und werden auf sehr unterschiedlichen Gebieten tätig. Diese Organisationsform wird wohl vor allem dann gewählt wird, wenn ein besonderer Zweck verfolgt und dafür (irgend)ein ausreichendes Vermögen zur Verfügung gestellt werden soll oder aber ein besonderes Vermögen durch rechtliche Absonderung gesichert und einem bestimmten Zweck unterstellt werden soll.
6. Die Zwecke, zu denen Stiftungen des öffentlichen Rechts eingesetzt werden, müssen aber auch gar keinen besonderen Bezug zu einem bestimmten Vermögen haben, sondern können z. B. vorrangig in der Ausübung hoheitsrechtlicher Befugnisse (auch mit erheblicher Grundrechtsrelevanz) bestehen.
7. Aus einer Betrachtung der allgemeinen Rechtsvorschriften für die Betätigung bestehender Stiftungen des öffentlichen Rechts ergibt sich der – erstaunliche – Befund, dass es außerhalb des Steuerrechts praktisch keine

spezifischen Regelungen für Stiftungen des öffentlichen Rechts gibt, sondern nahezu alle Regelungen für Stiftungen des öffentlichen Rechts gleichermaßen auch für Körperschaften und Anstalten des öffentlichen Rechts, also für alle juristischen Personen des öffentlichen Rechts gelten.

8. Das Recht gestaltet die Betätigung von Stiftungen des öffentlichen Rechts mithin fast überhaupt nicht spezifisch aus, sondern behandelt sie wie andere juristische Personen des öffentlichen Rechts auch. Wenn aber die Form der Stiftung des öffentlichen Rechts im Wesentlichen keine spezifischen Rechtsfolgen mit sich bringt, so ist zweifelhaft, worin genau ein etwaiger „Formenmissbrauch" des Staates liegen sollte, wenn er sich der Organisationsform der Stiftung des öffentlichen Rechts bedient.
9. Rechtsprechung und Rechtswissenschaft haben bisher keine allgemein anerkannte Dogmatik des Rechts der Stiftungen des öffentlichen Rechts hervorgebracht. Die Rechtsprechung ist insoweit eher spärlich und teils widersprüchlich. Die Äußerungen in der Rechtswissenschaft sind hingegen geradezu uferlos, haben aber bisher ebenfalls in weiten Bereichen keine allgemeine Rechtsüberzeugung bewirken können.
10. Trotzdem – oder gerade deswegen – orientiert sich das Image, das Stiftungen des öffentlichen Rechts anhaftet, an dem von Stiftungen des bürgerlichen Rechts. Auch Stiftungen des öffentlichen Rechts werden vor allem mit Begriffen wie „Autonomie"/„Selbständigkeit"/„Unabhängigkeit", „Entstaatlichung"/„Staatsferne", „hohe Akzeptanz" (nach innen und außen) und „Flexibilität" assoziiert; aber auch die Möglichkeit, vermehrt Vermögen Dritter für die Erfüllung öffentlicher Aufgaben zu akquirieren, wird gesehen.
11. Der undifferenzierten Wahrnehmung von Stiftungen des öffentlichen Rechts im allgemeinen Bewusstsein steht gegenüber, dass es „die" Stiftung des öffentlichen Rechts überhaupt nicht gibt. Vielmehr sind der Bund und die Länder jeweils für sich befugt, den Begriff der „Stiftung des öffentlichen Rechts" und die Anforderungen an ihre Bildung (Entstehung und Ausgestaltung) in ihrem jeweiligen öffentlichen Recht weitgehend unabhängig voneinander zu regeln. Einen bundesweit einheitlich geltenden Begriff der „Stiftung des öffentlichen Rechts" gibt es ebenso wenig wie bundeseinheitliche Anforderungen an die Entstehung und Ausgestaltung einer Stiftung des öffentlichen Rechts.
12. Gleichwohl bedingt insbesondere das Bundesrecht eine gewisse begriffliche und materielle Vereinheitlichung, indem es bundesweit geltende Rechtsfolgen an das Bestehen einer „Stiftung des öffentlichen Rechts" knüpft, vor

allem im Steuerrecht. Daher ist es notwendig, wenigstens einen bundeseinheitlichen Wesensgehalt des Begriffs zu bestimmen.

13. Das Wesen einer Stiftung des öffentlichen Rechts lässt sich dahingehend beschreiben, dass es sich um eine Organisation handelt, die

- aufgrund ihrer Eigenschaft als „juristische Person des öffentlichen Rechts“
  - über eine eigene Rechtspersönlichkeit verfügt und rechtsfähig ist,
  - (Stiftungs-)Organe hat,
  - organisatorisch vom Staat beherrscht wird,
  - zumindest auch staatliche Aufgaben erfüllt,
  - insoweit funktional vom Staat beherrscht wird und
  - mindestens einer staatlichen Rechtsaufsicht untersteht (Staatsaufsicht)

sowie

- aufgrund ihrer Eigenschaft als „Stiftung des öffentlichen Rechts“
  - eine juristische Person ist, die darauf angelegt ist, von einer anderen Person (Stifter) mit einem Vermögen (Stiftungsvermögen) ausgestattet zu werden, das für die Dauer des Bestehens der Stiftung von den Organen der juristischen Person (Stiftungsorganen) nur zu dem vom Stifter festgelegten Zweck (Stiftungszweck) verwendet werden darf,
  - einer staatlichen Aufsicht untersteht, die die Einhaltung des Stiftungszwecks gewährleistet (Stiftungsaufsicht),
  - nicht in einer Personenvereinigung besteht,
  - durch Unterstellung unter die Aufsicht eines Staates (Bund oder Land) organisatorisch in dessen mittelbare Staatsverwaltung eingegliedert ist und
  - als Stiftungszweck (auch) eine „eigene“ staatliche Aufgabe der öffentlichen Verwaltung dieses Staates erfüllt.

Insgesamt muss die Bildung einer Stiftung des öffentlichen Rechts auf einer staatlichen Entscheidung beruhen; ihre Entstehung und ihre Ausgestaltung können nicht *allein* vom Willen einer Privatperson abhängen.

14. *Kein* Wesensmerkmal einer Stiftung des öffentlichen Rechts ist – entgegen weit verbreiteter Behauptung – eine „Autonomie“ gegenüber dem Staat oder eine „Staatsferne“. Eine Stiftung des öffentlichen Rechts ist aufgrund ihres Wesens nur insofern unabhängig vom Staat, als sie zum einen eine rechtlich selbständige, ihrerseits rechtsfähige juristische Person ist und zum

anderen das Stiftungsvermögen nicht zu beliebigen staatlichen Zwecken, sondern nur im Rahmen und zur Erfüllung des festgelegten Stiftungszwecks verwendet werden darf. Im Übrigen *entscheidet* derjenige, der zur Ausgestaltung einer Stiftung des öffentlichen Rechts befugt ist, darüber, wie viel „Autonomie“ der Stiftung *eingeräumt* werden *soll*. Parameter für den Inhalt dieser Entscheidung sind einerseits rechtliche Anforderungen sowie andererseits insbesondere Zweckmäßigkeitserwägungen.

15. Aus dieser Beschreibung des Wesens einer Stiftung des öffentlichen Rechts folgt indes nur, dass es sich um eine juristische Person des öffentlichen Rechts handelt, die über irgendein Stiftungsvermögen muss, das nur zu einem bestimmten Stiftungszweck verwendet werden darf. Dies schließt nicht aus, einer Stiftung des öffentlichen Rechts weitere Aufgaben zu übertragen und (auch zu deren Erfüllung) weitere Finanzmittel zuzuweisen. Sichergestellt sein muss nur, dass das Stiftungsvermögen nicht zur Erfüllung dieser weiteren Aufgaben verwendet wird. Im Übrigen kann eine Stiftung des öffentlichen Rechts ebenso flexibel ausgestaltet und eingesetzt werden wie jede andere juristische Person des öffentlichen Rechts.
16. Bei der Bestimmung der Maßstäbe für die Beurteilung der Rechtmäßigkeit der Bildung einer Stiftung des öffentlichen Rechts kann weder auf ein einheitliches, für Stiftungen des bürgerlichen Rechts wie für Stiftungen des öffentlichen Rechts gleichermaßen gültiges „Stiftungsrecht“ zurückgegriffen werden noch sind insoweit Analogieschlüsse zum Recht der Stiftungen des bürgerlichen Rechts zulässig. Dagegen spricht die grundlegende wesensmäßige Verschiedenheit beider Stiftungsformen. Stiftungen des öffentlichen Rechts sind im Verhältnis zu Stiftungen des bürgerlichen Rechts ein rechtliches *aliud*.
17. Die rechtlichen Maßstäbe sind vielmehr, ungeachtet der Vielfältigkeit der bei der Bildung einer Stiftung des öffentlichen Rechts zu berücksichtigenden Regelungsgegenstände, autonom im Verwaltungsorganisationsrecht zu suchen.
18. Rechtsgrundlage für die Bildung einer Stiftung des öffentlichen Rechts ist die jedem Staat originär zustehende Befugnis, sich selbst zu organisieren, d. h. die sog. Organisationsgewalt.
19. Die Verbandszuständigkeit fällt dem Bund oder dem jeweiligen Land zu, in dessen öffentliche Verwaltung die Stiftung eingegliedert werden soll.
20. Die Organzuständigkeit innerhalb des jeweiligen Verbandes ist zwischen Parlament und Regierung geteilt: Grundsätzlich kann die Regierung in jeder ihr zur Verfügung stehenden Form (vor allem also durch Beschluss)

eine Regelung treffen, soweit nicht das Parlament eine Regelung durch Gesetz trifft. Die Zuständigkeit der Regierung ist jedenfalls in Niedersachsen nicht auf die unmittelbare Staatsverwaltung beschränkt, sondern erstreckt sich auch auf die mittelbare Staatsverwaltung, einschließlich der unter der Aufsicht des Landes stehenden Stiftungen des öffentlichen Rechts. Neben Parlament und Regierung steht den Kommunen keine eigenständige Organisationsgewalt zu, die sie ermächtigen würde, unmittelbar kraft eigenen Rechts eine Stiftung des öffentlichen Rechts zu bilden. Die Befugnis des Parlaments zu einer Regelung durch Gesetz besteht im Verhältnis zur Regierung uneingeschränkt. Ob eine Regelung durch Gesetz erfolgen muss, hängt davon ab, inwieweit ein Gesetzesvorbehalt besteht.

21. In Niedersachsen besteht kein allumfassender Gesetzesvorbehalt für die Bildung einer Stiftung des öffentlichen Rechts (anders als im Bund nach Artikel 87 Abs. 3 Satz 1 GG). Maßgeblich sind hier die Umstände des jeweiligen Einzelfalls.

22. Abgesehen von besonderen Regelungsgegenständen, für die jeweils ein unmittelbarer oder „mittelbarer" Gesetzesvorbehalt bestehen kann, kann sich ein solcher aus dem allgemeinen verfassungsrechtlichen Parlamentsvorbehalt ergeben. Heranzuziehen sind insoweit die Kriterien der vom Bundesverfassungsgericht entwickelten sog. Wesentlichkeitstheorie. Maßgeblich ist insoweit vor allem, welche staatlichen Aufgaben und Befugnisse auf die Stiftung übertragen werden sollen. Sind diese von erheblichem Gewicht, insbesondere grundrechtsrelevant, *und* ist die Stiftung so organisiert, dass die Wahrnehmung der Aufgaben und/oder Befugnisse im Ergebnis wesentlich von den in der Verfassung vorgezeichneten Entscheidungs- und Verantwortungsstrukturen abweicht, so stellt die Übertragung in Verbindung mit der Organisation der Stiftung eine „wesentliche" Entscheidung dar, die vom Parlament durch Gesetz zu treffen ist. Handelt es sich um weniger bedeutende, nicht grundrechtsrelevante Aufgaben oder werden keine oder allenfalls geringfügige hoheitsrechtliche Befugnisse auf die Stiftung übertragen, wird in der Regel keine „Wesentlichkeit" gegeben sein, die einer Regelung durch förmliches Gesetz bedürfte. Gleiches gilt für den umgekehrten Fall, dass die übertragenen Aufgaben und/oder Befugnisse zwar von erheblichem Gewicht sind, die Entscheidungs- und Verantwortungsstrukturen im Hinblick auf ihre Wahrnehmung durch die Stiftung aber so gestaltet sind, dass sie sich nicht wesentlich von denen in der unmittelbaren Staatsverwaltung unterscheiden, oder auf andere Weise trotz der rechtlichen Verselbständigung der Stiftung eine hinreichende demokratische Legitimation ihres Handelns gesichert ist.

23. Eine „eigenmächtige" Freistellung von parlamentarischer Kontrolle durch die Regierung ohne gesetzliche Regelung ist hingegen stets unzulässig.
24. Materielle rechtliche Maßstäbe bestehen nicht hinsichtlich der Entstehung der Stiftung als solche, wohl aber hinsichtlich ihrer Ausgestaltung und ihrer Beaufsichtigung durch den Staat in Abhängigkeit von den ihr zu übertragenden Aufgaben und Befugnissen wie auch hinsichtlich des ihr zu übertragenden Vermögens. Dahingehende Maßstäbe können sich aus dem Unionsrecht, dem Verfassungsrecht und sonstigem Recht ergeben. Hervorragende Bedeutung haben in jedem Fall das Rechtsstaats-, das Demokratie- und das Bundesstaatsprinzip. Diese verlangen, dass die Erfüllung staatlicher Aufgaben und die Ausübung staatlicher Befugnisse durch die Stiftung rechtlich so ausgestaltet sind, dass sie jeweils auf das Staatsvolk des Bundes oder eines Landes zurückgeführt und grundsätzlich gegenüber diesem Staatsvolk verantwortet werden können, und zwar so, dass für die Bürgerinnen und Bürger klar erkennbar ist, wer wofür verantwortlich ist.
25. Des Weiteren lassen sich materielle Maßstäbe insbesondere aus den allgemeinen Grenzen staatlicher Aufgabenwahrnehmung, den Grundsätzen der staatlichen Kompetenzordnung (Grundsatz der Unverfügbarkeit der Kompetenz, Grundsatz der Verantwortungsklarheit und Grundsatz der eigenverantwortlichen Aufgabenwahrnehmung), aus dem Gewaltenteilungsgrundsatz und aus der grundgesetzlichen Finanzverfassung entnehmen. Auf dem Gebiet des Unionsrechts sind vor allem die Vorschriften über die Zulässigkeit staatlicher Beihilfen zu beachten.
26. Die Praxis genügt den aufgezeigten materiellen Maßstäben oft nicht. Es besteht der Verdacht, dass die Rechtsform einer Stiftung des öffentlichen Rechts zumeist gewählt wurde, um zu versuchen, verfassungsrechtliche Anforderungen zu umgehen oder zu relativieren oder dies zumindest zu kaschieren. Hierfür scheint die Wahl der Rechtsform einer Stiftung des öffentlichen Rechts auch besonders geeignet. Denn zum einen hat diese ein positiv besetztes Image, was kritische Nachfragen eher verhindern dürfte. Zum anderen führt die Verlagerung von Aufgaben und Befugnissen auf eine rechtlich selbständige Organisation stets zu einer gewissen Abschottung der dortigen internen Vorgänge, sodass auch deswegen Intransparenz Vorschub geleistet wird.
27. Stiftungen des öffentlichen Rechts dienen typischerweise der dauerhaft zweckgebundenen Verwaltung eines gesonderten Vermögens.
28. Die – mit steuerrechtlichen Anreizen unterfütterte – Erwartung des Staates, durch die Gründung von Stiftungen des öffentlichen Rechts werde verstärkt

privates Vermögen zur Erfüllung staatlicher Aufgaben akquiriert, scheint sich in der Praxis nicht zu erfüllen.

29. Für eine Beteiligung von Privatpersonen an staatlichen Entscheidungen eignet sich die Organisationsform der Stiftung des öffentlichen Rechts nicht in besonderer Weise oder gar besser als andere Organisationsformen des öffentlichen Rechts. In Ermangelung eines „personellen Substrats“ kann ihnen jedenfalls auch kein „Selbstverwaltungsrecht“ im herkömmlichen Sinne zustehen. Zur Beteiligung „Betroffener“ eignen sich daher vielmehr besser mitgliedschaftlich geprägte Organisationsformen, insbesondere die Körperschaft des öffentlichen Rechts.
30. Eine Mitwirkung „Betroffener“ an Entscheidungen, von denen sie selbst im Einzelfall einen unmittelbaren Vorteil haben könnten, wirft zudem die Frage nach einer etwaigen Befangenheit auf.
31. Stiftungen des öffentlichen Rechts können zwar auch zielgerichtet für die Erfüllung bestimmter staatlicher Aufgaben eingesetzt werden, weisen insoweit aber, sofern es nicht um eine bestimmte Form der Vermögensverwaltung gehen soll, keine bessere Eignung als andere Organisationsformen auf.

Kolibri 360 GmbH
Ferdinand-Jühlke-Straße 7
99095 Erfurt, Deutschland
produktsicherheit@kolibri360.de